Egner/Demmler (Hrsg.) · Steuerrecht aktuell 1/2022

🖱 Inklusive Online-Version und Online-Seminar „Steuerrecht aktuell"

Das kompakte Wissens-Update für die ganze Kanzlei!

Als Käufer dieses Buches haben Sie Zugang zu dessen Online-Version und zu einem aktuellen Online-Seminar in der NWB Datenbank.

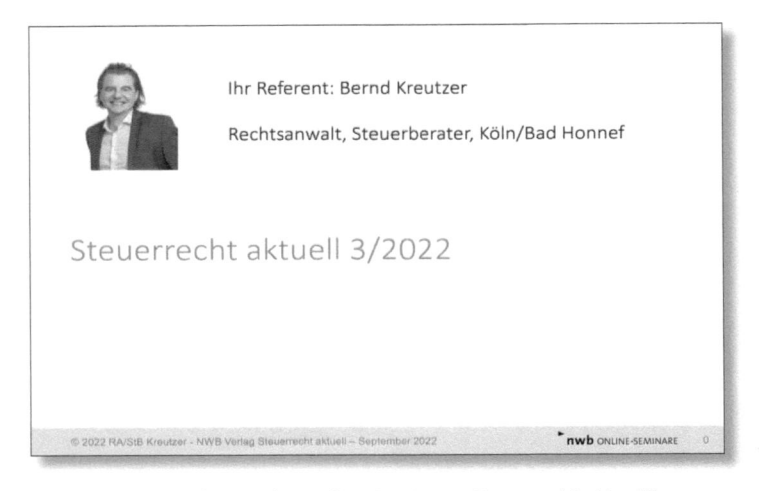

Die Aufzeichnung des Online-Seminars „Steuerrecht aktuell" ermöglicht effiziente Weiterbildung direkt an Ihrem Arbeitsplatz

Schalten Sie jetzt Ihre Online-Mehrwerte frei:

1. Rufen Sie die Seite **www.nwb.de/go/freischalten** auf.
2. Geben Sie den eingedruckten Freischaltcode ein und folgen Sie dem Anmeldedialog.

Ihr Freischaltcode:
QLXG-BVWH-QPMR-VYBO-YSHP-JI
---

3. Produkt starten. Fertig!

Die Online-Version von Steuerrecht aktuell 1/2022 steht Ihnen drei Wochen nach Erscheinen der gedruckten Ausgabe zur Verfügung.

Steuerrecht aktuell 1/2022

- Neuregelung der Verzinsung von Steuernachforderungen/-erstattungen
- Neufassung der Körperschaftsteuer-Richtlinien
- Neufassung des BMF-Schreibens zur Abgeltungsteuer
- BMF-Schreiben zu Zweifelsfragen bei der Homeoffice-Pauschale
- BMF-Schreiben zur ertragsteuerlichen Behandlung von virtuellen Währungen und Token
- EuGH-Rspr. zum Zeitpunkt des Vorsteuerabzugs bei Ist-Versteuernden
- Entwurf einer Richtlinie zur Mindestbesteuerung

Herausgeber:

Prof. Dr. Uwe Demmler ist Professor für Unternehmensbesteuerung, steuerbezogene Digitalisierung und betriebswirtschaftliche Grundlagen an der Hochschule Coburg. Zuvor war er für eine international agierende Unternehmensberatungsgesellschaft im Bereich Tax & Accounting tätig.

Prof. Dr. Thomas Egner ist Inhaber des Lehrstuhls für Betriebswirtschaftslehre, insb. Betriebliche Steuerlehre an der Otto-Friedrich-Universität Bamberg und als Steuerberater aktiv. Zudem ist er Vorstand des IDSt e.V. und leitet dort den Fachausschuss VIII: Aus- und Weiterbildung.

▶ nwb

Mitautoren:

Dr. Iring Christopeit, LL.M. ist Rechtsanwalt und Steuerberater, Fachanwalt für Erbrecht und Steuerrecht, Zertifizierter Berater für Unternehmensnachfolge sowie Zertifizierter Testamentsvollstrecker. Er ist Partner der Kanzlei Peters, Schönberger & Partner und Leiter der Service-Line Nachfolge. Seit Beginn seiner beruflichen Laufbahn bei Freshfields ist er für Private Clients und Familienunternehmen im Bereich Vermögens- und Unternehmensnachfolge tätig.

Dr. Verena Drummer, M.Sc. ist als Steuerberaterin in der Kanzlei Dr. Schwarz & Partner in Fürth tätig. Zuvor war sie wissenschaftliche Mitarbeiterin am Lehrstuhl für BWL, insbes. Betriebliche Steuerlehre von Prof. Dr. Thomas Egner an der Otto-Friedrich-Universität Bamberg. Daneben nahm sie Lehraufträge an verschiedenen Hochschulen wahr.

Dr. Matthias Gries, M.Sc. ist als Syndikus-Steuerberater für die Konzernsteuerabteilung der Siemens AG (VAT/Tax Technology) unter Leitung von Prof. Dr. Christian Kaeser sowie als Gast-Wissenschaftler am Lehrstuhl für Betriebliche Steuerlehre von Prof. Dr. Thomas Egner, Otto-Friedrich-Universität Bamberg tätig.

Sebastian Hagenkamp, LL.M., M.Sc. ist als Steuerberater in der Kanzlei Ulf Schmitt & Partner mbB in Bamberg tätig und dort Spezialist für Internationales Steuerrecht. Außerdem beschäftigt er sich intensiv mit Kryptowährungen und deren Besteuerung.

Christian Kappelmann, Dipl.-Finw. (FH) ist als Steuerberater in der Kanzlei Flick Gocke Schaumburg Partnerschaft mbB in Bonn im Bereich Steuerstrafrecht tätig. Nach dem Abschluss des Studiums an der Fachhochschule für Finanzen in Nordkirchen trat er zunächst eine Stelle als Steuerinspektor beim Finanzamt Hamm an, bevor er Anfang 2017 nach Bonn wechselte. Seit Juli 2022 promoviert er zudem als externer Doktorand am Lehrstuhl für Betriebliche Steuerlehre von Prof. Dr. Thomas Egner an der Otto-Friedrich-Universität Bamberg.

Thomas Lorenz, M.Sc. ist wissenschaftlicher Mitarbeiter am Lehrstuhl für Betriebswirtschaftslehre, insb. Betriebliche Steuerlehre bei Herrn Prof. Dr. Egner an der Otto-Friedrich-Universität Bamberg und nebenbei in einer mittelständischen Steuerberatungsgesellschaft tätig.

Erik Meinert, M.Sc., LL.M. hat langjährige Berufserfahrung im Bereich des Internationalen Steuerrechts und berät Mandanten für die Kanzlei Flick Gocke Schaumburg. Nebenberuflich ist er Lehrbeauftragter an der Hochschule für Polizei und öffentliche Verwaltung NRW.

Rebekka Rein, M.Sc. ist Wissenschaftliche Mitarbeiterin bei Flick Gocke Schaumburg und Doktorandin am Lehrstuhl für Betriebswirtschaftliche Steuerlehre von Prof. Kudert an der Europa-Universität Viadrina in Frankfurt (Oder). Sie arbeitet und promoviert im Bereich Internationales und Europäisches Steuerrecht.

Sonja Stockburger, M. Sc. ist wissenschaftliche Mitarbeiterin am Lehrstuhl für Betriebswirtschaftslehre, insb. Betriebliche Steuerlehre bei Herrn Prof. Dr. Egner an der Otto-Friedrich-Universität Bamberg.

Dr. Johannes Stößel, M. Sc. ist als Steuerberater in der Kanzlei Ulf Schmitt & Partner mbB, Bamberg sowie als Lehrbeauftragter am Lehrstuhl für Betriebliche Steuerlehre von Prof. Dr. Thomas Egner, Otto-Friedrich-Universität Bamberg tätig.

Maximilian Vetter, M. Sc. ist wissenschaftlicher Mitarbeiter am Lehrstuhl für Betriebswirtschaftslehre, insb. Betriebliche Steuerlehre bei Herrn Prof. Dr. Egner an der Otto-Friedrich-Universität Bamberg.

Dr. Sebastian Zerbe, Dipl.-Kfm. ist Wirtschaftsprüfer und Steuerberater sowie von der IHK öffentlich bestellter und vereidigter Sachverständiger für Unternehmensbewertung. Er ist Gesellschafter und Geschäftsführer der Kanzlei KMZ Kullen Müller Zinser Treuhand GmbH und betreut überwiegend mittelständische inhabergeführte Unternehmen und Konzerne. Zudem ist er als Sachverständiger im Bereich der Unternehmensbewertung tätig.

ISBN 978-3-482-67410-5

© NWB Verlag GmbH & Co. KG, Herne 2022
www.nwb.de

Alle Rechte vorbehalten.

Dieses Buch und alle in ihm enthaltenen Beiträge und Abbildungen sind urheberrechtlich geschützt. Mit Ausnahme der gesetzlich zugelassenen Fälle ist eine Verwertung ohne Einwilligung des Verlages unzulässig.

Satz: PMGi Agentur für intelligente Medien GmbH, Hamm
Druck: Beltz Bad Langensalza, GmbH Bad Langensalza

VORWORT

Liebe Leserinnen und Leser,

wir freuen uns, dass wir Ihnen die neue Ausgabe von „Steuerrecht aktuell" überreichen dürfen. Das Jahr 2022 hat nicht nur steuerlich durch die Akzentsetzung der neuen Bundesregierung Veränderungen mit sich gebracht, sondern auch hinsichtlich der Herausgeberschaft dieses Werkes. Nachdem der langjährige Herausgeber Christian Kahlenberg seinen Abschied in der letzten Ausgabe angekündigt hat, wollen wir uns der Herausforderung stellen, „Steuerrecht aktuell" fortzuführen. Wir bedanken uns bei Herrn Kahlenberg für die Überlassung der bewährten konzeptionellen Struktur. Erfreulicherweise sind zahlreiche der bisherigen Autorinnen und Autoren dem Werk treu geblieben und werden gemeinsam mit den neu gewonnenen Autorinnen und Autoren ihre Fachkompetenz weiterhin einbringen. Unser Anliegen ist es, Sie auch in Zukunft mit qualitativ hochwertigen, verständlich geschriebenen und praxisrelevanten Beiträgen über die Entwicklungen im Steuerrecht zu informieren.

Nach dem Übergangsjahr 2022, in dem nur die hier vorliegende Ausgabe „Steuerrecht aktuell" erscheinen wird, soll ab dem kommenden Jahr 2023 wieder – wie gewohnt – zweimal jährlich über steuerliche Neuerungen und Änderungen aus den Bereichen Legislative, Rechtsprechung und Finanzverwaltung informiert werden.

Die gesamtwirtschaftliche und gesellschaftliche Situation war insbesondere aufgrund der Herausforderungen durch den Klimawandel und die Corona-Pandemie bereits in den letzten Jahren krisengeprägt. In diesem Jahr 2022 verschärfen der Ukraine-Krieg, die daraus resultierende Energiekrise und – erstmals seit Jahrzehnten – deutlich anziehenden Inflationsraten die Lage. Wie auch die Inhalte dieser Ausgabe erkennen lassen, ist dies nicht ohne Auswirkungen auf den steuerlichen Bereich geblieben. Ein Trend, der sich darüber hinaus in sämtlichen Bereichen der Besteuerung auswirkt und weiter auswirken wird, ist die Digitalisierung. Dieser Megatrend führt bereits heute zu tiefgreifenden Veränderungen im Bereich der Steuerberatung. Es wird ihm gar disruptives Potenzial hinsichtlich der Geschäftsmodelle steuerberatender Berufe zugeschrieben. Vor diesem Hintergrund haben wir uns entschieden, Sie über Veränderungen und Neuerungen im Bereich der Digitalisierung zukünftig in einer eigenen Rubrik zu informieren. Darüber hinaus haben wir kleinere strukturelle Anpassungen im Aufbau der einzelnen Beiträge mit dem Ziel einer noch stärkeren Fokussierung auf die Praxisrelevanz vorgenommen. Des Weiteren werden wir – soweit dies sinnvoll und nachvollziehbar möglich ist – eine Bündelung von thematisch zusammengehörigen Urteilen, Verwaltungsanweisungen und Gesetzgebungsmaßnahmen (z. B. in dieser Ausgabe zu den Themen „Zinssätze" und „Homeoffice") vornehmen. Last but not least wird fortan zu Beginn jeder Ausgabe von „Steuerrecht aktuell" ein Fachbeitrag stehen, in dem eine vertiefte Auseinandersetzung mit einem ausgewählten Thema erfolgt.

In dieser Ausgabe finden Sie neben einem Einführungsbeitrag zu den Auswirkungen der Digitalisierung auch Analysen der Änderungen durch das Steuerentlastungsgesetz 2022 und das Vierte Corona Steuerhilfegesetz. Enthalten sind zudem Kommentierungen zu einer Vielzahl von Urteilen und Verwaltungsanweisungen. Beispielhaft seien an dieser Stelle die Neufassungen des Schreibens zur Abgeltungsteuer und der Körperschaftsteuer-Richtlinien 2022 genannt. Aus der

VORWORT

Rechtsprechung dürfte insbesondere das Urteil des EuGH zum Vorsteuerabzug bei Ist-Versteuernden erhebliche praktische Nachwirkungen auslösen.

Wir wünschen Ihnen eine hoffentlich interessante, erkenntnisreiche und für die praktische Arbeit relevante Lektüre. Über Anregungen und Anmerkungen würden wir uns freuen, um auf Ihre Bedürfnisse noch gezielter eingehen zu können.

Dezember 2022   Die Herausgeber

INHALTSVERZEICHNIS

Vorwort	V
Inhaltsverzeichnis	VII
Abkürzungsverzeichnis	XV

A. DIGITALISIERUNG – EINE NEUE WELT DER STEUERBERATUNG?

I.	Hintergrund: Megatrend Digitalisierung	1
II.	Geschäftsmodell Steuerberatung	2
III.	Einfluss auf das Kanzleimanagement	6
IV.	Digitalisierung des Besteuerungsverfahrens	6
V.	Digitalisierung des materiellen Steuerrechts	8
VI.	Steuerliche Folgen des Digitalen Wirtschaftens	10
VII.	Digitale Welt: Steuern im Metaverse	11
VIII.	Schlussfolgerungen	13

B. EINKOMMENSTEUERRECHT

I.	Gesetzgebung			15
	1.	Steuerentlastungsgesetz 2022		15
		a)	Überblick	15
		b)	Änderungen im Einzelnen	15
			aa) Entfernungspauschale (§ 9 Abs. 1 Satz 3 EStG)	15
			bb) Arbeitnehmer-Pauschbetrag (§ 9a Satz 1 Nr. 1a EStG)	15
			cc) Einkommensteuertarif (§ 32a Abs. 1 EStG)	16
			dd) Kindergeld (§ 66 EStG)	16
			ee) Energiepreispauschale	16
	2.	Viertes Gesetz zur Umsetzung steuerlicher Hilfsmaßnahmen zur Bewältigung der Corona-Krise (Viertes Corona-Steuerhilfegesetz)		17
		a)	Überblick	17
		b)	Änderungen im Einzelnen	17
			aa) Corona-Bonus (§ 3 Nr. 11b EStG)	17
			bb) Kurzarbeitergeld (§ 3 Nr. 28a EStG)	18
			cc) Homeoffice-Pauschale	18
			dd) Fristverlängerung für Steuererklärungen (§ 149 AO, § 37 Abs. 3 Satz 3 EStG)	18
			ee) Abzinsung von Verbindlichkeiten (§ 6 Abs. 1 Nr. 3 EStG)	18

		ff)	Degressive Afa nach § 7 Abs. 2 EStG	19
		gg)	(Re)Investitionsfristen nach § 6b und § 7g EStG	19
		hh)	Verlustrücktrag nach § 10d Abs. 1 EStG	19
	3.	Referentenentwürfe		20
		a)	Jahressteuergesetz 2022	20
		b)	Entwurf eines Gesetzes zum Ausgleich der Inflation durch einen fairen Einkommensteuertarif sowie zur Anpassung weiterer steuerlicher Regelungen (Inflationsausgleichsgesetz – InflAusG)	20
II.	Verwaltungsanweisungen			21
	1.	Gewinnerzielungsabsicht bei kleinen Photovoltaikanlagen und vergleichbaren Blockheizkraftwerken		21
		a)	Überblick	21
		b)	Photovoltaikanlage als Liebhabereibetrieb	21
		c)	Kleine Photovoltaikanlagen und vergleichbare Kraftwerke	22
		d)	Eigenverbrauch oder Einspeisung ins Stromnetz	22
		e)	Anwendungsbereich	23
	2.	Zweifelsfragen bei der Homeoffice-Pauschale und dem Arbeitszimmer während der Corona-Pandemie		24
		a)	Überblick	24
		b)	Homeoffice-Pauschale	24
			aa) Jeweilige Prüfung im Einzelfall	24
			bb) „Kein anderer Arbeitsplatz" – nicht erforderlich	24
			cc) Geltendmachung weiterer Kosten	25
		c)	Arbeitszimmer	25
			aa) Ein anderer Arbeitsplatz steht aus Gründen des Gesundheitsschutzes nicht zur Verfügung	25
			bb) Mittelpunkt der Tätigkeit	25
	3.	Steuerliche Behandlung von Cum/Cum-Transaktionen		26
		a)	Überblick	26
		b)	Hintergrund von Cum/Cum-Gestaltungen	26
		c)	Frühere Behandlung von Cum/Cum-Gestaltungen	28
		d)	BMF-Schreiben vom 9.7.2021	29
			aa) Neue Verwaltungsauffassung	29
			bb) Unterschiede zur bisherigen Verwaltungsauffassung	30
			cc) Zurechnung des wirtschaftlichen Eigentums an Aktien	30
			dd) Missbrauch rechtlicher Gestaltungsmöglichkeiten i. S. des § 42 AO	32
		e)	Pflicht zur Abgabe einer Anzeige nach § 153 AO	34
	4.	Lohnsteuerliche Behandlung der Überlassung bzw. Übertragung von Vermögensbeteiligungen ab 2021		36
		a)	Hintergrund und Zielsetzung	36
		b)	Unentgeltliche oder verbilligte Überlassung von Vermögensbeteiligungen – § 3 Nr. 39 EStG (Rz. 1 ff.)	36

		aa)	Grundlagen und Voraussetzungen (Rz. 1 ff.)	36
		bb)	Einzubeziehende Arbeitnehmer (Rz. 13 ff.)	36
		cc)	Bewertung und Ermittlung des geldwerten Vorteils (Rz. 18 ff.)	37
		dd)	Besteuerungsverfahren und Sonstiges (Rz. 24 ff.)	37
	c)	Aufgeschobene Besteuerung geldwerter Vorteile aus Vermögensbeteiligungen – § 19a EStG (Rz. 30 ff.)		37
		aa)	Aufschub der Besteuerung (Rz. 30)	37
		bb)	Tatbestandsvoraussetzungen und Bewertungsvorschriften des § 19a EStG (Rz. 32 ff.)	38
		cc)	Nachversteuerung des geldwerten Vorteils (Rz. 43 ff.)	40
		dd)	Anrufungsauskunft und Aufzeichnungspflichten (Rz. 52 ff.)	40
	d)	Mitarbeiterbeteiligung nach französischem Recht – FCPE (Rz. 58 f.)		40
5.	Einzelfragen zur ertragsteuerlichen Behandlung von virtuellen Währungen und von Token			41
	a)	Einleitung und Begriffsbestimmung (Rz. 1 ff.)		41
	b)	Ertragsteuerliche Einordnung als Wirtschaftsgut (Rz. 31 f., 41 und 76)		42
	c)	Ertragsteuerliche Einordnung von Tätigkeiten im Zusammenhang mit virtuellen Währungen und Token (Rz. 33 ff.)		43
		aa)	Einkünfte im Zusammenhang mit der Blockerstellung (Rz. 33 ff.)	43
		bb)	Einkünfte aus Staking – wenn der Nutzer nicht selbst an der Blockerstellung beteiligt ist (Rz. 48 ff.)	43
		cc)	Einkünfte aus Veräußerungen von virtuellen Währungen und Token (Rz. 51 ff.)	43
		dd)	Lending (Rz. 64 f.)	44
		ee)	Ertragsteuerliche Behandlung der durch Hard Forks erhaltenen Einheiten einer virtuellen Währung (Rz. 66 ff.)	44
		ff)	Ertragsteuerliche Behandlung der durch Airdrops erhaltenen Einheiten einer virtuellen Währung uns sonstige Token (Rz. 69 ff.)	44
		gg)	Initial Coin Offering (ICO) (Rz. 76)	45
		hh)	Besonderheiten und Utility und Security Token (Rz. 77 ff.)	45
		ii)	Mögliche Einkünfte aus nichtselbständiger Arbeit nach § 19 EStG (Rz. 88 f.)	45
	d)	Fehlende Aussagen und aktuelle Entwicklungen		46
		aa)	Allgemeines	46
		bb)	Mitwirkungs- und Aufzeichnungspflichten	46
6.	Einzelfragen zur Abgeltungsteuer; Neuveröffentlichung des Schreibens			47
	a)	Allgemeines		47
	b)	Neue Verwaltungsmeinungen		47
		aa)	Verlustverrechnung nach § 20 Abs. 6 Satz 5 und 6 EStG	47

		bb)	Kapitalherabsetzung/Ausschüttungen aus dem Nennkapital	49
		cc)	Kapitalmaßnahmen nach § 20 Abs. 4a EStG	49
		dd)	Verzinsliche Fremdwährungskonten	50
		ee)	Gesellschafterdarlehen und tarifliche Einkommensteuer nach § 32d Abs. 2 Nr. 1 Buchst. b EStG	51
	7.	Ertragsteuerrechtliche Behandlung von Gesellschafterdarlehen, Bürgschaftsregress- und vergleichbaren Forderungen (§ 17 Abs. 2a EStG)		52
		a)	Allgemeines	52
		b)	Ertragsteuerrechtliche Behandlung von Gesellschafterdarlehen, Bürgschaftsregress- und vergleichbaren Forderungen	52
			aa) Nachträgliche Anschaffungskosten	52
			bb) Bürgschaftsregressforderungen und vergleichbare Forderungen	55
			cc) Berücksichtigung von Verlusten aus Gesellschafterdarlehen bei den Einkünften aus Kapitalvermögen	55
	8.	Zweifelsfragen zu den Investitionsabzugsbeträgen nach § 7g Abs. 1 bis 4 und 7 EStG in der Fassung des Jahressteuergesetzes 2020 (JStG 2020) vom 21.12.2020 (BGBl 2020 I S. 3096)		56
		a)	Hintergrund und Zielsetzung	56
		b)	Voraussetzungen für die Inanspruchnahme von Investitionsabzugsbeträgen – § 7g Abs. 1 EStG (Rz. 1 ff.)	57
			aa) Begünstigte Betriebe und Wirtschaftsgüter (Rz. 1 ff.)	57
			bb) Höhe des Investitionsabzugsbetrags und Gewinngrenze (Rz. 9 ff.)	57
			cc) Inanspruchnahme des Investitionsabzugsbetrags und Datenfernübertragung (Rz. 17 ff.)	57
		c)	Hinzurechnung von Investitionsabzugsbeträgen und gleichzeitige Herabsetzung der Anschaffungs- oder Herstellungskosten – § 7g Abs. 2 EStG (Rz. 23 ff.)	58
		d)	Rückgängigmachung von Investitionsabzugsbeträgen – § 7g Abs. 3 EStG (Rz. 29 ff.)	58
		e)	Nichteinhaltung der Verbleibens- und Nutzungsfristen – § 7g Abs. 4 EStG (Rz. 33 ff.)	58
		f)	Buchtechnische und verfahrensrechtliche Grundlagen (Rz. 52 ff.)	59
		g)	Auswirkung auf andere Besteuerungsgrundlagen (Rz. 56 ff.)	59
		h)	Zeitliche Anwendung (Rz. 58 f.)	59
III.	Rechtsprechung			60
	1.	Rechtsprechung zum Arbeitszimmer		60
		a)	Aufgabegewinn bei abzugsbeschränktem häuslichem Arbeitszimmer	60
		b)	Keine Besteuerung des Veräußerungsgewinns für häusliche Arbeitszimmer	61
		c)	Häusliches Arbeitszimmer muss für die Tätigkeit nicht erforderlich sein	63

2.	Nachweis einer kürzeren tatsächlichen Nutzungsdauer eines Gebäudes gemäß § 7 Abs. 4 Satz 2 EStG	65
3.	Aufhebung einer Anrufungsauskunft gemäß § 42e EStG	67
4.	Ermäßigt zu besteuernder Arbeitslohn für eine mehrjährige Tätigkeit	70
5.	Grundsätzlich keine Zuordnung der Kapitalbeteiligung des Kommanditisten zum notwendigen SBV II bei eigenem Geschäftsbetrieb der Kapitalgesellschaft von nicht ganz untergeordneter Bedeutung	72

C. KÖRPERSCHAFTSTEUER

I.	Gesetzgebung	75
II.	Verwaltungsanweisungen	80
III.	Rechtsprechung	83

D. GEWERBESTEUER

I.	Rechtsprechung		86
	1.	Beherrschungsidentität bei mittelbarer Beteiligung über eine Kapitalgesellschaft an einer Besitz-Personengesellschaft – Änderung der Rechtsprechung	86
	2.	Keine erweiterte Kürzung bei erstmaliger Grundstücksverwaltung im Laufe des Erhebungszeitraums	88

E. UMSATZSTEUER

I.	Gesetzgebung			91
II.	Verwaltungsanweisungen			95
	1.	Direktanspruch in der Umsatzsteuer		95
		a)	Hintergrund	95
		b)	BMF-Schreiben vom 12.4.2022	96
	2.	Umsatzsteuer; Steuerbefreiung für innergemeinschaftliche Lieferungen (§ 4 Nr. 1 Buchst. b i. V. m. § 6a UStG); Änderung des Umsatzsteuer-Anwendungserlasses		98
		a)	Hintergrund	98
		b)	BMF-Schreiben vom 20.5.2022	99
	3.	Vorsteuerabzug eines Gesellschafters aus Investitionsumsätzen		100
		a)	Hintergrund	100
		b)	BMF-Schreiben vom 12.4.2022	101
	4.	Einführungsschreiben zur Umsatzsteuerbefreiung für die Verwaltung von Wagniskapitalfonds nach § 4 Nr. 8 Buchst. h UStG		102
		a)	Hintergrund	102
		b)	Zusammenfassung der Verwaltungsanweisung	103

III.	Rechtsprechung	105
	1. Zeitpunkt des Vorsteuerabzugs bei Leistung durch Ist-Versteuerer – Vorsteuerabzug nach dem Sollprinzip ist unionsrechtswidrig	105
	2. Erstmalige Entscheidung zu Gutscheinen i. S. des Art. 30a MwStSystRL im Rahmen von Stadtkarten	107
	3. Zuschüsse einer Gemeinde an einen Sportverein unter bestimmten Voraussetzungen nicht steuerbar	110
	4. „Vermietung" von virtuellem Land in einem Online-Spiel	114
	5. Steuerbefreiung; Besteuerung des Betriebs von Geldspielautomaten in Spielhallen	118

F. ERBSCHAFT- UND SCHENKUNGSTEUER

I.	Rechtsprechung	121
	1. Freibeträge beim Zusammentreffen mehrerer Nacherbschaften	121
	2. Ausländische Vermögensmassen („Trusts")	122
	3. Entstehung der Erbschaftsteuer in Auslandsfällen	126

G. VERFAHRENSRECHT

I.	Verfassungswidrigkeit der Höhe der Verzinsung von Steuernachforderungen und -erstattungen und Verlängerung der zinsfreien Karenzzeiten	128
	1. Verzinsung mit jährlich 6 % ab dem Jahr 2014 verfassungswidrig	128
	2. Zweites Gesetz zur Änderung der Abgabenordnung und des Einführungsgesetzes zur Abgabenordnung	131
	3. Verlängerung der Karenzzeit für die VZ 2019 bis 2024	132
	a) Gesetz zur Verlängerung der Aussetzung der Insolvenzantragspflicht und des Anfechtungsschutzes für pandemiebedingte Stundungen sowie zur Verlängerung der Steuererklärungsfrist in beratenen Fällen und der zinsfreien Karenzzeit für den VZ 2019	132
	b) Viertes Gesetz zur Umsetzung steuerlicher Hilfsmaßnahmen zur Bewältigung der Corona-Krise (Viertes Corona-Steuerhilfegesetz)	133
II.	Verfassungsrechtliche Zweifel hinsichtlich der in Säumniszuschlägen (§ 240 AO) enthaltenen Zinsanteile	134
	1. Säumniszuschlag	134
	2. AdV-Verfahren: Ernstliche Zweifel an der Höhe der Säumniszuschläge	136
III.	Reform des Gemeinnützigkeitsrechts	136
	1. Jahressteuergesetz 2020	136
	2. Ausgewählte Anpassungen im AEAO	138
	a) Zu § 52 AO	138
	b) Zu § 55 AO	139
	c) Zu § 57 AO	139
	d) Zu § 58 AO	139

	e)	Zu § 58a AO – NEU –	140
	f)	Zu § 60 AO	140
	g)	Zu § 60a AO	140
	h)	Zu § 64 AO	140
	i)	Zu § 67a AO	141
	j)	Zu § 68 AO	141

IV. Staatliche Corona-Zuschussprogramme: rechtliche Grundlagen für die Durchführung der End-/Schlussabrechnungen 141
    1. Hintergrund 141
    2. Verwaltungsrechtlicher Rahmen 143
    3. Beihilferechtlicher Rahmen 145
    4. Steuerrechtliche Grundlagen 152

H. INTERNATIONALES STEUERRECHT

I. EU-Richtlinien 154
    1. Entwurf einer Richtlinie zur Mindestbesteuerung 154
        a) Überblick 154
        b) Persönlicher Anwendungsbereich 155
        c) Sachlicher Anwendungsbereich 155
        d) Rechtsfolge 156
        e) Nachrangige Anwendung der UTPR 157
        f) Administration und Sanktionen 157
    2. Exkurs: Besteuerung der Digitalen Wirtschaft – Säule I (Pillar One) 158
        a) Hintergrund 158
        b) Kernelemente 158
        c) Amount A 158
            aa) Konsultationspapiere 158
            bb) Anwendungsbereich 159
            cc) Anknüpfungspunkt 160
            dd) Steuerbemessungsgrundlage 160
            ee) Ausnahmen für die Rohstoff- und Finanzdienstleistungsindustrie 161
            ff) Steuersicherheit 162
            gg) Weitere Regelungen 162
            hh) Fortschrittsbericht 162
        d) Amount B 163
    3. ATAD III: Die Unshell-Initiative der EU gegen den missbräuchlichen Gebrauch von Briefkastengesellschaften 164
        a) Prüfung anhand eines zweistufigen Substanztests 164
            aa) Erste Stufe: Identifikation „berichtpflichtiger Unternehmen" 164
            bb) Zweite Stufe: Identifikation von Briefkastengesellschaften 166
        b) Rechtsfolgen für Briefkastengesellschaften 166

II.	Verwaltungsanweisungen			167
	1.	Zweifelsfragen bei der steuerlichen Behandlung der Einkünfte aus unselbständiger Arbeit, insbesondere von Grenzgängern, Künstlern und Sportlern und aus öffentlichen Kassen (Art. 13, 13b und 14 DBA-Frankreich)		167
		a)	Überblick	167
		b)	Hintergrund	168
		c)	Grenzgängerregelung	168
			aa) Definition von deutschen und französischen Grenzgängern	168
			bb) Ständige Wohnstätte	168
			cc) Regelmäßiges Pendeln	168
			dd) Leiharbeitnehmer	169
			ee) Abfindungen	169
			ff) Öffentlicher Dienst	169
	2.	Anwendungsregelungen zu § 4j EStG		170
		a)	Hintergrund	170
		b)	Präferenzregelung	170
		c)	Nexuskonformität	171
		d)	Beweislastverteilung	172
	3.	Steuerliche Behandlung von Arbeitnehmereinkünften bei Auslandstätigkeiten (Auslandstätigkeitserlass)		172
		a)	Überblick	172
		b)	Arbeitgeber in EU-/EWR-Staaten	173
		c)	Begünstigte Tätigkeiten	173
		d)	Nicht begünstigte Tätigkeiten	174
		e)	Dauer der Tätigkeit	174
		f)	Ausländische Mindestbesteuerung	174
		g)	Umfang der Begünstigung	174
		h)	Progressionsvorbehalt	175
III.	Rechtsprechung			175
	1.	Zur Besteuerung von Zuschüssen der GIZ/CIM für eine Tätigkeit als Integrierte Fachkraft in Tadschikistan		175
	2.	Steuerpflicht des Arbeitslohns aus einer Tätigkeit für die ISAF		177
	3.	Ernstliche Zweifel an der passiven Entstrickungsbesteuerung einer personallosen Betriebsstätte		179
		a)	Hintergrund	179
	4.	Wirtschaftlicher Arbeitgeber bei konzerninterner internationaler Arbeitnehmerentsendung		182
	5.	Veräußerung der Beteiligung i. S. des § 17 EStG nach Eintritt in die unbeschränkte Steuerpflicht – Wertzuwachs vor Begründung der unbeschränkten Steuerpflicht (Zuzugsfall)		185

Stichwortverzeichnis 188

ABKÜRZUNGSVERZEICHNIS

A

a. A.	anderer Ansicht
a. a. O.	am angegebenen Ort
ABl. EU	Amtsblatt der Europäischen Union
Abs.	Absatz
Abschn.	Abschnitt
AbzStEntlModG	Gesetz zur Modernisierung der Entlastung von Abzugsteuern und der Bescheinigung der Kapitalertragsteuer
AdV	Aussetzung der Vollziehung
AEAO	Anwendungserlass zur Abgabenordnung
AEUV	Vertrag über die Arbeitsweise der Europäischen Union
a. F.	alte Fassung
AfA	Abschreibung für Abnutzung
AG	Aktiengesellschaft
AG & Co. KG	Aktiengesellschaft & Compagnie Kommanditgesellschaft
AIF	Alternative Investmentfonds
akt.	aktualisiert
AktG	Aktiengesetz
Alt.	Alternative
Anti-BEPS-UmsG	Gesetz zur Umsetzung der Änderungen der EU- Amtshilferichtlinie und von weiteren Maßnahmen gegen Gewinnkürzungen und -verlagerungen
AO	Abgabenordnung
AOA	Authorised OECD Approach
AO-StB	Der AO-Steuerberater (Zs.)
Art.	Artikel
AStG	Außensteuergesetz
AT	Amtlicher Teil
ATAD-UmsG	Gesetz zur Umsetzung der Anti-Steuervermeidungsrichtlinie
Aufl.	Auflage
Az.	Aktenzeichen

B

BAnz	Bundesanzeiger
BauGB	Baugesetzbuch
Bayr.	Bayerischen
BayVGH	Bayerischen Verwaltungsgerichtshof
BB	Betriebs-Berater (Zs.)
BBK	Betrieb und Rechnungswesen: Buchführung, Bilanz, Kostenrechnung (Zs.)
BEPS	Base Erosion and Profit Shifting

XV

VERZEICHNIS Abkürzungen

beSt	besonderes elektronisches Steuerberaterpostfach
BewG	Bewertungsgesetz
Bd.	Band
BFH	Bundesfinanzhof
BFHE	Sammlung der Entscheidungen des Bundesfinanzhofs
BFH/NV	Sammlung amtlich nicht veröffentlichter Entscheidungen des Bundesfinanzhofs
BFuP	Betriebswirtschaftliche Forschung und Praxis (Zs.)
BgA	Betriebe gewerblicher Art
BGB	Bürgerliches Gesetzbuch
BGBl I (II)	Bundesgesetzblatt Teil I (II)
BGH	Bundesgerichtshof
BMF	Bundesministerium für Finanzen
BMWK	Bundesministerium für Wirtschaft und Klimaschutz
BMZ	Bundesministerium für wirtschaftliche Zusammenarbeit und Entwicklung
BPM	Business Process Modeling
BR-Drucks.	Bundesrats-Drucksache
BsGaV	Betriebsstättengewinnaufteilungsverordnung
bspw.	Beispielsweise
BStBl	Bundessteuerblatt Teil I und II
BT-DruckKOpfs.	Bundestags-Drucksache
BV	Betriebsvermögen
BVerfG	Bundesverfassungsgericht
BVerwG	Bundesverwaltungsgericht
Buchst.	Buchstabe
bzgl.	bezüglich
BZSt	Bundeszentralamt für Steuern
bzw.	beziehungsweise

C

ca.	circa
CEO	Chief Executive Officer
CIM	Centrum für internationale Migration und Entwicklung

D

DAC	Directive on Administrative Cooperation
DB	Der Betrieb (Zs.)
DBA	Doppelbesteuerungsabkommen
DeFi	Decentralized Finance
d. h.	das heißt
DM	Deutsche Mark
Doppelbuchst.	Doppelbuchstabe
DStR	Deutsches Steuerrecht (Zs.)

DStRK	Deutsches Steuerrecht kurzgefasst (Zs.)
DV	Datenverarbeitung

E

ECOFIN	Economic and Financial Affairs Council
EDV	Elektronische Datenverarbeitung
EFG	Entscheidungen der Finanzgerichte (Zs.)
eG	Eingetragene Genossenschaft
EG	Europäische Gemeinschaft
EGAO	Einführungsgesetz zur Abgabenordnung
EGVP	Elektronisches Gerichts- und Verwaltungspostfach
ErbStG	Erbschaftsteuergesetz
ERP	Enterprise-Resource-Planning
EStB	Der Ertrag-Steuer-Berater (Zs.)
E-	Entwurf
EStDV	Einkommensteuer-Durchführungsverordnung
EStR	Einkommensteuer-Richtlinien
EStH	Einkommensteuer-Hinweise
etc.	et cetera
EU	Europäische Union
EÜR	Einnahmen-Überschuss-Rechnung
EU-ErbVO	EU-Erbrechtsverordnung
EuGH	Europäischer Gerichtshof
EUR	Euro
e.V.	Eingetragener Verein
EuVECA VO	Europäische Venture Capital-Verordnung
EWR	Europäischer Wirtschaftsraum

F

f., ff.	folgende, fortfolgende
FA	Finanzamt
FAQ	Frequently Asked Questions
FCPE	Fonds Commun de Placement d'Enterprise
FG	Finanzgericht
FGO	Finanzgerichtsordnung
FHTP	Forum on Harmful Tax Practices
FiFo	First In – First Out
FoStoG	Fondsstandortgesetz
FR	Finanzrundschau (Zs.)
FRA	Foreign Derived Intangible Income
FTE	Vollzeitäquivalent
FVG	Finanzverwaltungsgesetz

G

GAFA	Google, Apple, Facebook, Amazon
GbR	Gesellschaft bürgerlichen Rechts
geänd.	geändert
gem.	gemäß
GewSt	Gewerbesteuer
GewStDV	Gewerbesteuer-Durchführungsverordnung
GewStG	Gewerbesteuergesetz
GG	Grundgesetz
ggf.	gegebenenfalls
gGmbH	gemeinnützige GmbH
ggü.	gegenüber
GIZ	Gesellschaft für Internationale Zusammenarbeit
gl. A.	gleicher Ansicht
GloBE	Global Anti-Base Erosion
GlüStV	Glücksspielstaatsvertrag
GmbH	Gesellschaft mit beschränkter Haftung
GmbH & Co. KG	Gesellschaft mit beschränkter Haftung & Compagnie Kommanditgesellschaft
GmbHG	Gesetz betreffend die Gesellschaften mit beschränkter Haftung
GoBD	Grundsätze zur ordnungsmäßigen Führung und Aufbewahrung von Büchern, Aufzeichnungen und Unterlagen in elektronischer Form sowie zum Datenzugriff
grds.	grundsätzlich
GrS	Großer Senat
GwG	Geldwäschegesetz
Gz.	Geschäftszeichen

H

H	Hinweis
HFR	Höchstrichterliche Finanzrechtsprechung (Zs.)
HGB	Handelsgesetzbuch
HHR	Herrmann/Heuer/Raupach
h.M.	herrschende Meinung
Hrsg	Herausgeber

I

ICC	International Civilian Consultant
ICO	Initial Coin Offering
i.d.R.	in der Regel
IDSt	Institut für Digitalisierung im Steuerrecht e.V.
IFRS	International Financial Reporting Standards
i. H. v.	in Höhe von
i. H. d.	in Höhe der
IIR	Income Inclusion Rule
Inc.	Incorperated

InflAusG	Inflationsausgleichsgesetz
inkl.	Inklusive
InsO	Insolvenzordnung
InvStG	Investmentsteuergesetz
IP	Intellectual Property
i. S.	im Sinne
ISAF	International Security Assistance Force
i. S. d.	im Sinne des
i. S. v.	im Sinne von
IuK	Informations- und Kommunikationstechnologien
ImmoWertV	Immobilienwertermittlungsverordnung
i. V. m.	in Verbindung mit
IWB	Internationales Steuer- und Wirtschaftsrecht (Zs.)
i. Z.	im Zuge

J

JStG	Jahressteuergesetz

K

KAGB	Kapitalanlagegesetzbuch
KapErhStG	Gesetz über steuerrechtliche Maßnahmen bei Erhöhung des Nennkapitals aus Gesellschaftsmitteln
KapESt	Kapitalertragsteuer
KfW	Kreditanstalt für Wiederaufbau
KG	Kommanditgesellschaft
KirchStG	Kirchensteuergesetz
KKB	Kanzler/Kraft/Bäuml
Km	Kilometer
KMU	Kleine und mittlere Unternehmen
KöMoG	Gesetz zur Modernisierung des Körperschaftsteuerrechts
KSt	Körperschaftsteuer
KStG	Körperschaftsteuergesetz
KStR	Körperschaftsteuer-Richtlinien
kW	Kilowatt
KWG	Kreditwesengesetz
kWp	Kilowatt-Peak

L

LG	Landgericht
LGR	Landwirtschaftliche Gesamtrechnung
LStDV	Lohnsteuer-Durchführungsverordnung
LStR	Lohnsteuer-Richtlinien
LTI	Long Term Incentive

M

max.	maximal
m. E.	meines Erachtens
MEUR	Millionen Euro
Mio.	Million
MLC	Multilateral Convention
MNE	Multinational Enterprise
MTR	Mutter-Tochter-Richtlinie
m.w.N.	mit weiteren Nachweisen
MwStR	Mehrwertsteuerrecht (Zs.)
MwStSystRL	Mehrwertsteuersystem-Richtlinie

N

NACHDIGAL	Nachreichen digitaler Belege
NATO	North Atlantic Treaty Organization
NEGZ	Nationales E-Government Kompetenzzentrum e.V.
n. F.	neue Fassung
NFT	Non-Fungible Tokens
NJW	Neue Juristische Wochenschrift (Zs.)
Nr.	Nummer
NRW	Nordrhein-Westfalen
NWB	Neue Wirtschafts-Briefe (Zs.)
NV	nicht veröffentlich
NZG	Neue Zeitschrift für Gesellschaftsrecht (Zs.)

O

o. a.	oben angeführt
o. Ä.	oder Ähnliche
OECD	Organisation für wirtschaftliche Zusammenarbeit und Entwicklung
OECD-MA	Musterabkommen der Organisation für wirtschaftliche Zusammenarbeit und Entwicklung
OFD	Oberfinanzdirektion
o.g.	oben genannt (e, es)
OGAW	Organismen für die gemeinsamen Anlage in Wertpapieren

P

Pkw	Personenkraftwagen

R

RaBe	Referenzierung auf Belege
RdF	Recht der Finanzinstrumente (Zs.)
RennwLottG	Rennwett- und Lotteriegesetz
Rev.	Revision

rkr.	rechtskräftig
RL	Richtlinie
RL-E	Richtlinienentwurf
Rs.	Rechtssache
Rz.	Randziffer

S

S.	Seite
s. a.	siehe auch
SBV	Sonderbetriebsvermögen
SEK	Schwedische Krone
SGB	Sozialgesetzbuch
sog.	so genannte (r, s)
SolZG	Solidaritätszuschlaggesetz
StBerG	Steuerberatungsgesetz
StBPPV	Steuerberaterplattform- und -postfachverordnung
StGB	Strafgesetzbuch
STTR	Subject to Tax Rule
StuB	Steuern und Bilanzen (Zs.)
s. w. u.	siehe weiter unten

T

TEUR	Tausend Euro
TüV	Technischer Überwachungsverein
Tz.	Textziffer

U

u. a.	unter anderem
Ubg	Die Unternehmensbesteuerung (Zs.)
u. E.	unseres Erachtens
UMSTDD	Umsatzsteuer direkt digital (Zs.)
UmwG	Umwandlungsgesetz
UmwStG	Umwandlungssteuergesetz
Unterabs.	Unterabschnitt
US	United States
USA	United States of America
USDC	USD Coin
UStAE	Umsatzsteuer-Anwendungserlass
UStDV	Umsatzsteuer-Durchführungsverordnung
UStG	Umsatzsteuergesetz
UTPR	Undertaxed Payments Rule
u. U.	unter Umständen

V

VAT	**Value Added Tax**
v.	vom
VG	Verwaltungsgericht
vGA	verdeckte Gewinnausschüttung
VGH	Verwaltungsgerichtshof
vgl.	vergleiche
v. H.	von Hundert
VWG BsGa	Verwaltungsgrundsätze Betriebsstättengewinnaufteilung
VZ	Veranlagungszeitraum

W

www	World Wide Web

Z

z. B.	zum Beispiel
ZLR	Zins- und Lizenzrichtlinie
ZPO	Zivilprozessordnung
Zs.	Zeitschrift
z. v. E.	zu versteuerndes Einkommen
zzgl.	zuzüglich

A. Digitalisierung – eine neue Welt der Steuerberatung?

(Thomas Egner/Uwe Demmler/Maximilian Vetter)

I. Hintergrund: Megatrend Digitalisierung

Die Welt der Zukunft scheint ohne fortwährende Digitalisierung nicht mehr vorstellbar. Es werden disruptive Umbrüche in allen Lebensbereichen erwartet. Auch für den Berufsstand der Steuerberatung sowie die Entwicklung des Steuerrechts generell werden einschneidende Veränderungen erwartet. Während auf der einen Seite die Digitalisierung als Motor des Geschäftsmodells Steuerberatung gesehen wird, steht auf der anderen Seite die düstere Prognose des Endes der Steuerberatung, da die Steuerdeklaration zukünftig automatisiert erfolgt.

Offen bleibt in den Diskussionen häufig das Begriffsverständnis der Digitalisierung, das zu Grunde gelegt wird. Wird eine betriebswirtschaftliche Definition herangezogen, so bedeutet Digitalisierung nach Becker und Pflaum (2019, S. 9):

„*Digitalisierung ist die strategisch orientierte Transformation von Prozessen, Produkten, Dienstleistungen bis hin zur Transformation von kompletten Geschäftsmodellen unter Nutzung moderner Informations- und Kommunikationstechnologien (IuK) mit dem Ziel, nachhaltige Wertschöpfung effektiv und effizient zu gewährleisten.*"

Dementsprechend stellen die Standardisierung und Automatisierung einen zentralen Aspekt der Digitalisierung dar. Gerade im Rahmen der Automatisierung bestehen, basierend auf *technologischen* Methoden der Künstlichen Intelligenz, erhebliche Potenziale für den Berufsstand (für einen Überblick: IDSt e.V., Fachausschuss VIII: Künstliche Intelligenz im Steuerbereich – Aus Science Fiction wird Science Fact –). Ein Blick in die Literatur (beispielhaft siehe Müller, S. 143 ff.) zeigt, dass die Inhalte und Technologien vielfältig sind: Cloud Computing in all seinen Ausprägungen, Blockchain, Business Process Modeling (BPM) und Process Mining, Business Intelligence und Robotic Process Automation (RPA) stellen nur einige Beispiele dar.

Die berufsständische Entwicklung hängt allerdings wesentlich von der Digitalisierung des Besteuerungsverfahrens sowie des materiellen Steuerrechts ab. Während bereits durch eine Reihe gesetzlicher Maßnahmen – aktuell z. B. zur digitalen Betriebsprüfung – das Besteuerungsverfahren in Ansätzen digitalisiert wurde, erweist sich die Berücksichtigung der Digitalisierung im *materiellen* Steuerrecht als deutlich schwieriger. Dies gilt sowohl für die Erfassung digitalen Wirtschaftens als auch für die digitalisierbare Ausgestaltung von Steuernormen. Spätestens seit dem BEPS-Projekt der OECD wird die steuerliche Erfassung digitaler Geschäftsmodelle diskutiert. Wann allerdings die OECD-Vorschläge im deutschen Steuerrecht konkret umgesetzt und anwendbar sind, ist noch nicht absehbar. Die Realität überholt den Gesetzgeber insofern, als bereits die steuerliche Erfassung von Geschäften in digitalen Spielwelten (Metaversen) die Steuergerichte beschäftigt. Dabei zeigt sich immer wieder, dass die Formulierung der Steuernormen ein Digitalisierungshindernis darstellt, da unbestimmte Rechtsbegriffe und Ermessensspielräume nur schwer abbildbar sind. Vor diesem Hintergrund überraschen Überlegungen nicht, Steuergesetze zukünftig in Maschinensprache abzufassen, auch wenn deren Umsetzung nicht zeitnah zu erwarten ist.

Neben der steuerrechtlichen Ebene nimmt auch die technologische Umsetzung der Kommunikation und des Datenaustausches im Beziehungsdreieck der Steuerberatung – bestehend aus Steuerberater, *Mandant* und Finanzverwaltung – erheblichen Einfluss auf das Geschäftsmodell der Steuerberatung. Durch die zum 1.1.2023 startende Steuerberaterplattform ergeben sich hier neue Möglichkeiten.

Mit dem Institut für Digitalisierung im Steuerrecht e.V. (IDSt) hat sich zudem ein Verein gegründet, der sich die Förderung der Digitalisierung im Steuer- und Abgabenrecht zum Ziel gesetzt hat. Die Mitgliederliste zeigt die Bedeutung der Thematik (www.idst.tax).

Nachfolgend soll der Versuch unternommen werden, einen Überblick über die verschiedenen Digitalisierungsthemen im Bereich der Besteuerung zu geben und so zum Nachdenken über den Einfluss der Digitalisierung auf den Berufsstand anzuregen.

II. Geschäftsmodell Steuerberatung

Die Auswirkungen der Digitalisierung auf den Berufsstand der Steuerberatung werden in der Berufspraxis und im Schrifttum ausführlich und kontrovers diskutiert. Auf der einen Seite wird von einer fehlenden Zukunftsfähigkeit des Berufs gesprochen, da weite Teile des Aufgabenspektrums des Steuerberaters digitalisierbar sind. Auf der anderen Seite werden positive Zukunftsaussichten skizziert, wenn der Steuerberater mittels Digitalisierung zusätzliche Werte schafft.

Auch die Berufsstandsvertretung in Form der Bundessteuerberaterkammer hat sich mit dem Einfluss der Digitalisierung auf den Berufsstand intensiv beschäftigt und die Zukunftsprognose „Steuerberatung 2020" herausgegeben. Der Titel impliziert jedoch die Notwendigkeit einer Aktualisierung und Fortschreibung der Analyse.

Grundsätzlich ist anzumerken, dass der Berufsstand der Steuerberater jeher einem steten Wandel unterlag und insbesondere die EDV-Unterstützung der Steuerberatung bereits seit der Gründung der Datev eG und weiterer EDV-Dienstleister zur Normalität wurde. Insofern hat der Berufsstand den Wandel der Technologien zur Datenspeicherung und -verarbeitung aktiv miterlebt und gestaltet sowie den Einsatz von Lochstreifen über Magnetbänder und Disketten/CDs hin zu internet- bzw. cloudbasierten Diensten mit den resultierenden Prozessanpassungen im Kanzleialltag gemeistert.

Es stellt sich die Frage, weshalb nunmehr der aktuelle Digitalisierungsschub eine Gefährdung des Geschäftsmodells der Steuerberatung darstellen soll. Ursächlich hierfür scheint, dass der bisherige technologische Wandel das Geschäftsmodell der Steuerberatung nicht grundsätzlich tangiert hatte. Die durch den Steuerberater zu erbringenden Vorbehaltsaufgaben haben sich inhaltlich kaum geändert, lediglich die Abwicklungstechnik unterlag dem Wandel. Der aktuelle Digitalisierungsschub könnte jedoch dazu führen, dass sich die Struktur des Tätigkeitsprofils des Steuerberaters grundlegend verändert, weil ein (erheblicher) Teil seiner bisherigen Tätigkeiten aufgrund der Automatisierung keinen vergütungsrelevanten Mehrwert mehr schafft. Digitale Belege werden automatisch verbucht, die Kontierung erfolgt mittels künstlicher Intelligenz und die Steuerdeklaration der Umsatz-, Lohn- und Einkommensteuer bedarf auch kaum menschlichen Zutuns, da die digital vorliegenden Daten softwarebasiert miteinander vernetzt werden. Die vorausgefüllte Steuererklärung ist hier nur ein erster Schritt. Das Auftreten neuer Wettbewerber aus dem Bereich der Software- und Applikationsanbieter verschärft dieses Problem, auch wenn diese Anwendungen derzeit meist nur in der Lage sind, einfache Fälle zu lösen.

Als Reaktion hierauf wird seitens der Steuerberaterkammern bereits seit langem die Stärkung der vereinbaren Tätigkeiten gefordert, in der Regel in Form der Betriebswirtschaftlichen Beratung. Aufgrund seiner zentralen Stellung und dem damit verbundenen Zugriff auf die unternehmensrelevanten Daten des sowie dem kontinuierlichen Kontakt mit dem Mandanten verfügt der Steuerberater hier über einen Wissensvorsprung gegenüber anderen Unternehmensberatern. Im Zuge der Vernetzung der Vorsysteme des Mandanten mit der Kanzleisoftware gewinnt er dabei zunehmend Einblicke in die Prozesslandschaften seiner Mandanten. Daraus ergeben sich neue Beratungsfelder im Bereich der Digitalisierungsberatung und Prozessoptimierung. Die von der Bundessteuerberaterkammer veröffentlichten Umsatzzahlen der Steuerberater belegen eine derartige Entwicklung, wenn auch auf niedrigem Niveau. Obwohl sich weiterhin eine dominierende Stellung der Vorbehaltsaufgaben feststellen lässt, ist einer Studie der Hochschule Aalen zufolge die Nachfrage nach vereinbaren Tätigkeiten bereits gestiegen. Die Beratung digitaler Themen wird inzwischen von der Hälfte der befragten Berater angeboten (Ulrich, S. 20 ff.).

Gleichzeitig verändert sich durch die Digitalisierung auch der Marktauftritt und die lokale Wettbewerbssituation, da digitale Daten – im Unterschied zu Papierunterlagen – für die Mandanten die örtliche Bindung an den Steuerberater aufheben. Dies wird dadurch verstärkt, dass sich das Marketing zwar weiterhin stark auf das persönliche Vertrauensverhältnis zwischen Steuerberater und Mandant bezieht, die Sozialen Medien aber gerade für die jüngere Generation an Mandanten einen höheren Stellenwert aufweisen. Kanzleien sind in letzteren zunehmend aktiv, um zu informieren, aber auch um potenzielle Mandantengruppen gezielter anzusprechen. Insofern werden die Marketing-Strategien der Kanzleien angepasst und um Online-Marketing-Kanäle wie Facebook, Instagram, TikTok oder Berufsportale erweitert. Bei konsequenter Weiterführung dieses Gedankens darf in Zukunft auch zu überlegen sein, inwieweit die Steuerberatung in den virtuellen Welten eine Rolle spielen könnte. Braucht es für das Metaversum einen Steuerberater-Avatar? Oder lassen sich durch die Metaverse-Kanzlei Mandate gewinnen? Oder kann mit einem solchen zumindest das Interesse am Berufsstand der Steuerberatung geweckt werden? Zumindest haben große Steuerberatungsgesellschaften bereits Workshops in der virtuellen Welt für Studierende im Angebot.

Die Digitalisierung des Marktauftritts und die Präsenz in den berufsorientierten Sozialen Netzwerken, wie Xing und LinkedIn, dürften gleichwohl auch für die Gewinnung des beruflichen Nachwuchses entscheidend sein, der sowohl an die Kanzleiprozesse als auch die Außendarstellung der potenziellen Arbeitgeber weitergehende Ansprüche stellt. Insbesondere das durch Corona inzwischen weit verbreitete Arbeiten im Homeoffice bedingt digitale Kanzleistrukturen und -prozesse, um jederzeit Zugriff auf notwendige Unterlagen zu haben. Dieses veränderte Umfeld wird wiederum auch die an den Kanzleinachwuchs gestellten Kompetenzanforderungen ändern. Zwar wird weiterhin das materielle Steuerrecht im Mittelpunkt stehen, um die steuerliche Beratung qualifiziert erbringen zu können, jedoch nehmen gerade die digitalen Grundkompetenzen eine bedeutsamere Stellung ein. Dazu gehört zum Beispiel auch das Verständnis über Datenstrukturen, Prozessmanagement und Schnittstellen (siehe auch Egner/Gries/Kalb, S. 211). Daneben wird die Teamfähigkeit eine zentrale Rolle spielen, denn der Steuerberater der Zukunft wird nicht in der Lage sein, das erweiterte Tätigkeitsspektrum alleine abzubilden. Das Kanzleiteam wird insofern sein Gesicht verändern, als neben Steuerberatern, Steuerfachangestellten,

Fachassistenten auch Informatiker, Betriebswirte und Juristen eine (noch) gewichtigere Rolle spielen werden. Dem entspricht auch die Öffnung der Büroausübungsgesellschaften und Bürogemeinschaften im Zuge des „Gesetzes zur Neuregelung des Berufsrechts der anwaltlichen und steuerberatenden Berufsausübungsgesellschaften" (vgl. Kilian, S. 2577). Die Interdisziplinarität der Kanzleiteams wird entsprechend der zukünftigen Aufgaben folglich zunehmen.

Von wesentlicher Bedeutung für das Geschäftsmodell der Steuerberatung ist die Kommunikation und der Datenaustausch im Beziehungsdreieck mit dem Mandanten und der Finanzverwaltung (zum Beziehungsdreieck Egner, S. 9 ff.). Dieser sollte möglichst medienbruchfrei und sicher erfolgen, was derzeit in allen Bereichen nur bedingt gegeben ist. Zwar gehören Pendelordner in vielen Kanzleien bereits der Vergangenheit an oder werden zumindest seltener, indem Papierbelege gescannt und durch optische Erkennung (OCR) digital aufbereitet werden können, doch sind die Fallstricke im Einzelnen umfangreich, wie das Schreiben der Finanzverwaltung zu den „Grundsätze zur ordnungsmäßigen Führung und Aufbewahrung von Büchern, Aufzeichnungen und Unterlagen in elektronischer Form sowie zum Datenzugriff (GoBD)" v. 28.11.2019 (BStBl 2019 I S. 1269) zeigt. Auch die Kommunikation zur Finanzverwaltung wird zunehmend digitaler, wenn auch häufig nur einseitig in Richtung der Finanzverwaltung.

Welche Vor- und Nachteile bringt die Digitalisierung aber hierbei für das Geschäftsmodell Steuerberatung mit sich? Wie bereits erwähnt, reduziert die Digitalisierung den Wertschöpfungsbeitrag des Steuerberaters, wenn Tätigkeiten automatisiert ausgeführt werden können. Die Honorarbereitschaft des Mandanten wird demzufolge sinken. Der Steuerberater verfügt auf der anderen Seite zeitnah über die Daten, so dass sich das zeitliche „Gap" zwischen Sachverhaltsverwirklichung und buchtechnischer Erfassung deutlich reduziert (zu den Prozessveränderungen in der Kanzlei: Egner/Vetter, S. 610). Damit erlangt der Steuerberater einen Zeitvorteil gegenüber anderen Beratungsunternehmen und kann Mandanten zielgerichteter auch (steuer-)planerisch beraten und „monitoren". Voraussetzung ist jedoch, dass die entsprechenden Auswertungstools für die Datenanalyse zur Verfügung stehen.

Die digitale Kommunikation bedarf einer fundierten technischen Unterstützung, da beim Datenaustausch stets die Identifikation der Teilnehmer zu erfolgen hat und deren Berechtigungen zu prüfen sind. Für den Steuerberater als Vertreter des Mandanten wird dies weitgehend durch die Vollmachtsdatenbank vollzogen. Soweit sich jedoch das Beziehungsdreieck zu einem Beziehungsvieleck weiterentwickelt, weil der Datenaustausch mit weiteren privat- und öffentlichrechtlichen Institutionen erfolgen soll, wird die Identifikation und die Authentifizierung zunehmend komplexer. Ein erstes Pilotprojekt hierzu stellt NESSI (Nachweisplattform Elster Self-Sovereign Identity) in Bezug auf Kreditanträge für Selbständige dar, im Rahmen dessen Steuerpflichtige Steuerdaten verwalten und als Nachweise sicher an das Kreditinstitut übermitteln können.

Die zum 1.1.2023 startende Steuerberaterplattform könnte ebenfalls zu einer Kommunikationsplattform wachsen, die einen sicheren Datenaustausch ermöglicht. Zum 1.1.2023 wird dem Berufsstand zudem das „besondere elektronische Steuerberaterpostfach (beSt)" zur Verfügung gestellt, das zusammen mit der Steuerberaterplattform in den §§ 86c ff. StBerG verankert wurde (Gesetz zur Neuregelung des Berufsrechts der anwaltlichen und steuerberatenden Berufsausübungsgesellschaften sowie zur Änderung weiterer Vorschriften im Bereich der rechtsberatenden Berufe v. 7.7.2021, BGBl 2021 I S. 2363). Damit steht dem Berufsstand zukünftig ein sicherer Kommunikationsweg zur medienbruchfreien Datenübertragung mit der Finanzverwaltung und den Finanzgerichten zur Verfügung, die schriftformersetzend wirkt. Bis zum Start des beSt ist zudem mit der Verabschiedung der entsprechenden Verordnung zu rechnen, die in § 86f StBerG ihre Rechtsgrundlage findet. Der Referentenentwurf v. 17.8.2022 wurde bereits im August 2022 an die Verbände zur Stellungnahme verschickt. Im Mittelpunkt steht die Registrierung bei der Steuerberaterplattform, wobei hierzu i.d.R. ein elektronischer Identitätsnachweis vorliegen muss (§ 4 Abs. 3 E-StBPPV).

Die Verantwortung für die Steuerberaterplattform sowie das beSt liegt bei der Bundessteuerberaterkammer (§ 86 StBerG). Für die Kanzleiprozesse ist der Zugang zum beSt von entscheidender Bedeutung, da nur auf Grundlage der Eintragung im Berufsregister ein beSt eröffnet werden kann. Durch die Erstanmeldung wird ein öffentlicher und ein privater Postfachschlüssel erzeugt, wobei der mit einem Passwort zu schützende private Schlüssel für den Berufsträger als Zugangsberechtigung fungiert. Nach § 13 E-StBPPV darf auch Dritten der Zugriff ermöglicht werden, wobei entgegen des Wortlauts von § 13 Abs. 1 in der Begründung zur Verordnung von einer „tatsächlichen Mitteilung des privaten Schlüssels im Klartext" abgeraten und eine Berechtigungsverwaltung empfohlen wird.

Mit der Steuerberaterplattform werden insofern drei Zielsetzungen verbunden: Identifikationsföderation, Umsetzung des Onlinezugangsgesetzes und Kommunikation. Während sich die Identifikationsföderation auf die beschriebene Identifizierung und Authentifizierung für verschiedene Anwendungsbereiche bezieht, dient die Umsetzung des Onlinezugangsgesetzes der Erfüllung der Anforderung, dass die Steuerberaterkammern künftig ihre Verwaltungsaufgaben und -dienste digital anbieten kann. Die Kommunikationsebene soll auch eine Chat-Funktion mit der Finanzverwaltung enthalten und somit über die formalrechtlichen Projekte der Finanzverwaltung (NACHDIGAL, RaBe, …) hinausgehen (Kalb, S. 2429 ff.).

Inwieweit damit die Grundlage für ein digitales Kommunikationsvieleck – auch als digitales Ökosystem bezeichnet – geschaffen wird, hängt vor allem von der Alltagstauglichkeit des Systems ab. Entscheidend wird dabei die Praktikabilität der Zugriffsrechteverwaltung in den Kanzleien und Unternehmen sein. Gelingt dies, kann sich die Steuerberaterplattform insbesondere durch eine etwaige Erweiterung ihres Nutzungsumfanges und die damit verbundene Prozesseffizienz zu einem Wettbewerbsvorteil der steuerberatenden Berufe entwickeln.

Auch wenn die Digitalisierung den steuerberatenden Berufen Chancen eröffnet, so dürfen durchaus auch die Risiken nicht übersehen werden. So basiert der Erfolg des Geschäftsmodells Steuerberatung auf dem Vertrauensverhältnis zwischen Steuerberater und Mandant. Eine Gefährdung des Vertrauensverhältnisses können insbesondere Datenpannen hervorrufen. Während dies freilich auch auf Basis von Papierakten möglich ist, muss davon ausgegangen werden, dass digitale Datenlecks zu weitaus größeren Schäden führen, weil regelmäßig umfangreichere Datenbestände von einer Vielzahl von Mandanten betroffen sein können. Die Datenpannen können sich dabei sowohl auf die Datenverfügbarkeit (unbeabsichtigtes Löschen), die Datenvertraulichkeit (unbefugter Zugang) und die Datenintegrität (Manipulation der Daten) beziehen (Pfeffer/Stein, S. 387). Dem Datenschutz und der Datensicherheit muss insofern bei digitalisierten Geschäftsmodellen eine besondere Priorität beigemessen werden.

III. Einfluss auf das Kanzleimanagement

Die Veränderungen der Kommunikation und Datenverarbeitung haben wesentlichen Einfluss auf die Kanzleiprozesse, so dass sich Arbeitsumfeld und Arbeitsmethodik für die Mitarbeiter der Kanzlei verändern. Dies bedingt in der Folge zwei typische Problembereiche:

- Einführung der Position des Kanzleimanagers
- Notwendigkeit von Change Management

Während bisweilen die Kanzlei meist durch die Berufsträger selbst organisiert wurde, findet sich in den Organigrammen von Steuerberatungskanzleien vermehrt die Position des Kanzleimanagers. Gerade durch die interprofessionelle Mitarbeiterstruktur der digitalen Kanzlei der Zukunft ist die Steuerung der Kanzleiorganisation sowie die Optimierung der Arbeitsprozesse von zentraler Bedeutung. Dies umfasst auch die Verteilung von Aufgaben im Rahmen der Mandatsbetreuung. Zudem fungiert das Kanzleimanagement als Bindeglied zwischen der Kanzleiführung und den Mitarbeitern. Im Ergebnis sollen die Berufsträger entlastet werden, um im Gegenzug über mehr Beratungszeit zu verfügen.

Das Kanzleimanagement wird ferner durch neuen Arbeitsformen, insbesondere der verstärkten Nutzung des Homeoffice, anspruchsvoller. Dadurch steigen auch die Anforderungen an die IT (Einbindung des Homeoffice) und die Gewährleistung der Datensicherheit, der Datenverfügbarkeit sowie des Datenschutzes. Zudem wirft das Homeoffice eine Reihe steuerlicher Fragen auf (siehe den Beitrag von Ch. Kappelmann, B.II.2: Zweifelsfragen bei der Homeoffice-Pauschale und dem Arbeitszimmer während der Corona-Pandemie).

Das Change Management hatte bisher im Zusammenhang mit dem Berufsbild der Steuerberatung nur eine vergleichsweise geringe Bedeutung. Durch die grundlegenden Veränderungen durch die Digitalisierung (so bereits Bodmann, NWB 2016 S. 3963 ff.), innerhalb einer relativ kurzen Zeitspanne, erscheint jedoch ein Change Management zwingend, um bei der Umgestaltung der Kanzleiprozesse die Mitarbeiter „mitzunehmen". Unter Change Management wird die geplante und zielgerichtete Gestaltung von Veränderungsprozessen verstanden. Es muss somit gezielt die Akzeptanz der technischen Veränderungen gefördert werden. Voraussetzung hierfür ist regelmäßig die Vorbildfunktion der Führungskräfte sowie eine klare Zielkommunikation. Das Change Management ist insofern dem Digital Leadership zuzurechnen (Teichmann/Hüning, S. 28). Die Kanzleiführung muss insbesondere die Risikobereitschaft der Mitarbeiter und das Interesse an der digitalen Transformation wecken, um einem fehlenden „Digital Mindset" entgegenzuwirken.

IV. Digitalisierung des Besteuerungsverfahrens

Die Digitalisierung umfasst inzwischen den gesamten Besteuerungsprozess von der Steuerdeklaration bis hin zur Betriebsprüfung sowie ggf. auch die außergerichtliche und gerichtliche Durchsetzung der Interessen der Mandantschaft des Steuerberaters im Rahmen des Rechtsbehelfsverfahrens.

Während es bereits seit längerem möglich ist, Einsprüche über Elster einzulegen, scheiterte das Einlegen einer Klage zunächst an der elektronischen Signatur (FG Münster, Urteil v. 26.4.2017 - 7 K 2792/14 E, NWB RAAAG-49656). Es bestand jedoch die Möglichkeit das Elektronische Gerichts- und Verwaltungspostfach (EGVP) zu nutzen. Für die Kommunikation der Gerichte mit den Steuerberatern war demgegenüber ein sicherer elektronischer Kommunikationsweg (§ 174 Abs. 3 ZPO i.V.m. § 130a Abs. 4 ZPO) vorzuhalten. Diese Anforderung erfüllt z.B. eine De-Mail aufgrund ihrer Ende-zu-Ende-Verschlüsselung. § 52d FGO verpflichtet Steuerberater zudem, die vorbereitenden Schriftsätze auf elektronischem Weg einzureichen. Das beSt erfüllt zukünftig diese Voraussetzungen.

Es darf an dieser Stelle aber auch nicht verschwiegen werden, dass der Übergang zur Digitalisierung im Detail durchaus von Herausforderungen begleitet wird. Diese treten insbesondere bei Medienbrüchen auf. Ein beliebtes Beispiel ist die Kirchensteuer, die sich in Bayern in vielen Fällen aus der Kirchenlohnsteuer und dem Kirchgeld zusammensetzt. Während die Kirchenlohnsteuer digital erfasst wird und somit der Finanzverwaltung im Rahmen der Prüfung der Steuererklärung auch digital vorliegt, gilt dies für das Kirchgeld, das durch die örtlichen Kirchengemeinden erhoben wird, nicht. In Folge dessen kommt es regelmäßig zu dem Problem, dass die korrekten (!) Angaben des Steuerpflichtigen im Feld „Kirchensteuer" des Elster-Formulars im Wege der Bescheidung korrigiert werden und durch die digital vorliegende Kirchenlohnsteuer fehlerhaft ersetzt werden. Viele Steuerpflichtige und Steuerberater behelfen sich – auch auf Rat der Finanzverwaltung hin – mit dem Eintrag der Kirchensteuer als Spende. Dies ist materiellrechtlich fehlerhaft, wirkt sich aber nur in Fällen der Überschreitung der Spendenbegrenzung negativ für den Steuerpflichtigen aus. Zur Vermeidung fehlerhafter Bescheide und der Notwendigkeit einer Einspruchsführung zwingt die Digitalisierung bzw. die nur teilweise Digitalisierung zu einer Steuererklärung contra legem, da die Definition des Kirchgelds als Kirchensteuer nach Art. 4 Nr. 2 des bayerischen Kirchensteuergesetzes (bayr. KirchStG) eindeutig ist. Dieses einfache Beispiel zeigt deutlich die Übergangsprobleme der Digitalisierung bereits bei trivialen Sachverhalten.

Die Digitalisierung schreitet ungeachtet dessen unaufhaltsam voran, wie sich an weiteren Digitalisierungsschritten durch aktuelle Gesetzesvorhaben zeigt. So wird die E-Rechnung mit der Zielsetzung der Bekämpfung des Umsatzsteuerbetrugs einen erheblichen Digitalisierungsschub mit sich bringen, da durch die strukturierte elektronische Rechnung eine unmittelbare digitale Weiterverarbeitung möglich wird. Zwar ist die konkrete Ausgestaltung der E-Rechnung sowie deren Übermittlung an die Finanzverwaltung noch offen, doch wird es zu einer Verringerung des Anteils an der Wertschöpfungskette für den steuerberatenden Berufsstand kommen (Mehnert, S. 3). Dabei wird deutlich, dass die Anforderungen durch ein elektronisches „Massendaten-Reporting" (Kollmann, S. 51 ff.) steigen werden. Dies zeigt sich auch am Beispiel Griechenlands, das im Prinzip eine Spiegelung der kompletten Buchhaltung an die Finanzverwaltung vorsieht.

Auch mit dem zweiten Anlauf (der erste Anlauf im Rahmen des Jahressteuergesetzes 2020 ist gescheitert) zur Einführung eines § 147b AO (Regierungsentwurf eines Gesetzes zur Umsetzung der Richtlinie (EU)2021/514 des Rates vom 22.3.2021 zur Änderung der Richtlinie 2011/16/EU über die Zusammenarbeit der Verwaltungsbehörden im Bereich der Besteuerung und zur Modernisierung des Steuerverfahrensrechts v. 6.7.2022), der eine einheitliche digitale Schnittstelle für alle DV-Systeme mit sich bringen soll, wird der Datentransfer zur Finanzverwaltung weiter digitalisiert. Der Entwurf mag zwar im Detail zu kritisieren sein, es fehlt z. B. eine hinreichende Konkretisierung der betroffenen Daten bzw. die Abgrenzung zu anderen Zugriffsformen, doch wird der grundsätzlichen Idee kaum widersprochen. Nachdem § 146a AO bereits für Kassensysteme eine digitale Schnittstelle der Finanzverwaltung für Kassensysteme erforderlich machte, wird diese konzeptionelle Idee der Digitalisierung durch § 147b AO verallgemeinert. Zu beachten sind die Rechtsfolgen nach § 158 Abs. 2 AO, die bei Fehlern im Zusammenhang mit den standardisierten Datenexporten die Beweiskraft der Buchführung aufheben. Der Gegenbeweis durch den Steuerpflichtigen soll ausgeschlossen sein!

Im Ergebnis nähert sich das Besteuerungsverfahren sukzessive der medienbruchfreien Digitalisierung an. Die digitale Datenerfassung und Datenverarbeitung erlaubt die digitale Steuerdeklaration und den Zugriff der Finanzverwaltung auf alle besteuerungsrelevanten Daten (und ggf. auch darüber hinaus) im Rahmen der Betriebsprüfung.

Schwächen weist derzeit noch die Kommunikation mit der Finanzverwaltung auf. Jedoch sind auch in diesem Bereich bereits die ersten Schritte unternommen worden. So können neben der digitalen Belegnachreichung via NACHDIGAL z. B. Einsprüche über Elster eingelegt werden. Ein wesentlicher Kritikpunkt an der Finanzverwaltung bezieht sich auf die fehlende bidirektionale Datenübermittlung. Der Entwurf zum vorgenannten § 147b AO im Rahmen des aktuellen Gesetzesvorhabens wird etwa kritisiert, weil die Finanzverwaltung die Prüfungsergebnisse nicht in digital verarbeitbaren strukturierten Datensätzen rückübermitteln muss.

Neben diesen Gesetzesvorhaben sind andere Digitalisierungsschritte bereits umgesetzt und werden sukzessive für die Steuerberater von Bedeutung. So sind diese z. B. zu Verdachtsmeldungen nach § 43 GwG verpflichtet, wobei die Meldungen digital zu erfolgen haben. Dazu ist zum 1.1.2024 eine Registrierung beim elektronischen Meldeportal nach § 45 Abs. 1 GwG zwingend erforderlich.

Auch die Omnipräsenz digitaler Plattformen führt nicht nur zu einer Internationalisierung und Vereinfachung von Warenlieferungen und der Dienstleistungserbringung, sondern bringt auch Probleme in Bezug auf das Erfassen und den Vollzug von steuerlich relevanten Vorgängen, insb. in grenzüberschreitenden Konstellationen, mit sich. Da die digitalen Plattformen – die zumeist als Vermittler in Erscheinung treten – jedoch über steuerlich relevante Informationen verfügen, werden diesen im Rahmen der Überarbeitung der EU-Amtshilferichtlinie (DAC7) tiefgreifende Aufzeichnungs-, Sorgfalts- und Meldepflichten auferlegt und die grenzüberschreitende Zusammenarbeit der Steuerbehörden im Bereich der direkten Steuern weiter gestärkt (Art. 2 des Regierungsentwurfs eines Gesetzes zur Umsetzung der Richtlinie (EU)2021/514 des Rates vom 22.3.2021 zur Änderung der Richtlinie 2011/16/EU über die Zusammenarbeit der Verwaltungsbehörden im Bereich der Besteuerung und zur Modernisierung des Steuerverfahrensrechts v. 24.8.2022).

Insgesamt nehmen insbesondere die Compliance-Anforderungen an die Unternehmen sowie die mandatierten Berater zu. Dazu gehören vor allem auch Dokumentationspflichten. Zur Erfüllung dieser Pflichten kommt es vermehrt zum Einsatz digitaler Technologie. So wird z. B. der Einsatz der Blockchain-Technologie im Bereich der Umsatzsteuer und des Zolls (Risse/Gries, S. 388 ff.) oder der Verrechnungspreis-Dokumentation (z. B. Drummer/Gries/Stettner, S. 24 ff.) diskutiert.

V. Digitalisierung des materiellen Steuerrechts

Über das Besteuerungsverfahren hinaus wird auch der Einfluss der Digitalisierung auf das materielle Recht kontrovers diskutiert. Sollen die Vorteile der Digitalisierung genutzt werden, bedarf dies der Standardisierung als Voraussetzung für die Automatisierung von Prozessen. Allgemein formuliert bedeutet dies, dass Steuergesetze digitalisierungsfreundlich formuliert werden müssen. Was dabei im Detail unter „digitalisierungsfreundlich" zu verstehen ist, wird bisweilen unterschiedlich interpretiert.

Im einfachsten Fall bedeutet dies, dass die Digitalisierung des Besteuerungsprozesses nur in dem Umfang möglich ist, wie das materielle Recht dies zulässt, jedoch kein expliziter Eingriff in das materielle Recht zur Erhöhung der Digitalisierungsmöglichkeiten erfolgt. Dem steht die Ansicht gegenüber, dass bei der Formulierung neuer Gesetzesnormen die Digitalisierbarkeit zu berücksichtigen ist und als spezifische Anforderung an den Gesetzgeber zu formulieren ist (Digital-TÜV). Derartige Rechtsfolgen der Digitalisierung konnten im Rahmen der Digitalisierung des Besteuerungsverfahrens bereits beobachtet werden. So dient das Risikomanagement zur digitalen Prüfung von Steuererklärungen zur Klassifizierung der Steuererklärungen, mit dem Ziel die manuellen Prüfungshandlungen durch die Finanzbeamten auf risikobehaftete Erklärungen konzentrieren zu können. Die rechtliche Grundlage in § 88 Abs. 5 AO schränkt im Zuge dessen gleichwohl den Ermittlungsgrundsatz nach § 88 Abs. 1 AO ein, da Risiko nur einseitig als Steuerausfall definiert wird (siehe auch Egner, S. 21ff.). Demgegenüber kennt § 88 Abs. 1 AO auch eine Ermittlungspflicht zu Gunsten des Steuerpflichtigen.

Seitens der Unternehmen wird zumindest gefordert, Berichtspflichten so zu formulieren, dass sie automatisiert aus dem Rechnungswesen bzw. den ERP-System der Unternehmen erfüllbar sind. Dies bedingt, dass die Berichtspflichten eindeutig definiert sind und keine interpretationsbedürftigen Regelungen oder unbestimmte Rechtsbegriffe Verwendung finden. Im Idealfall ist eine kontenmäßige Zuordnung der zu berichtenden Daten möglich.

Allerdings gehen die Forderungen zum Teil noch deutlich weiter. So sollten nicht nur die Berichtspflichten auf unbestimmte Rechtsbegriffe und Ermessensformulierungen verzichten, sondern grundsätzlich alle steuerlichen Normen automatisierbar formuliert werden. Dies geht fließend in den Vorschlag über, Gesetzestexte zukünftig nicht mehr in menschlicher Sprache, sondern in Maschinensprache zu formulieren (sog. „code law"; siehe auch NEGZ, 2021). Dies würde die Eindeutigkeit der Regelungen gewährleisten und gleichzeitig die Möglichkeit eröffnen, anschließend den Gesetzestext für jedermann zu übersetzen. In Folge dessen dürften sich auch Rechtsstreitigkeiten über die Interpretation der Gesetzestexte weitgehend erübrigen, so dass auch die Gerichte deutlich entlastet werden würden.

Auch wenn sicherlich in absehbarer Zeit Steuergesetze in Maschinensprache nicht Realität werden, sind dennoch die Einflüsse auf das materielle Recht bereits in der Literatur diskutiert worden und in Einzelfällen auch sichtbar: die Plattform-Ökonomie (stellvertretend sei nur Amazon genannt) führte als Teil der New Economy dazu, dass Umsätze von Unternehmen aus Nicht-EU-Staaten deutlich zugenommen haben. Die umsatzsteuerliche Erfassung dieser Umsätze ist mangels inländischer Registrierung in der Vergangenheit gleichwohl häufig unterblieben. Die jüngst erfolgte Einführung des § 3 Abs. 3a UStG bezieht den Plattformbetreiber selbst in die Leistungserbringung ein, wenn durch diesen als „elektronischer Schnittstelle" der Geschäftsabschluss unterstützt wird. Dabei wird sehenden Auges der wirtschaftliche Gehalt des Sachverhalts verkannt. So will die Umsatzsteuer den Leistungsaustausch zwischen den Kontraktpartnern erfassen, greift aber im Rahmen einer Lieferkettenfiktion auf die Plattformbetreiber zu, ohne dass diese im wirtschaftlichen Sinne Kontraktpartner des Leistungsaustausches sind. Diese Vorgehensweise erscheint zwar im Ergebnis – insb. aus Praktikabilitätsgründen – auf den ersten

Blick gerechtfertigt, zeigt aber dennoch, dass wir durch die Digitalisierung gezwungen werden oder – um es wohlwollend zu formulieren – aufgrund der Digitalisierung bereit sein müssen, bisherige Besteuerungsgrundsätze aufzugeben.

Inwieweit derartige Tendenzen ein Problem darstellen, soll an dieser Stelle nicht bewertet werden. Es gilt jedoch, den Einfluss der Digitalisierung auf das materielle Recht zu beobachten und ggf. die Berücksichtigung von Besteuerungsprinzipien einzufordern.

VI. Steuerliche Folgen des Digitalen Wirtschaftens

Die Globalisierung und die Digitalisierung bilden zusammen mit dem Bedeutungsgewinn mobiler immaterieller Wirtschaftsgüter, die Grundlage der New Economy. Während die sog. Old Economy auf die Produktion von Waren ausgerichtet ist, um die Konsumbedürfnisse der Kunden zu befriedigen, konzentriert sich die New Economy auf Dienstleistungen, insbesondere auch webbasierte Dienste.

Dies hat erhebliche Folgen für die internationale Verteilung des Steuersubstrats, da die New Economy kaum lokaler Geschäftseinrichtungen bedarf, so dass die bisherigen physischen Anknüpfungspunkte der Besteuerung insbesondere im Ertragsteuerrecht nicht greifen. Den Ansässigkeitsstaaten der Kunden bleibt in der Regel allenfalls die Umsatzsteuer, wobei auch deren Erhebung mangels eines eindeutig identifizierbaren Leistungsaustausches – insb. bei Dienstleistungen – oder die Bestimmung des Leitungsortes, Probleme bereitet oder die Finanzverwaltung über keine oder unzureichende Möglichkeiten der Erfassung und Überprüfung entsprechender Transaktionen verfügt.

Vor diesem Hintergrund hat sich die OECD im Rahmen des BEPS-Projekts (Base Erosion and Profit Shifting) auch mit dem Problem der Steuersubstratverteilung im Bereich der digitalen Wirtschaft beschäftigt.

Aus diesen Ansätzen heraus wurde ein Reformvorschlag entwickelt, der auf zwei Säulen basiert:

▶ Pillar One: Verlagerung der Besteuerung in die Kundenstaaten (siehe auch den Beitrag von V. Drummer, H.I.2.: Exkurs: Besteuerung der Digitalen Wirtschaft – Säule I (Pillar One))

▶ Pillar Two: Mindestbesteuerung (siehe auch den Beitrag von R. Rein, H.I.1.: Entwurf einer Richtlinie zur Mindestbesteuerung)

Dieser Reformvorschlag ist nicht mehr allein auf die digitale Wirtschaft ausgerichtet, sondern soll auf alle international agierenden Unternehmen, die bestimmte Größen überschreiten, angewendet werden. Ursächlich hierfür ist, dass zum einen die Abgrenzung der New Economy von der Old Economy kaum trennscharf möglich ist, weil Waren- und Dienstleistungsgeschäft verschmelzen. Zum anderen hat sich die USA dagegen verwehrt, nur die digitalen Großkonzerne zu erfassen, da dies vornehmlich US-Konzerne betreffen würde („GAFA-Steuer": Google, Apple, Facebook, Amazon).

Zumindest Pillar Two ist bereits weit fortgeschritten. Die EU hat bereits einen EU-Richtlinienentwurf zur Umsetzung vorgelegt und die Bundesregierung hat im Rahmen des Dritten Steuerentlastungspaketes jüngst angekündigt, bereits jetzt mit der vereinbarten globalen Mindestbesteuerung beginnen zu wollen.

Auch wenn auf den ersten Blick die Auswirkungen begrenzt erscheinen, da nur wenige Großkonzerne betroffen sind, ergeben sich doch erhebliche Rückwirkungen für das gesamte Steuersystem. So zeigt sich, dass trotz der Verhandlungen auf OECD-Ebene, die nationalen Gesetzgeber versuchen, Anspruchsgrundlagen zur Sicherung des Steuersubstrats in den Steuergesetzen zu schaffen. Daneben nimmt auf bilateraler Ebene der Verteilungskampf um das Steuersubstrat zu, indem der Betriebsstättenbegriff ausgedehnt wird und zunehmend Regelungen zu Dienstleistungsbetriebsstätten Eingang in die Doppelbesteuerungsabkommen finden. Im Zuge dessen sind einige Staaten dazu übergangen, zum Ausgleich für die fehlende ertragsteuerliche Erfassung, umsatzsteuerähnliche Digitalsteuern einzuführen.

Auch in Deutschland ist die Finanzverwaltung aktiv geworden und hat z. B. § 49 Abs. 1 Nr. 2f EStG bezüglich der in „ein inländisches öffentliches Buch oder Register" eingetragenen Rechte als Besteuerungsgrundlage herangezogen, selbst dann, wenn über die Eintragung hinaus kein inländischer Anknüpfungspunkt der Besteuerung gegeben ist. Allerdings soll diese Regelung durch das Jahressteuergesetz 2022 eingeschränkt werden, nachdem bereits durch das BMF-Schreiben v. 21.2.2021 (BStBl 2021 I S. 301, mit zeitlich verlängertem Anwendungsbereich (30.6.2023) durch BMF-Schreiben v. 29.6.2022, BStBl 2022 I S. 957) zumindest für DBA-Fälle eine Reduktion der Steuerrisiken ausgesprochen wurde.

VII. Digitale Welt: Steuern im Metaverse

Der US-amerikanische Social-Media-Konzern Facebook Inc. benannte sich am Ende des vergangenen Jahres in Meta Platforms Inc. um, wobei als damit verbundenes Ziel die Transformation in ein Metaverse-Unternehmen ausgerufen wurde. Unter dem Sammelbegriff Metaverse – der Begriff geht wohl auf den Roman „Snow Crash" von Neal Stephenson zurück – sind virtuelle Parallelwelten zu verstehen, innerhalb derer Menschen mittels Avataren Handlungen vollziehen und Aktivitäten nachgehen können. Derartige Metaversen finden sich oftmals bei Online-Rollenspielen und umfassen Aspekte von Sozialen Netzwerken, die sich in ihrer Ausgestaltung jedoch zum Teil stark unterscheiden (siehe auch Dietsch, S. 378).

Das erste nennenswerte Metaversum ist dem Spiel „Second Life" zuzuordnen. Wie der Name bereits vorwegnimmt, können die Benutzer über ihre Avatare im Metaverse wie in einem „zweiten Leben" miteinander interagieren, indem sie u. a. Kommunikationen führen, Veranstaltungen organisieren und durchführen, virtuelle Gegenstände erschaffen und damit handeln. Second Life verfügt dabei über eine eigene Währung, den Linden-Dollar. Im Grunde genommen sind in einem Metaverse je nach Ausgestaltung alle Handlungen denkbar, die auch in der Realität vollzogen werden können oder auch solche, die in der Realität nicht abbildbar sind. Dies macht es auch für Unternehmen attraktiv in den Metaversen präsent zu sein, um dort u. a. Werbung zu schalten oder virtuelle Dienste oder Gegenstände (auch als NFT = Non-Fungible Tokens) zu vertreiben.

Dabei stellt sich zwangsläufig die Frage nach den steuerlichen – insb. den ertrag- und umsatzsteuerlichen – Implikationen der Aktivitäten, die im Zusammenhang mit dem Metaverse vollzogen werden. Es gilt hierbei zwischen Handlungen zu unterscheiden, die innerhalb des Metaverse erfolgen, jenen in der Transition von Metaverse zur Realität und vice versa sowie Aktivitäten, die zwar einen Bezug zum Metaverse aufweisen, aber außerhalb des Spiels passieren.

TEIL A — Digitalisierung – eine neue Welt der Steuerberatung?

Bei ersteren gilt es zu würdigen, ob und inwieweit Tatbestände der realen Welt auf Sachverhalte innerhalb der Metaversen übertragen werden können. Fraglich ist, ob sich der steuerbare „Raum", den das Gesetz normiert, auch auf das Metaverse erstreckt oder dieses gänzlich außerhalb des Anwendungsbereichs des Steuerrechts verbleibt. Der V. Senat des BFH (vgl. BFH, Urteil v. 18.11.2021 - V R 38/19, BFHE 274 S. 355, NWB MAAAI-57743; siehe auch Beitrag von T. Lorenz, E.III.4: 4. „Vermietung" von virtuellem Land in einem Online-Spiel) sah sich jüngst mit einer Vorlage konfrontiert, die sich mit ebendieser Fragestellung aus umsatzsteuerlicher Perspektive befasst. Die Handlungen im Spiel selbst sah der BFH nicht als würdigungsbedürftig an. Die bloße Teilnahme am Spiel und die Interaktion mit anderen Spielern im Spielgeschehen stellten nach seiner Ansicht keine „Beteiligung am – realen – Wirtschaftsleben" dar und würden damit zu keinem Verbrauch im Sinne des Mehrwertsteuerrechts führen. Er ging offensichtlich davon aus, dass der Avatar nicht als „verlängerter Arm" des Spielers Handlungen vollzöge, der Anwendungsbereich des Umsatzsteuerrechts sich somit nicht auf Vorgänge innerhalb des Metaverse erstrecke. Der urteilende V. Senat sah stattdessen einen Umsatz erst im „Verkauf" der Linden-Dollar gegen US-Dollar. Darin sei eine steuerbare Übertragung von Lizenzrechten zu sehen. Im Ergebnis kommt es somit erst zu einer Besteuerung im Zeitpunkt der Transition des im Spiel geschaffenen Wertes in die Realität, in Form einer Umwandlung in Geld (wobei auch bestimmte diesen ähnlichen Währungen den gleichen Zweck erfüllen). Unterbleibt eine Überführung in Geld, kommt es im Umkehrschluss zu keiner Besteuerung.

Der Leistungsaustausch besteht basierend auf der Rechtsprechung des BFH folgerichtig nicht zwischen den Spielern mittels ihrer Avatare, sondern aufgrund von § 3 Abs. 11a UStG (bzw. § 3 Abs. 11 UStG vor 1.1.2015) zwischen den Spielern und dem Metaverse-Betreiber im Rahmen einer Dienstleistungskommission. Dem entgegen ging die Vorinstanz (FG Köln, Urteil v. 13.8.2019 - 8 K 1565/18, EFG 2021 S. 1058) noch von einem Leistungsaustausch im Spiel aus und erachtete die virtuelle Währung als Entgelt für eine im Rahmen des Spiels erwirkte Leistung.

Beide Gerichte sahen zutreffend als gegeben an, dass es sich bei dem Spieler, der über einen Avatar im Metaverse agierte, um einen umsatzsteuerlichen Unternehmer handelt. Das Vorliegen der Unternehmereigenschaft ist zweifelsfrei auch dann gegeben, wenn Umsätze erzielt werden, die zwar das Metaverse betreffen, aber der Leistungsaustausch außerhalb des solchen erfolgt, z. B. wenn virtuelle Gegenstände über eine Plattform außerhalb des jeweiligen Metaverse gehandelt werden und dies im Rahmen von Tauschvorgängen oder gegen Geld erfolgt, so dass die allgemeinen Regeln des Umsatzsteuerrechts greifen. Bei der Übertragung eines gesamten Accounts, also des Avatars mit all seinen Eigenschaften und zugehörigen Spielvorteilen, könnte die Auffassung vertreten werden, dass eine nichtsteuerbare Veräußerung im Ganzen nach § 1 Abs. 1a UStG vorliegt. Verfügt ein Spieler über mehrere Avatare stellen diese – unter Beachtung der Umstände des Einzelfalls – ggf. umsatzsteuerliche Teilbetriebe dar.

Im Bereich der Ertragsteuern stellen sich die vorgenannten Überlegungen gleichsam. Auch hier gilt es Sachverhalte zu würdigen, die über Avatare im Metaverse vollzogen werden. Bei Vorliegen einer Gewinnerzielungsabsicht dürften regelmäßig Einkünfte aus Gewerbebetrieb vorliegen. Da jedoch innerhalb des Metaverse u. a. auch lehrende und unterrichtende Tätigkeiten ausgeübt werden können, ist daneben auch eine freiberufliche Tätigkeit denkbar. Überträgt man hingegen die oben genannten Grundsätze – wonach erst im Zeitpunkt der Transition vom Metaverse in die Realität eine steuerlich zu würdigende Handlung vorläge – stünde zwar der Vertragspartner in Form des Metaversebetreibers stets fest, es ergäben sich jedoch weiterführende

Folgefragen. Während bei einem Einnahmen-Überschuss-Rechner die Folgen insofern praktikabel erscheinen mögen, stellt sich bei einem Bilanzierer u. a. die Frage, wie ein werthaltiger Spielfortschritt zu bewerten sei. Wurde dieser selbst geschaffen, dürfte ein Ansatz als selbstgeschaffenes immaterielles Wirtschaftsgut aufgrund von § 5 Abs. 2 EStG regelmäßig ausscheiden. Bei erworbenen immateriellen Wirtschaftsgütern, die aufgrund von Vorkommnissen in der Spielwelt eine voraussichtlich dauernde Wertminderung annehmen lassen, könnte jedoch eine Teilwertabschreibung thematisiert werden.

Vorgänge mit Metaversebezug, die jedoch außerhalb des Metaverse erfolgen, sind nach den allgemeinen Regelungen des Ertragsteuerrechts zu beurteilen. Im Hinblick auf den Account gilt es in Analogie zum Umsatzsteuerrecht zu prüfen, ob die Voraussetzungen eines (Teil-)Betriebs erfüllt werden und bejahendenfalls die daran anknüpfenden Sonderbestimmungen greifen.

Der Komplex Metaverse wirft zahlreiche, derzeit noch ungeklärte steuerliche Fragen auf, wobei die Vorgenannten freilich nur einen kleinen Auszug darstellen. Die Rechtsprechung des V. Senats des BFH kann dabei als erster Näherungsversuch erachtet werden. Mag die besagte Judikatur aus Praktikabilitätsgründen zwar erfreulich erscheinen, vermag der BFH gleichwohl nicht überzeugend darzulegen, warum innerhalb einer Spielwelt kein verbrauchsfähiger Vorteil erfolgt und ob dies für andere Metaversen analog gilt. In naher Zukunft dürften aufgrund der Komplexität und zunehmenden Relevanz des Themas, das aktuell noch in den Kinderschuhen steckt, weitere Urteile folgen.

VIII. Schlussfolgerungen

Die Digitalisierung wirkt auch in der Steuerberatung umfassend und grundlegend. Das Geschäftsmodell des Steuerberaters wird an seinen Grundfesten – den Vorbehaltsaufgaben – herausgefordert. Er muss sich daher der Herausforderung stellen und sich neue Beratungsfelder im Bereich der vereinbaren Tätigkeiten erschließen, interdisziplinärer Zusammenarbeit gegenüber offenstehen und digitale Kanäle zur Mandats- und Mitarbeitergewinnung nutzen. Im Hinblick auf das Besteuerungsverfahren soll durch das BZSt eine medienbruchfreie, sichere Kommunikation mit den Finanzgerichten ermöglicht werden. Den Rollen von digitalen Plattformen wird in zweifacher Hinsicht Rechnung getragen, indem ihnen einerseits im Rahmen von DAC7 weitere Pflichten auferlegt werden und sie andererseits in die umsatzsteuerliche Leistungserbringung qua Fiktion einbezogen werden. Bereits heute zeigt sich somit der Einfluss der Digitalisierung auf das materielle Recht, wobei derzeit noch nicht abgeschätzt werden kann, inwieweit der Einsatz von sog. „code law" Realität wird. Der Konflikt um die Frage der Besteuerung in Zeiten digitaler Geschäftsmodelle zwingt die OECD neu zu denken, was im sog. Zwei-Säulen-Modell mündete. Ungeachtet dessen lässt sich eine globale Suche nach alternativen unkonventionellen steuerlichen Anknüpfungspunkten feststellen, die einen Bruch mit bisherigen Besteuerungsprinzipien darstellt (z. B. umsatzsteuerähnliche Digitalsteuern). Abschließend bleibt die Beobachtung, dass das Metaversum als Themenkomplex in Erscheinung tritt und die Frage aufwirft, inwieweit die bestehende Steuerrechtsordnung auf die virtuelle Realität Anwendung findet.

Der vorstehende Beitrag hat nicht die Zielsetzung einen vollständigen Überblick über die Fragen der Digitalisierung zu geben. Vielmehr sollte im Rahmen eines Überblicks gezeigt werden, welche Bedeutung die Digitalisierung für den Berufsstand sowie die Besteuerung einnimmt. Dies bildet die Grundlage dafür, dass in den zukünftigen Ausgaben von *NWB Steuerrecht aktuell*, die Digitalisierung als eigenständige Rubrik neben die bestehenden steuerlichen Teilgebiete tritt und damit aktuelle Entwicklungen der Digitalisierung gebündelt dargestellt werden. Bereits in dieser Ausgabe sind einige Digitalisierungsthemen (z. B. Homeoffice; Umsatzsteuer in digitalen Spielen; Pillar I und II) enthalten, auf die im Rahmen des Beitrags verwiesen wird.

Literatur: *Becker, W./Pflaum A.*, Begriff der Digitalisierung – Extension und Intension aus betriebswirtschaftlicher Perspektive, in Becker, W. et. al. (Hrsg.): Geschäftsmodelle in der digitalen Welt, 2019, S. 3; *Bodmann, H.*, Herausforderungen der Digitalisierung für die Mitarbeiter der Steuerkanzleien, NWB 2016 S. 3963; *Dietsch D. R.*, Leistungen im Metaverse nach dem Urteil des BFH v. 18.11.2021 - V R 38/19 zu Second Life, MwStR 2022 S. 378; *Drummer, V./Gries, M./Stettner, J.*, Digitalisierung der Verrechnungspreisdokumentation mittels der Blockchain-Technologie, Rethinking Tax 05/2021 S. 24; *Egner, T.*, Digitale Geschäftsmodelle in der Steuerberatung. Zukunftsfähig bleiben im Spannungsfeld zwischen Tradition und Legal Tech, Wiesbaden 2018; *Egner, T./Gries, M./Kalb, A.*, Digitale Transformation des steuerberatenden Berufsstands, beck.digitax 2022, S. 209; *Egner, T./Vetter, M.*, Der Einfluss der Digitalisierung auf den Berufsstand der Steuerberater, BFuP 2021 S. 608; IDSt e.V./Fachausschuss VII, Künstliche Intelligenz im Steuerbereich – Aus Science Fiction wird Science Fact – (https://idst.tax/wp-content/uploads/2022/08/IDSt-Publikation-KI.pdf); *Kalb, A.*, Anwendungsstufen und Ausbaupotenziale der Steuerberaterplattform, NWB 2022 S. 2149; *Kalb, A.*, Weiterführende Informationen und Erkenntnisse zur Steuerberaterplattform, NWB 2022 S. 2427; *Kilian M.*, Die Neuregelung der interprofessionellen Berufsausübung für Rechtsanwälte, Steuerberater und Patentanwälte, NJW 2022 S. 2577; *Kollmann*, A., Steuerliches Massendaten-Reporting, Rethinking Tax 05/2021, S. 51; *Mehnert, D.*, Vorwort, Kammermitteilungen der Steuerberaterkammer Nürnberg, 03/2022, S. 2; *Müller, E.*, Tax Tech in der Praxis – Digitale Technologien und deren Anwendungsmöglichkeiten bei kleineren und mittleren Unternehmen, beck.digitax 2021, S. 143; Nationales E-Government Kompetenzzentrum e.V. (NEGZ), Digitalisierung der Gesetzgebung zur Steigerung der digitalen Souveränität des Staats, NEGZ-Bericht Nr. 19, Berlin 2021: *Pfeffer, S./Stein, S.*, Datenschutz und Datensicherheit im steuerberatenden Berufsstand – Wegbereiter oder Bremse, in Bär, Ch./Fischer, A./Gulden, H. (Hrsg.): Informationstechnologien für den steuerberatenden Berufsstand, Berlin 2016, S. 381; *Risse, R./Gries, M.*, Der Einsatz von Blockchain-Technologie in der Steuer- und Zollfunktion, beck.digitax 2020, S. 388; *Teichmann, S./Hüning, C.*, Digital Leadership – Führung neu gedacht, in: Keuper/Schomann/Sikora/Wassef (Hrsg.): Disruption und Transformation Management: Digital Leadership – Digitales Mindset – Digitale Strategie, Wiesbaden 2018, S. 23; (Hrsg.), Digitalisierung und Steuerberatung – Ergebnisse einer Online-Studie, Bd. 12 der Studienserie „Erfolgsfaktoren der Unternehmensführung", Aalen 2021 (https://www.hs-aalen.de/uploads/publication/file/10395/AAUF-Studienserie_Band_12_Digitalisierung_StB.pdf).

B. Einkommensteuerrecht

I. Gesetzgebung

1. Steuerentlastungsgesetz 2022

(Thomas Egner)

a) Überblick

Das Steuerentlastungsgesetz 2022 v. 23.5.2022 (BGBl 2022 I S. 749) beinhaltet neben der Anpassung des Einkommensteuertarifs 2022 (§ 32a EStG) vor allem die Erhöhung der Entfernungspauschale und der Werbungskostenpauschale. Daneben werden in den §§ 112 ff. EStG die Regelungen der Energiepreispauschale aufgenommen.

b) Änderungen im Einzelnen

aa) Entfernungspauschale (§ 9 Abs. 1 Satz 3 EStG)

Die Entfernungspauschale beträgt grundsätzlich nach § 9 Abs. 1 Satz 3 Nr. 4 EStG 0,30 € je Entfernungskilometer. Durch das Gesetz zur Umsetzung des Klimaschutzprogramms 2030 im Steuerrecht v. 21.12.2019 (BGBl 2019 I S. 2886) wurde für die VZ 2021 bis 2023 die Pauschale auf 0,35 € ab dem 21. Entfernungskilometer angehoben. Ab dem VZ 2024, befristet bis einschließlich VZ 2026 sollte eine weitere Anhebung auf 0,38 € ab dem 21. Entfernungskilometer erfolgen.

Die Anhebung auf 0,38 € ab dem 21. Entfernungskilometer wurde nun auf den VZ 2022 vorgezogen. Die Befristung bis 2026 wurde nicht angepasst. Gleichermaßen gilt die vorgezogene Anwendung der erhöhten Pauschale nach § 9 Abs. 1 Satz 3 Nr. 5 EStG auch für Familienheimfahrten. Durch die erhöhten Fahrtkosten können ggf. auch die für die Lohnsteuer geltend gemachten Freibeträge angepasst werden. Daneben erhöht sich auch die Mobilitätsprämie, da bei deren Bemessung auf die (angehobenen) Entfernungspauschalen abzustellen ist (§ 101 EStG).

bb) Arbeitnehmer-Pauschbetrag (§ 9a Satz 1 Nr. 1a EStG)

Der Arbeitnehmer-Pauschbetrag wird mit Wirkung vom 1.1.2022 von 1.000 € auf 1.200 € angehoben. Diese Maßnahme dient der Entbürokratisierung, um mehr steuerpflichtige Arbeitnehmer vom Nachweis der tatsächlichen Werbungskosten zu entlasten. Die Anhebung war überfällig, da die Pauschale zuletzt 2011 auf das bisherige Niveau von 1.000 € (von 920 €) angehoben wurde (BT-Drucks. 20/1333 S. 14), jedoch bereits 1990 2.000 DM betrug. Vor diesem Hintergrund ist auch davon auszugehen, dass kaum Steuerpflichtige dadurch subventioniert werden, weil tatsächlich niedrigere Werbungskosten vorliegen. Das Gegenteil dürfte zutreffen, indem gerade bei niedrigen tatsächlichen Werbungskosten häufig auf den Nachweis aufgrund des erheblichen Aufwands des Sammelns der Belege verzichtet wird.

cc) Einkommensteuertarif (§ 32a Abs. 1 EStG)

Die niedrigen Inflationswerte der letzten Jahre haben das Problem der kalten Progression in den Hintergrund geraten lassen. Die Anpassungen des Einkommensteuertarifs in § 32a EStG erfolgte für 2022 zunächst durch das Zweite Familienentlastungsgesetz v. 1.12.2020 (BGBl 2020 I S. 2616) je nach Tarifstufe zwischen 1,2 % und 2,5 %. Aufgrund der erhöhten Inflationswerte wurde der Tarif für 2022 noch einmal angepasst, indem der Grundfreibetrag um 363 € auf 10.347 € erhöht wurde. Der Anhebung liegt eine geschätzte Inflationsrate für 2022 von 3 % zugrunde (BT-Drucks. 20/1333 S. 12), was zweifelsohne zu niedrig bemessen ist. Die anderen Tarifstufen wurden demgegenüber nicht angepasst. Dies ist verfassungsrechtlich nicht zu beanstanden, da das BVerfG nur für das Existenzminimum die Steuerfreiheit postuliert hat. Insofern ist eine Anpassung an die Inflation zwingend vorzunehmen. Der Tarifverlauf jenseits des Grundfreibetrags steht demgegenüber im Ermessen des Gesetzgebers.

Im Ergebnis kommt es dadurch jedoch jenseits des Grundfreibetrags zu einer Steuererhöhung (sog. kalte Progression). Es ist derzeit zwischen den Regierungsparteien streitig, inwieweit diese Steuererhöhung zu korrigieren ist. Der Begriff „Entlastung" im Kontext der kalten Progression ist auf jeden Fall fehl am Platz. Zum Ausgleich der kalten Progression wäre der gesamte Tarif „auf Rollen zu stellen".

Als Folgeänderungen wurden entsprechend in § 39b Abs. 2 Satz 7 EStG (Lohnsteuererhebung in den Steuerklassen V und VI) und § 46 Abs. 2 Nr. 3 und 4 EStG (Veranlagung bei Bezug von Einkünften aus nichtselbständiger Arbeit) sowie § 50 Abs. 2 Satz 2 Nr. 4a EStG (Lohnsteuer bei beschränkt steuerpflichtigen Arbeitnehmern) die Grenzen angepasst. Daneben ergibt sich auch aus der Erhöhung des Grundfreibetrags eine Auswirkung auf die Bemessung der Mobilitätsprämie (Seifert, StuB 2022 S. 511).

dd) Kindergeld (§ 66 EStG)

Nachdem bereits 2021 für den Monat Mai ein einmaliger Zusatzbetrag von 150 € nach § 66 Abs. 1 Satz 2 EStG zur Auszahlung kam, wird dies für den Monat Juli 2022 mit einem ermäßigten Zusatzbetrag („Kinderbonus") von 100 € wiederholt. Sinn und Zweck ist die Abfederung besonderer Härten für Familien aufgrund der gestiegenen Energiepreise (BT-Drucks. 20/1765 S. 27). Maßgebend für die Gewährung des Zusatzbetrags ist in 2022 grundsätzlich die Kindergeldberechtigung im Juli 2022, wobei gem. § 66 Abs. 1 Satz 3 EStG ein Anspruch auch besteht, wenn für das betreffende Kind in einem anderen Monat des Jahres 2022 Kindergeldanspruch besteht.

ee) Energiepreispauschale

Mit den neu eingefügten §§ 112 bis 122 EStG wird die neu geschaffene Energiepreispauschale in Höhe von einmalig 300 € im VZ 2022 geregelt (§ 112 EStG). Anspruchsberechtigt sind gem. § 113 EStG unbeschränkt Steuerpflichtige i.S.v. § 1 Abs. 1 EStG, die Einkünfte aus Land- und Forstwirtschaft (§ 13 EStG), Einkünfte aus Gewerbebetrieb (§ 15 EStG), Einkünfte aus selbständiger Tätigkeit (§ 18 EStG) oder Einkünfte aus nichtselbständiger Tätigkeit i.S. des § 19 Abs. 1 Satz 1 Nr. 1 EStG erzielen. Unerheblich ist, ob die Einkünfte positiv, negativ oder steuerfrei sind (Seifert, NWB 2022 S. 2073). Soweit die Auszahlung nicht durch den Arbeitgeber erfolgt, wird die Energiepreispauschale im Rahmen der Veranlagung 2022 festgesetzt (§ 115 EStG). Dabei wird die festgesetzte Einkommensteuer mittels Anrechnung um die Energiepreispauschale gemindert (§ 116 Abs. 1 Satz 1 EStG).

Bei Arbeitnehmern führt die Energiepreispauschale stets zu Einkünften aus nichtselbständiger Tätigkeit (§ 119 Abs. 1 Satz 1 EStG). Dies gilt jedoch nicht für Beschäftigungsverhältnisse i. S. des § 40a EStG (§ 119 Abs. 1 Satz 2 EStG). In allen anderen Fällen liegen Einkünfte nach § 22 Nr. 3 EStG vor, wobei die Freigrenze des § 22 Nr. 3 Satz 2 EStG ausdrücklich nicht anzuwenden ist (§ 119 Abs. 2 EStG).

Die Arbeitgeber verrechnen ausgezahlte Energiepreispauschalen mit der abzuführenden Lohnsteuer. Soweit die ausgezahlte Pauschale die Lohnsteuer übersteigt, erhalten die Arbeitgeber einen Ausgleich im Erstattungsverfahren (§ 117 Abs. 2 Satz 3 EStG). Im Einzelfall kann dies zu (temporären) Liquiditätsbelastungen führen. Sofern Einkommensteuer-Vorauszahlungen für den 10.9.2022 auch für Gewinneinkünfte festgesetzt wurden, ist die Festsetzung um die Energiepreispauschale auf bis zu 0 € zu mindern (§ 118 Abs. 1 EStG; siehe auch Allgemeinverfügung der Finanzbehörde Hamburg v. 9.9.2022 – S 2257-2022/002-52, NWB XAAAJ-21696). Eine Kürzung der Vorauszahlung für den 10.12.2022 um etwaige Restbeträge sieht das Gesetz nicht vor (Hörster, NWB 2022 S. 1547).

Durch die Steuerpflicht der Energiepreispauschale ergibt sich eine mit steigendem Einkommen abnehmende Entlastungswirkung. Dies ist sozialpolitisch gewollt (BT-Drucks. 20/1765 S. 23). Kritisch zu sehen ist, dass nicht alle Steuerpflichtigen anspruchsberechtigt sind. So sind bspw. Rentner, Studierende und ausschließliche Empfänger von Lohnersatz- oder Sozialleistungen nicht begünstigt (BT-Drucks. 20/1765 S. 19 f.).

2. Viertes Gesetz zur Umsetzung steuerlicher Hilfsmaßnahmen zur Bewältigung der Corona-Krise (Viertes Corona-Steuerhilfegesetz)

(Thomas Egner)

a) Überblick

Das inzwischen Vierte Corona-Steuerhilfegesetz (v. 19.6.2022, BGBl 2022 I S. 911) führt inhaltlich den eingeschlagenen Weg der vorherigen Corona-Steuerhilfegesetze weiter.

b) Änderungen im Einzelnen

aa) Corona-Bonus (§ 3 Nr. 11b EStG)

In § 3 EStG wurde mit der Nr. 11b eine neue Regelung für die Steuerfreiheit von Corona-Zahlungen eingeführt. Nachdem eine entsprechende Regelung bereits für den Zeitraum März 2020 bis März 2022 in Nr. 11a für eine begünstigte Zahlung i. H. v. 1.500 € bestand, wurde mit Nr. 11b eine ergänzende Regelung für Arbeitnehmer in bestimmten medizinischen Einrichtungen i. H. v. 4.500 € geschaffen. Damit sollen die erhöhten Belastungen und Risiken der Beschäftigten im Gesundheitswesen gewürdigt werden (BT-Drucks. 20/1906 S. 38). Die Leistung muss im Zeitraum vom 18.11.2021 bis 31.12.2022 und zusätzlich zum geschuldeten Arbeitslohn erfolgen.

Betroffen sind vor allem Krankenhäuser, aber auch Arztpraxen, Pflegeheime oder Rettungsdienste (siehe im Detail Hörster, NWB 2022 S. 1832 ff.). Die Begünstigung ist nicht auf die Pflegeberufe begrenzt, sondern findet für alle Beschäftigten Anwendung, einschließlich dem Bereich der Arbeitnehmerüberlassung.

§ 52 Abs. 4 Satz 3 bestimmt die Anwendung der Regelung auch rückwirkend für den VZ 2021.

bb) Kurzarbeitergeld (§ 3 Nr. 28a EStG)

Die Steuerbefreiung für Zuschüsse des Arbeitgebers zum Kurzarbeitergeld und Saison-Kurzarbeitergeld wird um sechs Monate bis zum 30.6.2022 verlängert. Die Begünstigung greift für Zuschüsse, die zusammen mit dem Kurzarbeitergeld nicht mehr als 80 % des Unterschiedsbetrags zwischen Soll- und Ist-Entgelt ausgleichen.

cc) Homeoffice-Pauschale

Die Möglichkeit der Inanspruchnahme der sog. Homeoffice-Pauschale des § 4 Abs. 5 Nr. 6b Satz 4 EStG (ggf. i. V. m. § 9 Abs. 5 Satz 1 EStG) wurde um ein Jahr bis zum 31.12.2022 verlängert (§ 52 Abs. 16 Satz 15 EStG). Inhaltlich wurden keine Änderungen vorgenommen.

dd) Fristverlängerung für Steuererklärungen (§ 149 AO, § 37 Abs. 3 Satz 3 EStG)

Die Steuererklärungsfristen für die VZ 2021 bis 2025 wurden verlängert (ausführlich: Baum, NWB 2022 S. 1764 ff.). Dabei ist zwischen beratenen und nicht beratenen Fällen zu differenzieren. Vorbehaltlich § 108 Abs. 3 AO ist gem. Art. 97 § 36 Abs. 3 Nr. 3 EGAO bei nicht beratenen Fällen

- für den VZ 2021 eine Abgabe bis zum 31.10.2022
- für den VZ 2022 eine Abgabe bis zum 30.9.2023
- für den VZ 2023 eine Abgabe bis zum 31.8.2024

vorzunehmen. In beratenen Fällen verlängern sich die Fristen gem. Art. 97 § 36 Abs. 3 Nr. 1 EGAO

- für den VZ 2020 auf den 31.8.2022
- für den VZ 2021 auf den 31.8.2023
- für den VZ 2022 auf den 31.7.2024
- für den VZ 2023 auf den 31.5.2025
- für den VZ 2024 auf den 30.4.2026.

Für die sich anschließenden Zeiträume gelten wieder die üblichen Erklärungspflichten nach § 149 AO (BMF, Schreiben v. 23.6.2022, BStBl 2022 I S. 938, NWB YAAAJ-16315). Durch § 52 Abs. 35d EStG werden die zeitlichen Vorgaben für die Anpassung der Vorauszahlungen in § 37 Abs. 3 EStG entsprechend angepasst. Durch § 31 Abs. 1 KStG gilt die Regelung auch für die Körperschaftsteuer (BT-Drucks. 20/1111 S. 20).

ee) Abzinsung von Verbindlichkeiten (§ 6 Abs. 1 Nr. 3 EStG)

Verbindlichkeiten waren bisher nach § 6 Abs. 1 Nr. 3 EStG abzuzinsen, wenn sie unverzinslich waren und eine Laufzeit von mindestens 12 Monaten aufwiesen. Der Zinssatz betrug 5,5 %. In Anbetracht der aktuellen Niedrigzinsphase wurde die Abzinsungspflicht aufgehoben und soll damit zur Steuervereinfachung und dem Bürokratieabbau beitragen (BT-Drucks. 20/1906 S. 45). Die Verbindlichkeiten sind unter sinngemäßer Anwendung von § 6 Abs. 1 Nr. 2 EStG zu bewerten und somit vorbehaltlich eines höheren Teilwerts im Ergebnis mit dem Nenn- bzw. Rückzahlungsbetrag anzusetzen (Riepolt, BBK 2022 S. 842). Der Verzicht auf die Abzinsung ist für alle Wirtschaftsjahre anzuwenden, die nach dem 31.12.2022 enden. Nach § 52 Abs. 12 Satz 3 EStG kann die Neuregelung auf Antrag auch auf frühere Wirtschaftsjahre angewendet werden, soweit die Bescheide noch nicht bestandskräftig sind. Der Antrag kann nur einheitlich für alle noch offenen Wirtschaftsjahre gestellt werden (Hörster, NWB 2022 S. 1835).

Rückstellungen sind von der Neuregelung nicht betroffen, weshalb in § 6 Abs. 1 Nr. 3e Satz 1 EStG eine eigenständige Abzinsungsregelung aufgenommen wurde. Der Zinssatz von 5,5 % wird beibehalten.

ff) Degressive Afa nach § 7 Abs. 2 EStG

Mit dem Vierten Corona-Steuerhilfegesetz wurde in § 7 Abs. 2 EStG die Möglichkeit der degressiven AfA für bewegliche Wirtschaftsgüter des Anlagevermögens über die Jahre 2020 und 2021 hinaus auf Anschaffungsvorgänge des Jahres 2022 ausgedehnt. Die Abschreibungsbedingungen wurden ansonsten nicht verändert. Mit der Verlängerung soll den anhaltenden pandemiebedingten wirtschaftlichen Belastungen Rechnung getragen werden und eine schnellere Refinanzierung ermöglichen und Investitionsanreize schaffen (BT-Drucks. 20/1111 S. 20 f.).

gg) (Re)Investitionsfristen nach § 6b und § 7g EStG

Für beide Vorschriften wurden die Investitionszeiträume noch einmal um ein Jahr verlängert. Soweit nach § 6b EStG bzw. § 7g EStG die Investitionsfristen in 2022 auslaufen würden, erfolgt eine Verlängerung auf 2023 (§ 52 Abs. 14 Satz 4 ff.; Abs. 16 Satz 3 ff. EStG). Dabei ist bei abweichenden Wirtschaftsjahren jeweils zu beachten, dass die Investition bis zum Ende des Wirtschaftsjahres erfolgen muss. Neben pandemiebedingten Verschiebungen von Reinvestitionen soll damit auch Lieferengpässen Rechnung getragen werden (BT-Drucks. 20/1111 S. 23).

hh) Verlustrücktrag nach § 10d Abs. 1 EStG

Der erweiterte Verlustabzug der Jahre 2020 und 2021 von 10 Mio. € bzw. 20 Mio. € bei Zusammenveranlagung wird auf die Jahre 2022 und 2023 ausgedehnt. Ab dem VZ 2024 reduziert sich der Verlustrücktrag wieder auf das Vor-Corona-Niveau von 1 Mio. € bzw. 2 Mio. €.

Darüber hinaus wird der Verlustrücktragszeitraum ab dem VZ 2022 dauerhaft auf zwei Jahre ausgedehnt (§ 10d Abs. 1 Satz 2 EStG). Dabei ist als zeitliche Reihenfolge zunächst in den VZ vor der Verlustentstehung zurückzutragen. Soweit ein Ausgleich dort nicht oder nicht vollständig möglich ist, ist auf dem vorherigen VZ zurückzutragen. Verbleibende Verluste sind vorzutragen. Das Wahlrecht für den Verlustrücktrag in § 10d Abs. 1 Satz 6 EStG (teilweiser Verlustrücktrag) wurde gestrichen, so dass nur noch insgesamt auf den Verlustrücktrag verzichtet werden kann. Der gesamte Verlust ist dann vorzutragen. Der Gesetzgeber begründet dies insbesondere mit einer Erhöhung der Komplexität im Verwaltungsverfahren aufgrund zahlreicher Änderungsveranlagungen bei Beibehaltung des Wahlrechts (BT-Drucks. 20/1111 S. 21).

Durch § 8 Abs. 1 KStG gilt die Erweiterung des Verlustrücktrags in § 10d Abs. 1 EStG auch für die Körperschaftsteuer. Gewerbesteuerlich sieht § 10a GewStG weiterhin keine Rücktragsmöglichkeit vor (Bolik/Nonnenmacher, StuB 2022 S. 485).

Die Regelung ist grundsätzlich zu begrüßen. Die Wirkung der Verlängerung des erhöhten Verlustrücktrags dürfte in seiner Wirkung jedoch begrenzt sein, da ein Rücktrag der Verluste in die meist weniger erfolgreichen Corona-Jahre nur wenig Entlastungspotenzial birgt. Die zeitliche Ausdehnung des Rücktrags wird kritisiert, da in der aktuellen Krise ebenfalls nur wenig Entlastung resultiert, da die Jahre 2020 und 2021 bei vielen Unternehmen nicht das notwendige Verrechnungspotenzial aufweisen. Eine frühere Ausdehnung sowie eine zeitlich längere Ausdehnung (z. B. auf fünf Jahre) wird deshalb häufig gefordert.

3. Referentenentwürfe

(Thomas Egner)

a) Jahressteuergesetz 2022

Am 28.7.2022 hat das BMF einen Referentenentwurf für das Jahressteuergesetz 2022 veröffentlicht. Mit den Jahressteuergesetzen passt der Gesetzgeber regelmäßig die Steuergesetze an die Rechtsentwicklung, insbesondere die Rechtsprechung des EuGH und des BFH an. Daneben enthält das Jahressteuergesetz 2022 aber auch eine Reihe von Umsetzungsmaßnahmen zum Koalitionsvertrag der Bundesregierung.

Wesentliche geplante Änderungen sind:

- ▶ Erhöhung des Sparer-Pauschbetrages in § 20 Abs. 9 EStG auf 1.000 € bzw. 2.000 € bei Ehegatten/Lebenspartnern;
- ▶ Vollständiger Abzug der Altersvorsorgeaufwendungen (§ 10 Abs. 3 EStG) ab VZ 2023;
- ▶ Steuerfreistellung des Grundrentenzuschlags;
- ▶ Erhöhung des Ausbildungsfreibetrags (§ 33a EStG) für auswärtig untergebrachte volljährige Kinder auf 1.200 €;
- ▶ Anhebung des linearen AfA-Satzes nach § 7 Abs. 4 EStG für Wohngebäude, die nach dem 31.12.2023 fertiggestellt werden, auf 3 %;
- ▶ Einschränkung der Registerfälle i. S. des § 49 Abs. 1 Nr. 2f EStG auf Rechte nach § 21 Abs. 1 Satz 1 Nr. 1 EStG.

b) Entwurf eines Gesetzes zum Ausgleich der Inflation durch einen fairen Einkommensteuertarif sowie zur Anpassung weiterer steuerlicher Regelungen (Inflationsausgleichsgesetz – InflAusG)

Am 8.9.2022 hat das BMF einen Referentenentwurf für ein Inflationsausgleichgesetz veröffentlicht (NWB IAAAJ-21649).

Danach sollen rückwirkend für das Jahr 2022 das Kinderexistenzminimum (§ 32 Abs. 6 EStG) von insgesamt 8.388 € auf 8.548 € und der Unterhaltshöchstbetrag (§ 33a Abs. 1 EStG) von 9.984 € auf 10.347 € angepasst werden.

Daneben beinhaltet der Referentenentwurf zum einen die Tarifanpassungen für 2023 und 2024. Der Grundfreibetrag soll für 2023 auf 10.633 € steigen, für 2024 auf 10.932 €. Auch die Grenzen der einzelnen Tarifzonen werden entsprechend der prognostizierten Inflation angepasst. Davon ausgenommen ist jedoch der Anwendungsbereich des Spitzensteuersatzes von 45 %, der weiterhin für zu versteuerndes Einkommen ab 277.826 € greift. Insofern kommt es durch die kalte Progression zu einer Steuererhöhung. Folgeänderungen ergeben sich für die Lohnsteuererhebung sowie die Veranlagungsgrenzen.

Zum anderen soll das Kinderexistenzminimum weiter auf 8.688 € für den VZ 2023 und 8.916 € für den VZ 2024 erhöht werden. Das Kindergeld soll ab Januar 2023 auf einheitlich 237 € für die ersten drei Kinder (wie bisher 250 € für jedes weitere Kind) erhöht werden. Der Referentenentwurf soll sich dabei an dem erwarteten Anpassungsbedarf des 14. Existenzminimumberichts und des 5. Steuerprogressionsberichts orientieren.

Die Anpassungen des Kinderfreibetrags führen auch zu einer Minderung des Solidaritätszuschlags auf die Lohnsteuer. Durch Einführung eines dynamischen Verweises in § 3 Abs. 2a SolZG erfolgt zukünftig die Anpassung automatisch, wie dies bereits bei der Veranlagung zur Einkommensteuer der Fall ist.

II. Verwaltungsanweisungen

1. Gewinnerzielungsabsicht bei kleinen Photovoltaikanlagen und vergleichbaren Blockheizkraftwerken

BMF, Schreiben v. 2.6.2021 - IV C 6 - S 2240/19/10006:006, 2021/0627224, BStBl 2021 I S. 722, NWB HAAAH-80464 und BMF, Schreiben v. 29.10.2021 - IV C 6 – S 2240/19/10006 :006, BStBl 2021 I S. 2202, NWB YAAAH-93706

(Christian Kappelmann)

a) Überblick

Das BMF hat mit Schreiben v. 2.6.2021 (IV C 6 -S 2240/19/10006:006, 2021/0627224) und Schreiben v. 29.10.2021 (IV C 6 – S 2240/19/10006 :006) Vereinfachungsregelungen für kleine Photovoltaikanlagen und Blockheizkraftwerke erlassen. Derartige Anlagen können zukünftig auf Antrag aus der Einkommensteuererklärung ausgenommen werden, da für diese vereinfachend angenommen wird, dass diese ohne Gewinnerzielungsabsicht betrieben werden.

b) Photovoltaikanlage als Liebhabereibetrieb

Mit dem BMF-Schreiben v. 2.6.2021 wurde von der Finanzverwaltung eine Vereinfachungsregelung für kleinere Photovoltaikanlagen geschaffen. Diese Regelung soll insbesondere im Bereich der Einkommensteuer eine Vereinfachung schaffen sowie aufwändige und streitanfällige Ergebnisprognosen für die Beurteilung der Gewinnerzielungsabsicht vermeiden. Die Abgabe einer Umsatzsteuererklärung ist jedoch weiterhin erforderlich.

Auf Antrag wird zukünftig für kleine Photovoltaikanlagen und vergleichbare Blockheizkraftwerke ohne weiteren Nachweis angenommen, dass bei dem Betrieb der Anlage keine Gewinnerzielungsabsicht vorliegt. Nach dem BMF-Schreiben v. 2.6.2021 war die Regelung auf Anlagen auf Ein- und Zweifamilienhäuser beschränkt. Da es jedoch erhebliche Kritik und Unklarheiten bei diesem Anwendungsbereich gab, hat das BMF mit Schreiben v. 29.10.2021 nochmals nachgebessert und die Voraussetzungen für die unter die Regelung fallenden Anlagen wie folgt konkretisiert.

c) Kleine Photovoltaikanlagen und vergleichbare Kraftwerke

Von der Regelung sind eine oder mehrere Photovoltaikanlagen mit einer installierten Gesamtleistung (i. S. des § 3 Nr. 31 EEG 2021) von bis zu 10,0 kW/kWp oder Blockheizkraftwerke mit einer installierten elektrischen Gesamtleistung von bis zu 2,5 kW umfasst. Diese Grenzen gelten pro Person bzw. pro Mitunternehmerschaft. Hat eine Person oder Mitunternehmerschaft mehrere Anlagen installiert, sind die Leistungen dieser Anlagen zusammenzufassen. Dies gilt auch für technisch voneinander getrennte Anlage, Anlagen, die auf verschiedenen Grundstücken belegen sind und Anlage, die die übrigen Voraussetzungen des BMF-Schreibens nicht erfüllen.

Von der Regelung sind zudem lediglich Photovoltaikanlagen oder Blockheizkraftwerke umfasst, die nach dem 31.12.2003 oder vor mehr als 20 Jahren (sog. ausgeförderte Anlage) in Betrieb genommen worden sind.

Die Regelung ist somit nicht mehr lediglich auf Photovoltaikanlagen oder Blockheizkraftwerke beschränkt, die auf zu eigenen Wohnzwecken genutzten Ein- oder Zweifamilienhäusern installiert sind. Der Anwendungsbereich wurde gegenüber dem Schreiben v. 2.6.2021 somit erheblich erweitert. Nun können bei Erfüllung der weiteren Voraussetzungen auch Anlagen auf Mehrfamilienhäusern sowie Anlagen, die im Eigentum eines Mieters stehen, von der Regelung profitieren.

d) Eigenverbrauch oder Einspeisung ins Stromnetz

Nach der nun mit dem BMF-Schreiben v. 29.10.2021 eingeführten Regelung wird als wesentliches Merkmal für die begünstigten Anlagen die Verwendung des Stroms herangezogen. Der produzierte Strom darf lediglich zu eigenen Wohnzwecken verwendet oder in das öffentliche Stromnetz eingespeist werden.

Aus Vereinfachungsgründen ist die Nutzung für ein häuslichen Arbeitszimmer jedoch genauso unschädlich wie der Verbrauch in vermieteten Räumen, wenn die Mieteinnahmen 520 € jährlich (Geringfügigkeitsgrenze nach R 21.2 Abs. 1 Satz 3 EStR) nicht übersteigen. Überschreiten die Mieteinnahmen diese Grenze, muss technisch ausgeschlossen sein, dass der Strom durch die Mieter genutzt werden kann. Wird zudem ein Teil der Immobilie für eine gewerbliche oder selbständige Tätigkeit mitgenutzt, schließt dies die Anwendung der Vereinfachungsregelung aus.

Sollten die o. g. Leistungsgrenzen in vereinzelten Veranlagungszeiträumen anteilig oder ganzjährig überschritten werden oder sich unterjährig die Nutzung der Anlage ändern, so ist die Vereinfachungsregelung für die jeweilige Person oder die Mitunternehmerschaft für den Veranlagungszeitraum nicht anzuwenden. Der Wegfall der Voraussetzungen sollte dem Finanzamt schriftlich mitgeteilt werden und eine entsprechende Anlage EÜR für die jeweilige Anlage nachgereicht werden.

e) Anwendungsbereich

Die Regelung ist in allen noch offenen Veranlagungszeiträumen anzuwenden, in denen die Voraussetzungen erfüllt sind. Somit können auch noch in der Vergangenheit bereits veranlagte Gewinne oder Verluste geändert werden, soweit die Veranlagungen unter dem Vorbehalt der Nachprüfung i. S. des § 164 AO stehen oder aus anderen Gründen noch geändert werden können.

Daher kann ein derartiger Antrag auch zur Folge haben, dass es bei dem Wegfall von bereits veranlagten Verlusten in der Vergangenheit zu einer Nachzahlung kommen kann. Steuerpflichtige sollten daher überprüfen, ob sich ein derartiger Antrag zu dem aktuellen Zeitraum lohnt oder ob ggf. noch die Bestandskraft von Bescheiden in der Vergangenheit abgewartet wird.

Sollte die Photovoltaikanlage nicht unter die Regelung des BMF-Schreibens fallen – sei es aufgrund der Größenmerkmale oder der Nutzung der Anlage –, so ist die Gewinnerzielungsabsicht für diese Anlage nach den allgemeinen Kriterien nach H 15.3 EStH zu bestimmen. Dementsprechend ist für diese Anlage eine Totalgewinnprognose für einen Zeitraum von 20 Jahren zu erstellen.

FAZIT:

Die mittels der BMF-Schreiben von der Finanzverwaltung geschaffene Vereinfachungsregelung stellt eine begrüßenswerte Erleichterung sowohl für Steuerpflichtige als auch für die Finanzverwaltung selbst dar. Ebenso ist die Konkretisierung und Erweiterung des Anwendungsbereiches mittels des BMF-Schreibens v. 29.10.2021 begrüßenswert, auch wenn dennoch einige Unklarheiten bestehen bleiben.

Begrüßenswert wäre zudem eine Erweiterung dieser Regelung auch für Zwecke der Umsatzsteuer für Steuerpflichtige, die nicht von der Kleinunternehmerregelung umfasst sind, da so ein „Gleichlauf" zwischen den Steuerarten hergestellt werden kann.

2. Zweifelsfragen bei der Homeoffice-Pauschale und dem Arbeitszimmer während der Corona-Pandemie

BMF, Schreiben v. 9.7.2021 - IV C 6 – S 2145/19/10006 :013, NWB UAAAH-86799

(Christian Kappelmann)

a) Überblick

Das BMF hat in einem Schreiben v. 9.7.2021 zu Zweifelsfragen bei der Anwendung der während der Corona-Pandemie eingeführten Homeoffice-Pauschale nach § 4 Abs. 5 Satz 1 Nr. 6b Satz 4 EStG sowie bei dem Abzug der Kosten für ein häusliches Arbeitszimmer Stellung genommen.

b) Homeoffice-Pauschale

Die Bundesregierung hat zur Entlastung der Beschäftigten während der Corona-Pandemie mit dem Jahressteuergesetz 2020 die Homeoffice-Pauschale eingeführt. Danach besteht die Möglichkeit gem. § 4 Abs. 5 Satz 1 Nr. 6b Satz 4 EStG einen Betrag von 5 € für jeden Tag, den der jeweilige Beschäftigte im Homeoffice verbringt abzuziehen. Der Abzug ist jedoch auf 600 €, also maximal 120 Tage, im Kalenderjahr beschränkt.

Für den Abzug ist es nicht erforderlich, dass ein separates Arbeitszimmer in der Wohnung des Steuerpflichtigen eingerichtet ist. Es ist jedoch erforderlich, dass die Tätigkeit an dem jeweiligen Tag ausschließlich von zu Hause aus ausgeübt wird und keine außerhalb belegenen Betätigungsstätten aufgesucht werden. Ein Abzug von Kosten für Fahrten zwischen Wohnung und erster Tätigkeitsstätte können somit nicht ebenfalls für den jeweiligen Tag geltend gemacht werden.

Das BMF hat nun in dem Schreiben v. 9.7.2021 die Voraussetzungen für den Abzug der Homeoffice-Pauschale näher definiert und auch zu dem Nachweis der Kosten Stellung genommen.

aa) Jeweilige Prüfung im Einzelfall

Aufgrund der besonderen Situation während der Corona-Pandemie geht das BMF davon aus, dass die Nutzung des Homeoffices nicht stets lückenlos dokumentiert worden ist. Daher sollen schlüssige Angaben des Arbeitnehmers als Nachweis für die Nutzung des Homeoffices ausreichen. Als Zeitraum für die Dauer der Corona-Pandemie definiert das BMF-Schreiben den 1.3.2020 bis zunächst zum 31.12.2021.

bb) „Kein anderer Arbeitsplatz" – nicht erforderlich

Im Gegensatz zu der Geltendmachung für Kosten des Arbeitszimmers ist es bei der Homeoffice-Pauschale nicht schädlich, dass dem jeweiligen Arbeitnehmer noch ein anderer Arbeitsplatz, z. B. ein Büro beim jeweiligen Arbeitgeber, zur Verfügung steht. Es ist somit nicht erforderlich, dass nach § 4 Abs. 5 Satz 1 Nr. 6b Satz 2 EStG kein anderer Arbeitsplatz zur Verfügung steht oder das nach § 4 Abs. 5 Satz 1 Nr. 6b Satz 3 EStG der Arbeitsplatz den Mittelpunkt der jeweiligen Tätigkeit darstellt.

cc) Geltendmachung weiterer Kosten

Das BMF stellt zudem klar, dass der Ansatz der Homeoffice-Pauschale nicht den Abzug von weiteren Kosten, wie Arbeitsmitteln, Telefon- oder Internetkosten ausschließt. Von der Homeoffice-Pauschale sind lediglich die nachfolgenden Kosten abgegolten:

- Miete,
- Gebäude-AfA, Absetzungen für außergewöhnliche technische oder wirtschaftliche Abnutzung, Sonderabschreibungen,
- Schuldzinsen für Kredite, die zur Anschaffung, Herstellung oder Reparatur des Gebäudes oder der Eigentumswohnung verwendet worden sind,
- Wasser- und Energiekosten,
- Reinigungskosten,
- Grundsteuer, Müllabfuhrgebühren, Schornsteinfegergebühren, Gebäudeversicherungen,
- Renovierungskosten.

Es sind somit die Kosten durch die Homeoffice-Pauschale abgegolten, die auch als Kosten für die Nutzung eines Arbeitszimmers abgezogen werden können.

Kosten für bereits erworbene Monats- und Jahrestickets für den öffentlichen Nahverkehr o. Ä. für beabsichtigte Fahrten zur ersten Tätigkeitsstätte sind i. H. der tatsächlichen Kosten weiterhin als Werbungskosten abziehbar. Die Günstigerprüfung gegenüber der Entfernungspauschale gem. § 9 Abs. 2 Satz 2 EStG ist weiterhin durchzuführen.

c) Arbeitszimmer

Das BMF hat zudem mit dem Schreiben v. 9.7.2021 zum Abzug von Kosten für ein häusliches Arbeitszimmer während der Corona-Pandemie näher Stellung genommen.

aa) Ein anderer Arbeitsplatz steht aus Gründen des Gesundheitsschutzes nicht zur Verfügung

Für die Erfüllung der Tatbestandsvoraussetzungen für die Geltendmachung der Kosten für das häusliche Arbeitszimmer ist mit § 4 Abs. 5 Satz 1 Nr. 6b Satz 2 EStG erfüllt, wenn der bisherige Arbeitsplatz aus Gründen des Gesundheitsschutzes während der Corona-Pandemie nicht mehr aufgesucht werden kann. Dies gilt auch, wenn die Nutzung des Homeoffices ohne eine ausdrückliche schriftliche Anweisung des Arbeitgebers erfolgte und er eigenständig den Anweisungen der Landes- und Bundesregierungen gefolgt ist.

Ein anderer Arbeitsplatz steht dem jeweiligen Arbeitnehmer nach der ständigen Rechtsprechung dann nicht mehr zur Verfügung, wenn er ihn in dem konkret erforderlichen Umfang und der konkret erforderlichen Art und Weise für seine Tätigkeit nicht nutzen kann. Dies liegt i. d. R. vor, wenn dem Arbeitnehmer dauerhaft ein Büro bei dem jeweiligen Arbeitgeber eingerichtet wurde.

bb) Mittelpunkt der Tätigkeit

Während der Corona-Pandemie geht das BMF davon aus, dass der Mittelpunkt der Tätigkeit bei der Ausübung von Tätigkeiten mit entsprechender quantitativer Bedeutung auch im Arbeitszimmer angenommen werden kann. Ob der Mittelpunkt der Tätigkeit tatsächlich im häuslichen Arbeitszimmer liegt, ist zu Nachweiszwecken anhand einer zeitlichen Prüfung für einen zusammenhängenden Zeitraum als Durchschnittsregelung im Verhältnis zur regulären Wochenarbeitszeit vorzunehmen. Dies gilt somit z. B. für den ersten Lockdown oder insgesamt seit dem Beginn der Pandemie. Ändert sich der Betriebsablauf, ist der jeweils herangezogene Zeitraum anzupassen und wiederum eine Aufteilung vorzunehmen.

Liegt der Mittelpunkt der Tätigkeit im häuslichen Arbeitszimmer, führt dies dazu, dass die anteiligen Kosten für dieses nun vollständig geltend gemacht werden können und nicht mehr die Beschränkung nach § 4 Abs. 5 Nr. 6b Satz 2 und Satz 3 EStG gilt.

PRAXISTIPP:

Auch wenn die vereinfachten Nachweisvoraussetzungen für die Homeoffice-Pauschale nun in einem BMF-Schreiben festgehalten worden sind, sollten Steuerpflichtige dennoch regelmäßig die Anzahl der Homeoffice-Tage dokumentieren. Die Finanzverwaltung geht i. d. R. bei Arbeitnehmern, die in einer Fünf-Tage-Woche arbeiten, von 230 Arbeitstagen pro Kalenderjahr aus. Bei der Addition von Homeoffice-Tagen und Tagen, an denen eine Dienstreise oder eine Fahrt zur ersten Tätigkeitsstätte angetreten worden ist, sollte diese Anzahl somit nicht überschritten werden.

3. Steuerliche Behandlung von Cum/Cum-Transaktionen

BMF, Schreiben v. 9.7.2021 - IV C 1 – S 2252/19/10035 :014, BStBl 2021 I S. 995, NWB TAAAH-83694 und BFH, Urteil v. 29.9.2021 - I R 40/17, BStBl 2021 II S. 580, NWB IAAAI-05465

(Christian Kappelmann)

a) Überblick

Mit Schreiben v. 9.7.2021 (IV C 1 – S 2252/19/10035 :014) hat das BMF zur steuerlichen Behandlung von Cum/Cum-Transaktionen Stellung genommen und gegenüber der bisherigen Verwaltungsauffassung einen Kurswechsel vorgenommen. Derartige Gestaltungen wurden nach der bisherigen Verwaltungsauffassung ausschließlich als Gestaltungsmissbrauch i. S. des § 42 AO gewürdigt. Nach dem nun erlassenen BMF-Schreiben soll nicht mehr vorrangig § 42 AO anzuwenden sein, sondern Cum/Cum-Gestaltungen bereits mangels Übergangs des wirtschaftlichen Eigentums nach § 39 Abs. 2 Satz 1 AO auf den Empfänger der Aktien scheitern.

b) Hintergrund von Cum/Cum-Gestaltungen

Als Cum/Cum-Geschäfte werden Gestaltungen bezeichnet, bei denen ausländische Anteilseigner Aktien von in Deutschland ansässigen Unternehmen kurz vor dem Dividendenstichtag an eine ebenfalls in Deutschland ansässige Person übertragen (Beyer, NWB 2021 S. 3245). Sowohl das schuldrechtliche Verpflichtungsgeschäft als auch die darauffolgende Lieferung der Aktie, mithin das Verfügungsgeschäft, erfolgen jeweils „mit Dividendenberechtigung" (cum Dividende), so dass auf den Empfänger der Aktie ebenfalls das zivilrechtliche Eigentum an dieser übergeht (BMF, Schreiben v. 17.7.2017 - IV C 1 – S 2252/15/10030: 005, BStBl 2017 I S. 986, NWB MAAAG-50630). Nach dem Dividendenstichtag werden die Aktien sowie eine Kompensationszahlung i. H. der Dividende an den bisherigen Anteilseigner geleistet. Diese Kompensationszahlung bemisst sich aus der Differenz zwischen der erhaltenen Dividende und der vergleichsweise geringen Steuerlast des inländischen Anteilseigners (Fischer, NWB 2022 S. 249).

Dividenden an im Ausland ansässige Anteilseigner, deren Schuldner Wohnsitz, Geschäftsleitung oder Sitz im Inland hat, sind nach § 49 Abs. 1 Nr. 5 Buchst. a EStG i. V. m. § 1 Abs. 2 KStG bzw. § 1 Abs. 4 EStG beschränkt steuerpflichtig. Nach vielen von Deutschland geschlossenen Doppelbesteuerungsabkommen steht Deutschland das Recht zum Quellensteuereinbehalt von 10 % bzw. 15 % auf an ausländische Anteilseigner gezahlte Dividenden zu (Art. 10 Abs. 2 Buchst. b OECD-MA).

Berechnungsbeispiel (BMF, Schreiben v. 9.7.2021 - IV C 1 - S 2252/19/10035 :014, BStBl 2021 I S. 995, Rz. 17):

Ein im Ausland ansässiger Steuerpflichtiger ist an einer inländischen Aktiengesellschaft beteiligt. Er erhält eine Ausschüttung i. H. v. 10.000 € brutto. Auf diese Ausschüttung wird nach der entsprechenden Anwendung des Art. 10 OECD-MA folgende Steuer einbehalten:

Bruttodividende	10.000 €
./. KapESt	./. 2.500 €
+ Erstattung aufgrund DBA-Regelung	+ 1.000 €
Nettoertrag	8.500 €

Dem Steuerpflichtigen steht somit ein Erstattungsanspruch i. H. v. 1.000 € zu, was zu einer endgültigen Steuerbelastung von 1.500 € (15 %) für den im Ausland ansässigen Steuerpflichtigen führt.

Da dieser Quellensteuereinbehalt nach § 50 Abs. 2 Satz 1 EStG bzw. § 32 Abs. 1 KStG für die ausländischen Anteilseigner abgeltende Wirkung hat, entsteht für diese somit eine Definitivbelastung in der Höhe dieser Quellensteuer. Inländische Anteilseigner können sich dagegen die auf die Dividenden einbehaltene Kapitalertragsteuer vollständig anrechnen lassen. Fließt einer im Ausland ansässigen Körperschaft die Ausschüttung einer Kapitalgesellschaft zu, ist diese bei einer Beteiligung von über 10 % aufgrund § 8b Abs. 1 und Abs. 5 KStG im Ergebnis zu 5 % steuerpflichtig. Während sich dagegen ein ausländischer Anteilseigner lediglich den Differenzbetrag zwischen der einbehaltenen Kapitalertragsteuer i. H. v. 25 % zzgl. Solidaritätszuschlag und dem im jeweiligen DBA festgesetzten Quellensteuersatz gem. § 50d Abs. 3 EStG erstatten lassen kann, kann der inländische Anteilseigner die einbehaltene Kapitalertragsteuer sowie den Solidaritätszuschlag – unter Einhaltung der Voraussetzungen des § 36a EStG – im Rahmen der Veranlagung vollständig anrechnen.

Durch dieses Wertpapierleihgeschäft wird somit die für den ausländischen Anteilseigner steuerpflichtige Dividende in eine nicht steuerpflichtige Kompensationszahlung umqualifiziert (BMF, Schreiben v. 9.7.2021 - IV C 1 - S 2252/19/10035 :014, BStBl 2021 I S. 995, Rz. 10), auf die keine Quellensteuer einbehalten wird.

c) Frühere Behandlung von Cum/Cum-Gestaltungen

Cum/Cum-Gestaltungen sind bereits seit langem bekannt und wurden von der Finanzverwaltung in der Vergangenheit in verschiedener Weise gewürdigt. Zwischen 1977 und 1979 wurden derartige Gestaltungen als Gestaltungsmissbrauch gem. § 42 AO gewertet (Drüen, DStR 2020 S. 1465). Durch die Einführung des § 50c EStG wurde der durch Cum/Cum-Transaktionen erlangte Steuervorteil durch Erstattung der Körperschaft- und Kapitalertragsteuer wieder ermöglicht, wenn derartige Geschäfte über eine Börse vorgenommen wurden (Spilker, FR 2017 S. 139). Nach der Abschaffung des § 50c EStG im Jahr 2001 wurde für Cum/Cum-Gestaltungen wieder geprüft, ob ein Übergang des wirtschaftlichen Eigentums ggf. gem. § 42 AO zu verneinen ist (BMF, Schreiben v. 11.11.2016 - IV C 6 – S 2134/10/1003-02, BStBl 2016 I S. 1324).

Durch die Einführung des § 36a EStG mit Wirkung zum 1.1.2016 sollten Cum/Cum-Gestaltungen durch zusätzliche Voraussetzungen für die Anrechnung von Kapitalertragsteuer, wie z. B. einer gesetzlich vorgeschriebenen Mindesthaltedauer von 91 Tagen rund um den Dividendenstichtag, erschwert werden. Für Zeiträume vor dem 1.1.2016 bestand jedoch weiterhin Unsicherheit im Hinblick auf die rechtliche Beurteilung der Cum/Cum-Gestaltungen, da das BMF zwar mit Schreiben v. 11.11.2016 zu diesen Fällen Stellung nahm, aufgrund eines entgegenstehenden Ministervotums sich jedoch die Bundesländern über die Behandlung der Cum/Cum-Gestaltungen uneinig waren und somit das BMF-Schreiben nicht anzuwenden war (Spengel, DB 2016 S. 2989; BMF, Schreiben v. 11.11.2016 - IV C 6 – S 2134/10/1003-02, BStBl 2016 I S. 1324).

Durch den Erlass von § 50j EStG und § 8b Abs. 4 KStG wurde ein positiver Steuereffekt durch Cum/Cum-Gestaltungen jedoch nahezu vollständig ausgeschlossen (Lechner/Exner, RdF 2021 S. 284).

Mit Schreiben v. 17.7.2017 (IV C 1 – S 2252/15/10030: 005, BStBl 2017 I S. 986) hat die Finanzverwaltung auf die Unsicherheiten bei der Beurteilung von Cum/Cum-Geschäften vor der Einführung des § 36a EStG zu Beginn des Jahres 2016 reagiert und diese als Gestaltungsmissbrauch i. S. des § 42 AO qualifiziert. Es liege demnach ein Missbrauch i. S. v. § 42 Abs. 2 AO vor, da durch die Geschäfte „im Wesentlichen nur ein Steuervorteil für die Parteien oder Dritte" entstehe und es somit an einem wirtschaftlich vernünftigen Grund für das Rechtsgeschäft fehle (BMF, Schreiben v. 17.7.2017 - IV C 1 – S 2252/15/10030: 005, BStBl 2017 I S. 986, Rz. 14).

Nach dem BMF-Schreiben blieb danach das wirtschaftliche Eigentum i. S. des § 39 AO an der jeweiligen Aktie weiterhin bei dem Entleiher bestehen (Brühl/Holle/Weiss, DStR 2017 S. 2093), allerdings war für den Entleiher der Teil der Kapitalertragsteuer nicht anrechenbar, der auch bei dem ursprünglichen Eigentümer als Definitivbelastung verblieben wäre (BMF, Schreiben v. 17.7.2017 - IV C 1 – S 2252/15/10030: 005, BStBl 2017 I S. 986, Rz. 17).

In der Literatur wurde zunächst positiv bewertet, dass das BMF das wirtschaftliche Eigentum an den verliehenen Aktien grundsätzlich dem Entleiher zurechnet (Helios/Lenz, DB 2017 S. 1739), obwohl der BFH in einer Entscheidung aus dem Jahr 2015 das wirtschaftliche Eigentum an einem Aktienbestand weiterhin dem Verleiher zugerechnet hatte (BFH, Urteil v. 18.8.2015 - I R 88/13, BStBl 2016 II S. 961, NWB AAAAF-41500). Kritisiert wurde hingegen, dass die negativen Konsequenzen lediglich beim Entleiher der Aktie entstehen (Helios/Lenz, DB 2017 S. 1744; Hahne, BB 2017 S. 1896).

d) BMF-Schreiben vom 9.7.2021

aa) Neue Verwaltungsauffassung

Nach dem BMF-Schreiben v. 9.7.2021 kann nun bei Vorliegen von bestimmten Kriterien das wirtschaftliche Eigentum an den übertragenen Aktien abweichend vom zivilrechtlichen Eigentum gem. § 39 Abs. 2 Nr. 1 AO beim ursprünglichen Anteilseigner der Aktien verbleiben. Dies wurde seitens des BMF damit begründet, dass „ein anderer als der zivilrechtliche Eigentümer die tatsächliche Sachherrschaft über die Aktien ausübt" (BMF, Schreiben v. 9.7.2021 - IV C 1 – S 2252/19/10035, :014, BStBl 2021 I S. 995, Rz. 11) und die mit dem Eigentum an den Aktien verbundenen Chancen und Risiken nicht auf den Erwerber bzw. Entleiher übergehen (BMF, Schreiben v. 9.7.2021 - IV C 1 – S 2252/19/10035 :014, BStBl 2021 I S. 995, Rz. 17). Nach dem BMF-Schreiben müssen dazu die nachfolgenden Kriterien erfüllt sein, die verhindern, dass Chancen und Risiken aus dem Erwerb bzw. Verleih der Aktie endgültig auf diesen übergehen:

- Der Entleiher bzw. Erwerber wird durch die vorhergehende Vereinbarung eines Rückkaufspreises oder einer Absicherung gegen Kursschwankungen geschützt;
- der Entleiher bzw. Erwerber erhält aus der erzielten Steuerersparnis ein Entgelt für seine Mitwirkung an der Durchführung der Gestaltung;
- die Aktien werden nur für eine kurze Dauer gehalten, ehe sie wieder an den ursprünglichen Anteilseigner zurückübertragen werden.

Die benannten Kriterien müssen nicht kumulativ vorliegen und können sich durch eine unterschiedlich starke Ausprägung ausgleichen (Beyer, NWB 2021 S. 3246). Sollte der Empfänger der Aktien nach dieser Prüfung dennoch auch das wirtschaftliche Eigentum erlangt haben, ist zusätzlich noch zu prüfen, ob ein Gestaltungsmissbrauch i. S. des § 42 Abs. 2 AO vorliegt (BMF, Schreiben v. 9.7.2021 - IV C 1 – S 2252/19/10035 :014, BStBl 2021 I S. 995, Rz. 17).

Sind die vorstehend genannten Kriterien erfüllt, so dass das wirtschaftliche Eigentum nicht auf den Empfänger der Aktien übergeht, so gilt dieser nicht mehr als Anteilseigner i. S. des § 20 Abs. 5 EStG, wodurch er auch nicht zur Anrechnung oder Erstattung der auf die jeweilige Dividende einbehaltenen Kapitalertragsteuer berechtigt ist. Bei unterbliebener Einbehaltung der Kapitalertragsteuer, ist diese nachzuzahlen (BMF, Schreiben v. 9.7.2021 - IV C 1 - S 2252/19/10035 :014, BStBl 2021 I S. 995, Rz. 18).

Berechnungsbeispiel (BMF, Schreiben v. 9.7.2021 - IV C 1 – S 2252/19/10035 :014, BStBl 2021 I S. 995, Rz. 20):

Der inländische Entleiher der Aktien erhält die Nettodividende in Höhe von	+ 750 €
+ Zusätzliche erhält er die Erstattung der KapESt	+ 250 €
./. 90 % der Bruttodividende werden an den Entleiher weitergeleitet	./. 900 €
./. zusätzlich zahlt er Zinsen i. H. v. anteilig 4,25 % p. a. des Aktienwertes	./. 12 €
Gewinn	88 €
Der Steuerausländer erhält die Kompensationszahlung von	+ 900 €
Sowie die Darlehenszinsen	+ 12 €
Summe:	912 €

Bei dem Verleiher der Aktien würde ohne die Cum/Cum-Transaktion lediglich 85 % der Bruttodividende verbleiben (= 850 €). Führt der ausländische Verleiher der Aktien jedoch die Cum/Cum-Transaktion durch, erzielt er einen Gewinn von 912 €, der im Inland nicht der Besteuerung unterliegt.

Rechtsfolge unter entsprechender Anwendung der Grundsätze des BMF-Schreibens:

Im Vergleich zu der vorgehenden Berechnung ist die KapESt beim Entleiher der Aktien nicht anrechenbar.

Bisheriger Gewinn des Entleihers	88 €
Rückforderung KapESt vom Entleiher:	./. 250 €
Verlust	./. 162 €
Außerbilanzielle Korrektur des sich aus der Nichtanrechnung der KapESt ergebenden bilanziellen Verlustes	+ 162 €
Verbleibendes Ergebnis:	0 €

Der Entleiher der Aktien erzielt somit – mangels Anrechenbarkeit der Kapitalertragsteuer – nach der Anwendung des BMF-Schreibens sogar einen Liquiditätsverlust von 162 € und kann diesen aufgrund der außerbilanziellen Hinzurechnung nicht steuerlich geltend machen.

bb) Unterschiede zur bisherigen Verwaltungsauffassung

Die Finanzverwaltung hat mit diesem BMF-Schreiben einen „bemerkenswerten Schwenk" (Haselmann/Holle, DStR 2021 S. 2425) hingelegt. Folgte nach der bisherigen Auffassung der Finanzverwaltung bei Cum/Cum-Gestaltungen jeweils noch das wirtschaftliche Eigentum dem zivilrechtlichen Eigentum zu dem Empfänger der Aktien, so ist dies nach der nun geäußerten Auffassung des BMF unter bestimmten Voraussetzungen nicht mehr der Fall. Die nach dem BMF-Schreiben aus dem Jahr 2017 noch vordergründig durchzuführende Prüfung, ob ein Gestaltungsmissbrauch vorliegt, ist nun lediglich noch subsidiär vorzunehmen.

Die Anrechnung der Quellensteuer wird durch diese Verwaltungsauffassung nun vollständig versagt, da der Empfänger der Aktien nicht mehr als Anteilseigner i. S. des § 20 Abs. 5 EStG gilt. In dem vorhergehenden BMF-Schreiben wurde die Anrechnung lediglich anteilig versagt, um im Ergebnis dieselbe Steuerlast zu erlangen, wie sie ohne eine Cum/Cum-Gestaltung entstanden wäre. Der nicht anrechenbare Teil der Quellensteuer kann wohl zudem nicht mehr als Betriebsausgabe geltend gemacht werden (Haselmann/Holle, DStR 2021 S. 2425).

cc) Zurechnung des wirtschaftlichen Eigentums an Aktien

(1) Grundsatz

Eine von dem zivilrechtlichen Eigentum abweichende Zuordnung des wirtschaftlichen Eigentums kommt nach § 39 Abs. 2 Nr. 1 Satz 1 AO in Betracht, wenn eine Person die tatsächliche Herrschaft über das Wirtschaftsgut ausübt und ebenfalls den zivilrechtlichen Eigentümer von der Nutzung des Wirtschaftsgutes, während dessen regulärer Nutzungsdauer, ausschließen kann. Als typische Beispiele werden nach § 39 Abs. 2 Nr. 1 Satz 2 AO der Eigenbesitz, Treuhandverhältnisse und das Sicherungseigentum genannt.

Als wesentliche Merkmale für das Innehaben des wirtschaftlichen Eigentums wurden von der Rechtsprechung dabei die folgenden Kriterien herausgestellt (BFH, Urteile v. 18.11.1970 - I 133/64, BStBl 1971 II S. 133, BFHE 100 S. 516; v. 26.2.1975 - I R 32/73, BStBl 1975 II S. 443, BFHE 115 S. 238; v. 22.5.2007 - IX R 22/06, BFH/NV 2007 S. 1836, NWB TAAAC-52585):

- die Befugnis, die jeweilige Sache zu besitzen und diese zu verwalten;
- das Recht zur Fruchtziehung aus den laufenden Erträgen der jeweiligen Sache;
- die Substanzbeteiligung, insb. das Recht zur Veräußerung auf eigene Rechnung.

Der wirtschaftliche Eigentümer muss dabei dauerhaft die tatsächliche Herrschaft über die Sache, auch ggf. entgegen dem Willen des jeweiligen zivilrechtlichen Eigentümers, ausüben können (BFH, Urteil v. 14.2.1998 - XI R 35/97, BStBl 1998 II S. 542, BFHE 185 S. 121, Rz. 23). Für die Beurteilung, wem das wirtschaftliche Eigentum obliegt, ist jeweils eine Betrachtung der Gesamtumstände im Einzelfall durchzuführen (Fu in Gosch, AO/FGO, 167. Lfg., § 39 AO, Zurechnung, Rz. 38). Maßgeblich sind dabei nicht die jeweiligen formellen Verhältnisse, sondern das wirtschaftlich Gewollte und hiernach tatsächlich Bewirkte (BFH, Urteile v. 20.7.2010 - IX R 38/09, BFH/NV 2011 S. 41, NWB DAAAD-56604; v. 20.10.2011 - IV R 35/08, BFH/NV 2012 S. 377, NWB OAAAE-00553; v. 24.1.2012 - IX R 69/10, BFH/NV 2012 S. 1099, NWB ZAAAE-10988).

(2) Kritik an der neuen Verwaltungsauffassung

Da das BMF-Schreiben auf dem Urteil des FG Hessen v. 28.1.2020 bzw. dem BFH-Urteil v. 18.8.2015 aufbaut, spiegelt sich die an diesen Urteilen geäußerte Kritik auch in der Kritik an dem BMF-Schreiben wider. In dem Fall des Übergangs des zivilrechtlichen Eigentums nach § 39 Abs. 1 AO ohne den damit einhergehenden Übergang des wirtschaftlichen Eigentums, muss die Position des zivilrechtlichen Eigentümers besonders schwach ausgeprägt sein (Weitbrecht/Strehlke-Verkühlen, BB 2021 S. 860). Das BMF möchte eine derartig schwache Position insbesondere an einer kurzen Haltedauer, dem mangelnden Liquiditätsvorteil ohne die Kompensationszahlung aus dem Erhalt der jeweiligen Aktie und dem fehlenden Übergang von Chancen und Risiken aus den übertragenen Wertpapieren erkennen (BMF, Schreiben v. 17.7.2017 - IV C 1 – S 2252/15/10030: 005, BStBl 2017 I S. 986, Rz. 12). Diese Kriterien sind jedoch für eine Beurteilung von Cum/Cum-Gestaltungen ungeeignet:

- Kurze Haltedauer: Dieses Kriterium war bereits ebenfalls im BMF-Schreiben v. 17.7.2017 im Vorgriff auf die Anwendung des § 36a EStG enthalten (BMF, Schreiben v. 17.7.2017 - IV C 1 – S 2252/15/10030 :005, BStBl 2017 I S. 986, Rz. 16). Aus einer kurzen Haltedauer lässt sich grundsätzlich jedoch noch nicht auf eine schwache Rechtsposition schließen (Lechner/Exner, RdF 2021 S. 289 f.).

- Mangelnder Liquiditätsvorteil aus der Überlassung der Aktie: Das BMF zieht als Indiz für das Vorliegen einer Cum/Cum-Gestaltung eine „Provisionszahlung" oder „Gebühr", die ggf. auch aus einer prozentualen Beteiligung an der erhaltenen Dividende bestehen kann, heran. Eine entsprechende Vergütung an den Verleiher der Aktien als Ausgleich für eine bezogene Dividende ist bei Wertpapierleihgeschäften allerdings üblich (vgl. Deutscher Rahmenvertrag für Wertpapierdarlehen, Nr. 6 Abs. 1). Dass der Entleiher der Aktie einen etwaigen Gewinn lediglich aus der Differenz zwischen Dividende und Ausgleichszahlung bezieht, ist daher kein geeignetes Kriterium, um die abweichende Zuordnung der Aktien zu begründen (Haarmann, BB 2018 S. 1623, 1631; Lechner/Exner, RdF 2021 S. 290).

- Übergang von Chancen und Risiken aus den übertragenen Wertpapieren: Bei Wertpapierdarlehen ist es üblich, dass eine oder mehrere Aktien entliehen werden und auch diese Aktien, unabhängig von dem aktuellen Kurs, an den Entleiher zurückübertragen werden. Geschuldet wird somit regelmäßig eine Aktie und nicht die Aktie zu einem bestimmten Kurswert. Daher dürfte dieses Kriterium ebenfalls nicht geeignet, um einen Übergang des wirtschaftlichen Eigentums zu begründen (Haarmann, BB 2018 S. 1623, 1631).

Die Literatur ist sich größtenteils einig, dass die Prüfung, ob die Aktien tatsächlich dem Entleiher zuzurechnen sind, besser im Rahmen des § 42 AO vorzunehmen gewesen wäre (Lechner/Exner, RdF 2021 S. 290). Denn eine abweichende Zurechnung im Rahmen des § 39 AO wirft vor allem systemische Fragen auf: Das BMF sieht zwar explizit eine Weiterverwendung der Aktien durch den Entleiher nicht als entgegenstehendes Indiz für die Verneinung des wirtschaftlichen Eigentums an (BMF, Schreiben v. 9.7.2021 - IV C 1 – S 2252/19/10035 :014, BStBl 2021 I S. 995, Rz. 14). Dennoch stellt sich in derartigen Konstellationen die Frage, wem die Aktie zuzurechnen ist, sollte der Entleiher der Aktie diese ggf. nochmals zu anderen Konditionen weiterverleihen. Dies könnte in manchen Fällen tatsächlich zu einer Verdoppelung des wirtschaftlichen Eigentums führen (Schön, RdF 2015 S. 115; Hörner/Schreiner, FR 2020 S. 911; Gill/Helios, DB 2022 S. 1286).

Dass die Prüfungskriterien des BMF ein „eklatantes Fehlverständnis von § 39 AO" (Gill/Helios, DB 2022 S. 1286) aufzeigen, verdeutlicht auch die neueste Rechtsprechung des BFH v. 29.9.2021 (I R 40/17, BStBl 2021 II S. 580). Nach diesem Urteil ist insbesondere eine kurze Haltedauer unbedeutend, da in diesem Zeitraum auch bereits wirtschaftlich relevante Wertveränderungen realisiert werden können. Maßgeblich ist nach der Auffassung des BFH in erster Linie, ob Kurschancen und -risiken auf den Erwerber übergegangen sind und nicht nur eine „leere Eigentumshülle" (BFH, Urteil v. 29.9.2021 - I R 40/17, BStBl 2021 II S. 580, Rz. 37) übereignet worden ist. Kann der Entleiher somit die Verfügungsmacht über die Aktien ausüben und andere von der Nutzung ausschließen, ist er auch als wirtschaftlicher Eigentümer anzusehen. Nach dem BFH ließe sich das im Streitfall insbesondere daran erkennen, dass Wertpapiere der gleichen Art und Güte zurückübereignet werden müssen und nicht exakt die entliehenen Wertpapiere (BFH, Urteil v. 29.9.2021 - I R 40/17, BStBl 2021 II S. 580, Rz. 41).

dd) Missbrauch rechtlicher Gestaltungsmöglichkeiten i. S. des § 42 AO

(1) Grundsatz

Ein Missbrauch von rechtlichen Gestaltungsmöglichkeiten nach § 42 AO liegt vor, „wenn eine unangemessene rechtliche Gestaltung gewählt wird, die beim Steuerpflichtigen oder einem Dritten im Vergleich zu einer angemessenen Gestaltung zu einem gesetzlich nicht vorgesehenen Steuervorteil führt". Die Beurteilung, ob ein Steuervorteil gesetzlich vorgesehen ist, wird somit nach dem Maßstab des § 42 AO in Verbindung mit der jeweils einschlägigen Norm geprüft, durch die der jeweilige Steuerpflichtige einen steuerlichen Vorteil erlangt haben soll (Drüen in Tipke/Kruse, AO/FGO, § 42 AO Rz. 8; Fischer in Hübschmann/Hepp/Spitaler, AO/FGO, § 42 AO Rz. 246 f.).

Eine Gestaltung ist demnach gem. § 42 AO unangemessen, wenn diese ihrem Zweck nach lediglich der Umgehung eines Steuergesetzes dient, welche die Parteien aus rein wirtschaftlichen Gesichtspunkten nicht wählen würden (BFH, Urteil v. 6.3.1990 - II R 88/87, BStBl 1990 II S. 446).

Ist für den jeweiligen Sachverhalt jedoch eine spezialgesetzliche Vorschrift einschlägig, so ist die Anwendung von § 42 AO in dieser Hinsicht ausgeschlossen (BFH, Urteil v. 17.11.2020 - I R 2/18, BStBl 2021 II S. 580). Kann ein Sachverhalt sowohl unter § 42 AO als auch unter eine „lex specialis" subsumiert werden, so ist die Spezialvorschrift anzuwenden (Drüen in Tipke/Kruse, AO/FGO, § 42 AO Rz. 19 f.). Sind dagegen die Voraussetzungen für die spezialgesetzliche Norm zur Verhinderung einer Steuerumgehung nicht erfüllt, so dass diese nicht zur Anwendung kommt, schließt dies nach der Auffassung des BFHs die Anwendung des § 42 AO nicht aus (BFH, Urteil v. 17.11.2020 - I R 2/18, BStBl 2021 II S. 580).

(2) Cum/Cum-Gestaltungen als Gestaltungsmissbrauch i. S. des § 42 AO?

Nach der Auffassung des FG Hessen (Urteil v. 28.1.2020 - 4 K 890/17, EFG 2020 S. 1160, Rz. 198 ff.) und auch der der Finanzverwaltung in dem BMF-Schreiben v. 9.7.2021 (IV C 1 – S 2252/19/10035 :014, BStBl 2021 I S. 995, Rz. 16 f.) sind Cum/Cum-Gestaltungen als Missbrauch von rechtlichen Gestaltungsmöglichkeiten einzustufen, sollte eine vorrangige Anwendung des § 39 Abs. 2 AO ausscheiden. In der Literatur hat diese pauschale Unterstellung des Gestaltungsmissbrauchs erhebliche Kritik hervorgerufen (Drüen, Ubg 2022 S. 67 ff.; Haarmann/Kermer, Ubg 2020 S. 501 ff.; Haarmann, BB 2018 S. 1623). Denn § 42 AO sähe eine pauschale Unterstellung für Gestaltungen als missbräuchlich nicht vor, weshalb das BMF-Schreiben über den eigentlichen Gesetzeszweck hinausginge (Drüen in Tipke/Kruse, AO/FGO, § 42 AO Rz. 3).

Bei Cum/Cum-Gestaltungen sei vielmehr eine Prüfung im Einzelfall geboten, um zu beurteilen, was die tatsächliche Intention der Beteiligten war (Spengel, DB 2020 S. 1919). Dies scheint insbesondere vor dem Hintergrund erforderlich, dass Wertpapierleihgeschäfte bereits seit Jahrzehnten in der Bankenbranche bekannte Transaktionen sind (Rau, DStR 2021 S. 6 ff.; Lechner/Exner, RdF 2021 S. 291; Drüen, DStR 2020 S. 1467 f.), die teilweise sogar gesetzlich unter bestimmten Voraussetzungen legitimiert waren. Bei derartigen Gestaltungen habe es sich um „ganz normales Bankengeschäft" (Beschlussempfehlung und Bericht des 4. Untersuchungsausschusses nach Art. 44 des GG, BT-Drucks. 18/12700 v. 20.6.2017, S. 289) gehandelt, für das die Banken sogar entsprechende Standardgutachten als Vorlage erarbeitet hatten (Florstedt, NZG 2019 S. 488, 490). Bei derartigen marktüblichen und seit Jahrzehnten etablierten Gestaltungen ist somit die Anwendung des § 42 AO auch aufgrund der bereits vorhergehenden rechtlichen Beurteilung durch die Finanzverwaltung höchst fraglich. Lediglich für atypische und besonders gelagerte Fälle scheint daher eine Anwendung des § 42 AO zulässig (Drüen, DStR 2020 S. 1476 f.).

(3) Vorrangige Anwendung der „lex specialis"

Zur Vermeidung von Cum/Cum-Gestaltungen hat der Gesetzgeber diverse Normen eingeführt. So wurden u. A. § 36a EStG, § 50j EStG, § 8b Abs. 4 und Abs. 10 KStG ins Gesetz aufgenommen, die inzwischen die Anwendung von Cum/Cum-Gestaltungen ausgeschlossen haben. Zudem soll nach der o. g. Auffassung des BMF nun ebenfalls § 39 Abs. 2 AO auf derartige Gestaltungen anwendbar sein (BMF, Schreiben v. 9.7.2021 - IV C 1 - S 2252/19/10035 :014, BStBl 2021 I S. 995). Es ist daher fraglich, ob eine Anwendung des § 42 AO neben diesen spezialgesetzlichen Vorschriften überhaupt noch in Betracht kommt.

Denn sobald der Tatbestand einer Missbrauchsverhinderungsvorschrift, wie z. B. des ab dem 1.1.2016 eingeführten § 36a EStG einschlägig ist, ist eine Anwendung von § 42 AO – wie zuvor dargestellt – ausgeschlossen (BFH, Urteil v. 17.11.2020 - I R 2/18, BStBl 2021 II S. 580). Dies gilt allerdings erst ab dem Zeitpunkt, ab dem die jeweilige Norm auch gültig war (Gosch in Kirchhof/Seer, EStG, § 36a Rz. 14; FG Hessen, Urteil v. 28.1.2020 - 4 K 890/17, EFG 2020 S. 1160, Rz. 202). Eine Anwendung des § 42 AO kommt daher grundsätzlich nur für Zeiträume vor der Einführung der spezialgesetzlichen Vorschrift § 36a EStG in Betracht und auch nur in Fällen, in denen andere Vorschriften, wie z. B. § 8b Abs. 10 KStG nicht einschlägig sind. Eine parallele Anwendung der Generalklausel § 42 AO neben einer „lex specialis" ist somit ausgeschlossen.

Nach der neuesten BFH-Rechtsprechung (BFH, Urteil v. 17.11.2020 - I R 2/18, NWB RAAAH-80465, DB 2021 S. 1313) ist eine Versagung der Anrechnung in voller Höhe ohnehin nicht mehr zu rechtfertigen (BMF, Schreiben v. 9.7.2021 - IV C 1 – S 2252/19/10035 :014, BStBl 2021 I S. 995, Rz. 16ff.). Eine Versagung der Anrechnung der Kapitalertragsteuer kommt daher nur in Höhe des Teils in Betracht, für welchen der Gesetzgeber auch in den einzelgesetzlichen Missbrauchsverhinderungsvorschriften eine Versagung der Anrechnung vorgesehen hat (Gill/Helios, DB 2022 S. 1286). Dementsprechend ist auch für Zeiträume vor Einführung des § 36a EStG maximal eine teilweise Versagung der Anrechnung der Kapitalertragsteuer möglich.

e) Pflicht zur Abgabe einer Anzeige nach § 153 AO

Mit dem Hinweis am Ende des BMF-Schreibens v. 9.7.2021, dass ggf. eine Anzeige- oder Berichtigungspflicht nach § 153 AO bei Cum/Cum-Sachverhalten besteht (BMF, Schreiben v. 9.7.2021 - IV C 1 – S 2252/19/10035 :014, BStBl 2021 I S. 995, Rz. 39), wenn diese in einer Steuererklärung unzutreffend behandelt worden sind, hat das BMF mangels Vertrauensschutzregelung einige Unruhe in der Beraterschaft ausgelöst (Fischer, NWB 2022 S. 248-254; Beyer, NWB 2021 S. 324; BMF, Schreiben v. 9.7.2021 - IV C 1 – S 2252/19/10035 :014, BStBl 2021 I S. 995, Rz. 40).

Eine „unverzügliche" Anzeigepflicht nach § 153 AO besteht grundsätzlich, wenn der Steuerpflichtige vor Ablauf der Festsetzungsfrist erkennt, dass eine von ihm oder für ihn abgegebene Erklärung unrichtig oder unvollständig ist und dass es dadurch zu einer Verkürzung von Steuern gekommen ist. Die unrichtigen bzw. unvollständigen Angaben können sich sowohl auf die tatsächlichen Angaben als auch auf deren in der Erklärung vorgenommenen rechtlichen Würdigung beziehen (Heuermann in Hübschmann/Hepp/Spitaler, AO/FGO, § 153 AO, Berichtigung von Erklärungen; Rz. 8; Schindler in Gosch, AO/FGO, § 153 AO Rz. 17). Es ist jeweils zu beurteilen, ob im Abgabezeitpunkt die Erklärung richtig oder unrichtig ist (Seer in Tipke/Kruse, AO/FGO, § 153 AO, Berichtigung von Erklärungen, Rz. 8). Eine Änderung der Rechtsprechung oder der Verwaltungsauffassung nach Abgabe der Steuererklärung löst somit keine Anzeigepflicht des Steuerpflichtigen aus (Heuermann in Hübschmann/Hepp/Spitaler, AO/FGO, § 153 AO, Berichtigung von Erklärungen, Rz. 9; Seer in Tipke/Kruse, AO/FGO, § 153 AO, Berichtigung von Erklärungen, Rz. 11; FG Berlin, Urteil v. 11.3.1998 - 6 K 6305/93, EFG 1998 S. 1166; FG München, Urteil v. 6.9.2006 - 1 K 55/06, EFG 2007 S. 161; Schindler in Gosch, AO/FGO, § 153 AO Rz. 19).

Ob eine derartige Verpflichtung den Steuerpflichtigen bzw. deren Vertretern i. S. der §§ 34 und 35 AO von der Finanzverwaltung aufoktroyiert werden kann, ist jedoch höchst fraglich (Fischer, NWB 2022 S. 254; Beyer, NWB 2021 S. 3249). Würde dies bei der Änderung einer Verwaltungsauffassung zuungunsten von Steuerpflichtigen zur gängigen Praxis, wären Steuerpflichtige durchgehend dazu verpflichtet die neuesten BMF-Schreiben zu sichten und ihre vergangenen

Steuererklärungen auf etwaige Anpassungen zu überprüfen. Dies scheint insbesondere vor dem Hintergrund fraglich, dass eine Änderung der Verwaltungsauffassung oder der Rechtsprechung zugunsten von Steuerpflichtigen bei bestandskräftigen Bescheiden nicht in Frage kommt.

Es ist daher wohl anzunehmen, dass die in dem BMF-Schreiben v. 9.7.2021 erwähnte Korrekturverpflichtung wohl mit dem speziellen Charakter von Cum/Cum-Gestaltungen in Zusammenhang steht. Auch wenn somit eine Anzeigepflicht nach § 153 AO höchst fraglich ist, sollten Betroffene in Anbetracht der im Raum stehenden Beträge überprüfen, ob sich nach der nun geäußerten Verwaltungsauffassung Änderungen gegenüber bisher abgegebenen Steuererklärungen ergeben würden, um ein etwaiges strafrechtliches Risiko zu vermeiden.

FAZIT:

Die rechtliche Beurteilung von Cum/Cum-Gestaltungen bleibt auch nach dem BMF-Schreiben v. 9.7.2021 umstritten. Insbesondere die nun vorrangig vorzunehmende Beurteilung nach § 39 AO erfährt in der Literatur umfangreiche Kritik.

Das BMF überstrapaziert dabei tatsächlich § 39 AO als Missbrauchsverhinderungsnorm. Die herangezogenen Kriterien können allenfalls dazu geeignet sein, als Indiz für Cum/Cum-Gestaltungen zu dienen. Das wesentliche Merkmal für das vom zivilrechtlichen Eigentum abweichende wirtschaftliche Eigentum, nämlich die Zurechnung von Chancen und Risiken aus dem jeweiligen Wirtschaftsgut sowie den Ausschluss des zivilrechtlichen Eigentümers von der Verfügung über dieses, wird zwar in dem BMF-Schreiben auch aufgeführt, jedoch nur als eines von mehreren Kriterien herangezogen.

Dies wohl auch deshalb, weil die Abgrenzung zwischen einer „normalen" Wertpapierleihe und einer Cum/Cum-Gestaltung nicht stets ausschließlich an diesem Kriterium festgemacht werden kann. Auch bei Cum/Cum-Gestaltungen ist – wie der dem Urteil des FG Hessen v. 28.1.2020 zugrundeliegende Sachverhalt zeigt – ggf. eine Weiterübertragung auf Dritte möglich, wodurch Chancen und Risiken aus den Kursschwankungen der Aktie gerade auch auf Seiten des Entleihers liegen. Die Gefahr besteht zudem, dass es bei diesen Gestaltungen zu einer Verdoppelung des wirtschaftlichen Eigentums kommt, wenn der Entleiher der Aktie diese ggf. noch weiterübertragen sollte. Diese systemischen Probleme zeigen daher, dass eine Beurteilung der Cum/Cum-Gestaltungen nach § 39 AO ungeeignet ist.

Vielmehr ist § 42 AO für solche Cum/Cum-Gestaltungen einschlägig, soweit die zwischenzeitlich eingeführten spezialgesetzlichen Regelungen nicht anwendbar oder nicht einschlägig sind. Die Finanzverwaltung sollte sich daher auf ihre ursprüngliche Würdigung der Cum/Cum-Gestaltungen zurückbesinnen und wieder die vorrangige Beurteilung nach § 42 AO vornehmen. Anderenfalls droht eine Überstrapazierung des § 39 AO, was zu systematischen Verwerfungen führen kann.

4. Lohnsteuerliche Behandlung der Überlassung bzw. Übertragung von Vermögensbeteiligungen ab 2021

BMF, Schreiben v. 16.11.2021 - IV C 5 - S 2347/21/10001:006, BStBl 2021 I S. 2308, NWB LAAAH-95151

(Sonja Stockburger/Johannes Stößel)

a) Hintergrund und Zielsetzung

Durch das Fondsstandortgesetz v. 10.6.2021 (NWB TAAAH-76942) sollen u. a. Vermögensbeteiligungen von Arbeitnehmern am Arbeitgeberunternehmen erleichtert werden (in Kraft ab 1.7.2021). Ziele sind u. a. die Erhöhung der Attraktivität des Besteuerungssystems, die Stärkung von Start-ups im Wettbewerb um Fachkräfte und die Erhöhung der Bindungswirkung von Mitarbeitern an das Unternehmen. Um dies zu erreichen, soll insbesondere die Versteuerung von Vermögensvorteilen (§ 8 Abs. 2 EStG) ohne Geldzufluss vermieden werden. Hierzu wurde der bereits bestehende Freibetrag in § 3 Nr. 39 EStG auf 1.440 € erhöht und § 19a EStG eingeführt. Mit dem Schreiben v. 16.11.2021 (IV C 5 – S 2347/21/10001:006, BStBl 2021 I S. 2308) hat das BMF hierzu Stellung genommen. Das BMF-Schreiben ist ab 1.1.2021 für § 3 Nr. 39 EStG und ab 1.7.2021 für § 19a EStG anwendbar. Nachfolgend werden die wesentlichen Inhalte des Schreibens, insbesondere die Neuregelung des § 19a EStG, dargestellt.

b) Unentgeltliche oder verbilligte Überlassung von Vermögensbeteiligungen – § 3 Nr. 39 EStG (Rz. 1 ff.)

aa) Grundlagen und Voraussetzungen (Rz. 1 ff.)

Der Freibetrag nach § 3 Nr. 39 EStG i. H. v. 1.440 € steht jedem unbeschränkt oder beschränkt steuerpflichtigen Arbeitnehmer zu, der in einem gegenwärtigen Dienstverhältnis i. S. des § 1 Abs. 1 und 2 LStDV steht (§ 3 Nr. 39 Satz 1 EStG). Die Steuerfreiheit kann für jedes Dienstverhältnis unabhängig und in voller Höhe in Anspruch genommen werden. Sie gilt nur bei Vorliegen eines geldwerten Vorteils und nicht bei Geldleistungen zum Erwerb einer Vermögensbeteiligung. § 2 Abs. 1 Nr. 1 Buchst. a, b und f bis l und Abs. 2 bis 5 des Fünften Vermögensbildungsgesetzes zählt abschließend die begünstigten Vermögensbeteiligungen an den Unternehmen der Arbeitgeber (Konzernbegriff des § 18 AktG ist nach § 3 Nr. 39 Satz 3 EStG anzuwenden) auf. Der mittelbare Erwerb über eine Personengesellschaft oder Bruchteilsgemeinschaft ist ebenfalls begünstigt. Dabei kann die Vermögensbeteiligung auch von Dritten (z. B. Kreditinstitut oder einem verbundenen Unternehmen) überlassen werden. Die Übernahme von Nebenkosten und Depotgebühren zählt nicht zum begünstigten Arbeitslohn.

bb) Einzubeziehende Arbeitnehmer (Rz. 13 ff.)

Weitere Voraussetzung der Steuerfreiheit ist nach § 3 Nr. 39 Satz 2 EStG, dass die Vermögensbeteiligung mindestens allen Arbeitnehmern (§ 1 LStDV) offensteht, die ein Jahr oder länger (ohne Unterbrechung) Arbeitnehmer der betroffenen Arbeitgeber sind (auch geringfügig Beschäftigte, Teilzeitbeschäftigte, Auszubildende und weiterbeschäftigte Rentner). Es ist nicht von Bedeutung, ob das betreffende Dienstverhältnis ein Haupt- oder Nebenarbeitsverhältnis darstellt.

Ebenso irrelevant ist, ob es sich um ein aktives oder ruhendes Dienstverhältnis handelt. Demzufolge sind auch Arbeitnehmer zu begünstigen, wenn sie sich z. B. in Mutterschutz oder Elternzeit befinden. Ebenfalls aus Vereinfachungsgründen bleibt die Steuerfreiheit unberührt, wenn ein Arbeitnehmer begründet (aber fälschlicherweise) vom Angebot ausgeschlossen wurde. Hier meint das BMF die falsche, aber begründete Nichteinordung als Arbeitnehmer i. S. v. § 3 Nr. 39 EStG und keine sonstigen Gründe. Die Überlassungskonditionen gegenüber den einzelnen Arbeitnehmern können variieren, müssen aber aus arbeitsrechtlicher Sicht einen sachlichen Grund haben. Aus Vereinfachungsgründen ist das Angebot an in Rz. 14 des BMF-Schreibens aufgeführte Arbeitnehmer nicht zwingend zu richten.

cc) Bewertung und Ermittlung des geldwerten Vorteils (Rz. 18 ff.)

Die Vermögensbeteiligung ist mit dem gemeinen Wert (§ 3 Nr. 39 Satz 4 EStG) bei Überlassung oder bei Abschluss des verbindlichen Veräußerungsgeschäfts anzusetzen. Der Wert bestimmt sich nach § 9 Abs. 2 Satz 1 und § 11 BewG. § 8 Abs. 2 Satz 1 und 11 EStG sowie R 8.1 Abs. 2 Satz 3 LStR sind nicht anzuwenden. Somit ist der Wert in folgender Reihenfolge zu ermitteln (§ 11 BewG): Börsenkurs, Verkäufe an Dritte innerhalb eines Jahres, Wertermittlung nach Ertragswerten, wobei der Substanzwert als Mindestwert zu berücksichtigen ist. Veräußerungssperren sind nicht wertmindernd zu berücksichtigen. Folgende Vereinfachungen bei der Wertermittlung sind möglich: Wert des Tages der Ausbuchung, Vortag der Ausbuchung oder durchschnittlicher Wert bei allen Arbeitgebern innerhalb eines Monats.

Der Unterschied zwischen dem Wert der Vermögensbeteiligung und ggf. dem Preis, den der Arbeitnehmer schuldet, ist der geldwerte Vorteil. Kein geldwerter Vorteil liegt vor, wenn die Arbeitnehmer im Rahmen eines Börsengangs Aktien zu einem Vorzugspreis erwerben können, die auch fremden dritten natürlichen Personen zustehen.

dd) Besteuerungsverfahren und Sonstiges (Rz. 24 ff.)

Eine Pauschalbesteuerung für Vermögensbeteiligungen ist nach § 37b Abs. 2 Satz 2 EStG ausgeschlossen. Zuflusszeitpunkt ist nach allgemeinen lohnsteuerlichen Regelungen, der Tag der Verschaffung der wirtschaftlichen Verfügungsmacht. Schuldet der Arbeitnehmer einen höheren Kaufpreis als den gemeinen Wert, liegt kein negativer Arbeitslohn vor. Ebenso sind Kursrückgänge nach Zufluss nicht zu berücksichtigen. Der Freibetrag i. H. v 1.440 € ist ein Jahresfreibetrag, der erstmals auf das Jahr 2021 anzuwenden ist. Sollte bis zum 30.6.2021 schon der bisherige Freibetrag i. H. v. 360 € überschritten sein, ist § 41c Abs. 1 Satz 1 Nr. 2 EStG anzuwenden und entsprechend zu korrigieren. Ist der Freibetrag nach § 3 Nr. 39 EStG überschritten, kann § 19a EStG zur Anwendung kommen.

c) Aufgeschobene Besteuerung geldwerter Vorteile aus Vermögensbeteiligungen – § 19a EStG (Rz. 30 ff.)

aa) Aufschub der Besteuerung (Rz. 30)

Sind die Tatbestandvoraussetzungen für die Anwendung des § 19a EStG erfüllt, zählt der geldwerte Vorteil, der aus der verbilligten oder unentgeltlichen Übertragung des Vermögensanteils entsteht, nicht im Jahr der Übertragung zu Einkünften i. S. des § 19 Abs. 1 Satz 1 Nr. 1 EStG. Die

Besteuerung erfolgt nachgelagert (vgl. c.cc). Dadurch wird beabsichtigt, dass die Arbeitnehmer erst im Zeitpunkt des Zuflusses liquider Mittel besteuert werden. Die Anwendungsvorschrift (§ 52 Abs. 27 EStG) des § 19a EStG bestimmt dessen erstmalige Anwendung für Vermögensbeteiligungen, die nach dem 30.6.2021 auf Arbeitnehmer übertragen werden. Die übertragenen Anteile gehen ins Privatvermögen der Arbeitnehmer über. Ausschüttungen, Zinsen und Veräußerungsergebnisse werden nach den allgemeinen Regelungen (§§ 17 und 20 EStG) besteuert.

bb) Tatbestandsvoraussetzungen und Bewertungsvorschriften des § 19a EStG (Rz. 32 ff.)

Die Anwendung der Sondervorschrift des § 19a EStG setzt gem. Abs. 1 Satz 1 voraus, dass Vermögensbeteiligungen vom Arbeitgeber an einen beschränkt oder unbeschränkt steuerpflichtigen Arbeitnehmer übertragen wird. Die Voraussetzung entspricht der des § 3 Nr. 39 EStG (vgl. b.bb). Gemäß § 19a Abs. 2 Satz 1 EStG kann die Rechtsfolge des § 19a EStG nur eintreten, wenn der Arbeitnehmer der vorläufigen Nichtbesteuerung im Lohnsteuerabzugsverfahren zustimmt. Diese Zustimmung muss spätestens bis zur Übermittlung oder Ausschreibung der Lohnsteuerbescheinigung gegeben werden. Die vorläufige Nichtbesteuerung kann nach § 19a Abs. 2 Satz 2 EStG nicht im Rahmen der Veranlagung der Einkommensteuer nachgeholt werden.

§ 19a Abs. 3 EStG enthält zudem persönliche Voraussetzungen für die Arbeitgeber. Um dem Zweck der Start-Up-Förderungen gerecht zu werden, ist in der Gesetzesregelung bestimmt, dass der Arbeitgeber die Schwellenwerte für Kleinstunternehmen und kleine und mittlere Unternehmen (KMU-Unternehmen i. S. des Art. 2 Abs. 1 des Anhangs zur Empfehlung der Kommission v. 6.5.2002 betreffend die Definitionen der Kleinstunternehmen sowie der kleinen und mittleren Unternehmen, ABl. L 124 v. 20.5.2003, S. 36) nicht überschreiten darf und die Gründung des Unternehmens nicht länger als zwölf Jahre zurückliegen darf. Für die KMU-Definition gilt demzufolge eine Mitarbeiterzahl und ein maximaler Jahresumsatz i. H. v. 50 Mio. €. Alternativ zum Jahresumsatz kann auch die Jahresbilanzsumme herangezogen werden, welche einen Wert von 43 Mio. € nicht übersteigen darf. Bei der Bestimmung der Schwellenwerte sind Partnerunternehmen und verbundene Unternehmen zu berücksichtigen. Die Größenkriterien dürfen gem. § 19a Abs. 3 EStG im Jahr der Vermögensbeteiligungsübertragung oder in dem vorangegangenen Kalenderjahr nicht überschritten werden. Zu einer Änderung des KMU-Status kommt es erst, wenn die Schwellenwerte in zwei aufeinanderfolgenden Geschäftsjahren über- bzw. unterschritten werden.

Ab welchem Zeitpunkt der für § 19a EStG maßgebliche Gründungszeitraum von zwölf Jahren beginnt, lassen sowohl die Gesetzesbegründung als auch das BMF offen. Es ist daher umstritten, ob tatsächlich nur der rechtliche Gründungszeitpunkt (notarielle Beurkundung des Gesellschaftsvertrags) maßgeblich ist oder auch eine wirtschaftliche Gründung (z. B. nach Änderung des Unternehmensgegenstandes) relevant sein kann (vgl. u. A. Eisgruber in Kirchhof/Seer, EStG, § 19a Rz. 11; Zantopp in Herrmann/Heuer/Raupach, EStG/KStG, § 19a EStG Rz. 30, Fahsel/Bergan, FR 2021 S. 731 f.).

Sachlich begünstigt werden gem. § 19a Abs. 1 Satz 1 EStG Vermögensbeteiligungen, die ein Arbeitgeber an einen Arbeitnehmer zusätzlich zum ohnehin geschuldeten Lohn unentgeltlich oder verbilligt überträgt. Das BMF-Schreiben stellt klar, dass Übertragungen im Zusammenhang mit Gehaltsumwandlungen und anderen in § 8 Abs. 4 EStG genannten Sachverhalten nicht begünstigt sind. Wie bei § 3 Nr. 39 EStG sind diejenigen Vermögensbeteiligungen betroffen, die unter

§ 2 Abs. 1 Nr. 1 Buchst. a, b und f bis l und Abs. 2 bis 5 des Fünften Vermögensbildungsgesetzes abschließend aufgezählt werden.

Für die Nutzung der „Besteuerungspause" des § 19a EStG ist es gem. § 19a Abs. 1 Satz 1 EStG ausschlaggebend, dass es sich um eine Vermögensbeteiligung am Unternehmen der betroffenen Arbeitgeber handelt. Strittig ist bisher, ob darunter ausschließlich Beteiligungen direkt am Unternehmen des Arbeitgebers fallen oder ob auch eine Beteiligung an einem mit dem Unternehmen des Arbeitgebers verbundenen Unternehmen in den Anwendungsbereich des § 19a EStG fallen (vgl. Merx in K/K/B, EStG Kommentar, § 19a EStG Rz. 25; Westermann in EStG – eKommentar, § 19a EStG, Rz. 8; Eisgruber in Kirchhof/Seer, EStG, § 19a Rz. 7; Zantopp in Herrmann/Heuer/Raupach, EStG/KStG, § 19a EStG Rz. 14; Bleschick, EStB 2022 S. 30; Fahsel/Bergan, FR 2021 S. 733). § 19a Abs. 1 Satz 1 EStG nennt zwar explizit die Beteiligungsübertragung „am eigenen Unternehmen" als ausschlaggebend, verweist jedoch ebenfalls in Satz 1 auf Vermögensbeteiligungen i. S. des § 2 Abs. 2 des Fünften Vermögensbildungsgesetzes. Dort werden Aktien, Wandelschuldverschreibungen, Gewinnschuldverschreibungen, Genussscheine eines Unternehmens, das i. S. des § 18 Abs. 1 AktG als herrschendes Unternehmen mit dem Unternehmen des Arbeitgebers verbunden ist, solchen Vermögenbeteiligungen gleichgestellt, die der Arbeitgeber selbst ausgibt. Folgt man also dem Wortlaut des § 19a Abs. 1 Satz 1 EStG müssten u. E. zumindest in einem Über-/Unterordnungskonzern Vermögensbeteiligungen der Konzernobergesellschaft ebenfalls in den Anwendungsbereich des § 19a EStG fallen (Gl. A. Zantopp in Herrmann/Heuer/Raupach, EStG/KStG, § 19a EStG Rz. 14; Bleschick, EStB 2022 S. 30; A. A. Fahsel/Bergan, FR 2021 S. 733). Diese Ansicht wird jedoch insbesondere von der Finanzverwaltung nicht geteilt, die in ihrem BMF-Schreiben explizit klarstellt, dass § 19a EStG anders als § 3 Nr. 39 EStG keine Konzernklausel enthält. Weiter enthält das BMF-Schreiben die Klarstellung, dass § 19a EStG daher nicht auf Vermögensbeteiligungen an anderen Unternehmen desselben Konzerns i. S. des § 18 AktG anwendbar sei (vgl. BMF, Schreiben v. 16.11.2021 - IV C 5-S 2347/21/100001 :006, BStBl 2021 I S. 2308, Rz. 34; der Ansicht des BMF folgend: Fahsel/Bergan, FR 2021 S. 733). Ausdrücklich gestattet, ist gem. § 19a Abs. 1 Satz 2 EStG der mittelbare Erwerb der Vermögensbeteiligung am Unternehmen des Arbeitgebers über z. B. eine vermögensverwaltende Personengesellschaft.

Eine Übertragung von Vermögensanteilen am Unternehmen des Arbeitgebers durch einen fremden Dritten, der nicht der Arbeitgeber ist, ist – anders als bei § 3 Nr. 39 EStG – für Zwecke des § 19a EStG wohl unzulässig (gl. A. Eisgruber in Kirchhof/Seer, EStG, § 19a Rz. 8; Fahsel/Bergan, FR 2021 S. 733).

Die Bewertung der Vermögensbeteiligung ist wie bei § 3 Nr. 39 EStG durchzuführen (vgl. b.cc). Falls die Voraussetzungen vorliegen, wird der Freibetrag nach § 3 Nr. 39 EStG abgezogen. Als Übertragungszeitpunkt gilt die Verschaffung der wirtschaftlichen Verfügungsmacht. Im Fall von Aktienübertragungen entspricht dies dem Tag, an dem die Aktien in das Depot des Arbeitnehmers eingebucht werden (vgl. BFH, Urteil v. 20.11.2008 - VI R 25/02, BStBl 2009 II S. 382, Rz. 30). Während der Freibetrag nach § 3 Nr. 39 EStG auch für die Sozialversicherung gilt, ist dies bei § 19a EStG – entgegen dem Zweck der Norm – nicht der Fall. Demzufolge sind die nichtbesteuerten Arbeitsentgelte bei der Berechnung der Vorsorgepauschale zu berücksichtigen (§ 19a Abs. 1 Satz 4 EStG).

cc) Nachversteuerung des geldwerten Vorteils (Rz. 43 ff.)

Der noch nicht besteuerte geldwerte Vorteil aus der Anteilsübertragung unterliegt dann der Besteuerung und dem Lohnsteuerabzug, wenn eines der in § 19a Abs. 4 Satz 1 EStG abschließend aufgezählten Sachverhalte eintritt. Dies sind die (teilweise) entgeltliche oder unentgeltliche Übertragung, der Ablauf von zwölf Jahren oder die Beendigung des Dienstverhältnisses.

Kein Besteuerungstatbestand liegt bei Beendigung der unbeschränkten Steuerpflicht oder Ansässigkeitsverlagerung vor. Die fiktive Veräußerung nach § 6 AStG oder § 17 Abs. 5 EStG ist keine Veräußerung i. S. des § 19a Abs. 4 EStG. Bei teilweiser Übertragung kann die Fifo-Methode angewandt werden. Liegt ein im Rahmen eines Betriebsübergangs nach § 613a BGB erfolgter Arbeitgeberwechsel vor, gilt das Arbeitsverhältnis nicht als beendet.

Die Fünftelungsregelung kann ohne weitere Voraussetzungen angewandt werden, soweit die Beteiligung mindestens drei Jahre gehalten wurde. Übernimmt der Arbeitgeber bei Beendigung des Dienstverhältnisses die Lohnsteuer, ist diese sowie ggf. der Solidaritätszuschlag und die Kirchensteuer steuerfrei (§ 19a Abs. 4 Satz 1 Nr. 3 Satz 2 EStG). Entwickelt sich der Beteiligungswert negativ und ist im Besteuerungszeitpunkt niedriger als der nach § 19a Abs. 1 EStG nicht besteuerte Vorteil, so wird nur der niedrigere gemeine Wert im Besteuerungszeitpunkt besteuert (§ 19a Abs. 4 Satz 4 EStG). Nur dieser Wert ist dann Teil der Anschaffungskosten (§ 19a Abs. 4 Satz 5 EStG). Diese Begünstigung gilt nicht, soweit die Wertminderung nicht auf betrieblichen Gründen beruht, sondern z. B. auf gesellschaftsrechtlichen Maßnahmen (z. B. Ausschüttung, Einlagenrückgewähr).

dd) Anrufungsauskunft und Aufzeichnungspflichten (Rz. 52 ff.)

Das Betriebsstättenfinanzamt muss (sowohl Arbeitnehmern als auch Arbeitgebern gegenüber) im Zuge einer gebührenfreien Anrufungsauskunft (§ 42e EStG) den nicht besteuerten Vorteil bestätigen, soweit der gewählte Wertansatz den gesetzlichen Bestimmungen bzw. Bewertungsvorschriften entspricht (§ 19a Abs. 5 EStG). Diese hat für das Lohnsteuerabzugsverfahren aber nicht für das Veranlagungsverfahren Bindungswirkung und kann daher später noch angegriffen werden. Anrufungsauskünfte können auch zu steuerrechtlichen Einschätzungen (z. B. einzubeziehende Arbeitnehmer, Besteuerungsnachholung) gestellt werden.

Die Arbeitgeber müssen den nicht besteuerten Vorteil und die sonstigen Angaben der aufgeschobenen Besteuerung im Lohnkonto aufzeichnen (§ 19a Abs. 6 EStG). Dabei verlängert sich die sechsjährige Aufbewahrungsfrist und endet nicht vor Ablauf von sechs Jahren nach der nachgeholten Besteuerung.

d) Mitarbeiterbeteiligung nach französischem Recht – FCPE (Rz. 58 f.)

Das BMF nutzt das Schreiben auch zur Stellungnahme zur steuerlichen Beurteilung von Mitarbeiterbeteiligungsprogrammen im Rahmen eines Fonds Commun de Placement d'Enterprise (FCPE) nach französischem Recht und in gleich gelagerten Fällen. Die Besteuerung des geldwerten Vorteils entsteht – unabhängig von der Einzelfallausgestaltung – erst bei Auflösung des Programms und Überweisung eines Geldbetrags an die Arbeitnehmer. Bis dahin fließen den Betroffenen Kapitaleinkünfte zu.

5. Einzelfragen zur ertragsteuerlichen Behandlung von virtuellen Währungen und von Token

BMF, Schreiben v. 10.5.2022 - IV C 1 – S 2256/19/10003 :001, BStBl 2022 I S. 668, NWB GAAAI-61746

(Sebastian Hagenkamp/Johannes Stößel)

a) Einleitung und Begriffsbestimmung (Rz. 1 ff.)

Ertragsteuerliche, bisher nicht abschließend rechtssicher eingeordnete, Tatbestände mit sog. Kryptowährungen liegen seit 2009 vor. Nachdem das BMF im Jahr 2021 einen Entwurf eines Schreibens hierzu veröffentlicht hatte, liegt nun die finale Fassung des Schreibens zur ertragsteuerlichen Behandlung von virtuellen Währungen und von Token vor, welches auf alle offenen Fälle anzuwenden ist (BMF, Schreiben v. 10.5.2022 - IV C 1 – S 2256/19/10003 :001, BStBl 2022 I S. 668). Somit hat die Finanzverwaltung erstmals ihre ertragsteuerliche Auffassung in diesem Themenbereich dargelegt. Die umsatzsteuerliche Beurteilung von virtuellen Währungen und Token wird bereits im BMF-Schreiben v. 27.2.2018 - III C 3 – S 7160-b/13/10001, BStBl 2018 I S. 316 behandelt. Im vorliegenden Beitrag werden die wesentlichen Aussagen des BMF dargelegt und kurz eingeordnet (weiterführend und kritisch zum aktuellen Stand der ertragsteuerlichen Behandlung von virtuellen Währungen vgl. z. B. Schroen, nwb 2022 S. 2043; Krüger, StuB 2022 S. 488). Um die nachfolgend dargelegten wesentlichen Beurteilungen des vorliegenden BMF-Schreibens verstehen zu können, werden zu Beginn, wie im BMF-Schreiben selbst, die wichtigsten Begriffe erläutert bzw. im Sinne dieses Schreibens definiert.

Blockchain wird als dezentrale Datenbanktechnologie beschrieben, deren Einträge in Blöcken aneinandergeknüpft und öffentlich einsehbar sind. Diese Einträge werden über Konsensmechanismen erzeugt und sind daher manipulationssicher und unveränderbar.

Virtuelle Währungen werden als digital dargestellte Werteinheiten, die von keiner Zentralbank oder öffentlichen Stelle emittiert und damit nicht den gesetzlichen Status einer Währung oder von Geld besitzen, beschrieben. Diese können aber als Tauschmittel akzeptiert und auf elektronischem Wege übertragen, gespeichert und gehandelt werden (z. B. Bitcoin, Ether). Hierfür wird in der Praxis der Begriff „Coin" verwendet. Jede virtuelle Währung nutzt eine eigene Blockchain.

Token sind digitale Einheiten, denen bestimmte Ansprüche oder Rechte zugeordnet sind. Sie nutzen bestehende Blockchains. Es gilt festzuhalten, dass Token somit die Infrastruktur einer übergeordneten Blockchain nutzen bzw. auf dieser aufbauen. Viele Token basieren auf dem Ökosystem der Ethereum-Blockchain. Beispiele für Token sind Tether und USDC. Für sog. Currency oder Payment Token (Einsatz als Zahlungsmittel) wird im BMF-Schreiben auch der Begriff „virtuelle Währung" verwendet. Weitere „Tokenarten" sind Utility Token (Vermittlung von Nutzungsrechten) und Security Token (vergleichbar mit Wertpapieren), die in Equity Token (Beteiligungs- und/oder Dividendenrechte) und Debt Token (Anspruch auf Zahlung eines Betrags) sowie Kombinationen aus den unterschiedlichen Möglichkeiten eingeteilt werden.

Im Rahmen der Blockerstellung erhalten Netzwerkteilnehmer (Bruchteile von) Einheiten digitaler Währungen als Gegenleistung. Hier wird zwischen zwei Verfahren unterschieden. Beim **Proof of Work** (z. B. Bitcoin und aktuell noch Ethereum) werden von leistungsstarker IT-Hardware komplexe Rechenaufgaben gelöst, die bei Erfolg zum Anhängen eines Blockes in der Blockchain berechtigen. Beim **Proof of Stake** (z. B. Cardano, zukünftig auch Ethereum) berechtigt das Halten der virtuellen Währung zur Validierung eines neuen Blockes. Hierdurch leitet sich auch der Begriff **Staking** ab. Staking ist mittlerweile aber weiter zu verstehen, weil viele Protokolle (Token) Staking als Anreiz für Ihre Tokenhalter nutzen, ohne dass durch Token eine Validierung von Blöcken geschieht.

In einer **Wallet** werden Coins oder Token verwaltet (wobei die Wallet technisch gesehen nur den privaten Schlüssel zum Zugang des Coins oder des Tokens beinhaltet). Dies kann eine eigene Softwarewallet (Computerprogramm oder Browsererweiterung) oder Hardwarewallet (i. d. R. ein USB-Stick-ähnliches Gerät) sein oder die Wallet einer zentralen Börse, die eine Art Sammelverwahrung der Schlüssel ihrer Nutzer vornimmt.

Token werden häufig im Wege eines **Initional Coin Offering (ICO)** gegen Echtgeld oder andere Coins oder Token ausgegeben und dienen dem Projekt zum Einsammeln von Kapital.

Lending bezeichnet das Verleihen von Coins oder Token. Der Verleiher erhält hierfür eine Gebühr.

Bei einer **(Hard) Fork** kommt es zu einer Spaltung der Blockchain. Die Nutzer erhalten für eine Einheit der virtuellen Währung eine Einheit der neuen virtuellen Währung.

Bei einem **Airdrop** erhält der Nutzer Token in seine Wallet, ohne dass er diese entgeltlich erworben hat. Airdrops werden häufig im Rahmen von Werbeaktionen durchgeführt, bei dem der Nutzer z. B. bestimmte Links in den sozialen Medien teilt oder sich mit seinen persönlichen Daten registriert und dafür Token erhält.

b) Ertragsteuerliche Einordnung als Wirtschaftsgut (Rz. 31 f., 41 und 76)

Aus virtuellen Währungen und Token können Nutzer insbesondere Einkünfte aus Gewerbebetrieb (§ 2 Abs. 1 Satz 1 EStG), nichtselbständiger Arbeit (§ 19 EStG), Kapitalvermögen (§ 20 EStG), privaten Veräußerungsgeschäften (§ 22 Nr. 2 i. V. m. § 23 EStG) oder sonstige Einkünfte (§ 22 Nr. 3 EStG) beziehen. Einheiten von virtuellen Währungen und Token sind Wirtschaftsgüter. Sie sind ein Vermögensvorteil, der vom Eigentümer (Inhaber des privaten Schlüssels) an andere Personen veräußert (zugewiesen) werden kann. Durch das Vorhandensein von Marktpreisen ist eine selbstständige Bewertung möglich. Dieser grundsätzlichen Einordnung als Wirtschaftsgut ist zuzustimmen und entspricht der Rechtsprechung der Finanzgerichte (vgl. z. B. FG Berlin-Brandenburg, Urteil v. 20.6.2019 - 13 V 13100/19, NWB SAAAH-30297, rkr.; FG Nürnberg, Urteil v. 8.4.2020 - 3 V 1239/19, EFG 2020 S. 1074, rkr.; FG Baden-Württemberg, Urteil v. 11.6.2021 - 5 K 1996/19, EFG 2022 S. 163, rkr.; FG Köln, Urteil v. 25.11.2021 - 14 K 1178/20, EFG 2022 S. 677, Rev. BFH: IX R 3/22; kritisch z. B. Schroen, DStR 2019 S. 1369; Andres, DStR 2021 S. 1630). Soweit der Token z. B. keine ablaufbare Lizenz oder ähnliches repräsentiert, liegen u. E. nicht abnutzbare Wirtschaftsgüter vor, die den bilanzsteuerrechtlichen Grundsätzen entsprechend dem Anlage- oder Umlaufvermögen zuzurechnen sind. Das BMF spricht von Wirtschaftsgütern materieller Art. Damit greift das Aktivierungsverbot nach § 5 Abs. 2 EStG nicht (vgl. gg). Debt Token können beim Emittenten Verbindlichkeiten darstellen.

c) Ertragsteuerliche Einordnung von Tätigkeiten im Zusammenhang mit virtuellen Währungen und Token (Rz. 33 ff.)

aa) Einkünfte im Zusammenhang mit der Blockerstellung (Rz. 33 ff.)

Der Empfang von Einheiten virtueller Währungen als Gegenleistung bei der Blockerstellung stellt bei beiden Verfahren (Proof of Work oder Proof of Stake) einen Anschaffungsvorgang dar. Es kann sich entweder um eine private oder gewerbliche Tätigkeit handeln.

Dabei werden Einkünfte aus Gewerbebetrieb entweder schon kraft Rechtsform erzielt oder wenn die Voraussetzungen des § 15 Abs. 2 EStG vorliegen. Die Teilnahme am allgemeinen wirtschaftlichen Verkehr ist grundsätzlich zu bejahen. Ebenso liegt keine private Vermögensverwaltung vor (Dienstleister). Im Rahmen des Betriebsvermögensvergleiches sind die erhaltenen Einheiten nach den allgemeinen bilanzsteuerrechtlichen Grundsätzen entweder dem Anlage- oder dem Umlaufvermögen zuzuordnen. Die Anschaffungskosten entsprechen dem Marktkurs im Zeitpunkt der Anschaffung. Im Rahmen der Einnahmen-Überschuss-Rechnung führt der Zugang von Einheiten virtueller Währungen im Rahmen eines tauschähnlichen Vorgangs zu Betriebseinnahmen. Die Anschaffungskosten sind erst im Zeitpunkt der Entnahme oder Veräußerung im Zuflusszeitpunkt des Erlöses als Betriebsausgaben abzuziehen. Das gilt auch im Umlaufvermögen bei der Gewinnermittlung nach § 4 Abs. 3 EStG.

Können die Einkünfte aus der Blockerstellung keiner anderen Einkunftsart zugeordnet werden, handelt es sich um sonstige Einkünfte aus Leistungen i. S. des § 22 Nr. 3 EStG (Freigrenze 256 €). Dies ist beispielsweise der Fall, wenn mangels Nachhaltigkeit keine gewerblichen Einkünfte vorliegen. Die erlangten Einheiten sind mit dem Marktkurs im Zeitpunkt der Anschaffung anzusetzen. Werbungskosten, z. B. für Stromkosten, können geltend gemacht werden.

bb) Einkünfte aus Staking – wenn der Nutzer nicht selbst an der Blockerstellung beteiligt ist (Rz. 48 ff.)

Stellt der Nutzer nur seine Einheiten einer virtuellen Währung oder eines Tokens z. B. auf einer Plattform zur Verfügung und erhält er hierfür eine Gegenleistung, stellt diese in der Regel Einkünfte nach § 22 Nr. 3 EStG dar (private Vermögensverwaltung). Die erlangten Einheiten sind mit dem Marktkurs im Zeitpunkt der Anschaffung anzusetzen. Soweit die genutzten Einheiten zu einem Betriebsvermögen gehören, stellen die Gegenleistungen Betriebseinnahmen dar. Die erhaltenen Einheiten sind im Zeitpunkt des Zugangs mit dem Marktpreis zu aktivieren bzw. anzusetzen.

cc) Einkünfte aus Veräußerungen von virtuellen Währungen und Token (Rz. 51 ff.)

Handelt es sich bei den veräußerten Einheiten um Betriebsvermögen, liegen Betriebseinnahmen vor. Die (fortgeführten) Anschaffungskosten sind abzuziehen. Wenn die jeweiligen individuellen Anschaffungskosten nicht ermittelbar sind, kann auf durchschnittliche Anschaffungskosten zurückgegriffen werden. Die wiederholte Anschaffung und Veräußerung virtueller Währungen oder Token im Privatvermögen kann eine gewerbliche Tätigkeit darstellen (vgl. Kriterien zum gewerblichen Wertpapier- und Devisenhandel, H 15.7 (9), An- und Verkauf von Wertpapieren, EStH).

Handelt es sich bei den veräußerten Einheiten um Privatvermögen, können Gewinne Einkünfte aus privaten Veräußerungsgeschäften nach § 22 Nr. 2 i.V. m. § 23 Abs. 1 Satz 1 Nr. 2 EStG darstellen, wenn der Zeitraum zwischen der Anschaffung und der Veräußerung nicht mehr als ein Jahr beträgt (Steuerfreiheit bei Gewinnen unter 600 € nach § 23 Abs. 3 Satz 5 EStG). Der Veräußerungsgewinn ermittelt sich aus dem Veräußerungserlös abzüglich der Anschaffungs- und Werbungskosten. Dabei ist der Veräußerungserlös der in Euro erhaltene Gegenwert oder aber bei Tausch gegen eine andere virtuelle Währung oder Token der Marktkurs des erhaltenen Wirtschaftsgutes. Dieser Wert stellt gleichzeitig die Anschaffungskosten des erhaltenen Wirtschaftsgutes dar. Die Verwendungsreihenfolge der veräußerten Einheiten ergibt sich grundsätzlich durch Einzelbetrachtung. Ist dies nicht möglich, gelten die zuerst angeschafften Einheiten als veräußert und für die Wertermittlung ist die Durchschnittswertmethode anzuwenden. Aus Vereinfachungsgründen kann für Zwecke der Wertermittlung das FiFo-Verfahren (walletbezogen) angewendet werden.

Die Verlängerung der Veräußerungsfrist nach § 23 Abs. 1 Satz 1 Nr. 2 Satz 4 EStG kommt bei virtuellen Währungen nicht zur Anwendung. Diese Auffassung des BMF verstößt gegen den Wortlaut von § 23 Abs. 1 Satz 1 Nr. 2 Satz 4 EStG und wird (wohl daher) auch nicht begründet. Token werden hier nicht genannt. Durch den Begriff „virtuelle Währungen" sind aber Token die als Zahlungsmittel verwendet werden auch von dieser Regelung betroffen. Steuerpflichtige die tatsächlich veräußert haben, sollten sich je nach Vorteil (Gewinn- oder Verlustsituation) auf den Wortlaut des Gesetzes (Verlustfall) oder das BMF-Schreiben (Überschussfall) berufen.

dd) Lending (Rz. 64 f.)

Im Betriebsvermögen stellen die erhalten Einheiten aus dem Lending Betriebseinnahmen und im Privatvermögen steuerbare Einkünfte nach § 22 Nr. 3 EStG dar. Die erhaltenen Einheiten werden angeschafft und mit dem Marktkurs im Zeitpunkt des Zuflusses bewertet.

ee) Ertragsteuerliche Behandlung der durch Hard Forks erhaltenen Einheiten einer virtuellen Währung (Rz. 66 ff.)

Im Betriebsvermögen stellt der Erhalt der Einheiten einer neuen virtuellen Währung einen Anschaffungsvorgang dar. Die Anschaffungskosten, der vor der Hard Fork existierenden virtuellen Währung, sind auf die alte und die neue virtuelle Währung im Verhältnis der Marktkurse der alten und neuen Einheiten aufzuteilen.

Im Privatvermögen führt eine Hard Fork nicht zu Einkünften nach § 22 Nr. 3 EStG. Die Veräußerung der neuen Einheiten kann zu Einkünften aus privaten Veräußerungsgeschäften nach § 22 Nr. 2 i.V. m. § 23 Abs. 1 Satz 1 Nr. 2 EStG führen, wenn die Anschaffung der alten Einheiten weniger als ein Jahr vor dem Veräußerungszeitpunkt der neuen Einheiten liegt. Die Aufteilung erfolgt wie im Betriebsvermögen.

ff) Ertragsteuerliche Behandlung der durch Airdrops erhaltenen Einheiten einer virtuellen Währung uns sonstige Token (Rz. 69 ff.)

Soweit der Erhalt von Einheiten einer virtuellen Währung oder sonstigen Token betrieblich veranlasst ist, liegen Betriebseinnahmen vor. Die Einheiten sind mit dem Marktkurs im Zeitpunkt des Zuflusses zu bewerten.

Soweit der Erhalt privat veranlasst ist, kann dieser zu sonstigen Einkünften aus einer Leistung i. S. des § 22 Nr. 3 EStG führen. Dies ist beispielsweise der Fall, wenn bestimmte Inhalte in den sozialen Medien geteilt werden oder persönliche Daten, die über die bloße Walletadresse hinausgehen, zur Verfügung gestellt werden. Ist bei der Zuteilung des Airdrops allerdings ein Zufallselement vorhanden, wird der Zurechnungszusammenhang von Leistung und Gegenleistung unterbrochen oder überlagert. Die erhaltenen Einheiten sind im Falle der Einkünfte nach § 22 Nr. 3 EStG mit dem Marktkurs im Zeitpunkt des Erwerbs anzusetzen. Ist ein solcher noch nicht ermittelbar, kann der Ansatz mit 0 € erfolgen.

gg) Initial Coin Offering (ICO) (Rz. 76)

Bei einem ICO werden Token vom Emittenten i. d. R. im Tausch gegen Fiatgeld oder Einheiten virtueller Währungen oder Token selbst herausgegeben. Im Betriebsvermögen des Emittenten können diese sowohl Eigenkapital als auch Fremdkapital darstellen. Token sind beim Emittenten selbst hergestellte Wirtschaftsgüter, die mit den Herstellungskosten zu aktivieren sind. Beim Tausch der Token (ICO) realisiert der Emittent einen Gewinn oder Verlust, soweit nicht entsprechende Verbindlichkeiten oder Kapitalbeträge zu passivieren sind.

hh) Besonderheiten und Utility und Security Token (Rz. 77 ff.)

Im Betriebsvermögen können die Token in Abhängigkeit von ihrer Ausgestaltung als Wirtschaftsgüter unter den Finanzanlagen oder als Forderungen zu bilanzieren sein. Für die weitere Beurteilung gelten die allgemeinen Bilanzierungsgrundsätze.

Werden Utility Token im Privatvermögen eingelöst, ist dies ertragsteuerlich unbeachtlich (keine Veräußerung mangels entgeltlicher Übertragung auf Dritte, wenn lediglich die in den Token verkörperten Ansprüche auf ein Produkt oder eine Dienstleistung eingelöst werden). Bei einer Veräußerung können Einkünfte aus privaten Veräußerungsgeschäften nach § 22 Nr. 2 i. V. m. § 23 Abs. 1 Satz 1 Nr. 2 EStG vorliegen. Im Privatvermögen können auch Einkünfte aus Kapitalvermögen (§ 20 EStG) generiert werden. Die ertragsteuerliche Einordnung der laufenden Einkünfte unter § 20 Abs. 1 Nr. 1 oder Nr. 7 EStG und der Veräußerungsgewinne unter § 20 Abs. 2 Satz 1 Nr. 1 oder Nr. 7 EStG hängt von der Ausgestaltung der Token im Einzelfall ab. Handelt es sich bei dem vom Token vermittelten Recht um eine Schuldverschreibung, kommt es für die ertragsteuerliche Einordnung der hieraus resultierenden Erträge bzw. Gewinne darauf an, ob insoweit eine Kapitalforderung i. S. des § 20 Abs. 1 Nr. 7 EStG oder ein bloßer Sachleistungsanspruch begründet wird. Bei Letzterem führen Veräußerungen gegebenenfalls zu Einkünften aus privaten Veräußerungsgeschäften gem. § 22 Nr. 2 i. V. m. § 23 Abs. 1 Satz 1 Nr. 2 EStG und laufende Zahlungen zu sonstigen Einkünften i. S. des § 22 Nr. 3 EStG.

ii) Mögliche Einkünfte aus nichtselbständiger Arbeit nach § 19 EStG (Rz. 88 f.)

Bei verbilligtem oder unentgeltlichem Bezug von Token durch den Arbeitnehmer kann ein Lohnbestandteil in Form einer Geldleistung (§ 8 Abs. 1 EStG) oder eines Sachbezugs (§ 8 Abs. 2 Satz 1 EStG) vorliegen. U. E. sollten Currency oder Payment Token (Zahlungsmittel), Debt Token (Zahlungsanspruch) und ggf. Equity Token (Dividendenanspruch) als Geldleistung einzuordnen sein. Dies gilt, wenn auch nicht im BMF-Schreiben erwähnt, für virtuelle Währungen. Der Zufluss als

Sachbezug erfolgt mit Buchung im Wallet oder bei Veräußerung des Anspruchs auf Übertragung ins Wallet.

d) Fehlende Aussagen und aktuelle Entwicklungen

aa) Allgemeines

Das BMF-Schreiben ist kein abschließender und umfassender Leitfaden der ertragsteuerlichen Einordnung von Tätigkeiten im Rahmen von virtuellen Beteiligungen und Token. Zum einen fehlt es bisher an höchstrichterlicher Rechtsprechung, welche die Auffassung des BMF bestätigt, zum anderen hat das vorliegende Schreiben nur einen begrenzten Anwendungsbereich (Rz. 2) und es gilt grundsätzlich jede „Kryptowährung" sowie deren rechtliche und technische Eigenschaften im Einzelfall (vgl. Rz. 30) zu beurteilen. Überhaupt nicht angesprochen werden z. B. DeFi (Decentralized Finance), Yield-Farming, Liquidity Mining oder NFT (Non Fungible Token).

bb) Mitwirkungs- und Aufzeichnungspflichten

Am 18.7.2022 hat das BMF einen Entwurf eines Ergänzungsschreibens zum vorliegenden Schreiben an ausgewählte Interessensvertreter und Verbände mit der Möglichkeit um Stellungnahme versandt. Inhalt sind die Steuererklärungs-, Mitwirkungs- sowie Aufzeichnungspflichten bei virtuellen Währungen und sonstigen Token. Bisher sind im Rahmen der Besteuerung von virtuellen Währungen und Token, die Steuerpflichtigen die wesentliche, wenn nicht sogar einzige, Erkenntnisquelle der Finanzverwaltung. Um Schätzungen (§ 162 AO) zu vermeiden, sollen Steuerpflichtige z. B. folgende Daten und Belege mitteilen:

- Wallet-Adressen und Plattformen,
- Wallet-Bestände,
- Anschaffungszeitpunkt und -vorgang (Kauf/Tausch, ICO, Mining/Forging, Staking, Lending etc.) und Veräußerungszeitpunkt
- Darstellung eines Airdrops,
- Anschaffungskosten und sonstige Kosten,
- Veräußerungserlös und -kosten,
- Verwendungsreihenfolge,
- Summen der Einkünfte nach § 22 Nr. 3 und §§ 22 Nr. 2 i. V. m. § 23 Abs. 1 Satz 1 Nr. 2 EStG.

Im Betriebsvermögen sind die Regelungen der §§ 238 ff. HGB sowie der betroffenen Einzelsteuergesetze zu beachten. Ebenso sind die Pflichten im Rahmen der §§ 146, 147 AO insbesondere auch der Datenzugriff zu beachten. Für Softwarelösungen gilt es, eine entsprechende Verfahrensdokumentation vorzuhalten.

6. Einzelfragen zur Abgeltungsteuer; Neuveröffentlichung des Schreibens

BMF, Schreiben v. 19.5.2022 - IV C 1 - S 2252/19/10003 :009, BStBl 2022 I S. 742, NWB TAAAI-62209

(Sonja Stockburger)

a) Allgemeines

Mit dem BMF-Schreiben v. 19.5.2022 fasste die Finanzverwaltung das über 300 Randziffern umfassende Schreiben bzgl. der Einzelfragen zur Abgeltungsteuer neu (vgl. BMF-Schreiben v. 19.5.2022 - IV C 1 – S 2252/19/10003 :009, BStBl 2022 I S. 742). Die letzte vollständige Neufassung erfolgte durch das BMF-Schreiben v. 18.1.2016 (IV C 1 – S 2252/10004 :017, BStBl 2016 I S. 85), welches im Laufe der Jahre durch mehrere Ergänzungsschreiben erweitert wurde. Allgemein besitzt das neugefasste BMF-Schreiben v. 19.5.2022 gem. der Rz. 324 für alle noch offenen Fälle Geltung, soweit die betreffenden Kapitalerträge nach dem 31.12.2008 zufließen und es sich um einen Veranlagungszeitraum handelt, der nicht vor dem Jahr 2009 liegt. Für all diese Sachverhalte sind die früheren BMF-Schreiben aufgehoben (für die Aufzählung der einzelnen BMF-Schreiben vgl. Rz. 324 des BMF-Schreibens v. 19.5.2022).

Das BMF-Schreiben v. 19.5.2022 enthält neben den Inhalten der seit der letzten Neufassung ergangenen Ergänzungsschreiben weitere BFH-Urteile, die die aktuellen Verwaltungsauffassungen stützen (Rz. 136, 137, 141, 145 und 149). Zudem wurden zeitlich überholte Textpassagen aus den Anfangsjahren der Abgeltungsteuer gestrichen (Rz. 50, 123, 130, 147 f., 217 f., 320 f., 322 f.) und Verfahrensfragen beantwortet (Rz. 177, 193 f., 233 f., 241, 280, 295 ff., 299 f., 308b). Im Fokus dieser Ausführungen stehen die neuen inhaltlichen Verwaltungsmeinungen.

b) Neue Verwaltungsmeinungen

aa) Verlustverrechnung nach § 20 Abs. 6 Satz 5 und 6 EStG

Mit Art. 5 des Gesetzes zur Einführung einer Pflicht zur Mitteilung grenzüberschreitender Steuergestaltungen v. 21.12.2019 (BGBl 2019 I S. 2875) wurde der § 20 Abs. 6 EStG zum VZ 2020 um zwei Verlustverrechnungskreise erweitert. Demnach dürfen Verluste aus Termingeschäften nur mit Gewinnen aus Termingeschäften und mit Stillhalterprämien und lediglich bis zu einer Höhe von 20.000 € verrechnet werden (§ 20 Abs. 6 Satz 5 EStG). § 20 Abs. 6 Satz 5 beschränkt die Verlustverrechnung bei uneinbringlichen Kapitalforderungen und Ausbuchung wertloser Kapitalanlagen auf jährlich 20.000 €. Das BMF nahm dazu bereits in zwei Schreiben Stellung (BMF, Schreiben v. 11.11.2020 - IV C 1 - S 2401/19/10003 :001, BStBl 2020 I S. 1134; BMF, Schreiben v. 3.6.2021 - IV C 1 - S 2252/19/10003 :002, BStBl 2021 I S. 723). Auch das nun neugefasste BMF-Schreiben enthält weitere Verwaltungsanweisungen zu den neuen Verlustverrechnungskreisen.

(1) Präzisierung des Geltungsbereichs des § 20 Abs. 6 Satz 5 EStG (Rz. 23 ff.)

Das BMF verweist insbesondere auf die Geltung des § 20 Abs. 6 Satz 5 EStG für bestimmte Produkte. So gilt es gem. Rz. 23 und 30 des BMF-Schreibens v. 19.5.2022 die Verrechnungsbeschränkungen für Verluste aus Termingeschäften zu berücksichtigen, wenn im Falle einer Ausübung einer Kauf- oder Verkaufsoption der Inhaber der Option durch das Geschäft einen Verlust erleidet, weil der Barausgleich, der anstelle der Lieferung des Basiswertes geleistet wird, die Anschaffungs- und Anschaffungsnebenkosten des Optionsrechts nicht deckt. Gleiches gilt für Verluste aus der Veräußerung oder Glattstellung einer Option (Rz. 24 und 31) sowie einen Verlust aus dem wertlosen Verfall einer Option (Rz. 27 und 32). Auf Seiten des Stillhalters gilt es zu beachten, dass Verluste in Folge geleisteter Barausgleiche ebenfalls in den Anwendungsbereich des § 20 Abs. 6 Satz 5 EStG fallen.

Zu den Verlusten aus Termingeschäften i. S. des § 20 Abs. 6 Satz 5 EStG zählen zudem solche, die durch Glattstellung oder Zahlung eines Differenzausgleichs durch einen der Beteiligten eines Future-Kontrakts entstehen (Rz. 36). Ebenfalls sind Verluste betroffen, die auf Differenzausgleich gerichtete Devisentermingeschäfte zurückzuführen sind (Rz. 38).

Nach Auffassung des BMF findet § 20 Abs. 6 Satz 5 EStG auch bei Zinsbegrenzungsvereinbarungen (z. B. Caps) Anwendung (Rz. 42 und 43). Dies gilt unabhängig davon, ob Ausgleichszahlungen zu leisten sind oder nicht. Letzteres hat lediglich Einfluss auf den Zeitpunkt der steuerlichen Erfassung eines potenziellen Verlusts. Im Fall von getätigten Ausgleichszahlungen werden die Aufwendungen für den Erwerb der Zinsabgrenzungsvereinbarung im Zeitpunkt der ersten Ausgleichszahlung ertragsmindernd oder verlusterhöhend steuerlich berücksichtigt (Rz. 42). Andernfalls gelten die Rechtsgrundsätze für den Verfall von Optionen (Rz. 43), wonach die Aufwendungen für den Erwerb erst mit dem Verfall beim Gewinn i. S. des § 20 Abs. 4 Satz 5 EStG berücksichtigt werden (Rz. 27 und 32). Die Anmerkung bzgl. der Berücksichtigung des § 20 Abs. 6 Satz 5 EStG findet sich außerdem in den Rz. 46 und 47 des BMF-Schreibens v. 19.5.2022, um klarzustellen, dass auch Verluste durch Ausgleichszahlungen sowie Transaktionskosten bei Swaps unter dem Verlustverrechnungskreis der Termingeschäfte zu subsumieren ist.

(2) Ausbuchung wertloser Kapitalanlagen und uneinbringliche Forderungen i. S. des § 20 Abs. 6 Satz 6 EStG (Rz. 59 ff.)

Neben den Aussagen zu den Verlusten aus Termingeschäften enthält das BMF-Schreiben v. 19.5.2022 mehrere Ergänzungen bzgl. wertloser Kapitalanlagen i. S. des § 20 Abs. 6 Satz 6 EStG. In Rz. 59 wurde der Veräußerungsbegriff dahingehend erweitert, dass die Veräußerung einer wertlosen Kapitalanlage regelmäßig anzunehmen ist, wenn die tatsächlichen Transaktionskosten den Veräußerungserlös übersteigen. Eine Veräußerung liegt auch dann vor, wenn eine wertlose Kapitalanlage ohne Zahlung eines Entgelts aus dem Depot des Steuerpflichtigen auf ein Depot des Kreditinstituts ausgebucht wird. Die Ausbuchung kommt dann in Betracht, wenn die Wirtschaftsgüter nicht mehr handelbar sind oder der Anleger nicht über die kleinste handelbare Einheit der Kapitalanlage verfügt.

Neben der Ausbuchung ohne Gegenleistung enthält das BMF-Schreiben in Rz. 63 weitere Szenarien, die zur Wertlosigkeit eines Wertpapiers führen. Demnach gilt ein Wertpapier als wertlos, wenn es, aufgrund der Insolvenz des Emittenten eingezogen, infolge der Herabsetzung des Kapitals ausgebucht (BFH, Urteil v. 3.12.2019 - VIII R 34/16, BStBl 2020 II S. 836) oder infolge des Erreichens der Knock-out-Schwelle entschädigungslos ausgebucht wurde.

Grundsätzlich fallen uneinbringliche Forderungen unter die steuerbaren Veräußerungsverluste gem. § 20 Abs. 2 Satz 1 Nr. 1, Satz 3 und Abs. 4 EStG, es sei denn der Veräußerungsverlust wird im Rahmen der nachträglichen Anschaffungskosten i. S. des § 17 Abs. 2a Satz 3 EStG (Forderungsausfall bei Gesellschafterdarlehen) berücksichtigt (Zu § 17 Abs. 2a EStG wurde am

7.6.2022 ebenfalls ein BMF-Schreiben (IV C 6 - S 2244/20/10001 :001, BStBl 2022 I S. 897) veröffentlicht (vgl. dazu Stockburger, siehe Kapitel B.II.7; Deutschländer, NWB 2022 S. 2288; Rätke, BBK 2022 S. 766). Diese gem. § 20 Abs. 8 EStG gebotene Subsidiarität der Einkünfte bekräftigt das BMF-Schreiben v. 19.5.2022 nun in Rz. 60.

Bezüglich des Forderungsverzichts, der dem Forderungsausfall gleichgestellt ist, stellt das BMF in Rz. 61 zudem klar, dass der werthaltige Teil der Forderung, auf die verzichtet wurde, ertragsteuerlich unbeachtlich ist und an dieser Stelle die Regelungen des Erbschaft- und Schenkungsteuergesetzes zu beachten sind. Eine weitere Konkretisierung im Zusammenhang mit dem Forderungsverzicht wurde in Rz. 62 gegeben. Dort wird klargestellt, dass im Fall eines Forderungsverzichts gegen Besserungsschein die allgemeinen Regelungen den Forderungsverzicht/-ausfall betreffend erst in dem Zeitpunkt greifen, in dem der Besserungsschein weggefallen ist, ohne dass die Besserung eingetreten ist.

bb) Kapitalherabsetzung/Ausschüttungen aus dem Nennkapital

Neben sprachlichen Anpassungen in Rz. 92 ergänzt das BMF-Schreiben v. 19.5.2022, dass auch bei einer Nennkapitalherabsetzung und -rückzahlung einer Drittstaaten-Kapitalgesellschaft keine anteilige Veräußerung der Anteile vorliegt, so dass auf die Auskehrung des Herabsetzungsbetrags an die Anteilseigner nicht § 28 KStG anwendbar ist.

Es erfolgt zudem ein Verweis auf § 7 Abs. 2 KapErhStG. Als Einkünfte aus Kapitalvermögen i. S. des § 20 Abs. 1 Nr. 1 EStG beim Anteilseigner steuerbar sind die Auskehrungen dann, wenn sie den Betrag einer vorangegangenen Kapitalerhöhung überschreiten und wenn die ausländische Gesellschaft innerhalb von fünf Jahren nach Ausgabe der neuen Anteilsrechte ihr Kapital herabsetzt und sie diese freiwerdenden Mittel (teilweise) an ihre Anteilseigner zurückzahlt. Nach Ablauf der Fünf-Jahres-Frist sind Erträge zwar nicht mehr steuerbar, mindern jedoch die Anschaffungskosten der Anteile.

cc) Kapitalmaßnahmen nach § 20 Abs. 4a EStG

Weitere inhaltliche Neuerungen enthält das BMF-Schreiben v. 19.5.2022 bzgl. der Sätze 3, 5 und 7 des § 20 Abs. 4a EStG. Allgemein enthält § 20 Abs. 4a EStG Regelungen zur Gewinnermittlung bei Kapitalmaßnahmen, bei denen die Erträge nicht in Geld zufließen.

(1) Beschränkung des Anwendungsbereichs des § 20 Abs. 4a Satz 3 EStG auf Wertpapiere i. S. des § 20 Abs. 1 Nr. 1 EStG (insb. Aktien) (Rz. 104 ff.)

Der Anwendungsbereich des § 20 Abs. 4a Satz 3 EStG ist eröffnet, wenn eine Kapitalrückzahlung – wie z. B. bei einer Aktienanleihe – nicht in Form von Geld, sondern in Form von Aktien erfolgt. § 20 Abs. 4a Satz 3 EStG ermöglicht es, die ursprünglichen Anschaffungskosten einer Schuldverschreibung auf die neu eingebuchten Aktien zu übertragen. Um Steuermissbrauch (vgl. Hörster, NWB 2021 S. 105) zu vermeiden, wurde der Anwendungsbereich durch das JStG 2020 (v. 21.12.2020, BGBl 2020 I S. 3096) dahingehend eingegrenzt, dass es sich bei Andienungen von sonstigen Kapitalforderungen i. S. des § 20 Abs. 2 Nr. 7 EStG nach dem 31.12.2020, die an die Stelle der Zahlung eines Geldbetrags treten, zwingend um Wertpapiere i. S. des § 20 Abs. 1 Nr. 1 EStG (im Wesentlichen Aktien) handeln muss. Werden andere als derartige Wertpapiere angedient, sind nach Verwaltungsauffassung die Regelungen der Rz. 64 bis 66 den Tausch von Wertpapieren betreffend analog anzuwenden (Rz. 107a). Barausgleiche von Bruchteilen und zusätzliche Barkomponenten werden als Bestandteil des Veräußerungserlöses für die hingegebenen Wertpapiere behandelt (Rz. 107a).

(2) Beschränkung des Anwendungsbereichs bei Bonusanteilen durch ausländische Körperschaften, Personenvereinigungen oder Vermögensmassen (Rz. 111 ff.)

Ebenfalls mit dem JStG 2020 (v. 21.12.2020, BGBl 2020 I S. 3096) eingegrenzt wurde der Anwendungsbereich des § 20 Abs. 4a Satz 5 EStG. Grundsätzlich regelt Satz 5 für Zuteilungen von Anteilen ohne Gegenleistung (Bonusanteile) durch ausländische Körperschaften, Personenvereinigungen oder Vermögensmassen an die Anteilseigner, dass sowohl der Ertrag als auch die Anschaffungskosten der erhaltenen Anteile mit 0 € anzusetzen sind, wenn die Tatbestandsvoraussetzungen dafür erfüllt sind (vgl. Kempf in K/K/B, § 20 EStG Rz. 359 ff.). Durch das JStG 2020 (v. 21.12.2020, BGBl 2020 I S. 3096) wurde der Anwendungsbereich auf Sachverhalte mit Auslandsbezug begrenzt, solange die Voraussetzungen der Sätze 3, 4 und 7 des § 20 Abs. 4a EStG nicht vorliegen. Das BMF-Schreiben v. 19.5.2022 beschränkt § 20 Abs. 4a Satz 5 EStG in Rz. 111 dahingehend, dass er keine Anwendung findet, wenn (1) dem Anteilseigner nach ausländischem Recht (z. B. Frankreich) ein Wahlrecht zwischen Dividende und Freianteilen zusteht, (2) dem Anteilseigner mit ausländischer Quellensteuer belastete Anteile eingebucht wurden, (3) es sich um Doppelmaßnahmen handelt (Ausschüttung und Reinvestition in neue Aktien), (4) neben der Einbuchung von Aktien auch andere Wirtschaftsgüter gewährt werden (sog. gemischte Maßnahmen), (5) oder Nachbesserungsrechte, die zu einem Bezug neuer Aktien führen können, gewährt werden.

Bezüglich dieser Änderung des Anwendungsschreibens enthält Rz. 325 eine Übergangsregelung, wonach es nicht beanstandet wird, wenn die Änderungen erst ab dem 1.1.2023 umgesetzt werden.

(3) BFH-Rechtsprechung zur steuerneutralen Abspaltung nach § 20 Abs. 4a Satz 7 EStG von ausländischen Kapitalgesellschaften

Neben den Hinweisen zu den beiden durch das JStG 2020 (v. 21.12.2020, BGBl 2020 I S. 3096) angepassten Sätzen nimmt das BMF die jüngste BFH-Rechtsprechung (Urteile v. 1.7.2021 - VIII R 9/19, BStBl 2022 II S. 359 und VIII R 15/20, BStBl 2022 II S. 363) zur steuerneutralen Abspaltung nach § 20 Abs. 4a Satz 7 EStG von ausländischen Kapitalgesellschaften in die Rz. 115 des BMF-Schreibens v. 19.5.2022 auf. Demnach liegt ein vergleichbarer ausländischer Vorgang vor, sobald die Strukturmerkmale einer Abspaltung nach Rz. 01.36 des BMF-Schreibens v. 11.11.2011 (IV C 2 – S 1978 b/08/10001, BStBl 2011 I S. 1314) erfüllt werden. Zusätzlich gilt die Maßgabe, dass die Erfüllung eines dieser Merkmale „kraft Gesetz" nicht erforderlich ist, wenn die Vermögensübertragung auf die übernehmende Gesellschaft einerseits und die Übertragung der Anteile an der übernehmenden Gesellschaft andererseits in zeitlichem und sachlichem Zusammenhang erfolgen.

dd) Verzinsliche Fremdwährungskonten

Im neugefassten BMF-Schreiben v. 19.5.2022 vertritt das BMF in Rz. 131 erstmalig die Auffassung, dass Währungsgewinne/-verluste aus der Veräußerung oder Rückzahlung einer verbrieften oder unverbrieften verzinslichen Kapitalforderung oder eines verzinslichen Fremdwährungsguthabens gem. § 20 Abs. 2 Satz 1 Nr. 7 und Abs. 4 Satz 1 EStG den Einkünften aus Kapitalvermögen zuzuordnen sind. Jede Einzahlung oder Zinsgutschrift auf ein verzinsliches Tages-, Festgeld- oder sonstiges Fremdwährungskonto stellt dabei einen Anschaffungsvorgang dar. Kommt es zu einer späteren Rückzahlung, liegt ein veräußerungsgleicher Vorgang i. S. des § 20 Abs. 2 Satz 2 EStG vor.

Ausgenommen sind nach Rz. 131 Fremdwährungsguthaben auf Zahlungsverkehrskonten (z. B. Girokonten), Kreditkarten und digitalen Zahlungsmitteln, da hier unterstellt werden kann, dass diese nur als Zahlungsmittel eingesetzt werden. Demnach liege keine Einkünfteerzielungsabsicht im Rahmen der Einkünfte aus Kapitalvermögen vor.

Der bisherige Hinweis in Rz. 131 (BMF, Schreiben v. 18.1.2016 - IV C 1 - S 2252/08/10004 :017, BStBl 2016 I S. 85), dass die Anschaffung und Veräußerung von Fremdwährungsbeträgen ein privates Veräußerungsgeschäft gem. § 23 Abs. 1 Satz 1 Nr. 2 EStG sein kann, wenn keine Einkünfte aus Kapitalvermögen i. S. des § 20 EStG vorliegen, bleibt auch im neugefassten BMF-Schreiben v. 19.5.2022 erhalten. Eine doppelte Erfassung der Währungsgewinne/-verluste in Folge eines Fremdwährungstausches innerhalb der Frist des § 23 Abs. 1 Satz 1 Nr. 2 EStG soll dadurch vermieden werden, dass bereits von den Einkünften aus Kapitalvermögen erfasste Beträge nicht zusätzlich bei den Einkünften aus privaten Veräußerungsgeschäften zu berücksichtigen sind.

ee) Gesellschafterdarlehen und tarifliche Einkommensteuer nach § 32d Abs. 2 Nr. 1 Buchst. b EStG

Aufgrund der Änderung des § 32d Abs. 2 Nr. 1 EStG durch das JStG 2020 (v. 21.12.2020, BGBl 2020 I S. 3096) wurde nun Rz. 135 ebenfalls neugefasst. Infolge der Gesetzesänderung kommt es nur dann zu einer Veranlagung mit der tariflichen Einkommensteuer infolge eines Gesellschafterdarlehens (Beteiligung mind. 10 %), wenn beim Schuldner der Kapitalerträge die im Zusammenhang stehenden Aufwendungen als Betriebsausgaben oder Werbungskosten geltend gemacht werden können, die der inländischen Besteuerung unterliegen, und § 20 Abs. 9 Satz 1 Halbsatz 2 EStG keine Anwendung findet. Das BMF-Schreiben v. 19.5.2022 stellt dahingehend klar, dass Gewinne und Verluste aus der Veräußerung oder dem Ausfall einer Darlehensforderung eines Gesellschafters zwingend der Abgeltungsteuer i. S. des § 32d Abs. 1 EStG unterliegen, da auf Seiten des Schuldners keine Betriebsausgaben oder Werbungskosten geltend gemacht werden können (Rz. 135). Für vor dem 1.1.2021 begründete Kapitalerträge aus Darlehen sieht Rz. 135 eine Nichtbeanstandungsregelung bis einschließlich dem Veranlagungszeitraum 2023.

7. Ertragsteuerrechtliche Behandlung von Gesellschafterdarlehen, Bürgschaftsregress- und vergleichbaren Forderungen (§ 17 Abs. 2a EStG)

BMF, Schreiben v. 7.6.2022 - IV C 6 - S 2244/20/10001 :001, BStBl 2022 I S. 897, NWB JAAAJ-15737

(Sonja Stockburger)

a) Allgemeines

Mit dem Gesetz zur weiteren Förderung der Elektromobilität und zur Änderung weiterer steuerlicher Vorschriften v. 12.12.2019 (BGBl 2019 I S. 2451) hat der Gesetzgeber § 17 Abs. 2a EStG hinzugefügt und damit eine normspezifische Definition der Anschaffungskosten und insbesondere der nachträglichen Anschaffungskosten eingeführt. Auslöser für die Gesetzesänderung war die geänderte BFH-Rechtsprechung (Urteil v. 11.7.2017 - IX R 36/15, BStBl 2019 II S. 208), wonach Darlehensverluste grundsätzlich nicht mehr als nachträgliche Anschaffungskosten anerkannt werden dürften. Der Gesetzgeber reagierte mit der Einführung des § 17 Abs. 2a EStG und stellte den Rechtsstand vor der Rechtsprechungsänderung durch den BFH wieder her.

Allgemein bestimmt § 17 Abs. 2a EStG den Anschaffungskostenbegriff im Zusammenhang mit Veräußerungen einer Beteiligung an einer Kapitalgesellschaft, wenn die Beteiligungshöhe innerhalb der vergangenen fünf Jahren mindestens 1 % betragen hat. Neben den Aufwendungen, die zur Erwerbung der Anteile geleistet wurden, zählen gem. § 17 Abs. 2a Satz 2 EStG sowohl nachträgliche Anschaffungskosten als auch Nebenkosten zu den Anschaffungskosten, die bei der Veräußerung den Gewinn i. S. des § 17 Abs. 2 Satz 1 EStG mindern. § 17 Abs. 2a Satz 3 und 4 EStG präzisiert die nachträglichen Anschaffungskosten, zu denen nach der gesetzlichen Regelung nun (Nr. 1) offene und verdeckte Einlagen, (Nr. 2) gewisse Verluste aus Gesellschafterdarlehen, sowie (Nr. 3) gewisse Ausfälle von Bürgschaftsregressforderungen und vergleichbaren Forderungen gehören. Zu diesen nachträglichen Anschaffungskosten i. S. des § 17 Abs. 2a Satz 3 EStG hat das BMF in einem Schreiben v. 7.6.2022 (IV C 6 – S 2244/20/10001 :001, BStBl 2022 I S. 897) nun Stellung bezogen.

b) Ertragsteuerrechtliche Behandlung von Gesellschafterdarlehen, Bürgschaftsregress- und vergleichbaren Forderungen

In seinem Schreiben v. 7.6.2022 nimmt das BMF Bezug auf die Einlagen (Rz. 3 bis 6), Darlehensverluste (Rz. 7 bis 19), Bürgschaftsregressforderungen (Rz. 20) und insbesondere die Berücksichtigung von Verlusten aus Gesellschafterdarlehen bei Einkünften aus Kapitalvermögen (Rz. 21 bis 31). Die Rz. 32 bis 35 enthalten lediglich die Anwendungsregelung, welche jedoch gegenüber der Anwendungsvorschrift des § 52 Abs. 25a EStG und dessen allgemeiner Auslegung keine weiteren Informationen enthält.

aa) Nachträgliche Anschaffungskosten

Gemäß § 17 Abs. 2a Satz 3 EStG zählen insbesondere offene oder verdeckte Einlagen, Darlehensverluste, soweit die Gewährung des Darlehens oder das Stehenlassen des Darlehens in der Krise der gesellschaftsrechtlich veranlasst war, und Ausfälle von Bürgschaftsregressforderungen und vergleichbaren Forderungen, soweit die Hingabe oder das Stehenlassen der betreffenden Sicherheit gesellschaftsrechtlich veranlasst war. Nicht zu den nachträglichen Anschaffungskosten zählen Rz. 2 folgend rein gesellschaftsintern wirkende Umgliederungen einer freien Gewinnrücklage in eine zweckgebundene Rücklage.

(1) Offene und verdeckte Einlage (Rz. 3 bis 6)

Grundsätzlich richtet sich das Vorliegen einer offenen oder verdeckten Einlage nach den handels-, bilanzsteuer- und körperschaftsteuerrechtlichen Grundsätzen.

Offene Einlagen sind insbesondere Nachschüsse (§§ 26 ff. GmbHG), Barzuschüsse und sonstige Zuzahlungen (§ 272 Abs. 2 Nr. 4 HGB) sowie Einzahlungen in die Kapitalrücklage. Ebenso zählen sog. Einlagen in letzter Minute (BFH, Urteil v. 20.7.2018 - IX R 5/15, BStBl 2018 II S. 194) zu den offenen Einlagen i. S. des § 17 Abs. 2a Satz 3 Nr. 1 EStG (BFH, Urteil v. 20.7.2018 - IX R 5/15, BStBl 2018 II S. 194; Rz. 4).

Insbesondere zu den verdeckten Einlagen gehört der Verzicht auf ein Gesellschafterdarlehen in Höhe des werthaltigen Teils unabhängig davon, ob es sich um ein fremdübliches oder ein gesellschaftsrechtlich veranlasstes Darlehen handelt (Rz. 5). Der maßgebliche Zeitpunkt für die Bewertung des werthaltigen Teils ist der Zeitpunkt des Darlehensverzichts. Der zu diesem Zeitpunkt nicht werthaltige Teil des Darlehens stellt nach Verwaltungsauffassung einen Darlehensverlust i. S. des § 17 Abs. 2a Satz 3 Nr. 2 EStG dar (Rz. 18). Als nachträgliche Anschaffungskosten qualifizierte Teile des Darlehensverzichts wirken sich erst im Zeitpunkt der Anteilsveräußerung aus. Der Teil des Darlehens, der mit Eintritt in die Krise nicht mehr werthaltig ist, ist unter den Voraussetzungen des § 20 Abs. 6 EStG (z. B. Uneinbringlichkeit einer Kapitalforderung) bereits im Veranlagungszeitraum des Darlehensverzichts im Rahmen der Einkünfte aus Kapitalvermögen zu berücksichtigen (Rz. 18; vgl. dazu insbesondere das Beispiel 2 in Rz. 18; zudem BMF-Schreiben v. 19.5.2022 - IV C 1 – S 2252/19/10003 :009, BStBl 2022 I S. 742, Rz. 61).

Ebenso explizit als verdeckte Einlage i. S. des § 17 Abs. 2a Satz 3 Nr. 1 EStG bestimmt wird eine gewährte Fremdkapitalhilfe mit sog. spezifiziertem Rangrücktritt, der eine Tilgung aus freiem Vermögen ausschließt, weswegen eine gewinnerhöhende Ausbuchung der Verbindlichkeit auf Seiten der GmbH sowie beim Gesellschafter spiegelbildlich eine Einlage zu tätigen ist (Rz. 6).

(2) Darlehensverluste (Rz. 7 bis 19)

Eine Berücksichtigung eines Darlehensverlusts als nachträgliche Anschaffungskosten i. S. des § 17 Abs. 2a EStG kommt gem. § 17 Abs. 2a Satz 3 Nr. 2 EStG dann in Betracht, soweit es aus gesellschaftsrechtlichen Gründen in einer Krise der Gesellschaft gewährt oder stehengelassen wird.

Eine gesellschaftsrechtliche Veranlassung liegt gem. § 17 Abs. 2a Satz 4 EStG i. V. m. BMF-Schreiben v. 7.6.2022, Rz. 8 f. dann vor, wenn ein ordentlicher Kaufmann unter sonst gleichen Umständen (Krise) das Risiko einer Darlehensgewährung zu denselben Konditionen wie der Gesellschafter nicht mehr eingegangen wäre (Krisendarlehen) oder ein Darlehen zurückgefordert hätte. Als stehengelassen wird ein Darlehen nach Rz. 16 angesehen, wenn das Darlehen unter fremdüblichen Bedingungen vor der Krise gewährt wurde, aber der Gesellschafter das Darlehen stehen lässt, obwohl er es hätte abziehen können und es angesichts der veränderten finanziellen Situation der Gesellschaft absehbar war, dass die Rückzahlung gefährdet sein wird.

Liegt keine gesellschaftsrechtliche Veranlassung vor, kann der Darlehensverlust steuerlich bei den Einkünften aus Kapitalvermögen berücksichtigt werden, wenn die Voraussetzungen des § 20 Abs. 2 Satz 1 Nr. 7 i.V.m. Abs. 6 Satz 6 erfüllt werden. Der werthaltige Teil eines Gesellschafterdarlehensverzichts fällt der Verwaltungsauffassung (Rz. 5) zufolge jedoch unter die Definition der verdeckten Einlage, so dass der werthaltige Teil als nachträgliche Anschaffungskosten i. S. des § 17 Abs. 2a Satz 3 Nr. 1 EStG veräußerungsgewinnmindernd berücksichtigt werden müssen.

Von einer gesellschaftsrechtlichen Veranlassung ist laut Rz. 9 unabhängig von einer tatsächlichen Krise stets auszugehen, wenn ein krisenbestimmtes Darlehen oder ein Finanzplandarlehen gewährt wird. In Rz. 12 des BMF-Schreibens v. 7.6.2022 wird ein krisenbestimmtes Darlehen definiert als ein Darlehen, bei dem der Gesellschafter schon vor dem Eintritt der Krise mit bindender Wirkung gegenüber der Gesellschaft oder den Gesellschaftsgläubigern erklärt, dass er das Darlehen auch im Falle einer Krise stehenlassen will. Finanzplandarlehen sind von vornhinein in die Finanzplanung der Gesellschaft in der Weise einbezogen, dass die zur Aufnahme der Geschäfte erforderliche Kapitalausstattung der Gesellschaft krisenunabhängig durch eine Kombination von Eigen- und Fremdfinanzierung erreicht werden soll (Rz. 14). Die Berücksichtigung derartiger Verluste im Rahmen der gewerblichen Einkünfte scheint nur konsequent, da die Hingabe des Darlehens ausschließlich gesellschaftsrechtlich veranlasst ist und insoweit eigenkapitalersetzenden Charakter hat (vgl. Deutschländer, NWB 2022 S. 2290). Im Rahmen der Einkünfte aus Kapitalvermögen können diese Verluste aufgrund der Subsidiarität (§ 20 Abs. 8 EStG) des § 20 EStG zu § 17 EStG nicht miteinbezogen werden (Rz. 11, 13, 15).

Die Höhe der nachträglichen Anschaffungskosten, die den Veräußerungsgewinn mindern/Veräußerungsverlust erhöhen können, hängt von der Art des Darlehens und der Art des Ausfalls ab. Bei Krisendarlehen (Rz. 11), krisenbestimmten Darlehen (Rz. 13 i.V.m. 11) und Finanzplandarlehen (Rz. 15) wird die Höhe des Nennwerts angesetzt.

Ein in der Krise stehengelassenes Darlehen ist als Darlehensverlust gem. § 17 Abs. 2a Satz 3 Nr. 2 EStG in Höhe des zum Zeitpunkt des Kriseneintritts noch werthaltigen Teils als nachträgliche Anschaffungskosten berücksichtigungsfähig (vgl. BMF, Schreiben v. 7.6.2022, Rz. 17, Beispiel 1). Unter den Voraussetzungen des § 20 EStG kann der Verlust des zum Zeitpunkt des Eintritts der Krise nicht mehr werthaltigen Teils des stehengelassenen Darlehens ggf. bei den Einkünften aus Kapitalvermögen zum Verlustzeitpunkt (Veräußerung/Liquidation) berücksichtigt werden. Die Auffassung des BMF, wonach lediglich der werthaltige Teil eines stehengelassenen Darlehens als nachträgliche Anschaffungskosten zu qualifizieren sind, ist in der Literatur umstritten. Diese Auffassung entspräche zwar der alten Rechtslage, die auf der Rechtsprechung des BFH basierte (BFH, Urteil v. 9.6.1997 - GrS 1/94, BStBl 1998 II S. 307), wird jedoch so vom Gesetz nicht gedeckt, da der Gesetzgeber in § 17 Abs. 2a EStG keine Einschränkung der Höhe des Darlehensverlustes vorgenommen hat. Dem Gesetzeswortlaut folgend sollte daher der Nennwert des Darlehens im Rahmen des § 17 EStG steuerlich berücksichtigt werden (vgl. m.w.N. Rätke, BBK 2022 S. 769). Diesbezüglich ist aktuell ein Verfahren beim BFH anhängig (IX R 21/21, NWB AAAAH-95402).

Zu Verlusten aus der Veräußerung eines gesellschaftsrechtlich veranlassten Darlehens an die Gesellschaft oder einen Dritten nimmt die Finanzverwaltung in Rz. 19 Stellung und führt an, dass diese Verluste nicht in den Anwendungsbereich des § 17 Abs. 2a EStG fallen, soweit keine verdeckte Einlage vorliegt. Eine Berücksichtigung im Rahmen der Einkünfte aus Kapitalvermögen ist unter den dort geltenden Voraussetzungen möglich.

bb) Bürgschaftsregressforderungen und vergleichbare Forderungen

Ausfälle aus Bürgschaftsregressforderungen und vergleichbaren Forderungen, soweit die Hingabe oder das Stehenlassen der betreffenden Sicherheit gesellschaftsrechtlich veranlasst war, stellen gem. § 17 Abs. 2a Satz 3 Nr. 3 EStG ebenfalls nachträgliche Anschaffungskosten dar. Das BMF verweist in seinem BMF-Schreiben v. 7.6.2022 in Rz. 20 lediglich darauf, dass die Ausführungen des Abschnitt I (Nachträgliche Anschaffungskosten) sinngemäß für Bürgschaftsregress- und vergleichbare Forderungen gelten sollen. Der Ausfall einer derartigen Forderung wird demzufolge mit dem Nennwert als nachträgliche Anschaffungskosten der Beteiligung angesetzt. Unklar ist die Höhe der nachträglichen Anschaffungskosten beim Stehenlassen einer Bürgschaft dahingehend, ob nun der Nennwert oder lediglich der werthaltige Teil der Regressforderung anzusetzen ist (vgl. Rätke, BBK 2022 S. 771). Sollte lediglich der werthaltige Teil gemeint sein, ist zudem nicht abschließend geklärt, ob die sinngemäße Anwendung eine Berücksichtigung des im Zeitpunkt des Kriseneintritts nicht mehr werthaltigen Teils einer stehengelassenen Bürgschaft im Rahmen der Einkünfte aus Kapitalvermögen ermöglicht (vgl. Deutschländer, NWB 2020 S. 2291 f.).

cc) Berücksichtigung von Verlusten aus Gesellschafterdarlehen bei den Einkünften aus Kapitalvermögen

Abschnitt III geht in den Rz. 21 bis 31 auf die Berücksichtigung von Verlusten aus Gesellschafterdarlehen bei den Einkünften aus Kapitalvermögen nach § 20 EStG ein. Aufgrund der Subsidiarität i. S. des § 20 Abs. 8 EStG ist eine derartige Berücksichtigung nur möglich, soweit der Darlehensverlust nach den Ausführungen des BMF-Schreibens v. 7.6.2022, Rz. 1 bis 20 nicht nach § 17 EStG genutzt worden ist (Rz. 21). Dieser Fall tritt etwa ein, wenn die Darlehensgewährung bzw. das Stehenlassen in der Krise nicht gesellschaftsrechtlich veranlasst war oder der Darlehensverlust nur teilweise in den Anwendungsbereich des § 17 Abs. 2a EStG fällt (z. B. bei stehengelassenen Darlehen).

Zudem kommt eine Berücksichtigung bei den Einkünften aus Kapitalvermögen nur in Frage, wenn eine Einkünfteerzielungsabsicht im Sinne der Einkünfte aus Kapitalvermögen gegeben ist (Rz. 22 f.). Diese liegt vor, wenn das Darlehen mit der Absicht gewährt wurde, damit positive Einkünfte zu erzielen (Rz. 22). Dies müssen nicht zwingend Zinszahlungen sein, sondern können auch in anderen Vorteilen wie z. B. Wertsteigerungen des Anteils an der Gesellschaft o. Ä. bestehen (Rz. 22). Es ist ausreichend, wenn die Einkünfteerzielungsabsicht zum Zeitpunkt der Darlehensgewährung gegeben war; eine erneute Prüfung zum Zeitpunkt eines Kriseneintritts ist nicht erforderlich (Rz. 23).

Findet § 17 EStG keine Anwendung und die Einkünfteerzielungsabsicht i. S. des § 20 EStG ist gegeben, kann ein Ausfall einer Darlehensforderung i. S. des § 20 Abs. 1 Satz 1 Nr. 7 EStG nach § 20 Abs. 2 Satz 1 Nr. 7, Satz 2 und Abs. 4 EStG zu einem steuerlich zu berücksichtigenden Verlust führen.

Wenn feststeht, dass keine Rückzahlung der Forderung mehr stattfinden wird, ist nach Rz. 24 von einem Forderungsausfall auszugehen. Zu erwähnen sei an dieser Stelle, dass die Eröffnung eines Insolvenzverfahrens hierfür in der Regel nicht ausreicht (Rz. 24). Die Realisation dieses Verlustes findet in dem Veranlagungszeitraum statt, in dem dessen Höhe endgültig feststeht (Rz. 24; BMF, Schreiben v. 19.5.2022 - IV C 1 - S 2252/19/10003 :009, BStBl 2022 I S. 742, Rz. 60).

Dem Forderungsausfall steht der Verzicht auf den nicht werthaltigen Teil einer Darlehensforderung nach Rz. 25 gleich. Steuerlich berücksichtigt wird lediglich der nicht werthaltige Teil des Forderungsverzichts. Dies erfolgt in dem Veranlagungszeitraum, in dem der Verzicht erklärt wurde (Rz. 25; BMF, Schreiben v. 19.5.2022 - IV C 1 - S 2252/19/10003 :009, BStBl 2022 I S. 742, Rz. 61).

Zuletzt geht das BMF-Schreiben v. 7.6.2022 noch auf die Anwendung der Verlustverrechnungsbeschränkungen des § 20 Abs. 6 Satz 6 EStG ein, wonach Verluste aus der Uneinbringlichkeit einer Forderung jährlich lediglich bis zu einer Höhe von 20.000 € mit anderen Einkünften aus Kapitalvermögen verrechnet werden dürfen. Zunächst stellt das BMF-Schreiben v. 7.6.2022 in Rz. 26 klar, dass Darlehensverluste, deren rechtliche Grundlage vor dem 1.1.2009 begründet wurde, nicht bei den Einkünften aus Kapitalvermögen berücksichtigt werden dürfen.

Die Anwendung der Verlustausgleichbeschränkung des § 20 Abs. 6 Satz 6 EStG hängt einerseits von der Beteiligungshöhe und andererseits von dem Zeitpunkt der Darlehensgewährung bzw. des Darlehensverlustes ab. So sind bis einschließlich des Veranlagungszeitraums 2019 realisierte Darlehensverluste bei einer Beteiligungshöhe von unter 10 % uneingeschränkt mit übrigen Kapitaleinkünften verrechenbar (Rz. 27). Bei einer Darlehensgewährung vor dem 1.1.2021 und einer Beteiligungshöhe von mindestens 10 % findet die Verlustverrechnungsbeschränkung des § 20 Abs. 6 Satz 6 EStG aufgrund von § 32d Abs. 2 Satz 1 Nr. 1 Buchst. b i. V. m. § 52 Abs. 33b EStG bis einschließlich zum Veranlagungszeitraum 2023 keine Anwendung (Rz. 28 f.). Da § 32d Abs. 2 Satz 1 Nr. 1 Buchst. b EStG mit dem JStG 2020 (v. 21.12.2020, BGBl 2020 I S. 3096) geändert wurde und für Darlehensverluste keine Geltung mehr hat, sind für Darlehensausfälle, die nach dem 31.12.2020 gewährt wurden und die Beteiligungshöhe mindestens 10 % beträgt, die Verlustverrechnungsbeschränkungen des § 20 Abs. 6 Satz 6 EStG grundsätzlich zu beachten.

8. Zweifelsfragen zu den Investitionsabzugsbeträgen nach § 7g Abs. 1 bis 4 und 7 EStG in der Fassung des Jahressteuergesetztes 2020 (JStG 2020) vom 21.12.2020 (BGBl 2020 I S. 3096)

BMF, Schreiben v. 15.6.2022 - IV C 6 - S 2139-b/21/10001 :001, BStBl 2022 I S. 945, NWB JAAAJ-15870

(Johannes Stößel)

a) Hintergrund und Zielsetzung

Das Jahressteuergesetz 2020 (JStG 2020) und einige höchstrichterliche Entscheidungen haben das BMF dazu veranlasst, sein aktuelles Schreiben v. 20.3.2017 (BStBl 2017 I S. 423), mit Anpassung bzgl. der Behandlung von Personengesellschaften v. 26.8.2019 (BStBl 2019 I S. 870), durch ein neues Schreiben v. 15.6.2022 (BStBl 2022 I S. 945) zu ersetzen. Nachfolgend sollen wesentliche Änderungen (vgl. ausführlich Happe, BBK 2022 S. 655) und teilweise Problemfelder (vgl. ausführlich Eggert, BBK 2022 S. 729) dargelegt werden. Weitgehend wurde der Wortlaut des BMF-Schreibens v. 20.3.2017 übernommen. Nicht behandelt wurden die verlängerten Investitionsfristen nach § 52 Abs. 16 Satz 3 und 4 EStG.

b) Voraussetzungen für die Inanspruchnahme von Investitionsabzugsbeträgen – § 7g Abs. 1 EStG (Rz. 1 ff.)

aa) Begünstigte Betriebe und Wirtschaftsgüter (Rz. 1 ff.)

Der Anwendungsbereich bzgl. der begünstigten Betriebe hat sich nicht geändert. Weiterhin können auch – ggf. mit gewissen Nachweisen – Investitionsabzugsbeträge vor Betriebseröffnung in Anspruch genommen werden. In Bezug auf Personengesellschaften und Gemeinschaften wurden die Auslegungen des BMF-Schreibens vom 26.8.2019 übernommen. Hier sind aber noch die Änderungen des JStG 2020 zu beachten, demnach der Investitionsabzugsbetrag nur in dem Vermögen (Gesamthandsvermögen oder Sonderbetriebsvermögen) in Abzug gebracht werden kann, für welches auch das Wirtschaftsgut angeschafft wird und dann der entsprechende Abzug von den Anschaffungskosten/Herstellungskosten durchgeführt wird (§ 7g Abs. 7 Satz 2 und 3 EStG). Die Veräußerung von der Gesamthand ins Sonderbetriebsvermögen oder umgekehrt stellt keinen Anschaffungsvorgang dar. Diese Regelungen sind für Wirtschaftsjahre die nach dem 31.12.2020 enden anwendbar.

Bzgl. der begünstigten Wirtschaftsgüter ist keine Änderung festzustellen. Begünstigt sind weiterhin nur abnutzbare bewegliche Wirtschaftsgüter des Anlagevermögens. Eine kombinierte Anwendung von § 6 Abs. 2 und 2a EStG mit dem Investitionsabzugsbetrag ist weiterhin möglich.

bb) Höhe des Investitionsabzugsbetrags und Gewinngrenze (Rz. 9 ff.)

Das BMF-Schreiben enthält die durch das JStG 2020 neu eingeführte Höhe des Investitionsabzugsbetrags von maximal 50 % der Anschaffungs- bzw. Herstellungskosten. Darüber hinaus, die ebenfalls auf dem JStG 2020 beruhende, neue und für alle möglichen begünstigten Betriebe einheitliche Gewinngrenze i.H.v. 200.000 € im Jahr der Inanspruchnahme des Investitionsabzugsbetrags. Das Betriebsvermögen (bei Bilanzierenden) und die Wirtschaftswerte (Land- und Forstwirtschaft) sind keine Voraussetzungen mehr. Die Regelungen entsprechen weitgehend, den bisherigen Ausführungen für die Einnahme-Überschussrechnung, bei der bisher schon eine Gewinngrenze zur Anwendung kam. Der ausschlaggebende Gewinn (pro Betrieb) ist der Gewinn nach EStG (inkl. Sonder- und Ergänzungsbilanzen) bzw. KStG inkl. außerbilanzieller Korrekturen. Unberücksichtigt bleiben die Korrekturen durch die Inanspruchnahme des Investitionsabzugsbetrags. Das BMG begründet seine Auffassung nicht. Bei der Anwendung von § 4 Abs. 4a EStG ist mittlerweile der Gewinn nach Gewinn- und Verlustrechnung ohne außerbilanzielle Korrekturen maßgebend (vgl. BFH, Urteil v. 14.3.2018 - X R 17/16, BStBl 2018 II S. 744; BMF, Schreiben v. 18.1.2021 - IV C 6 – S 2144/19/10003 :004, BStBl 2021 I S. 119). Im Zweifel sollten sich Steuerpflichtige hierauf berufen. Bei pauschaler Gewinnermittlung (nach § 5a oder § 13a EStG) ist die Inanspruchnahme des Investitionsabzugsbetrags grundsätzlich ausgeschlossen. Ergänzt wurde die Aussage des BFH (Urteil v. 13.7.2016 - VIII R 56/13, BStBl 2016 II S. 936), demnach eine Partnerschaftsgesellschaft unabhängig von verschiedenen Kanzleien in verschiedenen Städten nur einen Betrieb i. S. des § 7g EStG hat.

cc) Inanspruchnahme des Investitionsabzugsbetrags und Datenfernübertragung (Rz. 17 ff.)

Es ergeben sich keine Neuerungen in Bezug auf die Inanspruchnahme des Investitionsabzugsbetrags und die im Rahmen der Inanspruchnahme elektronisch zu übermittelnden Daten.

c) Hinzurechnung von Investitionsabzugsbeträgen und gleichzeitige Herabsetzung der Anschaffungs- oder Herstellungskosten – § 7g Abs. 2 EStG (Rz. 23 ff.)

Die Änderungen ergeben sich auch hier weitgehend aus dem JStG 2020. Der Prozentsatz der Hinzurechnung und Herabsetzung wurde entsprechend auf maximal 50 % erhöht. Ist die erste Steuerfestsetzung bzw. Feststellung unanfechtbar (Einspruchsfrist), darf das begünstigte Wirtschaftsgut bei der (nachträglichen) Inanspruchnahme des Investitionsabzugsbetrags noch nicht angeschafft oder hergestellt sein (§ 7 Abs. 2 Satz 2 EStG). Dies gilt nicht für Investitionsabzugsbeträge, die im Einspruchsverfahren in Anspruch genommen werden. Eingefügt wurden die Aussagen des BFH (Urteil v. 27.5.2020 - XI R 12/18, BStBl 2020 II S. 779), wonach die gewinnmindernde Herabsetzung der Anschaffungs- bzw. Herstellungskosten ein steuerrechtliches Wahlrecht ist, das innerhalb der Steuerbilanz (bzw. in der Überleitungsrechnung) ausgeübt wird und nur im Rahmen der Regelungen zur Bilanzänderung (§ 4 Abs. 2 Satz 2 EStG) geändert werden kann. Die Regelungen sind für Investitionsabzugsbeträge anwendbar, die ab dem VZ 2021 nachträglich in Anspruch genommen werden sollen.

d) Rückgängigmachung von Investitionsabzugsbeträgen – § 7g Abs. 3 EStG (Rz. 29 ff.)

Auch im Rahmen der Rückgängigmachung von Investitionsabzugsbeträgen bleibt das BMF weitgehend bei seinen bisherigen Ausführungen. Ergänzt wurden auch hier Aussagen des BFH (Urteil v. 3.12.2019 - X R 11/19, BStBl 2020 II S. 276). Diesem folgend ist ein Investitionsabzugsbetrag im Abzugsjahr rückgängig zu machen, wenn im Jahr der Investition, trotz des Abzugs von den Anschaffungs- bzw. Herstellungskosten, die außerbilanzielle Hinzurechnung des Investitionsabzugsbetrags nicht durchgeführt wird und der betroffene Steuerbescheid nicht mehr änderbar ist.

e) Nichteinhaltung der Verbleibens- und Nutzungsfristen – § 7g Abs. 4 EStG (Rz. 33 ff.)

Aufgenommen wurde, dem JStG 2020 entsprechend, dass auch vermietete Wirtschaftsgüter begünstigt sind (§ 7g Abs. 1 Satz 1 EStG). Die Vermietung an einen anderen eigenen Betrieb ist möglich, während die unentgeltliche Überlassung weiterhin schädlich ist. Ergänzt wurde auch das BFH-Urteil (v. 3.12.2020 - IV R 16/18, BStBl 2021 II S. 382), welches besagt, dass ein Wirtschaftsgut auch dann ausschließlich in der (inländischen) Betriebsstätte der/des Steuerpflichtigen (funktional) genutzt wird, wenn es sich räumlich im Betrieb einer/eines anderen befindet (z. B. Werkzeug). Unschädlich für die Nutzungsvoraussetzung ist auch die unentgeltliche Überlassung im Rahmen einer Betriebsaufspaltung. Dem BFH (Urteil v. 28.7.2021 - X R 30/19, NWB TAAAH-93537) folgend, hat das BMF seine Auffassung bzgl. der Schädlichkeit einer Betriebsaufgabe oder -veräußerung geändert. Demnach kann auch die Nutzung bis zum Ende eines Rumpfwirtschaftsjahrs (§ 8b Abs. 2 EStDV) ausreichend sein. Die Unschädlichkeit des Erbfalls und der Übertragung nach § 6 Abs. 3 EStG oder UmwStG bleibt bestehen.

Der Nachweis der ausschließlichen oder fast ausschließlichen betrieblichen Nutzung bei einem Pkw kann nicht nur durch ein ordnungsgemäßes Fahrtenbuch, sondern auch durch andere Beweismittel nachgewiesen werden (vgl. auch BFH, Urteile v. 15.7.2020 - III R 62/19, NWB DAAAH-75193, und v.16.3.2022 - VIII R 24/19, NWB WAAAI-62730). Der privat verbrauchte Strom einer Photovoltaikanlage oder die privat verbrauchte Wärme eines Blockheizkraftwerks sind Sachentnahmen und keine schädliche außerbetriebliche Nutzung (vgl. auch BFH, Urteil v. 12.3.2020 - IV R 9/17, BStBl 2021 II S. 226). Die Prüfung der außerbetrieblichen Nutzung erfolgt weiterhin zeitraum- und nicht wirtschaftsjahrbezogen. Die Vereinfachungsregel, dass die Verwendung des betroffenen Wirtschaftsguts in einem anderen Betrieb unschädlich war, soweit es dort notwendiges Betriebsvermögen war, ist entfallen. Auch in diesem Abschnitt wurde der Prozentsatz der Hinzurechnung auf maximal 50 % angepasst.

f) Buchtechnische und verfahrensrechtliche Grundlagen (Rz. 52 ff.)

Dem BFH (Urteil v. 25.3.2021 - VIII R 45/18, BStBl 2021 II S. 530) folgend wurde aufgenommen, dass § 7g Abs. 3 Satz 2 EStG als spezielle Korrekturvorschrift nur punktuell die Rückgängigmachung des Investitionsabzugsbetrags ermöglicht. Weitergehende Gewinnkorrekturen müssen durch eine andere Änderungsnorm abgedeckt sein. Davon betroffen sind auch Fehler, die das Finanzamt im Rahmen der Rückgängigmachung des Investitionsabzugsbetrags begeht.

g) Auswirkung auf andere Besteuerungsgrundlagen (Rz. 56 ff.)

Das BMF-Schreiben hat die Ausführungen zu Steuerrückstellungen und des steuerbilanziellen Kapitalkontos nach § 15a EStG im Wesentlichen übernommen. So sind die geltend gemachten Investitionsabzugsbeträge weiterhin bei der Berechnung der Steuerrückstellung zu berücksichtigen, haben bei Rückgängigmachung aber keine Auswirkung auf die Verhältnisse am Bilanzstichtag. Das Wahlrecht, die Investitionsabzugsbeträge unberücksichtigt zu lassen, ist nicht mehr enthalten. Die außerbilanziellen Korrekturen haben ihrer Natur entsprechend keine Auswirkung auf das Kapitalkonto und § 15a EStG, während sich die innerbilanziellen Minderungen der Anschaffungs- und Herstellungskosten auswirken können.

h) Zeitliche Anwendung (Rz. 58 f.)

Das BMF-Schreiben ist im Wesentlichen auf Investitionsabzugsbeträge, die in nach dem 31.12.2019 endenden Wirtschaftsjahren in Anspruch genommen werden, anzuwenden. Weicht das Wirtschaftsjahr vom Kalenderjahr ab, gilt dies für Wirtschaftsjahre, die nach dem 17.7.2022 enden. Für Investitionsabzugsbeträge davor, bleiben die beiden alten BMF-Schreiben anwendbar.

Investitionsabzugsbeträge, die vor 2020 gebildet wurden, können maximal i. H.v. 40 % der Anschaffungs- oder Herstellungskosten von Wirtschaftsgütern abgezogen werden. Diese Auffassung des BMF ist m. E. (systematisch) richtig (vgl. KKB/Egner/Stößel, EStG, 7. Aufl. 2022, § 7g EStG Rz. 95) aber umstritten (vgl. z. B. Eggert, BBK 2022 S. 731 f.). Möglich ist eine Aufstockung auf maximal 50 % durch ab 2020 gebildete Investitionsabzugsbeträge. Eine Verwendung von Investitionsabzugsbeträgen, die vor 2020 gebildet wurden, für vermietete Wirtschaftsgüter ist dem BMF nach nicht möglich. Auch hier ist eine andere Auslegung denkbar (vgl. Eggert, BBK 2022 S. 733 f.) und vor dem Hintergrund der Investitionsförderung sinnvoll.

III. Rechtsprechung

1. Rechtsprechung zum Arbeitszimmer

a) Aufgabegewinn bei abzugsbeschränktem häuslichem Arbeitszimmer

BFH, Urteil v. 16.6.2020 - VIII R 15/17, NWB AAAAH-61589

(Verena Drummer)

Zusammenfassung der Entscheidung

Der Kläger gab seine nebenberufliche, selbständige Tätigkeit auf. Zu seinem (notwendigen) Betriebsvermögen gehörte ein häusliches Arbeitszimmer, für das der Kläger – da dieses nicht den Mittelpunkt der gesamten betrieblichen und beruflichen Tätigkeit gebildet hatte – aufgrund von § 4 Abs. 5 Satz 1 Nr. 6b Satz 3 EStG Aufwendungen nur in begrenzter Höhe geltend machen konnte. Bei Ermittlung des Aufgabegewinns i. S. v. § 18 Abs. 3 Satz 2 i. V. m. § 16 Abs. 2, Abs. 3 Satz 1 EStG setzte der Kläger entsprechend § 16 Abs. 3 Satz 7 EStG den gemeinen Wert des Arbeitszimmers an. Den Buchwert erhöhte er jedoch um die während der Ausübung der freiberuflichen Tätigkeit wegen § 4 Abs. 5 Satz 1 Nr. 6b Satz 3 EStG nicht abzugsfähigen Aufwendungen. Das FA berücksichtigte die Erhöhung des Buchwerts im Steuerbescheid nicht. Der hiergegen gerichtete Einspruch des Klägers wurde als unbegründet zurückgewiesen.

Die nachfolgende Klage vor dem FG Hessen hatte keinen Erfolg (Urteil v. 1.2.2017 - 12 K 1282/15, NWB XAAAH-63132). Das FG führte aus, dass eine Erhöhung des Buchwerts nicht mit dem Sinn und Zweck der Regelung vereinbar sei. Wirtschaftlich betrachtet käme es so zu einer Nachholung der AfA im Entnahme-/Veräußerungszeitpunkt, so dass das Abzugsverbot rückgängig gemacht würde.

Die dagegen gerichtete Revision begründet der Kläger insbesondere mit einer Verletzung von Art. 3 Abs. 1 GG aufgrund einer Ungleichbehandlung gegenüber § 23 Abs. 3 Satz 4 EStG (Überschusseinkünfte). Demnach sind die Anschaffungs-/Herstellungskosten bei Ermittlung des Gewinns bzw. Verlusts aus Veräußerungsgeschäften um geltend gemachte AfA zu mindern. Nach Auffassung der Finanzverwaltung soll die Kürzung aber unterbleiben, wenn der Abzug der Aufwendungen aufgrund von § 4 Abs. 5 Satz 1 Nr. 6b EStG ausgeschlossen oder auf 1.250 € begrenzt ist (BMF, Schreiben v. 5.10.2000 - IV C 3 – S 2256 – 263/00, BStBl 2000 I S. 1383, NWB IAAAE-53880, Rz. 39), weshalb eine Rückgängigmachung des Abzugsverbots nicht systemfremd sei.

Entscheidungsgründe

Der BFH wies die Revision als unbegründet zurück. Das FG habe demnach das Arbeitszimmer zutreffend gem. § 6 Abs. 1 Nr. 1 Satz 1 EStG mit den Anschaffungskosten, vermindert um die AfA, berücksichtigt. Dies entspreche dem Sinn und Zweck des § 4 Abs. 5 Satz 1 Nr. 6b EStG, wonach die betroffenen Aufwendungen den (Total-)Gewinn nicht mindern dürfen. Durch eine Rückgängigmachung im Zeitpunkt der Entnahme oder Veräußerung ergäbe sich keine vom Gesetzgeber gewollte Unterscheidung mehr zwischen Steuerpflichtigen, deren Aufwendungen unbeschränkt abzugsfähig waren und denen, die der Abzugsbeschränkung unterlagen. Eine teleologische Reduktion zum Zwecke der Berücksichtigung der (teilweise) nicht abzugsfähigen Betriebsausgaben komme mangels eines sinnwidrigen Ergebnisses nicht in Betracht.

Der BFH erteilte auch dem vom Kläger angeführten Einwand der Ungleichbehandlung gegenüber § 23 Abs. 3 Satz 4 EStG eine Absage. Eine analoge Anwendung scheide mangels planwidriger Regelungslücke aus. Zudem könnten nach Maßgabe des Dualismus der Einkunftsarten wegen der grundlegend unterschiedlichen Besteuerung von Betriebs- und Privatvermögen aus § 23 EStG keine allgemeingültigen Prinzipien für die Gewinnermittlung bei den betrieblichen Einkünften abgeleitet werden.

Der BFH teilte auch die verfassungsrechtlichen Bedenken des Klägers nicht. § 4 Abs. 5 Satz 1 Nr. 6b EStG enthalte eine Ausnahme vom objektiven Nettoprinzip, die dem Grundsatz der Besteuerung nach der wirtschaftlichen Leistungsfähigkeit nicht entgegenstehe. Ein Verstoß gegen Art. 3 Abs. 1 GG ergebe sich auch nicht aus einer ungerechtfertigten Ungleichbehandlung gegenüber Steuerpflichtigen, die ein häusliches Arbeitszimmer zur Erzielung von Überschusseinkünften genutzt haben. Die unterschiedliche Erfassung von Wertsteigerungen im Privat- und Betriebsvermögen sei nach der Rechtsprechung des BVerfG mit dem Gleichheitssatz vereinbar (bspw. Beschluss v. 7.7.2010 - 2 BvR 748/05, NWB FAAAD-48927, Rz. 64).

Folgerungen: Eine während der freiberuflichen Betätigung nur beschränkte Abzugsfähigkeit von Aufwendungen wirkt sich auf die Ermittlung des Entnahme-/Veräußerungsgewinns nicht aus. Die Zuordnung des Arbeitszimmers zum Betriebsvermögen hat die vollumfängliche Verstrickung zur Folge. In diesem Zusammenhang ist auch auf eine weitere Entscheidung des VIII. Senats, ebenfalls v. 16.6.2020, hinzuweisen (VIII R 9/18, NWB HAAAH-61591). Dabei kam der BFH zu dem Schluss, dass der Erlös aus der Veräußerung eines – diesmal zum gewillkürten – Betriebsvermögen gehörenden Pkws trotz vorangegangener Besteuerung einer Nutzungsentnahme in voller Höhe als Betriebseinnahme zu berücksichtigen sei. Bei der Besteuerung der Privatnutzung und der späteren Veräußerung handele es sich um getrennt zu betrachtende steuererhebliche Vorgänge. Die Nutzungsentnahme berühre weder den Buchwertansatz, noch führe sie zur Aufdeckung oder Überführung stiller Reserven in das Privatvermögen. Bei der – soweit beeinflussbaren – Entscheidung über die Zuordnung von Wirtschaftsgütern zum Betriebsvermögen sollte folglich unter Berücksichtigung steuerlicher Vor- und Nachteile auch bereits das Nutzungsende (Entnahme, Veräußerung) in die Erwägungen miteinbezogen werden (Kanzler, NWB 2021 S. 256, 258). So hat der BFH in seiner Entscheidung zur Besteuerung des Gewinns aus der Pkw-Veräußerung sogar angemerkt, dass dem Steuerpflichtigen alternativ auch die Erfassung einer Nutzungseinlage möglich gewesen wäre (unter II.B.1.a), wodurch der Pkw im Privatvermögen hätte belassen werden können. Zur Zuordnung von eigenbetrieblich genutzten Grundstücksteilen von untergeordnetem Wert zum Privatvermögen vgl. außerdem § 8 EStDV.

b) Keine Besteuerung des Veräußerungsgewinns für häusliche Arbeitszimmer

BFH, Urteil v. 1.3.2021 - IX R 27/19, NWB IAAAH-84233

(Verena Drummer)

Zusammenfassung der Entscheidung

Die Klägerin erzielte als Lehrerin Einkünfte aus nichtselbstständiger Arbeit. Im Rahmen dessen machte sie Aufwendungen für ein in ihrer Eigentumswohnung liegendes häusliches Arbeitszimmer geltend. Die Wohnung wurde innerhalb der Zehnjahresfrist des § 23 Abs. 1 Satz 1 Nr. 1

Satz 1 EStG veräußert. Streitig ist, ob der Gewinn aus der Veräußerung der Wohnung, soweit er auf das häusliche Arbeitszimmer entfällt, als sonstige Einkünfte i. S. v. § 22 Nr. 2 i. V. m. § 23 Abs. 1 Satz 1 Nr. 1 EStG zu berücksichtigen ist.

Das FG Baden-Württemberg (Urteil v. 23.7.2019 - 5 K 338/19, NWB EAAAH-43960) behandelte den auf das in der selbst genutzten Wohnung liegenden häuslichen Arbeitszimmers entfallenden Veräußerungsgewinn aufgrund von § 23 Abs. 1 Satz 1 Nr. 1 Satz 3 EStG als steuerfrei, da dieses zwischen Anschaffung und Veräußerung ausschließlich zu eigenen Wohnzwecken genutzt worden sei. Dem steht die Auffassung der Finanzverwaltung entgegen, die eine Nutzung zu Wohnzwecken – auch wenn der Abzug von Aufwendungen aufgrund von § 4 Abs. 5 Satz 1 Nr. 6b, § 9 Abs. 5 EStG ausgeschlossen oder eingeschränkt ist – verneint (BMF, Schreiben v. 5.10.2000 - IV C 3 – S 2256 – 263/00, BStBl 2000 I S. 1383, NWB IAAAE-53880, Rz. 21). Das FG führte dazu aus, dass die (gesamte) Eigentumswohnung als Wirtschaftsgut i. S. v. § 23 Abs. 1 Satz 1 Nr. 1 EStG anzusehen sei, aufgrund mangelnder Verkehrsfähigkeit nicht jedoch das häusliche Arbeitszimmer. Für die Ausnahme von der Besteuerung i. S. v. § 23 Abs. 1 Satz 1 Nr. 1 Satz 3 EStG sei es nicht schädlich, wenn ein untergeordneter Teil (ca. 10 %) des erworbenen und wieder veräußerten Wirtschaftsguts (Eigentumswohnung) ausschließlich zu betrieblichen Zwecken genutzt worden sei. Das Ausschließlichkeitskriterium in § 23 Abs. 1 Satz 1 Nr. 1 Satz 3 Alt. 1 EStG sei als „zeitlich ausschließlich" und nicht als „räumlich ausschließlich" zu verstehen.

Die dagegen gerichtete Revision begründete das FA insbesondere damit, dass sich das Erfordernis eines eigenständigen Wirtschaftsguts „häusliches Arbeitszimmer" weder aus dem Gesetzeswortlaut noch aus dem Sinn und Zweck der Norm ergebe. Auch wenn – entsprechend der Auffassung des FG – auf ein Gesamtwirtschaftsgut „Eigentumswohnung" abgestellt werden sollte, sei die Veräußerung (sogar) insgesamt zu versteuern, da dieses nicht zur Gänze zu Wohnzwecken genutzt worden sei.

Entscheidungsgründe

Der BFH wies die Revision als unbegründet zurück. Das FG habe das – in der im Übrigen selbst bewohnten Eigentumswohnung liegende – häusliche Arbeitszimmer zu Recht aufgrund von § 23 Abs. 1 Satz 1 Nr. 1 Satz 3 EStG von der Besteuerung ausgenommen. Weder die Gesetzesbegründung noch der Gesetzeszweck sprächen dafür, dass der Gesetzgeber das häusliche Arbeitszimmer von der Begünstigung hätte ausnehmen wollen. Eine private Mitbenutzung des Arbeitszimmers könne nicht vollständig ausgeschlossen werden. Demnach verbleibe bereits nach dem Typusbegriff des häuslichen Arbeitszimmers regelmäßig eine jedenfalls geringfügige Nutzung zu eigenen Wohnzwecken. Mangels einer Bagatellgrenze bzgl. einer Nutzung zu eigenen Wohnzwecken reiche für die Begünstigung des § 23 Abs. 1 Satz 1 Nr. 1 Satz 3 EStG bereits eine geringe derartige Nutzung aus, um (typisierend) davon auszugehen, dass ein häusliches Arbeitszimmer stets auch zu eigenen Wohnwecken genutzt werde.

Entsprechend der Auffassung des FG beziehe sich das in § 23 Abs. 1 Satz 1 Nr. 1 Satz 3 Alt. 1 EStG normierte Ausschließlichkeitskriterium nur auf die zeitliche (zwischen Anschaffung und Herstellung), nicht aber auf die räumliche Nutzung des Wirtschaftsguts (Wohnung inkl. Arbeitszimmer). Zum Gesetzeszweck führe der Gesetzgeber aus, dass er eine ungerechtfertigte Besteuerung bei Aufgabe eines Wohnsitzes (z. B. aufgrund von Arbeitsplatzwechsel) vermeiden wolle (BT-Drucks. 14/23 S. 180). Dies treffe auf das im Zuge des Wohnsitzwechsels mitveräußerte häusliche Arbeitszimmer ebenso zu, so dass eine Abgrenzung allein gegenüber fremden Wohnzwecken (insb. Fremdvermietung) zu erfolgen habe. Die Klägerin habe die Eigentumswohnung einschließlich des Arbeitszimmers ausschließlich zu eigenen Wohnzwecken genutzt. Entgegen der Ausführungen des FG bedürfe es hierbei keiner Entscheidung zur Qualifikation des häuslichen Arbeitszimmers als Wirtschaftsgut i. S. v. § 23 Abs. 1 Satz 1 Nr. 1 Satz 3 EStG.

Folgerungen: Der BFH hat die im Schrifttum bislang streitige Frage, ob der auf das häusliche Arbeitszimmer entfallende Veräußerungsgewinn von der Begünstigung des § 23 Abs. 1 Satz 1 Nr. 1 Satz 3 EStG erfasst ist, zugunsten der Steuerpflichtigen beantwortet (für eine Befreiung z. B. Ratschow in Brandis/Heuermann, § 23 EStG, 162. EL, Rz. 55; dagegen Musil in Hermann/Heuer/Raupach, § 23 EStG, 313. EL, Rz. 130). In Bezug auf den Typusbegriff des häuslichen Arbeitszimmers ist damit für Zwecke des § 23 Abs. 1 Satz 1 Nr. 1 Satz 3 EStG stets unwiderlegbar zu vermuten, dass die Nutzung des häuslichen Arbeitszimmers auch zu eigenen Wohnzwecken erfolgt (Schießl, NWB 2021 S. 2763). Die Frage, ob es sich bei dem häuslichen Arbeitszimmer um ein eigenständiges Wirtschaftsgut handelt, wurde hingegen offengelassen (s. a. Kanzler, NWB 2018 S. 2252 f.). Für den Fall der Gewinneinkünfte hat der BFH dies in o. a. Entscheidung vom 16. Juni 2020 jedenfalls bejaht (VIII R 15/17, NWB AAAAH-61589, unter II.1.c). Es bleibt abzuwarten, ob die Finanzverwaltung der Rechtsprechung des BFH folgt. Bis zu einer abschließenden Reaktion sollten entsprechende Sachverhalte jedenfalls offengehalten werden (Steinhauff, DStRK 2021 S. 270).

c) Häusliches Arbeitszimmer muss für die Tätigkeit nicht erforderlich sein

BFH, Urteil v. 3.4.2019 - VI R 46/17, NWB NAAAG-68082

(Verena Drummer)

Zusammenfassung der Entscheidung

Die Klägerin erzielte als Flugbegleiterin Einkünfte aus nichtselbstständiger Arbeit. Im Rahmen dessen machte sie Aufwendungen i. H. v. 1.250 € für ein in ihrem Einfamilienhaus liegendes häusliches Arbeitszimmer geltend, da für die dort verrichteten Tätigkeiten (u. a. das Abrufen persönlicher Dienstpläne, das Absolvieren von Online-Kursen) kein anderer Arbeitsplatz zur Verfügung stehe (§ 9 Abs. 5 Satz 1 i. V. m. § 4 Abs. 5 Satz 1 Nr. 6b Satz 2, 3 Halbsatz 1 EStG). Streitig ist, ob die Aufwendungen auch dann zu berücksichtigen sind, wenn das Vorhalten eines Arbeitszimmers für die Tätigkeit als Flugbegleiterin nicht erforderlich ist.

Das FG Düsseldorf (Urteil v. 4.5.2017 - 8 K 329/15 E, NWB IAAAG-71201) versagte den Werbungskostenabzug, da die Klägerin Bürotätigkeiten, für die ihr kein anderer Arbeitsplatz zur Verfügung steht, nur in einem geringen Umfang von weniger als 3,1 % ihrer gesamten Arbeitszeit verrichten müsse und das Arbeitszimmer für die Tätigkeit deshalb nicht erforderlich sei. Das FG räumte dabei ein, dass sich aus dem Wortlaut der Vorschrift eine Erforderlichkeit des häuslichen Arbeitszimmers nicht ableiten lässt. Jedoch sei es in Anbetracht der Entstehungsgeschichte sowie des Sinns und Zwecks der Regelung – der Vermeidung der Verschiebung von Kosten der privaten Lebensführung in den beruflichen Bereich – sachgerecht, auf die Erforderlichkeit des Aufwandes abzustellen.

Entscheidungsgründe

Der BFH kam zu dem Ergebnis, dass das FG den Werbungskostenabzug in Bezug auf die – in zeitlicher Hinsicht – fehlende „Erforderlichkeit" zu Unrecht abgelehnt habe und hob die Vorentscheidung auf. Der Begriff des häuslichen Arbeitszimmers i. S. v. § 4 Abs. 5 Satz 1 Nr. 6b EStG erfordere einen Raum, der seiner Ausstattung nach der Erzielung von Einnahmen dient und – in Bezug auf eine schädliche private (Mit-)Benutzung – (nahezu) ausschließlich zur Erzielung von Einkünften genutzt wird. Ein ungeschriebenes Tatbestandsmerkmal der „Erforderlichkeit" ergebe sich weder aus dem Gesetzeswortlaut noch aus der Gesetzesbegründung. Vielmehr typisiere der Gesetzgeber in § 4 Abs. 5 Satz 1 Nr. 6b EStG die Abzugsvoraussetzungen und -möglichkeiten anhand zweier Fallgruppen (kein anderer Arbeitsplatz, Mittelpunkt der gesamten betrieblichen und beruflichen Tätigkeit). So werde die Erforderlichkeit der beruflichen oder betrieblichen Nutzung mit den beiden Fallgruppen (typisierend) unterstellt. Damit sollen Streitigkeiten über die Notwendigkeit eines Arbeitszimmers gerade vermieden werden (u. a. BT-Drucks. 13/1686 S. 16).

Folgerungen: Die Entscheidung wurde erst nachträglich zur amtlichen Veröffentlichung bestimmt. Sie war seit dem 25.7.2019 (lediglich) als NV-Entscheidung abrufbar. Die für den Steuerpflichtigen günstige Entscheidung sorgt für Klarheit bei Streitigkeiten über die (fehlende) Notwendigkeit des häuslichen Arbeitszimmers, die von der Finanzverwaltung immer wieder thematisiert wird (Carlé, NWB 2022 S. 883). Bspw. vertritt die Finanzverwaltung mit Verweis auf das Urteil des FG Nürnberg v. 19.3.2012 (3 K 308/11, NWB DAAAE-09757), dass das Kriterium der Erforderlichkeit des häuslichen Arbeitszimmers für die betreffende Tätigkeit aus dem Sinnzusammenhang der Regelung ableitet, die Auffassung, dass der Betriebsausgabenabzug für ein häusliches Arbeitszimmer im Zusammenhang mit dem Betrieb einer Photovoltaikanlage i. d. R. nicht in Betracht kommt. So würden sich die dort zu erledigenden Arbeiten auf die Überwachung und Abrechnung nur eines Energie-Abnehmers und die Erstellung von einfachen Umsatzsteuervoranmeldungen und Gewinnermittlungen beschränken (OFD NRW v. 13.1.2016, akt. am 17.1.2019 und 19.4.2021 - S 2130-2011/0003-St 146; s. a. OFD Rheinland v. 10.7.2012, NWB TAAAE-13316).

Bereits mit Urteil v. 8.3.2017 hatte der BFH entschieden, dass die Erforderlichkeit kein Merkmal des Abzugstatbestands ist (IX R 52/14, NWB KAAAG-46835). Ausreichend sei, dass der Raum dem Typus des Arbeitszimmers entspreche und überdies (nahezu) ausschließlich zur Erzielung von Einkünften genutzt werde. Eine mehr als nur untergeordnete (≥ 10 %) private (Mit-)Benutzung führt deshalb (weiterhin) zu einem Ausschluss des Aufwandsabzugs (BFH, Beschluss v. 27.7.2015 - GrS 1/14, NWB UAAAF-48793; BMF, Schreiben v. 10.6.2017 - IV C 6 – S 2145/07/10002 :019, BStBl 2017 I S. 1320, NWB GAAAG-59880, Rz. 3). Insbesondere im Falle einer nur geringfügigen betrieblichen/beruflichen Nutzung sollten deshalb entsprechende Dokumentationen vorgehalten werden (Pieske-Kontny, NWB 2018 S. 1680). Auch in Hinblick auf eine – anlässlich der Corona-Pandemie – erstmalige Nutzung eines häuslichen Arbeitszimmers müssen deshalb private Tätigkeiten in andere Bereiche der Wohnung verlagert werden (Heine, NWB 2020 S. 879; s. a. BMF, Schreiben v. 9.7.2021 - IV C 6 – S 2145/19/10006 :013, NWB UAAAH-86799). Darauf, dass die Steuerpflichtigen die Arbeiten, für die kein anderer Arbeitsplatz zur Verfügung steht, z. B. auch am Küchentisch, im Esszimmer oder in einem anderen Raum hätten erledigen können, kommt es für die Anerkennung eines häuslichen Arbeitszimmers hingegen nicht an.

2. Nachweis einer kürzeren tatsächlichen Nutzungsdauer eines Gebäudes gemäß § 7 Abs. 4 Satz 2 EStG

BFH-Urteil v. 28.7.2021 – IX R 25/19, NWB WAAAH-95921

(Sebastian Zerbe)

Zusammenfassung der Entscheidung

Zur Darlegung der verkürzten tatsächlichen Nutzungsdauer eines zur Einkünfteerzielung genutzten Gebäudes i. S. des § 7 Abs. 4 Satz 2 EStG kann der Steuerpflichtige jede Darlegungsmethode verwenden, wenn diese im Einzelfall zur Führung des erforderlichen Nachweises geeignet ist und der Steuerpflichtige damit den Zeitraum für die voraussichtliche zweckbestimmte Nutzung mit hinreichender Sicherheit schätzen kann. Eine Verengung auf ein Bausubstanzgutachten ist keine Voraussetzung für die Anerkennung einer verkürzten tatsächlichen Nutzungsdauer.

Im vorliegenden Sachverhalt war streitig, in welcher Höhe die Klägerin – eine vermögensverwaltende Personengesellschaft – Absetzung für Abnutzung (AfA) für ein von ihr in 2002 erworbenes Wohn- und Geschäftshaus, das aus den Einzelgebäuden 1, 2 und 3 bestand, in den Jahren 2009 bis 2013 und 2015 gelten machen konnte. Nach einer Einigung zur Aufteilung des Kaufpreises auf Gebäude einerseits sowie Grund und Boden andererseits begehrte die Klägerin im Rahmen eines Einspruchs für die Gebäude 1 und 2 aufgrund eines Gutachtens, das ein Sachverständiger für Grundstücksbewertung erstellt hatte, der zudem Gesellschafter der Klägerin war, noch eine verkürzte Nutzungsdauer der Gebäude gem. § 7 Abs. 4 Satz 2 EStG. Das Finanzamt (FA) lehnte den Einspruch ab und die Klägerin erhob Klage.

Durch Einholung eines Gutachtens eines öffentlich bestellten und vereidigten Sachverständigen für die Bewertung von bebauten und unbebauten Grundstücken hat das Finanzgericht (FG) über die tatsächliche Nutzungsdauer der Gebäude 1 und 2 Beweis erhoben. Um die im Beweisbeschluss des FG genannten Fragen „sachgerecht und fundiert zu beantworten", hat der Sachverständige „nach Abwägung, reiflicher Überlegung sowie in Kenntnis und Auswertung der einschlägigen Kataloge zu den Lebensdauern von Bauteilen" das Modell gem. Anlage 4 der Sachwertrichtlinie zur Ermittlung der Nutzungsdauer für das geeignetste Verfahren gehalten. Dabei ermittelte der Sachverständige eine „technische Lebensdauer" der Gebäude von 70 Jahren und eine verkürzte tatsächliche Restnutznutzungsdauer von 32 und 34 Jahren. Nach eingehender Befragung des Sachverständigen in der mündlichen Verhandlung, folgte das FG diesen Ausführungen und verwarf den Einwand des FAs, dass das vom Sachverständigen verwendete Verfahren der ImmoWertV nur der Verkehrswertermittlung diene und deshalb nicht im Rahmen von § 7 Abs. 4 Satz 2 EStG zur Anwendung kommen dürfe. Das FG führte weiter aus, dass der Steuerpflichtige unter Anwendung einer gutachterlich anerkannten Methode, den Nachweis für eine kürzere Nutzungsdauer erbringen dürfe und dass das vom FA geforderte Bausubtanzgutachten kein sachgerechtes Verfahren dafür sei.

Das Finanzamt machte in der Revision erneut geltend, dass das vom Sachverständigen gewählte Verfahren nicht geeignet sei und für die Schätzung einer kürzeren technischen Nutzungsdauer ein technischer Verschleiß der tragenden Teile – wie es insbesondere der Rohbau ist – die Nutzungsdauer des Gebäudes in seiner Gesamtheit beeinträchtigt. Dies habe der Sachverständige in seinen Ausführungen nicht erwähnt und der maßgebliche Verschleiß sei eben auf andere

Weise zu belegen, nämlich mittels Bausubstanzgutachten. Zudem führte das FA aus, dass die Klägerin das Gebäude mittlerweile zu einem hohen Preis veräußert hätte.

Entscheidungsgründe

Der BFH wies die Revision als unbegründet zurück und führte aus, dass die Entscheidung des FG, das eine gem. § 7 Abs. 4 Satz 2 EStG verkürzte tatsächliche Nutzungsdauer der maßgeblichen Gebäude angenommen hat, revisionstechnisch nicht zu beanstanden ist.

Die AfA für ein zur Einkünfteerzielung genutztes Gebäude bestimmt sich gem. § 7 Abs. 4 Satz 1 EStG nach festen Prozentsätzen. Von dieser gesetzlichen Typisierung kann der Steuerpflichtige gem. Satz 2 dieses Absatzes abweichen und die tatsächliche Nutzungsdauer ansetzen. Die zu schätzende Nutzungsdauer wird durch den technischen Verschleiß, die wirtschaftliche Entwertung und rechtliche Gegebenheiten bestimmt. Diese kürzere tatsächliche Nutzungsdauer muss vom Steuerpflichtigen dargelegt und nachgewiesen werden. Dabei kann sich der Steuerpflichtige laut BFH jeder Darlegungsmethode bedienen, die im Einzelfall geeignet ist, wenn diese Methode die vorstehenden Determinanten (technischer Verschleiß, wirtschaftliche Entwertung, rechtliche Beschränkungen) im Wege der Schätzung mit hinreichender Bestimmtheit ermittelt. Der BFH widerspricht damit der Forderung des FA, die Vorlage eines Bausubstanzgutachtens durch den Steuerpflichtigen sei notwendig für die Anerkennung einer kürzeren tatsächlichen Nutzungsdauer und führt weiter aus, dass eben dieses Verfahren lediglich einen baustoffspezifischen Wert, den sog. Abnutzungsvorrat, ermittelt.

Zusammenfassend hält der BFH fest, dass die Hinzuziehung eines öffentlich bestellten und vereidigten Sachverständigen für die Bewertung von bebauten und unbebauten Grundstücken zu recht vollzogen wurde und es unerheblich ist, ob die angewandte Methode nicht primär darauf ausgerichtet ist die tatsächliche Nutzungsdauer i. S. v. § 7 Abs. 4 Satz 2 EStG zu bestimmen, wenn wie vorliegend ergänzende Erläuterungen in der mündlichen Verhandlung die Möglichkeit gegeben haben, sich von der angesetzten Schätzung im Einzelfall zu überzeugen. Dies insbesondere vor dem Hintergrund, dass im Rahmen einer Schätzung letztendlich nur nachzuweisen ist, dass die vom Gesetz typisierte Nutzungsdauer im Einzelfall unzutreffend und eine kürzere Nutzungsdauer mit größtmöglicher Wahrscheinlichkeit anzunehmen ist.

Folgerungen: Obwohl das vorliegende Urteil nicht zur Veröffentlichung bestimmt ist, hat es eine hohe Relevanz für alle Steuerpflichtigen, da die unverändert bestehende Feststellungslast der Steuerpflichtigen für eine Abkehr von der gesetzlich typisierten festen Nutzungsdauer hin zu einer kürzeren tatsächlichen Nutzungsdauer nun mit jeder Methode erbracht werden kann, die im Einzelfall geeignet ist.

Für die Darlegung durch den Steuerpflichtigen ist es dabei erforderlich aber auch ausreichend, wenn die angewandte Methode Aufschluss über die Determinanten (technischer Verschleiß, wirtschaftliche Entwertung, rechtliche Beschränkungen) gibt, die die Nutzungsdauer beeinflussen können. Eine mögliche Verengung der Feststellungslast auf ein Bausubstanzgutachten ist dabei nicht Voraussetzung für den Nachweis.

PRAXISTIPP:

Der BFH weist in bemerkenswerter Weise darauf hin, dass im Rahmen der vom FA durchzuführenden Amtsermittlung solange von der Schätzung des Steuerpflichtigen auszugehen ist, soweit dabei Erwägungen zugrunde liegen, die ein vernünftiger wirtschaftender Steuerpflichtiger üblicherweise anstellt. Auch wenn dabei gem. § 88 Abs. 1 Satz 2 AO alle für die Beteiligten günstigen Umstände zu berücksichtigen sind, ist dringend zu empfehlen, dass für die Durchführung der Schätzung einer kürzeren Nutzungsdauer eines Gebäudes gem. § 7 Abs. 4 Satz 2 EStG stets ein öffentlich bestellter und vereidigter Sachverständiger für die Bewertung von bebauten und unbebauten Grundstücken beauftragt wird, um die Schätzung mit hinreichender Bestimmtheit zu ermitteln.

FAZIT:

Zu Recht ist der BFH nicht auf das Argument des hohen Veräußerungspreises eingegangen. Ein hoher Veräußerungspreis hat nämlich keine Relevanz für eine tatsächliche Nutzungsdauer. Vielmehr sollen mit den Regeln aus § 7 Abs. 4 EStG die Anschaffungs- und Herstellungskosten des Gebäudes auf den Zeitraum in dem das Gebäude voraussichtlich seiner Zweckbestimmung entsprechend genutzt werden kann – nämlich die voraussichtliche Nutzungsdauer – verteilt werden.

3. Aufhebung einer Anrufungsauskunft gemäß § 42e EStG

BFH, Urteil v. 2.9.2021 – VI R 19/19, NWB HAAAH-95952

(Uwe Demmler)

Zusammenfassung der Entscheidung

Der BFH hatte zu entscheiden, ob eine rechtsfehlerfrei erteilte Lohnsteuer-Anrufungsauskunft gem. § 42e EStG zur Anwendung der Fünftelregelung (§ 34 Abs. 1, 2 Nr. 4 EStG) durch das Finanzamt Jahre später wieder aufgehoben werden durfte. Der BFH urteilte, dass eine Aufhebung oder Änderung der Anrufungsauskunft entsprechend § 207 Abs. 2 AO mit Wirkung für die Zukunft grds. möglich ist. Die Aufhebung oder Änderung ist aber ermessensfehlerhaft, wenn das Finanzamt zu Unrecht von deren Rechtswidrigkeit ausgeht.

Im konkreten Fall bot eine AG bestimmten Führungskräften ab dem Jahr 2010 jährlich die Teilnahme an einem sog. „Long Term Incentive Modell" (LTI-Modell) an. Die LTI-Zahlung eines Jahres ergab sich aus der Gegenüberstellung der Entwicklung des durchschnittlichen Geschäftserfolgs abzgl. Kapitalkosten während eines vierjährigen „Performancezeitraums" (z. B. 1.1.2010 bis 31.12.2013) mit jener des dazugehörigen Vergleichszeitraums (z. B. 1.1.2006 bis 31.12.2009). Wollte eine Führungskraft am LTI-Modell teilnehmen, musste sie dies innerhalb der ersten drei Monate des Performancezeitraums schriftlich erklären.

Die AG vertrat die Auffassung, dass es sich bei den Zahlungen aus dem LTI-Modell um Vergütungen für mehrjährige Tätigkeiten handelt. Bei der Berechnung der Lohnsteuer wendete sie daher die Fünftelregelung an. Diese Rechtsauffassung bestätigte das Finanzamt im Jahr 2011 mittels Anrufungsauskunft gem. § 42e EStG.

Im Jahr 2017 hob das Finanzamt die Anrufungsauskunft unter Verweis auf deren angebliche Rechtswidrigkeit mit Wirkung für die Zukunft auf. Die LTI-Zahlungen würden jährlich (für jeweils aufeinanderfolgende Vier-Jahres-Zeiträume) berechnet und ausgezahlt. Somit lägen keine außerordentlichen Einkünfte i. S. des § 34 EStG vor. Diese erforderten nämlich einmalige und für die jeweilige Einkunftsart ungewöhnliche Einkünfte, die das zusammengeballte Ergebnis mehrerer Jahre darstellen und im Vergleich zur sonstigen Besteuerung zu einer einmaligen und außergewöhnlichen Progressionsbelastung führen.

Entscheidungsgründe

Der BFH bestätigt die Entscheidung der Vorinstanz, die der AG Recht gegeben hatte. Die Revision des Finanzamts ist unbegründet und zurückzuweisen. Bei der Begründung seiner Entscheidung geht der BFH zweigliedrig vor. Zunächst prüft er, ob und unter welchen Voraussetzungen eine Anrufungsauskunft aufgehoben und geändert werden kann. Danach wendet er sich der Frage zu, ob die Fünftelregelung im konkreten Fall zur Anwendung kommen kann.

Der BFH hält zunächst fest, dass § 42e EStG für die Aufhebung und Änderung einer Anrufungsauskunft keine eigene Korrekturbestimmung enthält. Diese Gesetzeslücke ist durch entsprechende Anwendung des § 207 Abs. 2 AO zu schließen. Die Aufhebung oder Änderung der Anrufungsauskunft liegt damit im Ermessen der Behörde („kann"). Bei Ermessensentscheidungen (§ 5 AO) hat die Behörde insbesondere abzuwägen, ob dem Vertrauen des Steuerpflichtigen in die Einhaltung der Anrufungsauskunft größeres Gewicht beizumessen ist als dem Grundsatz der Gesetzmäßigkeit der Verwaltung, der die Durchsetzung des „richtigen Rechts" verlangt. Vor diesem Hintergrund ist die Aufhebung oder Änderung einer formell und materiell rechtmäßigen Anrufungsauskunft i. d. R. unzulässig, wenn

- die Gründe für ihre Erteilung fortbestehen,
- der Steuerpflichtige sein Vertrauen bereits betätigt hat und
- der Steuerpflichtige über ein besonderes steuerliches Interesse an der Anrufungsauskunft verfügt.

Für die Aufhebung oder Änderung einer rechtmäßigen Anrufungsauskunft muss daher ein besonderer sachgerechter Anlass gegeben sein. Der BFH zählt zu diesen Anlässen:

- die Änderung der einschlägigen höchstrichterlichen Rechtsprechung sowie
- die Änderung der allgemeinen Verwaltungsauffassung zu der die Auskunft betreffenden Rechtsfrage, wenn diese geänderte Rechtsauffassung Eingang in allgemeine Verwaltungsvorschriften oder in die Verwaltung bindende Anwendungsschreiben findet.

Der BFH betont, dass sich Ermessensentscheidungen der Finanzbehörden nur eingeschränkt im finanzgerichtlichen Verfahren überprüfen lassen. Die Überprüfung erstreckt sich gem. § 102 FGO nur darauf, ob der Verwaltungsakt oder die Ablehnung eines Verwaltungsakts rechtswidrig ist, weil die gesetzlichen Ermessensgrenzen überschritten sind oder von dem Ermessen in einer dem Zweck der Ermächtigung nicht entsprechenden Weise Gebrauch gemacht wurde. Gemessen hieran – so der BFH – habe das FG aber zu Recht angenommen, dass der Widerruf der Anrufungsauskunft wegen fehlerhafter Ermessensausübung rechtswidrig ist. Als einzige Begründung für die Aufhebung wurde nämlich angeführt, dass die erteilte Anrufungsauskunft materiell-rechtlich unzutreffend war, die Anwendung der Fünftelregelung im konkreten Fall also unzulässig ist. Dieser Begründung stellte sich der BFH entgegen.

Die progressionsglättende Fünftelregelung gem. § 34 Abs. 1 EStG ist in einschlägigen Fällen auch im Lohnsteuerabzugsverfahren ermäßigend zu berücksichtigen (§ 39b Abs. 3 Satz 9 EStG). Die Fünftelregelung wird auf außerordentliche Einkünfte i. S. des § 34 Abs. 2 EStG angewendet. Hierzu zählen Vergütungen für mehrjährige Tätigkeiten. Mehrjährig i. S. des § 34 Abs. 2 Nr. 4 EStG sind Tätigkeiten, soweit sie sich über mindestens zwei Veranlagungszeiträume erstrecken und einen Zeitraum von mehr als zwölf Monate umfassen. Die Entlohnung muss darüber hinaus aus wirtschaftlich vernünftigen Gründen in zusammengeballter Form erfolgen. Für die Anwendung der Fünftelregelung bei Arbeitnehmern sei es – anders als bei Einkünften aus Gewerbebetrieb, selbständiger Arbeit oder sonstigen Einkünften – indes nicht erforderlich, dass es sich um einmalige, nicht regelmäßig anfallende Sondereinkünfte handelt.

Der Anwendung der Fünftelregelung steht es somit nicht entgegen, wenn der Arbeitgeber – wie im entschiedenen Fall – jährlich LTI-Vergütungen auszahlt, vorausgesetzt diese werden jeweils für einen Zeitraum von mehr als zwölf Monaten und veranlagungszeitraumübergreifend geleistet. Ohne Bedeutung ist es laut BFH, dass die Berechnungsgrundlagen eines bestimmten Jahres (Erfolgsgrößen) zur Ermittlung einer zweckbestimmt für vier Jahre geleisteten LTI-Zahlung auch in die Ermittlung der LTI-Zahlungen anderer (überlappender) Vierjahreszeiträume einbezogen werden. Zudem sah der BFH auch die für eine Anwendung der Fünftelregelung erforderlichen wirtschaftlich vernünftigen Gründe als gegeben an. Die AG wollte mit dem LTI-Modell variable Vergütungsbestandteile an einer nachhaltigen Unternehmensentwicklung ausrichten und damit den Rahmenbedingungen des Deutschen Corporate Governance Kodex gerecht werden.

Folgerungen: Auf Grundlage seiner Analyse bestätigt der BFH die Auffassung der Vorinstanz, dass es sich bei den jeweils für abweichende Vierjahreszeiträume bestimmten jährlichen LTI-Zahlungen um Vergütungen für mehrjährige Tätigkeiten i. S. des § 34 Abs. 2 Nr. 4 EStG handelt. Auf die Vergütungen ist die Fünftelregelung folglich rechtmäßig anzuwenden. Im Ergebnis war daher auch die Lohnsteuer-Anrufungsauskunft, die die Finanzbehörde der AG im Jahr 2011 erteilt hatte, rechtmäßig.

Begründet die Finanzbehörde ihren Widerruf der Anrufungsauskunft im Jahr 2017 nun einzig damit, dass die Auskunft materiell-rechtlich unzutreffend gewesen sei, ist der Widerruf wegen fehlerhafter Ermessensausübung rechtswidrig.

HINWEIS:

Die Beurteilung des Sachverhalts durch den BFH zeigt, dass die Ermessensentscheidung beim Widerruf einer Lohnsteueranrufungsauskunft durch die Finanzbehörde einer finanzgerichtlichen Überprüfung nur eingeschränkt zugänglich ist. Der Widerruf darf aber wegen fehlerhafter Ermessensausübung nicht rechtswidrig sein.

Darauf hinzuweisen ist, dass eine erteilte Lohnsteuer-Anrufungsauskunft gem. § 42e EStG das Betriebsstättenfinanzamt allein im Lohnsteuerabzugsverfahren bindet. Sie entfaltet jedoch grds. keine Bindungswirkung im Veranlagungsverfahren des Arbeitnehmers (vgl. hierzu BFH, Urteil v. 9.10.1992 - VI R 97/90, BStBl 1993 II S. 166; Krüger in Schmidt, EStG, 41. Aufl. 2022, § 42e Rz. 11, 13).

4. Ermäßigt zu besteuernder Arbeitslohn für eine mehrjährige Tätigkeit

BFH, Urteil v. 16.12.2021 - VI R 10/18, NWB UAAAI-04356

(Uwe Demmler)

Zusammenfassung der Entscheidung

Der BFH hatte zu entscheiden, ob es für die Anwendung der Fünftelregelung (§ 34 Abs. 1 EStG) ausreichend ist, wenn Arbeitslohn in einem anderen Veranlagungszeitraum als demjenigen zufließt, zu dem er wirtschaftlich gehört, und dort mit weiteren Einkünften aus nichtselbständiger Arbeit zusammentrifft. Dem erteilte der BFH eine Absage. Vergütungen für mehrjährige Tätigkeiten i. S. des § 34 Abs. 2 Nr. 4 EStG setzen die zweckbestimmte Verknüpfung der Vergütung mit der Tätigkeitsdauer voraus.

Im Streitfall war dem Kläger 2012 fristlos von seinem Arbeitgeber gekündigt worden. Der daraufhin vom Kläger angestrengte arbeitsgerichtliche Prozess endete durch Vergleich. Das Arbeitsverhältnis wurde bis zum 31.3.2013 fortgesetzt und der Kläger erhielt eine Abfindung i. H. v. 30.000 € zugesprochen. Die monatlichen Lohnabrechnungen für die Zeiträume März 2012 bis Januar 2013 erstellte der Arbeitgeber nach geschlossenem Vergleich Ende Januar 2013 und überwies die Summe der Nettolöhne am 31.1.2013. Die Zahlungen für Februar und März 2013 inkl. Abfindung erfolgten in den jeweiligen Monaten.

Der Kläger beantragte, die gesamten in 2013 durch seinen ehemaligen Arbeitgeber geleisteten Zahlungen als außerordentliche Einkünfte i. S. des § 34 Abs. 2 EStG zu behandeln. Sein Finanzamt gewährte ihm die progressionsglättende Fünftelregelung jedoch nur für die Abfindung. Der Einspruch des Klägers blieb erfolglos. Das zuständige Finanzgericht gab dem Finanzamt Recht.

Entscheidungsgründe

Der BFH prüft in seinen Entscheidungsgründen zweigeteilt, ob die in Frage stehenden Zahlungen als außerordentliche Einkünfte in Form von Entschädigungen (§ 34 Abs. 2 Nr. 2 EStG) oder in Form von Vergütungen für mehrjährige Tätigkeiten (§ 34 Abs. 2 Nr. 4 EStG) qualifizieren.

Als Entschädigungen könnten im vorliegenden Fall Zahlungen gelten, die als Ersatz für entgangene oder entgehende Einnahmen geleistet werden (§ 34 Abs. 2 Nr. 2 i. V. m. § 24 Nr. 1 Buchst. a EStG). Hierzu ist es laut BFH erforderlich, dass diese Zahlungen an die Stelle der bisherigen Einnahmen treten und auf einer neuen Rechts- oder Billigkeitsgrundlage beruhen. Demzufolge ist es somit nicht ausreichend, wenn die bisherige vertragliche Basis bestehen bleibt und sich – aufgrund des durch Vergleich beendeten Rechtsstreits – lediglich die Zahlungsmodalitäten ändern. Relevanter Zeitpunkt, ab dem vertragliche Ansprüche nicht mehr auf der alten Rechtsgrundlage entstehen können, ist laut BFH der Zeitpunkt, zu dem Arbeitgeber und Arbeitnehmer das Dienstverhältnis wirksam beenden; im Streitfall der 31.3.2013. Vor diesem Hintergrund zählt die Abfindung i. H. v. 30.000 € für nach diesem Zeitpunkt entgehende Einnahmen zur „Wahrung des sozialen Besitzstands" als Entschädigung i. S. des § 34 Abs. 2 Nr. 2 EStG. Die übrigen Zahlungen wurden jedoch als Arbeitslohn in Erfüllung des nach dem arbeitsgerichtlichen Vergleich bis zum 31.3.2013 fortbestehenden Arbeitsverhältnisses geleistet. Sie sind daher von der Abfindung zu trennen und qualifizieren nicht als begünstigungsfähige Entschädigung i. S. des § 34 Abs. 2 Nr. 2 EStG.

Die Arbeitslohnzahlungen könnten jedoch auch als Vergütungen für mehrjährige Tätigkeiten i. S. des § 34 Abs. 2 Nr. 4 EStG begünstigungsfähig sein. „Außerordentlich" im Sinne dieser Vorschrift ist beim Arbeitnehmer jede Vergütung für eine Tätigkeit,

- die sich über mindestens zwei Veranlagungszeiträume erstreckt,
- einen Zeitraum von mehr als zwölf Monaten umfasst und
- atypisch zusammengeballt ist.

Es müssen zudem – um Missbräuche zu vermeiden – beim Arbeitnehmer oder beim Arbeitgeber wirtschaftlich vernünftige Gründe für die Zusammenballung der Entlohnung vorliegen. Nicht erforderlich ist es indes bei Einkünften aus nichtselbständiger Arbeit (§ 19 EStG), dass es sich bei der mehrjährigen Tätigkeit um eine Sondertätigkeit handelt, die von der regelmäßigen Erwerbstätigkeit abgrenzbar ist oder auf einem von ihr separierbaren Rechtsgrund beruht. Der BFH weist andererseits aber auch darauf hin, dass es nicht ausreichend ist, wenn der Arbeitslohn lediglich in einem anderen Veranlagungszeitraum als dem zufließt, zu dem er wirtschaftlich gehört, und dort mit weiteren Einkünften aus nichtselbständiger Arbeit zusammentrifft. Der fragliche Teil der Entlohnung muss vielmehr für sich betrachtet zweckbestimmtes Entgelt für eine mehr als zwölf Monate dauernde, veranlagungszeitraumübergreifende Tätigkeit sein. Die mehrjährige Zweckbestimmung kann sich aus dem Anlass der Zuwendung oder den übrigen Umständen ergeben. In Abwesenheit von anderen Hinweisen auf den Verwendungszweck kommt der Berechnung des Entgelts und den Zahlungsmodalitäten maßgebliche Bedeutung für die Beurteilung zu. Gemäß diesen Grundsätzen lag ein zweckbestimmtes Entgelt für eine mehrmonatige Tätigkeit im vorliegenden Fall allenfalls betreffend den Zeitraum vom März 2012 bis Januar 2013 vor. Die Zahlungen im Februar und März 2013 erfolgten jedoch mit dem Zweck der Arbeitslohnzahlung für diese beiden Monate.

Folgerungen: Der BFH folgert aus seiner Analyse, dass das FG im Ergebnis richtig entschieden hat. Lediglich auf die Abfindung i. H. v. 30.000 € ist die Fünftelregelung anzuwenden. Bei den übrigen Zahlungen handelt es sich weder um Entschädigungen i. S. des § 34 Abs. 2 Nr. 2 EStG noch um Vergütungen für mehrjährige Tätigkeiten i. S. des § 34 Abs. 2 Nr. 4 EStG. Werden die Abfindung und der Arbeitslohn in einem Betrag an den Arbeitnehmer ausgezahlt, muss zum Zweck der korrekten steuerlichen Behandlung eine Trennung der Zahlungen erfolgen.

PRAXISTIPP:

Via Fünftelregelung begünstigungsfähige Entschädigungen i. S. des § 34 Abs. 2 Nr. 2 EStG liegen nur vor, wenn die Zahlungen Ersatz für entgehende Einnahmen sind und auf einer neuen Rechts- oder Billigkeitsgrundlage beruhen. Vergütungen für mehrjährige Tätigkeiten i. S. des § 34 Abs. 2 Nr. 4 EStG liegen nur vor, wenn die Zahlungen für sich betrachtet Entgelt für eine mehr als zwölf Monate dauernde, veranlagungszeitraumübergreifende Tätigkeit sind.

5. Grundsätzlich keine Zuordnung der Kapitalbeteiligung des Kommanditisten zum notwendigen SBV II bei eigenem Geschäftsbetrieb der Kapitalgesellschaft von nicht ganz untergeordneter Bedeutung

BFH, Urteil v. 21.12.2021 - IV R 15/19, NWB SAAAI-05466

(Sebastian Zerbe)

Zusammenfassung der Entscheidung

Im vorliegenden Urteil war streitig, ob ein Entnahmegewinn im Sonderbetriebsvermögen II zum Ansatz kommt. Maßgebend für die Zuordnung der Kapitalbeteiligung (oder allgemein von Wirtschaftsgütern) zum Sonderbetriebsvermögen II ist der Veranlassungszusammenhang. Unterhält die Kapitalgesellschaft neben Ihrer Komplementärstellung einen eigenen Geschäftsbetrieb von nicht ganz untergeordneter Bedeutung, ist die Kapitalgesellschaft gemäß BFH in der Regel nicht dem Sonderbetriebsvermögen zuzuordnen. Dies gilt auch dann, wenn neben der Komplementärtätigkeit eine zusätzliche wirtschaftliche Verflechtung mit der GmbH & Co. KG besteht, die aus Sicht dieser GmbH & Co. KG nicht von geringer Bedeutung ist.

An der GmbH & Co. KG war eine natürliche Person zu 100 % beteiligt, die ebenfalls mehrheitlich an der Komplementär-GmbH beteiligt war. Die Komplementär GmbH existierte bereits vor der Gründung der GmbH & Co. KG, hielt Beteiligungen an anderen Immobiliengesellschaften in der Rechtsform der GbR (an denen auch die natürliche Person beteiligt war) und hatte zudem erheblichen eigenen Grundbesitz. Da die GmbH & Co. KG kein eigenes Personal hatte, hat die Komplementär-GmbH neben ihrer Komplementärtätigkeit auch die Vermietung des Immobilienvermögens der GmbH & Co. KG übernommen und dafür eine Vergütung von ca. 18.000 € im Streitjahr erhalten.

Im Jahr 2002 schenkte die natürliche Person ihren beiden Kindern mittels notariellen Vertrags jeweils ca. 25,01 % an der Komplementär-GmbH. Das Finanzamt (FA) stellte im Rahmen der Betriebsprüfung daraufhin einen Entnahmegewinn i. H. v. ca. 13 Mio. € fest. Das FA begründet diese Annahme damit, dass eine enge Verflechtung vorläge, da über die gesellschaftsrechtliche Stellung hinaus eine tatsächliche Geschäftsbeziehung der GmbH mit der GmbH & Co. KG vorliegt. Aus Sicht des FAs stehen dieser Einschätzung die selbst vermieteten Immobilien der Komplementärgesellschaft und Beteiligungen an anderen Immobiliengesellschaft nicht entgegen. Die Gesamtrechtsnachfolgerin der natürlichen Person erhob Klage gegen den Feststellungsbescheid über den Entnahmegewinn, der auch der Höhe nach streitig war. Das Finanzgericht (FG) entschied, dass im vorliegenden Fall zwar zum Teil Gründe für eine Zuordnung zum Sonderbetriebsvermögen bestünden hätten, da jedoch die natürliche Person die Beteiligung an der GmbH nicht im Interesse der GmbH & Co. KG gehalten habe, weil die GmbH eben neben ihren wirtschaftlichen Beziehungen zur GmbH & Co. KG einen eigenen erheblichen Geschäftsbetrieb unterhalten habe, stehe dies einer Zuordnung zum Sonderbetriebsvermögen entgegen.

Entscheidungsgründe

Der BFH hat die Revision des FAs als unbegründet zurückgewiesen und geurteilt, dass das FG zutreffend entschieden hat, dass durch die unentgeltliche Übertragung von Teilanteilen an der Kapitalgesellschaft an die Kinder kein Entnahmegewinn durch die natürliche Person entstanden ist.

Gemäß ständiger Rechtsprechung zählen neben Wirtschaftsgütern im Gesamthandsvermögen auch Wirtschaftsgüter eines Mitunternehmers zum Betriebsvermögen, die entweder geeignet sind dem Betrieb der Personengesellschaft zu dienen (sog. Sonderbetriebsvermögen – SBV I) oder die zur Begründung oder Stärkung der Beteiligung des Mitunternehmers an der Personengesellschaft eingesetzt werden (sog. SBV II). Des Weiteren kann zwischen notwendigem und gewillkürtem SBV I unterschieden werden. Notwendiges SBV I würde vorliegen, wenn das Wirtschaftsgut vom Gesellschafter an die Personengesellschaft zur Nutzung überlassen würde, dies ist nach Meinung des BFH aber bei der Kapitalgesellschaft hier gerade nicht vorliegend. Auch liegt kein gewillkürtes SBV I vor, da die Beteiligung an der Kapitalgesellschaft eben nicht in der Sonderbilanz enthalten war und auch kein Akt der Willkür für die Behandlung als SBV I vorlag.

Notwendiges SBV II ist anzunehmen, wenn die Wirtschaftsgüter des Mitunternehmers zur Begründung oder Stärkung einer Beteiligung eingesetzt werden. Dies kann auch die Beteiligung an einer Kapitalgesellschaft sein, jedoch ist für diese Zuordnung der Veranlassungszusammenhang maßgebend. Insbesondere bei Kapitalgesellschaften ist es laut Ansicht des BFH vorstellbar, dass diese eben nicht ausschließlich im Interesse der Personengesellschaft gehalten werden. Für eine Zuordnung muss aber ein ganz überwiegender Veranlassungszusammenhang bestehen.

Die Beteiligung eines Mitunternehmers an der Personengesellschaft kann durch eine Beteiligung an einer Kapitalgesellschaft entweder dadurch gestärkt werden, dass dies wirtschaftlich vorteilhaft ist oder der Einfluss auf die Personengesellschaft dadurch steigt oder gestärkt wird. Wenn jedoch – wie im vorliegenden Fall – die Kapitalgesellschaft einen eigenen Geschäftsbetrieb von nicht ganz untergeordneter Bedeutung besitzt, hält nach Meinung des BFH der Kommanditist seine Kapitalbeteiligung grundsätzlich nicht überwiegend im Interesse seiner Mitunternehmerschaft und eine Zuordnung zum SBV II kommt in der Regel nicht in Betracht.

Aus Sicht des BFH ist bei der Beurteilung dabei jeweils auf die Sicht des Gesellschafters, der sowohl an der Kapitalgesellschaft als auch an der Personengesellschaft beteiligt ist, abzustellen und eben nicht auf die Sicht der Personengesellschaft. Anzumerken ist noch, dass auch eine Vermögensverwaltung der Kapitalgesellschaft einen eigenen Geschäftsbetrieb darstellen kann, was aus Sicht des BFH zu selbem Urteil wie der hier vorliegende Gewerbetrieb bei der Kapitalgesellschaft führen würde, nämlich keine Zuordnung zum SBV II.

FAZIT:

Zusammenfassend kann festgehalten werden, dass der BFH eine enge Auslegung bezüglich einer Zuordnung einer Kapitalgesellschaft zum SBV II sieht. Dabei sind zwei wesentliche Punkte zu beachten, zum einen kommt es auf die Sicht des Gesellschafters und nicht auf die Sicht der Personengesellschaft an und zum anderen ist der eingangs bereits beschriebene Veranlassungszusammenhang maßgeblich dafür, ob aus Sicht des Gesellschafters SBV II für die Kapitalgesellschaft besteht oder nicht.

HINWEIS:

Vor dem Hintergrund des vorstehend diskutierten Urteils ist es dringend zu empfehlen, dass Berater und Gesellschafter von der im Mittelstand weit verbreiteten Rechtsform der GmbH &

Co. KG ihre Komplementärgesellschaften hinsichtlich deren Tätigkeit überprüfen, da jegliche Umwandlungs- oder Entnahmevorgänge mit Risiko behaftet sein können, wenn der Veranlassungszusammenhang besteht oder eben nicht. Vermutlich ist die klassische Komplementär-GmbH ohne weiteren eigenen Geschäftsbetrieb neben der Komplementärstellung und der Geschäftsführertätigkeit zu empfehlen. In diesem Zusammenhang ist auch die Verfügung der OFD Frankfurt v. 21.7.2022 (S 2134 A-014-St 517, NWB XAAAJ-21858) zu beachten, die eine Zuordnung einer Komplementärgesellschaft zum SBV II auch von der Beteiligungshöhe an der Kapitalgesellschaft abhängig macht.

Darüber hinaus ist fraglich, ob man tatsächlich eine Komplementär GmbH, die der Ursprungsidee folgend ja nur mit ihrem Stammkapital von 25.000 € haften soll, tatsächlich mit so hohem Vermögen ausstattet wie dies im vorliegenden Fall bestand, da dann diese Immobilien sowohl für die Verbindlichkeiten der Kapitalgesellschaft selbst als auch für die Verbindlichkeiten der KG haften und damit gleich zwei Risikoquellen ausgesetzt sind.

C. Körperschaftsteuer

I. Gesetzgebung

Gesetz zur Modernisierung des Körperschaftsteuerrechts (KöMoG)

(Christian Kappelmann)

Die Besteuerung von Körperschaften nach dem Körperschaftsteuergesetz (KStG) erfolgt grundsätzlich nach dem Trennungsprinzip. Die Einkünfte von Gesellschaft und Gesellschafter werden dabei getrennt besteuert, während nach dem für Personengesellschaften geltend Transparenzprinzip, die Gesellschaft an sich selbst kein einkommensteuerpflichtiges Steuersubjekt ist, sondern die Besteuerung lediglich auf der Ebene des Gesellschafters vorgenommen wird (mit Ausnahme für die Gewerbesteuer).

Durch das Gesetz zur Modernisierung des Körperschaftsteuerrechts (KöMoG) v. 25.6.2021 (BGBl 2021 I S. 2050; BT-Drucks. 19/28656 S. 13) hat der Gesetzgeber nun in § 1a KStG ein Wahlrecht eingeführt, nach dem Personenhandels- und Partnerschaftsgesellschaften nach den Vorschriften für Körperschaften besteuert werden können. Nach der Gesetzesbegründung soll durch die Einführung des § 1a KStG die Voraussetzung für eine „echte rechtformneutrale Besteuerung" geschaffen werden und so die Besteuerungsunterschiede zwischen den einzelnen Rechtsformen beseitigt werden.

Zwischenzeitlich hat zudem das BMF mit Schreiben v. 10.11.2021 (IV C 2 – S 2707/21/10001 :004, BStBl 2021 I S. 2212, NWB IAAAH-90311) zu den einzelnen Anwendungsvoraussetzungen des § 1a KStG Stellung genommen.

Aufbau des § 1a KStG

Der neue § 1a KStG ist in vier Absätze unterteilt. Nach § 1a Abs. 1 KStG werden die Antragsvoraussetzungen für die Ausübung der Option zur Körperschaftsbesteuerung benannt. § 1a Abs. 2 KStG normiert den Übergang zu der Körperschaftsbesteuerung als Formwechsel i. S. des § 1 Abs. 3 Nr. 3 UmwStG und beantwortet damit im Zusammenhang stehende Einzelfragen. Im dritten Absatz des § 1a KStG werden Regelungen für die laufende Besteuerung der optierenden Gesellschaften benannt. Der abschließende Absatz § 1a Abs. 4 KStG regelt dagegen die Voraussetzung für die Rückoption zum Besteuerungsregime von Personenhandels- und Partnerschaftsgesellschaften.

Option zur Behandlung als Kapitalgesellschaft nach § 1a Abs. 1 KStG

Antragserfordernis

Für die Ausübung der Option ist ein Antrag erforderlich. Der Antrag kann nur durch die Gesellschaft und nicht durch die Gesellschafter selbst gestellt werden. Da der Antrag sich auf die Besteuerung sämtlicher Gesellschafter auswirkt, kann dieser nur einheitlich für alle Gesellschafter der Personengesellschaft gestellt werden (Brühl/Weiss, DStR 2021 S. 889). Daher ist für die Ausübung der Option nach § 1a Abs. 1 Satz 1 Halbsatz 2 KStG ein Gesellschafterbeschluss i. S. des § 217 Abs. 1 Satz 1 UmwG erforderlich. Der Antrag ist spätestens bis einen Monat vor Beginn des Wirtschaftsjahres zu stellen, ab dem das Besteuerungsregime wechseln soll. Die Antragsstellung ist ausschließlich elektronisch möglich.

Ob die Option tatsächlich ausgeübt werden soll, sollte genau überprüft werden, denn der Antrag ist mit Zugang beim Finanzamt unwiderruflich und kann im Nachhinein nicht zurückgezogen werden. Bereits nach einem Jahr kann jedoch wieder der Antrag auf Ausübung der Rückoption nach § 1a Abs. 4 Satz 1 KStG gestellt werden.

Die Voraussetzungen für das Vorliegen der Option sind auf Verlangen der Finanzverwaltung jährlich nachzuweisen. Wird der Nachweis nicht erbracht, wird angenommen, dass die Voraussetzungen in dem jeweiligen Wirtschaftsjahr nicht vorgelegen haben (BMF, Schreiben v. 10.11.2021, BStBl 2021 I S. 2212, Rz. 6) und automatisch der Wechsel zur Besteuerung nach dem Transparenzprinzip vorgenommen.

Personenhandels- und Partnerschaftsgesellschaften

Die Option zur Körperschaftsbesteuerung steht lediglich Personenhandels- und Partnerschaftsgesellschaften zu. Dies umfasst somit die offene Handelsgesellschaft sowie sämtliche Ausgestaltungen von Kommanditgesellschaften, so z. B. auch die GmbH & Co. KG oder die AG & Co. KG. Dagegen sind Einzelunternehmen, GbR, Erbengemeinschaften, reine Innengesellschaften sowie typische und atypische stille Gesellschaften von dem Antrag ausgeschlossen. Nach der Auffassung des Gesetzgebers soll dies die kleineren Unternehmen vor den übermäßig hohen Beratungsaufwendungen i. Z. mit dem Wechsel des Besteuerungsregimes schützen (BT-Drucks. 19/28656 S. 21). Dies wird in der Literatur jedoch kritisiert, da auch diese Unternehmen teils zu einer erheblichen Größe erwachsen können und bereits andere komplizierte Steuervorschriften für diese Rechtsformen anwendbar sind (Tiede in Herrmann/Heuer/Raupach, EStG/KStG, § 1a KStG Rz. 20; Nagel/Schlund, NWB 2021 S. 1874).

Um die Möglichkeit zur Option nach § 1a KStG zu erlangen, können sich GbRs jedoch im Handelsregister als Personenhandelsgesellschaft oder als Partnerschaftsgesellschaft eintragen lassen. Einzelunternehmer könnten durch die Aufnahme einer GmbH als Personengesellschaft geführt werden und so ebenfalls die Voraussetzungen für den Antrag nach § 1a KStG erfüllen (Tiede in Herrmann/Heuer/Raupach, EStG/KStG, § 1a KStG Rz. 20).

Ausländische Personengesellschaften werden zwar nicht explizit im Gesetz benannt, aus der Niederlassungsfreiheit nach Art. 49 AEUV lässt sich jedoch bereits schließen, dass auch europäische Personengesellschaften die Möglichkeit zur Option haben. Nach der Gesetzesbegründung (BT-Drucks. 19/28656 S. 19) sowie dem BMF-Schreiben (BMF, Schreiben v. 10.11.2021, BStBl 2021 I S. 2212, Rz. 3) sind jedoch auch ausländische Gesellschaften, deren Rechtsformen mit einer Personengesellschaft vergleichbar sind und die ein Handelsgewerbe i. S. des § 1 HGB betreiben, von der Regelung umfasst.

Rechtsfolgen der Option

Die Ausübung der Option führt nach § 1a Abs. 1 Satz 1 KStG dazu, dass die jeweilige Partnerschafts- oder Personengesellschaft für Zwecke der Besteuerung sowohl materiell als auch verfahrensrechtlich wie eine Kapitalgesellschaft besteuert wird (BT-Drucks. 19/28656 S. 19). Diese betrifft alle Steuerarten: KStG, EStG, GewStG, AStG, UmwStG.

Die Folge ist grundsätzlich, dass die Personengesellschaft nunmehr nach dem Trennungsprinzip besteuert wird und das Transparenzprinzip nicht anzuwenden ist. Nach Optionsausübung ist die Personengesellschaft nach § 1 Abs. 1 Nr. 1 KStG selbst körperschaftsteuerpflichtig. Dementsprechend sind auch alle weiteren Vorschriften des KStG, die nicht auf eine spezielle Rechtsform abstellen, einschlägig.

Nach § 8 Abs. 2 KStG werden somit sämtliche Einkünfte der Personengesellschaft als gewerblich qualifiziert. Die Einkünfte einer bisher vermögensverwaltend tätigen Gesellschaft oder einer Partnerschaftsgesellschaft werden vollständig in gewerbliche Einkünfte umqualifiziert. Zudem sind im Verhältnis zum Gesellschafter nun auch bei unangemessenen Leistungsbeziehungen die Vorschriften für die verdeckte Gewinnausschüttung nach § 8 Abs. 3 Satz 2 KStG und die verdeckte Einlage nach § 8 Abs. 3 Satz 3 KStG anwendbar. Einkünfte aus Beteiligungen der Gesellschaft sind nunmehr nach den Vorschriften des § 8b KStG steuerbefreit.

Ausschluss der Option

Nach § 1a Abs. 1 Satz 6 KStG ist die Option für Investmentfonds i. S. des § 1 InvStG, die in der Rechtsform einer Personenhandelsgesellschaft geführt werden, ausgeschlossen. Für derartige Investmentfonds gilt ein eigenständiges Besteuerungsregime nach dem InvStG.

Umwandlungssteuerrechtliche Behandlung der Option nach § 1a Abs. 2 KStG

Nach § 1a Abs. 2 KStG werden die Vorgaben zum Übergang des Besteuerungsregimes auf die Körperschaftsbesteuerung definiert. Dieser wird grundsätzlich als Formwechsel i. S. des § 1 Abs. 3 Nr. 3 UmwStG fingiert. Steuerlich wird ein derartiger Formwechsel von einer Personen- in eine Kapitalgesellschaft i. S. des § 190 Abs. 1 UmwG im Sinne eines tauschähnlichen Vorgangs als entgeltlicher Rechtsträgerwechsel behandelt (BFH, Urteil v. 19.10.2005 - I R 38/04, BStBl 2006 II S. 568). Daher gilt ein Formwechsel steuerlich als Veräußerung i. S. des § 16 Abs. 1 Nr. 2 EStG (Patt in Dötsch/Pung/Möhlenbrock, § 25 UmwStG, Rz. 2; Rabback in Rödder/Herlinghaus/van Lishaut, UmwStG, 3. Aufl. 2019, § 25 UmwStG, Rz. 3), durch den grundsätzlich alle stillen Reserven in dem jeweiligen Mitunternehmeranteil aufgedeckt werden.

Nach § 1a Abs. 2 Satz 2 KStG sind jedoch die Vorschriften §§ 1 bis 25 UmwStG entsprechend anwendbar. Nach § 25 UmwStG ist in Fällen des Formwechsels einer Personen- in einer Kapitalgesellschaft §§ 20 ff. UmwStG entsprechend anwendbar, nach denen eine Buchwertfortführung ohne Aufdeckung der stillen Reserven möglich ist. § 20 UmwStG ist anwendbar, wenn ein Betrieb, Teilbetrieb oder Mitunternehmeranteil gegen die Gewährung von Gesellschaftsrechten in eine Kapitalgesellschaft eingebracht wird und der bisherige Gesellschafter dafür Anteile erhält. Nach § 1a Abs. 2 Satz 2 KStG i. V. m. § 25 Satz 1 UmwStG ist dies jedoch nur möglich, wenn auch der gesamte Mitunternehmeranteil in die Kapitalgesellschaft eingebracht wird. Dementsprechend sind alle wesentlichen Betriebsgrundlagen des Mitunternehmeranteils sowie des Sonderbetriebsvermögens einzubringen (BMF, Schreiben v. 10.11.2021, BStBl 2021 I S. 2212, Rz. 25.01, 32).

Der Mitunternehmeranteil wird nach § 1a Abs. 2 Satz 3 KStG zu dem Ende des Wirtschaftsjahres eingebracht, in welchem der Antrag gestellt wird. Dies gilt nicht, sollte der Antrag nicht in der Frist des § 1a Abs. 1 Satz 2 KStG rechtzeitig beim Finanzamt eingegangen sein. Die Personengesellschaft hat zu dem Ende des Wirtschaftsjahres eine Übertragungsbilanz zu erstellen, welche die Grundlage für die Eröffnungsbilanz der Kapitalgesellschaft darstellt. Das Eigenkapital, bestehend aus Gesamthandskapital, Sonderbilanzkapital und Ergänzungsbilanzkapital, wird dabei nach § 1a Abs. 2 Satz 4 KStG auf dem steuerlichen Einlagekonto i. S. des § 27 KStG erfasst (BMF, Schreiben v. 10.11.2021, BStBl 2021 I S. 2212, Rz. 25.01, 42).

Behandlung der Gesellschafter bei Ausübung der Option nach § 1a Abs. 3 KStG

Nach § 1a Abs. 3 KStG werden die Einkünfte des Gesellschafters, die dieser von der Gesellschaft bezieht, definiert. § 1a Abs. 3 Satz 2 KStG ordnet insbesondere die folgenden Einkunftsbestandteile ein:

1. Bezieht der Gesellschafter aufgrund des Gesellschaftsverhältnisses Einnahmen von der Gesellschaft sind diese als Einkünfte aus Kapitalvermögen i. S. des § 20 Abs. 1 Nr. 1 EStG anzusehen. Die Gewinnanteile gelten dabei nach § 1a Abs. 3 Satz 5 KStG als zugeflossen, wenn diese entnommen werden oder deren Auszahlung erlangt werden kann;
2. Einnahmen, die der Gesellschafter für eine Tätigkeit für die Gesellschaft bezieht, sind als Einkünfte aus nichtselbständiger Tätigkeit gem. § 19 EStG zu qualifizieren. Gemäß § 1a Abs. 3 Satz 7 KStG gilt dabei die Gesellschaft für Zwecke der Lohnsteuer als Arbeitgeber und der Gesellschafter als Arbeitnehmer;
3. Aus einer Darlehensgewährung bezogene Einnahmen gelten als Einkünfte aus Kapitalvermögen i. S. des § 20 Abs. 1 Nr. 7 EStG;
4. Überlässt der Gesellschafter Wirtschaftsgüter oder Gebäude an die Gesellschaft, sind die daraus erzielten Einnahmen als Einkünfte aus Vermietung und Verpachtung i. S. des § 21 EStG oder sonstige Einkünfte nach § 22 EStG zu qualifizieren.

Zudem definiert das Gesetz, dass die noch für die Besteuerung von Gesellschaftern einer Personengesellschaft einschlägigen §§ 13 bis 16, 18 und 35 EStG grundsätzlich nicht anzuwenden sind. Die vorgenannte Regelung des § 1a Abs. 3 Satz 3 KStG gilt nach § 1a Abs. 3 Satz 4 KStG jedoch nicht, soweit die Anteile an der Gesellschaft einem Betriebsvermögen zuzuordnen sind. Zudem wird nach § 1a Abs. 3 Satz 6 KStG die Gewinnermittlung per Einnahmen-Überschussrechnung ausgeschlossen.

Die Gesellschafter einer optierenden Personengesellschaft werden somit materiell-rechtlich und verfahrensrechtlich für Zwecke der Besteuerung mit dem Anteilseigner einer Kapitalgesellschaft gleichgestellt (BR-Drucks. 244/21 S. 20). Die zivilrechtliche Haftung des Gesellschafters wirkt sich nicht auf die Besteuerung aus. Dementsprechend können aus einer optierenden Kapitalgesellschaft auch Einkünfte aus einer verdeckten Gewinnausschüttung gem. § 8 Abs. 3 Satz 2 KStG i. V. m. § 20 Abs. 1 Nr. 1 EStG erzielt oder in sie verdeckte Einlagen i. S. des § 8 Abs. 3 Satz 3 KStG bewirkt werden.

Aus den vorstehenden Ausführungen folgt ebenfalls, dass die Beteiligung an einer optierenden Personengesellschaft steuerlich wie ein Wirtschaftsgut zu behandeln ist (BMF, Schreiben v. 10.11.2021 - IV C 2 – S 2707/21/10001 :004, BStBl 2021 I S. 2212, Rz. 61). Eine Veräußerung führt je nach der Höhe der Beteiligung somit zu Einkünften i. S. des § 20 Abs. 2 Satz 1 EStG oder § 17 EStG. Dies gilt auch für die entsprechend einer Veräußerung behandelten Sachverhalte, wie einem Wegzug ins Ausland nach § 6 AStG, die verdeckte Einlage in eine Kapitalgesellschaft gem. § 17 Abs. 1 Satz 2 EStG oder die Auflösung der Gesellschaft nach § 17 Abs. 4 EStG.

Rückoption nach § 1a Abs. 4 KStG

In § 1a Abs. 4 KStG werden verschiedene Möglichkeiten zur Rückkehr zur Besteuerung nach dem Transparenzprinzip aufgezeigt. Dementsprechend werden nach der Ausübung der Rückoption sowohl die Gesellschafter als auch die Gesellschaft wie vor Ausübung der Option besteuert. Die

Rückoption wird ebenfalls als fiktiver Formwechsel von einer Kapital- in eine Personengesellschaft nach den Vorgaben des UmwStG behandelt. Der Antrag wird durch die Gesellschaft selbst, nicht durch deren Gesellschafter gestellt.

Wie bereits der Antrag auf die Ausübung der Option nach § 1a Abs. 1 KStG kann ebenfalls der Antrag auf Rückoption nach § 1a Abs. 4 Satz 1 KStG nur einheitlich für alle Gesellschafter gestellt werden. Ein Gesellschafterbeschluss, wie dieser für die Ausübung der Option zwingend erforderlich ist, stellt jedoch keine Voraussetzung für die Rückoption dar (Tiede in Herrmann/Heuer/Raupach, EStG/KStG, § 1a, KStG Rz. 121; Böhmer/Schewe, FR 2022 S. 69; Wackerbeck in Brandis/Heuermann, § 1a KStG Rz. 89). Es reicht somit die Zustimmung der Gesellschafter im Innenverhältnis aus, damit der Vertreter den Antrag auf Rückoption beim Finanzamt stellen kann.

Die Antragsstellung ist wiederum nur elektronisch mit amtlich vorgeschriebenem Datensatz möglich. Die Frist für die Einreichung des Antrages reicht bis einen Monat vor Beginn des Wirtschaftsjahres, ab dem die Besteuerung als Personengesellschaft erfolgen soll. Hat die Gesellschaft kein vom Kalenderjahr abweichendes Wirtschaftsjahr, muss der Antrag regelmäßig bis zum 30.11. des Vorjahres beim zuständigen Finanzamt eingegangen sein. Anders als der Antrag für die Ausübung der Option ist der Antrag auf Rückoption nicht unwiderruflich und kann somit bis zu dem Eintritt der Bestandskraft der Bescheide zurückgenommen werden (Tiede in Herrmann/Heuer/Raupach, EStG/KStG, § 1a KStG Rz. 121).

Nach § 1a Abs. 4 Satz 4 und Satz 5 KStG wird die Rückoption jedoch zwingend auch ohne Antrag ausgeübt, wenn die in § 1a Abs. 1 KStG aufgeführten Voraussetzungen für die Ausübung der Option entfallen oder der vorletzte Gesellschafter aus der Gesellschaft ausscheidet. Zu einer Rückoption kommt es somit zwingend, wenn sich die Gesellschaft, z. B. mangels weiterer Ausübung eines Handelsgewerbes, in eine GbR umwandelt oder die Gesellschaft zu einem Investmentfonds i. S. des InvStG wird (BT-Drucks. 19/28656 S. 25; Tiede in Herrmann/Heuer/Raupach, EStG/KStG, § 1a KStG Rz. 130).

Die Rückoption ist als Formwechsel gem. § 1 Abs. 1 Satz 1 Nr. 2 UmwStG anzusehen und stellt einen Realisationsakt dar (BMF, Schreiben v. 10.11.2021 - IV C 2 - S 2707/21/10001 :004, BStBl 2021 I S. 2212, Rz. 95), der grundsätzlich zu der Entstehung von steuerlichen Einkünften führt. Die Rückoption wird einem Formwechsel nach § 3 UmwStG von einer Kapital- in eine Personengesellschaft gleichgestellt, welcher zu der Realisation der stillen Reserven der Kapitalgesellschaft führt. Allerdings kann auch für den fiktiven Formwechsel bei der Rückoption ein Antrag nach § 9 UmwStG auf Buchwertfortführung gestellt werden. Alternativ ist auch ein Zwischenwertansatz möglich. Die Ausübung der Rückoption führt auch zu der Anwendung einer neuen Sperrfrist. Nach § 18 Abs. 3 UmwStG unterliegt ein Aufgabe- oder Veräußerungsgewinn, der innerhalb von fünf Jahren seit dem Wirksamwerden der Rückoption anfällt, auch der Gewerbesteuer. Zudem kann durch die Rückoption eine z. B. durch eine zwischenzeitliche Einbringung ausgelöste Sperrfrist verletzt werden.

FAZIT:

Die Einführung des Optionsmodells nach § 1a KStG trägt zu der Flexibilisierung und Modernisierung des Körperschaftsteuerrechts bei. Es schafft eine zusätzliche Gestaltungsmöglichkeit, die auch außerhalb eines Rechtformwechsels vorgenommen werden kann.

Allerdings sollte der Formwechsel zuvor ausführlich geprüft werden, da er zum einen unwiderruflich ist und schlimmstenfalls auch zu der Aufdeckung von stillen Reserven führen kann. Dies sollten die Gesellschafter der Personengesellschaft bei Ausübung der Option bedenken und vorher etwaige Konsequenzen von ihrem Steuerberater prüfen lassen.

Der wesentliche Vorteil ist jedoch, dass die Personengesellschaft mit ihren grundsätzlich geringen Formerfordernissen und administrativen Kosten jetzt auch die steuerlichen Vorteile des Trennungsprinzips wahrnehmen kann und so die Gewinne effektiver thesaurieren kann. Wünschenswert wäre jedoch, dass zumindest auch Einzelunternehmen die Möglichkeit zu der Optionsbesteuerung ausüben könnten, damit auch diese Unternehmen die einfache Möglichkeit zur Thesaurierung ihrer Gewinne bekommen.

II. Verwaltungsanweisungen

Körperschaftsteuer-Richtlinien 2022 (KStR 2022)

Allgemeine Verwaltungsvorschrift zur Anwendung des Körperschaftsteuerrechts v. 13.4.2022, BStBl I Sondernummer 1/2022, NWB WAAAI-05683

(Verena Drummer)

Hintergrund

Mit der Neufassung sollen die Körperschaftsteuer-Richtlinien an die aktuelle Rechtsprechung und zwischenzeitliche gesetzliche Änderungen angepasst werden. Nach einem ersten Referentenentwurf des BMF v. 27.10.2022 wurde den Verbänden die Möglichkeit der Stellungnahme bis zum 24.11.2021 eingeräumt. Vom Bundeskabinett wurde der weitgehend unveränderte Entwurf am 23.2.2022 bestätigt, die Zustimmung des Bundesrats erfolgte am 8.4.2022 (BR-Drucks. 87/22 – Beschluss).

Die Neufassung kommt ab dem VZ 2022 zur Anwendung und tritt am Tag nach ihrer Veröffentlichung, folglich am 23.4.2022, in Kraft (Einführung zu den KStR 2022, Abs. 2, 4).

Überblick über die Neuerungen

Insgesamt wurden nur vereinzelt Änderungen vorgenommen. Im Besonderen weist das BMF auf die Neuerungen bei der ertragsteuerlichen Behandlung von juristischen Personen des öffentlichen Rechts (R 4.1 bis R 4.3 KStR) und den Regelungen zur ertragsteuerlichen Organschaft (R 14.8 KStR) hin. Ausführungen zur – erstmals für den Veranlagungszeitraum 2022 anwendbaren – Option zur Körperschaftbesteuerung (§ 1a KStG) wurden ausdrücklich nicht aufgenommen. Diesbezüglich verweist die Finanzverwaltung auf das zugehörige BMF-Schreiben v. 10.11.2021 (IV C 2 – S 2707/21/10001 :004, NWB IAAAH-90311). Im Übrigen hat das BMF mit Schreiben v. 29.9.2022 zur (neuen) Einlagenlösung nach § 14 Abs. 4 KStG Stellung genommen (IV C 2 – S 2770/19/10004 :007, NWB WAAAJ-23422).

R 1.1 Abs. 5; R 5.18, R 8.9 Abs. 4 KStR	Anpassungen an Änderungen im InvStG durch Art. 17 des Gesetzes v. 12.12.2019 (BGBl 2019 I S. 2451)
R 4.1 Abs. 5 KStR	Erhöhung der Nichtaufgriffsgrenze für Betriebe gewerblicher Art auf 45.000 €

R 4.2 KStR	Streichung des Wortes „gleichartig" in Bezug auf die Anwendung von § 4 Abs. 6 KStG
R 4.3 KStR	Vollständige Aufhebung der Regelungen zu Verpachtungsbetrieben gewerblicher Art
R 4.5 Abs. 6 KStR	Anpassungen aufgrund der Ablösung der Verpackungsverordnung durch das Verpackungsgesetz v. 5.2.2017 (BGBl 2027 I S. 2234)
R 5.4 KStR	Anpassung an Änderungen in § 4 BetrAVG
R 5.11 Abs. 1, 6, 7, 9; R 5.15; R 22 Abs. 1, 9, 13; R 25 KStR	Ersatz des Begriffs „Erwerbs- und Wirtschaftsgenossenschaften" durch „Genossenschaften" aufgrund entsprechender gesetzlicher Änderungen in den §§ 5, 9, 22, 25, 34 KStG durch Art. 6 des Gesetzes v. 12.12.2019 (BGBl 2019 I S. 2451)
R 5.12 Abs. 1, 2 KStR	Anpassungen aufgrund der Aufhebung der Verordnung (EG) 1234/2007 und Neuregelung durch (EU) 1308/2013
R 6 Abs. 3 KStR	Anpassung aufgrund der Neufassung des § 21 Abs. 2 KStG durch Art. 7 des Gesetzes v. 11.12.2018 (BGBl 2018 I S. 2338)
R 7.1 KStR	Aktualisierung des Schemas zur Ermittlung des z.v. E.
R 7.2 KStR	Aktualisierung des Schemas zur Ermittlung der festzusetzenden und verbleibenden KSt
R 8.1 KStR	Aktualisierung der Auflistung der anzuwendenden Vorschriften des EStG und der EStDV (bspw. Erweiterung um die §§ 4i f., 36a, 50 EStG)
R 10.1 KStR	Ersatz der Aufzählung steuerlicher Nebenleistungen durch bloßen Verweis auf § 3 Abs. 4 AO
R. 10.2 KStR	Anpassung aufgrund der Änderungen in § 10 Nr. 3 KStG durch Art. 6 des Gesetzes v. 12.12.2019 (BGBl 2019 I S. 2451)
R 13.4 KStR	Anpassung aufgrund der Änderungen in § 13 Abs. 4 Satz 1 KStG durch Art. 6 des Gesetzes v. 12.12.2019 (BGBl 2019 I S. 2451)
R 14.8 Abs. 1 – 4 KStR	Erweiterungen aufgrund der Neuregelungen zu organschaftlichen Mehr- und Minderabführungen durch Art. 1 des Gesetzes v. 25.6.2021 (BGBl 2021 I S. 2050)
R 24 Abs. 1 Satz 4 Nr. 4 KStR	Klarstellung, dass der Freibetrag des § 24 KStG für optierende Gesellschaften i. S. v. § 1a KStG keine Anwendung findet

Ausgewählte Änderungen

Betriebe gewerblicher Art von juristischen Personen des öffentlichen Rechts

Mit dem Jahressteuergesetz 2020 (BGBl 2020 I S. 3096) wurde die Freigrenze des § 64 Abs. 3 AO von 35.000 € auf 45.000 € erhöht. Steuerpflichtige wirtschaftliche Geschäftsbetriebe, die von steuerbegünstigten Körperschaften neben ihrer ideellen Tätigkeit unterhalten werden und die nur geringe Umsätze erwirtschaften, werden dabei aus Vereinfachungsgründen mit ihren Gewinnen von der KSt und GewSt befreit (BT-Drucks. 19/25160 S. 204). Gleichlaufend erfolgt in R 4.1 Abs. 5 KStR die Erhöhung der Nichtaufgriffsgrenze für Betriebe gewerblicher Art (BgA), so dass ein BgA bei einem Jahresumsatz von weniger als 45.000 € nur bei Vorliegen besonderer Gründe angenommen wird.

In R 4.1 Abs. 2 Satz 1, 2 KStR zur Zusammenfassung von BgA in Bezug auf § 4 Abs. 6 KStG wird das Wort „gleichartig" gestrichen, da die Gleichartigkeit nur in Fällen des § 4 Abs. 6 Nr. 1 KStG erforderlich ist. R 4.3 KStR zu Verpachtungsbetrieben gewerblicher Art wird gänzlich gestrichen. Demnach lag bislang ein Verpachtungs-BgA nicht vor, sofern der Pächter einen Zuschuss mindestens in Höhe der Pacht erhielt und zwischen der Pacht und dem Zuschuss eine rechtliche und tatsächliche Verknüpfung bestand.

Aktualisierung des Schemas zur Ermittlung des z.v. E. und der festzusetzenden und verbleibenden KSt

Das Schema zur Ermittlung des z.v. E. in R 7.1 KStR wurde an gesetzliche Änderungen angepasst und um einen Schritt erweitert. So wurde z. B. die Neufassung des § 12 AStG durch das Gesetz zur Umsetzung der Anti-Steuervermeidungsrichtlinie (ATADUmsG) vom 25.6.2021 (BGBl 2021 I S. 2035) in Nr. 15 berücksichtigt. Die neue Nr. 29 ordnet außerdem die Hinzurechnung von nicht zu berücksichtigenden bzw. wegfallenden Verlusten des laufenden Veranlagungszeitraums nach § 3a Abs. 3 Satz 2 Nr. 8, 9 EStG ggf. i.V. m. § 3a Abs. 3 Satz 3 EStG, § 15 Satz 1 Nr. 1a KStG an. In R 7.2 KStR ist im Zuge einer neuen Nr. 6 nun die Berücksichtigung der anzurechnenden Forschungszulage (§ 36 Abs. 2 Nr. 3 EStG) vorgesehen.

Nichtabziehbare Aufwendungen

Mit dem Gesetz zur weiteren steuerlichen Förderung der Elektromobilität und zur Änderung weiterer steuerlicher Vorschriften v. 12.12.2019 (BGBl 2019 I S. 2451) wurde § 10 Nr. 3 KStG insoweit geändert, als dass auch mit den dort genannten Geldstrafen und sonstigen Rechtsnachteilen „zusammenhängende Aufwendungen" nicht abzugsfähig sind. Eine entsprechende Änderung erfolgt in § 4 Abs. 5 Satz 1 Nr. 8 Satz 1 EStG. Die Verschärfung der Regelung soll den Sinn und Zweck der Norm fördern, Folgen sanktionsbewehrten Verhaltens steuerlich nicht zu begünstigen (BT-Drucks. 19/13436 S. 130). Die Norm ist erstmals für nach dem 31.12.2018 entstandene Aufwendungen anzuwenden (§ 34 Abs. 6c KStG). Dementsprechend wird fortan in R 10.2 Satz 5 KStR klargestellt, dass auch mit den Rechtsnachteilen zusammenhängende Verfahrens- und Finanzierungskosten dem Abzugsverbot unterliegen.

Mehr- und Minderabführungen (ertragsteuerliche Organschaft)

Mit dem Gesetz zur Modernisierung des Körperschaftsteuerrechts v. 25.6.2021 (BGBl 2021 I S. 2050) wurde § 14 Abs. 4 KStG zur steuerlichen Behandlung von Mehr- und Minderabführung im Rahmen der ertragsteuerlichen Organschaft neu gefasst. Die Regelungen sind erstmals auf Mehr- und Minderabführungen anzuwenden, die nach dem 31.12.2021 erfolgen (§ 34 Abs. 6e Satz 5 KStG). Zum Zwecke der Vereinfachung der bilanziellen Abbildung von Organschaftssachverhalten soll anstelle der bisherigen Behandlung durch Bildung steuerlicher Ausgleichsposten eine einfachere Einlagelösung erreicht werden. Mehrabführungen werden künftig als Rückzahlungen aus dem Einlagekonto (Einlagenrückgewähr), Minderabführungen als Einlagen behandelt. Dementsprechend wird in § 27 Abs. 1 Satz 3 KStG fortan klargestellt, dass für in organschaftlicher Zeit entstandene Mehrabführungen ein Direktzugriff auf das steuerliche Einlagekonto der Organgesellschaft erfolgen kann. Im Übrigen schreibt § 27 Abs. 6 Satz 2 KStG nunmehr vor, dass die Mehrabführungen, wenn sie ihre Ursache in organschaftlicher Zeit haben, bei der Ermittlung des steuerlichen Einlagekontos vorrangig zu berücksichtigen sind (BT-Drucks. 19/28656 S. 26). In R 14.8 Abs. 1 KStR wird entsprechend klargestellt, dass für Mehr- und Minderabführungen, die bis zum 31.12.2021 erfolgen, die Ausgleichspostenmethode anzuwenden ist, während danach die Einlagenlösung zur Anwendung kommt.

III. Rechtsprechung

Veräußerung von Anteilen aus einer Wandelanleihe

BFH, Beschluss v. 13.10.2021 - I R 37/18, NWB SAAAI-05787

(Uwe Demmler)

Zusammenfassung der Entscheidung

Der BFH hatte zu entscheiden, ob der Gewinn aus der Veräußerung von Anteilen aus Wandelanleihen bei einer über eine GbR-Wertpapierhandelsgesellschaft beteiligten Stiftung zu 95 % steuerfrei nach § 8b Abs. 2, 3 KStG oder voll steuerpflichtig nach § 8b Abs. 7 Satz 2 KStG a. F. zu behandeln ist. Der BFH gelangte zur Entscheidung, dass der Tatbestand des § 8b Abs. 7 Satz 2 KStG a. F. erfüllt wird, wenn das Finanzunternehmen eine Wandelanleihe in der Absicht erworben hat, einen kurzfristigen Eigenhandelserfolg zu erzielen, und die im Zuge der Wandlung erhaltenen Aktien veräußert.

Klägerin und Revisionsklägerin war eine GbR, die als Wertpapierhandelsgesellschaft firmierte und deren Geschäftszweck der Kauf und Verkauf von Wertpapieren aller Art, die mittelbare und unmittelbare Beteiligung an Unternehmen und die geschäftsmäßige Ausübung von Spekulationsgeschäften war. Die GbR ermittelte ihren Gewinn im Streitjahr 2006 nach § 4 Abs. 3 EStG und hatte fünf Gesellschafter. Die A-GmbH führte die Geschäfte und war nicht vermögensmäßig beteiligt. B, C und D waren natürliche Personen, die jeweils zu 2 %, ab 30.6.2006 zu 1 % am gesamthänderisch gebundenen Vermögen beteiligt waren. E war mit 94 % beteiligt und übertrug seinen Anteil im Juni 2006 auf eine rechtsfähige Familienstiftung mit Sitz in Vaduz, Fürstentum Liechtenstein. Ab 30.6.2006 war die Stiftung dann mit 97 % am Vermögen der GbR beteiligt.

Im April 2006 erwarb die GbR Wandelanleihen verschiedener niederländischer Emittenten. Die Anleihen berechtigten zum Bezug von bestimmten Aktien. Die Bezugsrechte wurden im Juli und August 2006 ausgeübt. Die erhaltenen Aktien veräußerte die GbR noch im Jahr 2006 wieder.

Strittig war die Höhe des nach Berücksichtigung dieser Sachverhalte vortragsfähigen Gewerbeverlusts nach § 10a GewStG. Die GbR gab einen zum Ende des Erhebungszeitraums 2005 gesondert festgestellten vortragsfähigen Gewerbeverlust an und erklärte für 2006 einen Verlust aus Gewerbebetrieb sowie einen nach § 8 Nr. 5 GewStG hinzuzurechnenden Betrag. Den Gewinn aus der Veräußerung der über die Wandelanleihen bezogenen Aktien hatte die GbR, soweit er auf die Stiftung entfiel (97 %), in der zugrunde liegenden Gewinnermittlung gem. § 7 GewStG i. V. m. § 8b Abs. 2, 3 KStG zu 95 % steuerfrei behandelt.

Entscheidungsgründe

Gewinne, die ein dem KStG unterliegender Investor aus der Veräußerung von Aktien erzielt, sind gem. § 8b Abs. 2, 3 KStG grds. zu 95 % steuerbefreit. Aktienveräußerungsgewinne waren im Erhebungszeitraum 2006 gem. § 8b Abs. 7 Satz 2 KStG a. F. jedoch ausnahmsweise dann voll körperschaftsteuerpflichtig, wenn ein Finanzunternehmen i. S. des KWG die Anteile mit dem Ziel der kurzfristigen Erzielung eines Eigenhandelserfolges erworben hatte. Diese Regelungen schlugen im vorliegenden Fall auf die Ermittlung des Gewerbeertrags der GbR durch, soweit die Stiftung beteiligt war (§ 7 Satz 4 GewStG). Die gerichtliche Prüfung musste sich somit darauf richten, ob

- ein Finanzunternehmen vorlag,
- ein kurzfristiger Eigenhandelserfolg erzielt werden sollte und
- die Lieferung der Aktien nach Wandlung der Wandelanleihen oder gar schon der Erwerb der Wandelanleihen einen Erwerb von Anteilen darstellte.

Finanzunternehmen i. S. des § 8b Abs. 7 Satz 2 KStG a. F. i. V. m. § 1 Abs. 3 Satz 1 KWG a. F. sind u. a. solche Unternehmen, die weder Kreditinstitute noch Finanzdienstleistungsinstitute sind und deren Haupttätigkeit u. a. darin besteht, Beteiligungen zu erwerben und zu halten oder mit Finanzinstrumenten für eigene Rechnung zu handeln. Finanzinstrumente sind gem. § 1 Abs. 11 Satz 1 KWG a. F. Wertpapiere, Geldmarktinstrumente, Devisen oder Recheneinheiten sowie Derivate. Zu den Wertpapieren zählen Aktien, Aktien vertretende Zertifikate, Schuldverschreibungen (inkl. Wandelanleihen), Genussscheine, Optionsscheine und andere Wertpapiere, die mit Aktien oder Schuldverschreibungen vergleichbar sind, wenn sie an einem Markt gehandelt werden können.

Da der Rechtsform nach dem KWG keine Bedeutung zukommt, war bei der Prüfung, ob ein Finanzunternehmen i. S. des § 8b Abs. 7 Satz 2 KStG a. F. vorliegt, auf die GbR abzustellen. Deren Geschäftstätigkeit bestand seit Jahren hauptsächlich im – vornehmlich über Depotbanken abgewickelten – Handel mit Finanzinstrumenten. Die für Rechnung der GbR ausgeübten Handelsaktivitäten der Depotbank sind der GbR für die hier zu beantwortende Frage uneingeschränkt zuzurechnen. Der BFH gelangt somit zur Einschätzung, dass die GbR im Zeitpunkt des Erwerbs der Wandelanleihe ein Finanzunternehmen war.

Die GbR erfüllt laut BFH auch den Tatbestand der kurzfristigen Eigenhandelsabsicht. Diese muss im Erwerbszeitpunkt vorliegen und setzt eine Handelsabsicht mit dem Zweck des ggf. kurzfristigen Wiederverkaufs aus dem eigenen Bestand voraus. Ziel muss es dabei sein, bestehende oder erwartete Unterschiede zwischen Kauf- und Verkaufspreis zu nutzen und dadurch einen Eigenhandelserfolg zu erzielen. Die „Kurzfristigkeit" der Eigenhandelserfolgsabsicht ergab sich u. a. aus der Behandlung als Umlaufvermögen, dem gesellschaftsvertraglichen Unternehmenszweck und dem tatsächlichen Geschäftsgebaren.

Das Argument der Klägerin, die später veräußerten Aktien seien nicht im Sinne des Gesetzes „erworben" worden, da deren Bezug über die Wandlung der Wandelanleihen erfolgte, lehnt der BFH ab. Bereits der Wortlaut des Gesetzes ließe es zu, die Aktienlieferung nach Wandlung als Erwerb einzustufen. Wandelanleihen seien aber bei wirtschaftlicher Betrachtung mit den später veräußerten Aktien identisch. Allein diese wirtschaftliche Betrachtung sei ausschlaggebend für die Anwendung des § 8b Abs. 7 Satz 2 KStG und entspreche auch dem Normzweck. Das Ergebnis stehe überdies auch im Einklang mit den allgemeinen ertragsteuerlichen Grundsätzen zur Behandlung von Wandelanleihen, wonach der Erwerb der Wandelanleihe und die spätere Aktienlieferung als einheitlicher Vorgang zu werten sind (sog. Ein-Vertrags-Theorie).

Folgerungen: Im Ergebnis sieht der BFH, wie schon die Vorinstanz, alle Tatbestandsvoraussetzungen des § 8b Abs. 7 Satz 2 KStG a. F. als erfüllt an. Die im Wege der Ausübung der Wandelanleihen bezogenen Aktien wurden im Sinne der Vorschrift von einem Finanzunternehmen i. S. des KWG mit dem Ziel der kurzfristigen Erzielung eines Eigenhandelserfolgs erworben. Die Aktienveräußerungsgewinne sind daher, soweit sie auf die Stiftung als Gesellschafterin der GbR entfallen, vollständig und nicht nur zu 5 % im Rahmen der Ermittlung des Gewerbeertrags zu berücksichtigen.

PRAXISTIPP:

Darauf hinzuweisen ist, dass § 8b Abs. 7 KStG und auch die verwandte, für Personenunternehmen geltende Vorschrift in § 3 Nr. 40 Satz 3 EStG durch das Gesetz zur Umsetzung der Änderungen der EU-Amtshilferichtlinie und von weiteren Maßnahmen gegen Gewinnkürzungen und -verlagerungen (sog. Anti-BEPS-UmsG) v. 20.12.2016 (BGBl 2016 I S. 3000) neu gefasst wurde. Finanzunternehmen sind nach den Änderungen nur noch dann von der 100 %igen Steuerpflicht auf Anteilsveräußerungsgewinne gem. § 8b Abs. 7 Satz 2 KStG betroffen, wenn an ihnen Kreditinstitute, Wertpapierinstitute oder Finanzdienstleistungsinstitute unmittelbar oder mittelbar zu mehr als 50 % beteiligt sind. Zudem wurde die Vorschrift dahingehend vereinfacht, dass die Anteile im Zeitpunkt des Zugangs zum Betriebsvermögen als Umlaufvermögen ausgewiesen werden müssen. Einer Prüfung der Absicht, ob kurzfristig ein Eigenhandelserfolg erzielt werden soll, bedarf es somit nicht mehr. Die Vorschrift hat damit seit 2017 einen laut Gesetzesbegründung beabsichtigten (vgl. BT-Drucks. 18/9536 S. 55) rein bankenspezifischen Charakter erhalten. Finanzunternehmen außerhalb des Bankensektors, insb. auch Holding-GmbHs, vereinnahmen Veräußerungsgewinn aus Anteilen i. S. des § 8b KStG seither zu 95 % steuerfrei.

D. Gewerbesteuer

I. Rechtsprechung

1. Beherrschungsidentität bei mittelbarer Beteiligung über eine Kapitalgesellschaft an einer Besitz-Personengesellschaft – Änderung der Rechtsprechung

BFH, Urteil v. 16.9.2021 - IV R 7/18, NWB ZAAAI-03339

(Sebastian Hagenkamp / Johannes Stößel)

Zusammenfassung der Entscheidung

Die Besitzgesellschaft K-GmbH & Co. KG (Besitz-KG und Klägerin) vermietete als einzige Tätigkeit Räume an die M-GmbH & Co. KG (Betriebs-KG), welche originär gewerblich tätig war. Alleinige Kommanditistin der Betriebs-KG war die H-GmbH. Die Gesellschafter der H-GmbH (Gruppe natürlicher Personen) hielten auch 100 % der Anteile an der Besitz-KG. Die Beteiligungen an der H-GmbH waren jeweils dem Sonderbetriebsvermögen II der Gesellschafter bei der Besitz-KG zugeordnet.

Alleinige Geschäftsführer sowohl der Besitz-KG als auch der Betriebs-KG waren die vermögenslos beteiligten Komplementär-GmbHs (BV-GmbH bei der K-KG und V-GmbH bei der M-KG). Die Anteile der Komplementär-GmbHs wurden jeweils von den Kommanditisten gehalten.

Die Besitz-KG wollte die erweiterte gewerbesteuerliche Kürzung nach § 9 Nr. 1 Satz 2 GewStG in Anspruch nehmen. Das Finanzamt versagte dies, weil wegen der H-GmbH-Anteile im Sonderbetriebsvermögen keine ausschließliche Verwaltung von eigenem Grundbesitz vorliege. Außerdem sei nach § 9 Nr. 1 Satz 5 Nr. 1 GewStG die erweiterte Kürzung nicht zu gewähren, weil das Grundstück einem Gewerbebetrieb diene, an dem wiederum die Gesellschafter der Grundstücks-KG beteiligt sind. Hiergegen klagte die betroffene Gesellschaft (Besitz-KG).

Das FG Hessen (Urteil v. 24.1.2018 - 8 K 2233/15, NWB OAAAG-80819) entschied, dass die Voraussetzungen für die erweiterte Kürzung nach § 9 Nr. 1 Satz 2 GewStG vorliegen. Insbesondere sei keine mitunternehmerische Betriebsaufspaltung zwischen den beiden KG festzustellen, da es an der personellen Verflechtung aus folgenden Gründen fehle. Die Kommanditisten sind von der Geschäftsführung ausgeschlossen (§ 164 HGB). Bzgl. der Betriebs-KG sei die Beteiligung der H-GmbH über die V-GmbH (Komplementärin) nicht ausreichend, da ein Durchgriff durch eine weitere Kapitalgesellschaft nicht möglich sei. Des Weiteren sei durch das Durchgriffsverbot ein einheitlicher geschäftlicher Betätigungswille bzgl. der Besitz-KG ausgeschlossen, weil die Gesellschafter der Besitz-KG die Geschäftsführung über die BV-GmbH (Komplementärin) ausüben.

Der BFH urteilte, dass die vom Finanzamt vorgebrachten Argumente einer Inanspruchnahme der erweiterten gewerbesteuerlichen Kürzung nach § 9 Nr. 1 Satz 2 GewStG nicht entgegenstünden. Trotzdem versagte der BFH die Anwendung der Norm (entgegen der ständigen Rechtsprechung), weil zwischen der Besitz-KG und Betriebs-KG eine Betriebsaufspaltung vorliege. Diese schließt die erweiterte gewerbesteuerliche Kürzung nach § 9 Nr. 1 Satz 2 GewStG aus.

Entscheidungsgründe

Anders als bei der mittelbaren Beteiligung über eine Personenhandelsgesellschaft führt die mittelbare Beteiligung einer Kapitalgesellschaft nicht dazu, dass die Gesellschafter der Kapitalgesellschaft (H-GmbH) als Gesellschafter der Besitz-KG zu sehen sind (Abschirmwirkung der Kapitalgesellschaft). Somit scheidet die Anwendung von § 9 Nr. 1 Satz 5 Nr. 1 GewStG aus.

Ob das Halten von Beteiligungen an einer Kapitalgesellschaft, deren Beteiligungserträge nur aufgrund von § 15 Abs. 3 Nr. 2 Satz 1 EStG als gewerblich (und nicht originär gewerblich) zu beurteilen sind, unschädlich für die erweiterte Kürzung ist, lässt der BFH offen. Anders als bei Gesamthandsvermögen und Sonderbetriebsvermögen I verwaltet die Personengesellschaft bei Sonderbetriebsvermögen II nicht die Beteiligung. Verwaltet wird sie vom Mitunternehmer und dient dessen Stellung in der Personengesellschaft. Somit sei ausgeschlossen, dass die Personengesellschaft eine „schädliche" Tätigkeit ausübt, die der erweiterten gewerbesteuerlichen Kürzung im Wege steht.

Aufgrund von sachlicher und personeller Verflechtung liege aber eine Betriebsaufspaltung und somit eine nach § 15 Abs. 1 Satz 1 Nr. 1, Abs. 2 GewStG originär gewerbliche Tätigkeit der Besitz-KG vor, welche die erweiterte Kürzung nach § 9 Nr. 1 Satz 2 GewStG ausschließt. Die sachliche Verflechtung ist durch die Überlassung des Grundstücks gegeben. Die personelle Verflechtung ist über die vorliegende Personengruppe gegeben, da diese in der Lage ist, in der Besitz-KG sowie der Betriebs-KG ihren Geschäfts- und Betätigungswillen durchzusetzen (sog. Beherrschungsidentität).

Nach bisheriger Rechtsprechung, an der festzuhalten sei, ist die mittelbare Beteiligung an der Betriebs-KG über eine Kapitalgesellschaft ausreichend, damit die personelle Verflechtung vorliegen kann. In Änderung der bisherigen höchstrichterlichen Rechtsprechung ist auch die mittelbare Beteiligung über Kapitalgesellschaften an der Besitz-KG ausreichend, um die personelle Verflechtung bejahen zu können. Es seien keine sachlichen Gründe ersichtlich, warum bei der Beurteilung der personellen Verflechtung bei Betriebs-KG und Besitz-KG unterschiedliche Maßstäbe gelten sollten. In keinem Fall ist der rechtlichen Selbständigkeit der Kapitalgesellschaft eine Bedeutung beizumessen.

Folgerungen: Anders als nach bisheriger ständiger Rechtsprechung ist bei der Beurteilung der personellen Verflechtung im Rahmen einer Betriebsaufspaltung auch die mittelbare Beteiligung über eine Kapitalgesellschaft an der Besitzpersonengesellschaft zu berücksichtigen. Die über eine Kapitalgesellschaft gehaltenen Anteile an der Besitzpersonengesellschaft haben (anders als bei der Betriebspersonengesellschaft) bisher nicht zu einer personellen Verflechtung geführt. Dies stellt eine Änderung der Rechtsprechung zum sog. Durchgriffsverbot bei Kapitalgesellschaften dar.

Im Rahmen des Verfahrens wurden der I. und der III. Senat des BFH um Stellungnahme gebeten. Der III. Senat bestätigte die neue Auffassung des IV. Senats und wird selbst nicht mehr an seiner bisherigen Rechtsprechung festhalten. Diese neue Rechtsprechung steht laut Ansicht des I. Senats dessen Auffassung zur kapitalistischen Betriebsaufspaltung (hier gilt weiterhin ein Durchgriffsverbot) nicht entgegen.

In der Praxis wurden bisher Beteiligungen über eine Kapitalgesellschaft an der Besitzpersonengesellschaft gewählt, um eine Betriebsaufspaltung zu vermeiden und die erweiterte gewerbesteuerliche Kürzung sicherzustellen. Aufgrund der vorliegenden geänderten Rechtsprechung ist eine Überprüfung bzw. Anpassung dieser Strukturen notwendig. Da der I. Senat weiterhin an seiner Auffassung bzgl. der kapitalistischen Betriebsaufspaltung festhalten will (offen wie dies der IV. Senat beurteilen würde), könnte eine Besitzkapitalgesellschaft gewählt werden, um die erweiterte gewerbesteuerliche Kürzung sicherzustellen. Wird alleine auf das steuerliche Trennungsprinzip abgestellt, dann könnte auch das Optionsmodell nach § 1a KStG gewählt werden.

Praxisrelevant sind auch die weiteren Aussagen des BFH zur erweiterten gewerbesteuerlichen Kürzung. Kapitalgesellschaftsanteile, die (von den Gesellschaftern) im Sonderbetriebsvermögen II verwaltet werden bzw. dem Sonderbetriebsvermögen II zuzuordnen sind, sind weiterhin unschädlich für die Inanspruchnahme von § 9 Nr. 1 Satz 2 GewStG. Auch hat der BFH (sowie das FG aber anders als das Finanzamt) die Möglichkeit des Ausschlusses der erweiterten gewerbesteuerlichen Kürzung aufgrund von § 9 Nr. 1 Satz 5 Nr. 1 GewStG nicht aufgegriffen. Hier entfaltet eine Kapitalgesellschaft weiterhin Abschirmwirkung, um sicherzustellen, dass der Grundbesitz nicht dem Gewerbebetrieb eines Gesellschafters (der Besitzpersonengesellschaft) dient. Bedeutung hat dies insbesondere in Fällen, in denen keine Betriebsaufspaltung vorliegt.

Im Rahmen der erbschaft- und schenkungsteuerlichen Beurteilung ist dieses Urteil von Vorteil für die Steuerpflichtigen. Im Rahmen einer Betriebsaufspaltung liegt bei an Dritten überlassene Grundstücke kein Verwaltungsvermögen, sondern begünstigungsfähiges Vermögen vor (§ 13b Abs. 4 Nr. 1 Satz 2 Buchst. a ErbStG).

2. Keine erweiterte Kürzung bei erstmaliger Grundstücksverwaltung im Laufe des Erhebungszeitraums

BFH, Beschluss v. 27.10.2021 - III R 7/19, NWB NAAAI-01616

(Uwe Demmler)

Zusammenfassung der Entscheidung

Der BFH hatte zu entscheiden, ob eine GmbH im Jahr ihrer Gründung die sog. erweiterte Kürzung nach § 9 Nr. 1 Satz 2 GewStG auch dann in Anspruch nehmen kann, wenn sie sich erst Monate nach ihrer Eintragung ins Handelsregister mit der Verwaltung eigenen Grundbesitzes befasst und zuvor lediglich ihr Stammkapital verwaltet sowie die Grundstückserwerbe vorbereitet. Der BFH verneint dies in seinem Beschluss mit der Begründung, dass die Gesellschaft in diesem Fall im Erhebungszeitraum nicht ausschließlich grundstücksverwaltend tätig war.

Die GmbH wurde 2014 errichtet und später im Jahr ins Handelsregister eingetragen. Gegenstand des Unternehmens ist der Erwerb von Grundstücken und deren Verwaltung. Die GmbH erwarb noch im Streitjahr 2014 mehrere Grundstücke und erzielte einen Gewinn aus deren Vermietung. In der Gewerbesteuererklärung beantragte sie die erweiterte Kürzung des Gewerbeertrags nach § 9 Nr. 1 Satz 2 GewStG. Das Finanzamt lehnte dies ab, da die Grundstücke zu Beginn des Erhebungszeitraums noch nicht zum Betriebsvermögen der GmbH gehörten. Einspruch und Klage (FG Berlin-Brandenburg, Urteil v. 11.12.2018 - 8 K 8131/17, NWB FAAAH-96125) blieben aus Sicht der GmbH erfolglos.

Entscheidungsgründe

Der BFH prüft sowohl die Anwendbarkeit der einfachen Kürzung gem. § 9 Nr. 1 Satz 1 GewStG als auch der erweiterten Kürzung gem. § 9 Nr. 1 Satz 2 GewStG. Die einfache Kürzung sieht vor, dass die Summe des Gewinns und der Hinzurechnungen pauschal um 1,2 % des Einheitswerts des zum Betriebsvermögen des Unternehmens gehörenden und nicht von der Grundsteuer befreiten Grundbesitzes gekürzt wird. Maßgebend ist der Einheitswert zum letzten Feststellungszeitpunkt vor dem Ende des Erhebungszeitraums. Der BFH hält – wie auch schon das FG – die einfache Kürzung im vorliegenden Fall für nicht anwendbar, da die GmbH erst im Streitjahr 2014 gegründet wurde und für sie daher zum 1.1.2014 noch keine Einheitswerte von Grundstücken festgestellt worden waren.

Die erweiterte Kürzung kann, wenn die Voraussetzungen erfüllt sind, auf Antrag anstelle der (pauschalen) einfachen Kürzung vorgenommen werden. Sie führt dazu, dass die Summe des Gewinns und der Hinzurechnungen (exakt) um den Teil des Gewerbeertrags gekürzt wird, der auf die Verwaltung und Nutzung des eigenen Grundbesitzes entfällt. Die Anwendung der erweiterten Kürzung setzt voraus, dass das Unternehmen *ausschließlich* eigenen Grundbesitz verwaltet und nutzt. Unschädlich ist es gem. § 9 Nr. 1 Satz 2 GewStG, wenn – unter anderem und hier relevant – *neben* eigenem Grundbesitz auch eigenes Kapitalvermögen verwaltet und genutzt wird.

Diese Ausschließlichkeit ist laut BFH qualitativ, quantitativ und zeitlich zu verstehen. In zeitlicher Hinsicht bedeutet sie, dass der Unternehmer der begünstigten Tätigkeit während des gesamten Erhebungszeitraums nachgehen muss. Dies ergibt sich aus dem Wesen der Gewerbesteuer als Jahressteuer (vgl. u. a. BFH, Urteil v. 29.3.1973 - I R 199/72, BStBl 1973 II S. 563). Eine zeitanteilige Gewährung der erweiterten Kürzung ist ausgeschlossen (vgl. u. a. Güroff in Glanegger/Güroff, GewStG, 10. Aufl., § 9 Nr. 1 Rz. 23c). Die in § 9 Nr. 1 Satz 2 GewStG genannten ergänzenden Tätigkeiten, wie z. B. die Verwaltung eigenen Kapitalvermögens, sind laut BFH für die Anwendbarkeit der erweiterten Kürzung nur dann unschädlich, wenn sie zeitlich parallel und nicht etwa vor- oder nachgelagert zur Verwaltung und Nutzung eigenen Grundbesitzes durchgeführt werden.

Folgerungen: Der BFH gelangt auf Basis dieser Argumente zum Schluss, dass die GmbH für den Erhebungszeitraum 2014 keinen Anspruch auf die erweiterte Kürzung gem. § 9 Nr. 1 Satz 2 GewStG hat. Ihre sachliche Gewerbesteuerpflicht und der abgekürzte Erhebungszeitraum gem. § 14 Satz 3 GewStG hatten bereits am Tag der Eintragung ins Handelsregister begonnen. Mit der Verwaltung und Nutzung von eigenem Grundbesitz wurde jedoch erst später im Jahr 2014 begonnen. In der Zwischenzeit mag die GmbH zwar mit der Verwaltung eigenen Kapitalvermögens, d. h. ihres Stammkapitals, befasst gewesen sein. Diese in § 9 Nr. 1 Satz 2 GewStG aufgeführte, prinzipiell unschädliche Tätigkeit war der Grundstücksverwaltung jedoch zeitlich vorgelagert und fand nicht – wie erforderlich – parallel zur begünstigten Tätigkeit statt.

HINWEIS:

In der Praxis ist darauf zu achten, dass die erweiterte Kürzung nur genutzt werden kann, wenn die Voraussetzungen während des gesamten Erhebungszeitraums erfüllt werden. Wird erst im Laufe des Erhebungszeitraums mit der ausschließlichen Verwaltung und Nutzung eigenen Grundbesitzes begonnen oder wird diese im Laufe des Erhebungszeitraums beendet, wobei davor oder danach nur anderweitige Tätigkeiten ausgeübt werden, scheidet die erweiterte Kürzung aus. Eine „technisch bedingte" Ausnahme wird bei einer Veräußerung zum 31.12., 23:59 Uhr zugelassen (BFH, Urteil v. 11.8.2004 - I R 89/03, BStBl 2004 II S. 1080).

Der BFH gibt zum Schluss seiner Ausführungen noch den Hinweis, dass sich § 20 Abs. 1 GewStDV (Stichtag „Beginn des Kalenderjahres" für die Beurteilung der Zugehörigkeit von Grundbesitz zum BV) allein auf die einfache Kürzung gem. § 9 Nr. 1 Satz 1 GewStG bezieht (vgl. BFH, Urteil v. 15.3.2000 - I R 17/99, BStBl 2001 II S. 251, NWB EAAAA-88859; später offen gelassen in BFH, Urteil v. 19.10.2010 - I R 1/10, BFH/NV 2011 S. 841, NWB RAAAD-79992). Der BFH deutet damit an, dass – entgegen der FG-Begründung – die erweiterte Kürzung nicht bereits dadurch ausgeschlossen wird, dass die Voraussetzungen der einfachen Kürzung nicht erfüllt sind.

E. Umsatzsteuer

I. Gesetzgebung

Gesetz zur Umsetzung unionsrechtlicher Vorgaben im Umsatzsteuerrecht

(Thomas Lorenz)

Hintergrund und Zusammenfassung

Mit Zustimmung des Bundesrates hat der Bundestag das „Gesetz zur Umsetzung unionsrechtlicher Vorgaben im Umsatzsteuerrecht" (BGBl 2021 I S. 5250) beschlossen. Das Gesetz ist mit Wirkung zum 1.1.2022 in Kraft getreten und dient vorwiegend der Umsetzung der im Zuge der Bekämpfung der Corona-Pandemie erlassenen „Richtlinie (EU) 2021/1159 des Rates vom 13.7.2021 zur Änderung der Richtlinie 2006/112/EG in Bezug auf befristete Befreiungen von Einfuhren und bestimmten Lieferungen als Reaktion auf die COVID-19-Pandemie" (ABl. EU Nr. L 250/1 v. 15.7.2021) – im Folgenden kurz als RL (EU) 2021/1159 bezeichnet – sowie der Anpassung des Durchschnittssteuersatzes für pauschalierende Landwirte und dessen Festschreibung der Berechnung im Umsatzsteuergesetz. Neben den inhaltlichen Gesetzesänderungen weist das Gesetz einzelne redaktionelle Änderungen auf, wie die Neufassung der Überschrift des § 4a UStG.

Zur Umsetzung der unionsrechtlichen Vorgaben des Art. 1 der RL (EU) 2021/1159 wurde das Umsatzsteuergesetz um eine Einfuhrumsatzsteuerbefreiung für Einfuhren durch bestimmte europäische Institutionen (§ 5 Abs. 1 Nr. 8 und 9 UStG) erweitert. Soweit unionsrechtlich zulässig, soll die Entlastung von der Umsatzsteuer nicht durch eine Befreiung der bezogenen Leistung, sondern im Wege der Steuervergütung erfolgen (§ 4c UStG). Nach Auffassung des Gesetzgebers sollen hierdurch bürokratische Lasten für die Wirtschaft vermieden werden. Für die Durchführung des Vergütungsverfahrens wird das BZSt zuständig sein (§ 5 Abs. 1 Satz 1 Nr. 3 FVG). § 27 Abs. 35 UStG dient der Umsetzung des Art. 2 der RL (EU) 2021/1159 und ordnet eine rückwirkende Anwendung für nach dem 31.12.2020 bezogene Leistungen bzw. nach diesem Datum getätigten Einfuhren an.

Die Anpassung des Durchschnittssteuersatzes i. S. des § 24 Abs. 1 Nr. 3 und Satz 3 UStG von 10,7 % auf 9,5 % sowie die gesetzliche Festschreibung dessen Berechnung in § 24 Abs. 5 UStG erfolgt, um den Vorgaben des Unionsrechts Rechnung zu tragen. Bereits mit dem Jahressteuergesetz 2020 (BGBl 2020 I S. 3096) war der Anwendungsbereich der Durchschnittssatzbesteuerung für Land- und Forstwirte als Reaktion auf die Kritik der Europäischen Kommission begrenzt worden, die monierte, dass die Pauschalierungsmöglichkeit im Regelfall auf alle landwirtschaftlichen Erzeuger unabhängig davon angewendet wird, ob ihnen die Anwendung der normalen Umsatzsteuerregelung oder der Sonderregelung für Kleinunternehmen Schwierigkeiten bereiten würde. Durch die nunmehr vorgenommenen Anpassungen betreffend den Durchschnittssteuersatz hat der Gesetzgeber sein Bestreben fortgesetzt, die Regelung des § 24 UStG europarechtskonform auszugestalten und damit ein beim EuGH anhängiges Vertragsverletzungsverfahren der Europäischen Kommission (EuGH, C-57/20) sowie ein drohendes Beihilfeverfahren der Europäischen Union (möglicherweise) im Einvernehmen beizulegen.

Steuervergütung für Leistungsbezüge europäischer Einrichtungen (§ 4c UStG)

Mit dem neuen § 4c wird Art. 151 Abs. 1 Unterabs. 1 Buchst. a Doppelbuchst. ab und Abs. 3 MwStSystRL in der Fassung von Art. 1 der RL (EU) 2021/1159 umgesetzt.

§ 4c Abs. 1 UStG regelt den Umfang der vergütungsfähigen Steuerbeträge. Vergütungsfähig ist demnach auf Antrag die von einer europäischen Einrichtung als Bestandteil des Preises für die Leistung gezahlte Umsatzsteuer (§ 4c Abs. 1 Nr. 1 UStG) sowie daneben die von einer europäischen Einrichtung nach § 13b Abs. 5 UStG selbst geschuldete und an den Fiskus entrichtete Umsatzsteuer (§ 4c Abs. 1 Nr. 2 UStG). Ferner wird präzisiert, dass die Anwendung einer Steuerbefreiung (bspw. nach § 4 Nr. 7 Satz 1 Buchst. d UStG) der Steuervergütung vorgeht. Zu einer Steuervergütung nach § 4c Abs. 1 UStG kommt es folglich nur dann, sofern die entsprechende Leistung nicht von der Steuer befreit werden kann.

§ 4c Abs. 2 UStG enthält eine abschließende Aufzählung der vergütungsberechtigten europäischen Einrichtungen. Europäische Einrichtungen im Sinne des Abs. 1 sind

1. die Europäische Union, die Europäische Atomgemeinschaft, die Europäische Zentralbank und die Europäische Investitionsbank sowie die von der Europäischen Union geschaffenen Einrichtungen, auf die das dem Vertrag über die Europäische Union und dem Vertrag über die Arbeitsweise der Europäischen Union beigefügte Protokoll (Nr. 7) über die Vorrechte und Befreiungen der Europäischen Union (ABl. C 202 vom 7.6.2016, S. 266) anwendbar ist, und

2. die Europäische Kommission sowie nach dem Unionsrecht geschaffene Agenturen und Einrichtungen.

§ 4c Abs. 3 UStG regelt die sachlichen Voraussetzungen für eine Steuervergütung in den Fällen des Leistungsbezugs für den Dienstbedarf durch eine in Abs. 2 Nr. 1 genannte Einrichtung. Maßgeblich sind die Regelungen des dem Vertrag über die Europäische Union und dem Vertrag über die Arbeitsweise der Europäischen Union beigefügten Protokolls (Nr. 7) über die Vorrechte und Befreiungen der Europäischen Union und der Übereinkünfte zu seiner Umsetzung bzw. die Regelungen, die in den Abkommen über den Sitz der Einrichtung getroffen wurden.

§ 4c Abs. 4 UStG regelt die sachlichen Voraussetzungen für eine Steuervergütung in den Fällen des Leistungsbezugs durch eine in Abs. 2 Nr. 2 genannte Einrichtung. Eine Steuervergütung ist insbesondere davon abhängig, dass die Leistung zur Bekämpfung der COVID-19-Pandemie bezogen wurde (§ 4c Abs. 1 Satz 1 Nr. 1 UStG) und nicht entgeltlich an Dritte weitergegeben wird (§ 4c Abs. 1 Satz 1 Nr. 2 UStG). Soweit die Voraussetzungen nach Antragstellung wegfallen, ist die Einrichtung verpflichtet, dies dem BZSt innerhalb eines Monats anzuzeigen (§ 4c Abs. 2 Satz 2 UStG).

HINWEIS:

Der Gesetzgeber hat mit § 4c UStG, anders als es die unionsrechtliche Grundlage in Art. 151 Abs. 1 Unterabs. 1 Buchst. ab MwStSystRL vorgibt, keine Steuerbefreiung, sondern eine Steuervergütung vorgesehen. Dies dürfte unionsrechtlich dennoch zulässig sein. Denn § 4c UStG bezieht sich auf im Inland steuerbare Lieferungen und sonstige Leistungen. Art. 151 Abs. 2 MwStSystRL zufolge kann bei Dienstleistungen und Gegenständen, die nicht aus dem Mitgliedstaat versandt oder befördert werden, in dem die Lieferung dieser Gegenstände bewirkt wird, die Steuerbefreiung im Wege der Mehrwertsteuererstattung erfolgen.

Einfuhrumsatzsteuerbefreiung für Einfuhren durch bestimmte europäische Institutionen (§ 5 Abs. 1 Nr. 8 und 9 UStG)

Mit § 5 Abs. 1 Nr. 8 und 9 UStG werden Art. 143 Abs. 1 Buchst. f Doppelbuchst. fb und Abs. 3 MwStSystRL in der Fassung von Art. 1 der RL (EU) 2021/1159 umgesetzt.

§ 5 Abs. 1 Nr. 8 UStG normiert die Steuerfreiheit für Einfuhrlieferungen von Gegenständen für den dienstlichen Bedarf für die in § 4c Abs. 2 Nr. 1 UStG genannten europäischen Einrichtungen.

Nach § 5 Abs. 1 Nr. 9 UStG werden die Einfuhr von Gegenständen für die in § 4c Abs. 2 Nr. 2 UStG genannten europäischen Einrichtungen von der Steuer befreit, sofern die Gegenstände in Wahrnehmung der diesen Einrichtungen durch das Unionsrecht übertragenen Aufgaben eingeführt werden, um auf die COVID-19-Pandemie zu reagieren. Dies gilt nicht für Gegenstände, die von der Europäischen Kommission oder der nach dem Unionsrecht geschaffenen Agentur oder Einrichtung zur Ausführung von eigenen entgeltlichen Lieferungen verwendet werden. Soweit die Voraussetzungen für die Steuerbefreiung nach der Einfuhr wegfallen, ist die Europäische Kommission oder die nach dem Unionsrecht geschaffene Agentur oder Einrichtung verpflichtet, dies dem für die Besteuerung dieser Einfuhr zuständigen Hauptzollamt innerhalb eines Monats anzuzeigen. In diesem Fall wird die Einfuhrumsatzsteuer nach den im Zeitpunkt des Wegfalls geltenden Bestimmungen festgesetzt.

HINWEIS:

Die eingeführte Erweiterung der Einfuhrumsatzsteuerbefreiung in § 5 Abs. 1 Nr. 8 und 9 UStG steht in Verbindung mit der ebenfalls zum 1.1.2022 geschaffenen Regelung des § 4c UStG.

Die Umsetzung erfolgt, anders als im Falle des § 4c UStG, im Wege einer Steuerbefreiung, da in Einfuhrfällen die Anwendung eines Vergütungsverfahren unionsrechtlich nicht zulässig ist. Die Wirkung der Steuerbefreiung bei der Einfuhr entspricht der Wirkung der Steuervergütung nach § 4c UStG.

Änderung der Durchschnittssätze für pauschalierende Landwirte (§ 24 UStG)

Artikel 296 Abs. 1 MwStSystRL räumt den Mitgliedstaaten die Möglichkeit ein, für landwirtschaftliche Erzeuger, bei denen insbesondere die Anwendung der normalen Mehrwertsteuerregelung auf Schwierigkeiten stoßen würde, als Ausgleich für die Belastung durch die Mehrwertsteuer, die auf die von den Pauschallandwirten bezogenen Gegenstände und Dienstleistungen gezahlt wird, eine Pauschalregelung anzuwenden. Nach Art. 297 Satz 1 der MwStSystRL legen die Mitgliedstaaten die Pauschalausgleich-Prozentsätze („Durchschnittssteuersätze") fest. Hiervon hat der Gesetzgeber mit § 24 UStG Gebrauch gemacht und einen Durchschnittssteuersatz gesetzlich normiert, dessen Höhe letztmalig durch das Haushaltsbegleitgesetz 2006 (BGBl 2006 I S. 1402) auf 10,7 % geändert wurde. Allerdings erfordert das Unionsrecht, dass der Durchschnittssteuersatz jährlich anhand der jeweils aktuellen makroökonomischen Daten der letzten drei Jahre überprüft und erforderlichenfalls regelmäßig angepasst wird (Art. 298 Satz 1 MwStSystRL). Der Durchschnittssteuersatz dürfe nicht dazu führen, dass die Pauschallandwirte insgesamt Erstattungen erhalten, die über die Mehrwertsteuer-Vorbelastung hinausgehen (Art. 299 MwStSystRL). Der Gesetzgeber hatte der Bundesregierung deshalb bereits im Zuge des Jahressteuergesetz 2020 aufgetragen, die Höhe des Pauschalausgleichprozentsatzes jährlich anhand der maßgeblichen aktuellen statistischen Daten zu überprüfen und eine Anpassung des Pauschalausgleichprozentsatzes vorzuschlagen, soweit eine Anpassung erforderlich sein sollte. Vor diesem Hintergrund wurde nunmehr der Durchschnittssteuersatz in § 24 Abs. 1 Satz 1 Nr. 3 UStG um 1,2 Prozentpunkte von 10,7 % auf 9,5 % abgesenkt. Entsprechend wurde auch die Vorsteuerpauschale nach § 24 Abs. 1 Satz 3 UStG auf 9,5 % angepasst.

> **HINWEIS:**
>
> Den Durchschnittssteuersatz in Höhe von 9,5 % hat der Bundesrechnungshof als derzeit zutreffenden Wert ermittelt (vgl. Prüfungsmitteilung des Bundesrechnungshofes „Berechnung der Vorsteuerbelastung der Pauschallandwirte als Grundlage für die Festsetzung des Durchschnittssatzes nach § 24 Umsatzsteuergesetz" v. 24.8.2021 an das BMF, Gz.: VIII 2 – 2021 – 0694).

Der Steuersatz für die Lieferung von forstwirtschaftlichen Erzeugnissen, ausgenommen Sägewerkserzeugnisse, gem. § 24 Abs. 1 Satz 1 Nr. 1 und Satz 2 UStG bleibt, ebenso wie die entsprechende Vorsteuerpauschale, unverändert bei 5,5 %.

Auch der Steuersatz für die in der Anlage 2 des UStG nicht aufgeführten Sägewerkserzeugnisse und Getränke inkl. alkoholische Getränke gem. § 24 Abs. 1 Satz 1 Nr. 2 UStG verbleibt unverändert bei 19 %. Allerdings sinkt die Vorsteuerpauschale für diese Umsätze auf 9,5 % (§ 24 Abs. 1 Satz 2 UStG).

Durch die Änderung des § 24 UStG wird die Berechnung des Durchschnittssatzes sowie ein jährliches Monitoring in § 24 Abs. 5 UStG gesetzlich verankert. Hierzu wird ein gewichteter Mittelwert gebildet, indem die Vorsteuern aller pauschalierenden Landwirte zu den Umsätzen aller pauschalierenden Landwirte jeweils eines Dreijahreszeitraums ins Verhältnis zu setzen sind (§ 24 Abs. 5 Satz 2 UStG). Die Vorsteuerbelastung der Pauschallandwirte wird dabei anhand der beiden Statistiken der Landwirtschaftlichen Gesamtrechnung für Deutschland (LGR) und der Umsatzsteuerstatistik (Voranmeldungen) ermittelt, die nach Auffassung des Gesetzgebers die makroökonomischen Daten i. S. des Art. 298 MwStSystRL enthalten. In die Berechnung fließen die letzten drei Jahre ein, für die sowohl die LGR als auch die Umsatzsteuerstatistiken vorliegen (gewogener Durchschnitt). Der sich ergebende Durchschnittssatz wird auf eine Nachkommastelle kaufmännisch gerundet (§ 24 Abs. 5 Satz 3 UStG). Soweit nach der Überprüfung eine Anpassung des Durchschnittssatzes erforderlich ist, legt die Bundesregierung kurzfristig einen entsprechenden Gesetzentwurf vor (§ 24 Abs. 5 Satz 4 UStG).

Die gesetzlich festgeschriebene Berechnungsmethode folgt der Empfehlung des Bundesrechnungshofs (vgl. Prüfungsmitteilung des Bundesrechnungshofes „Berechnung der Vorsteuerbelastung der Pauschallandwirte als Grundlage für die Festsetzung des Durchschnittssatzes nach § 24 Umsatzsteuergesetz" vom 24.08.2021 an das BMF, Gz.: VIII 2 – 2021 – 0694).

FAZIT:

Mit dem „Gesetz zur Umsetzung unionsrechtlicher Vorgaben im Umsatzsteuerrecht" wird zum einen die RL (EU) 2021/1159 umgesetzt. § 4c UStG sieht für bestimmte europäische Einrichtungen eine Entlastung von der Umsatzsteuer im Wege eines Vergütungsverfahrens vor. Als redaktionelle Änderung in Folge der Einführung des § 4c UStG wurde die Überschrift des § 4a UStG von „Steuervergütung" in „Steuervergütung für Leistungsbezüge zur Verwendung zu humanitären, karitativen oder erzieherischen Zwecken im Drittlandgebiet" geändert. Zur vollständigen Umsetzung der RL (EU) 2021/1159 wurden § 5 Abs. 1 Nr. 8 und 9 UStG eingeführt, die für bestimmte Einfuhren als Reaktion auf die COVID-19-Pandemie eine Steuerbefreiung für bestimmte europäische Institutionen vorsehen. § 4c UStG und § 5 Abs. 1 Nr. 8 und 9 UStG sind rückwirkend für alle ab dem 1.1.2021 bezogene Leistungen bzw. nach diesem Datum getätigten Einfuhren anzuwenden.

Zum anderen dient das „Gesetz zur Umsetzung unionsrechtlicher Vorgaben im Umsatzsteuerrecht" der Angleichung des § 24 UStG an die unionsrechtlichen Vorgaben der MwStSystRL vor dem Hintergrund eines seitens der Europäischen Kommission angestrengten Vertragsverletzungsverfahrens und eines schwebenden Beihilfeverfahrens der Europäischen Union. Offen bleibt, ob die nun vorgenommenen Änderungen des § 24 UStG ausreichen werden, um das anhängige Vertragsverletzungsverfahren (EuGH, C-57/20) einvernehmlich beizulegen. Der verringerte Durchschnittsteuersatz sowie die verringerte Vorsteuerpauschale für pauschalierende Landwirte i. H. v. 9,5 % sind für alle Leistungen anzuwenden, die nach dem 31.12.2021 bewirkt worden sind.

II. Verwaltungsanweisungen

1. Direktanspruch in der Umsatzsteuer

BMF, Schreiben v. 12.4.2022 - III C 2 – S 7358/20/10001 :004, BStBl 2022 I S. 652, NWB QAAAI-59888

(*Thomas Lorenz*)

a) Hintergrund

Das BMF hat mit Schreiben v. 12.4.2022 erstmals Stellung zum Direktanspruch in der Umsatzsteuer genommen, der Leistungsempfängern unter gewissen Voraussetzungen einen vorsteuergleichen Erstattungsanspruch gegen das Finanzamt gewährt (sog. „Reemtsma-Anspruch").

Die Regelung zum Direktanspruch geht auf die Judikatur des EuGH zurück (EuGH, Urteil v. 15.3.2007 - C 35/05 „Reetsma", NWB BAAAC-53738; EuGH, Urteil v. 31.5.2018 - C-660/16 und C-661/16 „Kollroß", NWB GAAAG-87248; EuGH, Urteil v. 26.4.2017 - C-564/15 „Farkas", NWB OAAAG-44599). Der EuGH-Rechtsprechung zufolge gebieten es die Besteuerungsgrundsätze der Neutralität und der Effektivität, dass der Leistungsempfänger die Durchsetzung zivilrechtlicher Ansprüche auf Rückzahlung rechtsgrundlos gezahlter Umsatzsteuerbeträge unter bestimmten

Voraussetzungen auch unmittelbar gegen das Finanzamt geltend machen kann, sofern der zivilrechtliche Anspruch bspw. im Falle einer Insolvenz des Leistungserbringers gegenüber dem leistenden Unternehmer nicht durchsetzbar oder übermäßig erschwert sein sollte. Dieser Anspruch kommt wirtschaftlich dem Vorsteuerabzug gleich. Der Direktanspruch setzt voraus, dass der Leistungserbringer eine Leistung erbracht hat, für die mangels Steuerbarkeit oder aufgrund einer Steuerfreiheit oder Steuersatzermäßigung die in der Rechnung ausgewiesene Umsatzsteuer nicht gesetzlich entstanden ist und insofern ein unrichtiger oder unberechtigter Steuerausweis nach § 14c UStG vorliegt. Der Leistungsempfänger muss den ausgewiesenen Umsatzsteuerbetrag ferner gezahlt und der leistende Unternehmer muss diesen an das Finanzamt abgeführt haben. Obwohl der BFH das Bestehen eines Direktanspruchs in der Umsatzsteuer in seiner Rechtsprechung grundsätzlich anerkannt hat (BFH, Urteil v. 30.6.2015 - VII R 30/14, BStBl 2022 II S. 246; BFH, Urteil v. 22.8.2019 - V R 50/16, BStBl 2022 II S. 290), hatte sich das BMF bislang hierzu nicht geäußert.

b) BMF-Schreiben vom 12.4.2022

Mit Schreiben v. 12.4.2022 erkennt das BMF den Direktanspruch in der Umsatzsteuer unter nachstehenden Voraussetzungen erstmalig an:

Der Leistungsempfänger muss den Direktanspruch bei dem für ihn zuständigen Finanzamt im Rahmen eines Billigkeitsverfahrens gem. §§ 163, 227 AO geltend machen (Tz. 9).

Ein vorliegendes Mitverschulden des Leistungsempfängers an der Erstellung der falschen Rechnung ist nach Auffassung der Finanzverwaltung zudem in die Entscheidung über die Billigkeitsmaßnahme mit einzubeziehen (Tz. 10).

HINWEIS:

Der Rechtsprechung des EuGH lässt sich kein solcher Ermessensspielraum der Finanzverwaltung entnehmen. Der EuGH leitet in seinem „Reemtsma-Urteil" (EuGH, Urteil v. 15.3.2007 - C 35/05 „Reetsma", NWB BAAAC-53738) den Direktanspruch aus den gleichen Grundsätzen wie das Verfahren der Berichtigung zu Unrecht in Rechnung gestellter Steuer in den Fällen des Art. 203 MwStSystRL (Art. 21 Abs. 1 6. EG-RL) her. Ist eine Gefährdung des Steueraufkommens ausgeschlossen, so darf die Berichtigung der zu Unrecht in Rechnung gestellten Mehrwertsteuer der Judikatur des EuGH zufolge nicht im Ermessen der Finanzverwaltung stehen (EuGH, Urteil v. 19.9.2000 - C-454/98 „Schmeink & Cofreth und Strobel", NWB TAAAB-04882, Rz. 68).

Der EuGH hat in seinem „Reemtsma-Urteil" (EuGH, Urteil v. 15.3.2007 - C 35/05 „Reemtsma") den Direktanspruch ferner nicht von der Einhaltung bestimmter Sorgfaltspflichten abhängig gemacht. Eine Ausnahme gilt für Betrugsfälle, wenn der Leistungsempfänger wusste oder hätte wissen müssen, dass er sich mit seinem Leistungsbezug an einer Steuerhinterziehung i. S. v. § 25f UStG beteiligt (siehe auch Tz. 20 des BMF-Schreibens v. 12.4.2022).

Der Leistungsempfänger hat seinen Anspruch auf Erstattung einer unzutreffend in Rechnung gestellten und rechtsgrundlos gezahlten Umsatzsteuer regelmäßig zunächst zivilrechtlich gegenüber dem Leistungserbringer geltend zu machen. Der Direktanspruch kann daher nur nachrangig gegenüber dem Verfahren zur Steuerberichtigung nach § 14c Abs. 1 UStG zum Tragen kommen. Von einer von vornherein unmöglichen oder übermäßig erschwerten Erstattung durch den Leistenden ist regelmäßig nur im Fall eines bereits mangels Masse abgelehnten Insolvenzantrages über dessen Vermögen auszugehen. Die bloße Zahlungsunfähigkeit des Leistenden im Sinne der InsO genügt dafür nicht. Im Fall eines vorliegenden Insolvenzantrages bzw. eines laufenden Insolvenzverfahrens über das Vermögen des Leistenden besteht für den Leistungsempfänger noch Aussicht, den geltend gemachten Anspruch in Höhe der Quote teilweise zu erhalten. Ein Direktanspruch kann dann ggf. nur in Höhe der Differenz zwischen dem Erstattungsanspruch gegenüber dem Leistenden und der erhaltenen Quote entstehen. Der Abschluss des Insolvenzverfahrens muss also abgewartet werden, bevor über den Direktanspruch entschieden werden kann (Tz. 11 und 12).

Der Direktanspruch in der Umsatzsteuer ist akzessorisch zum zivilrechtlichen Anspruch. Im Fall der Bruttopreisabrede scheidet er aus. Ist der zivilrechtliche Anspruch aufgrund Verjährung (z. B. nach § 195 BGB) nicht mehr durchsetzbar, gilt für den Direktanspruch in der Umsatzsteuer das Gleiche (Tz. 13).

Die Beweislast hinsichtlich einer unmöglichen oder übermäßig erschwerten Erlangung der zivilrechtlichen Erstattung der irrtümlich in Rechnung gestellten und rechtsgrundlos gezahlten Umsatzsteuer vom Leistungserbringer obliegt dem Leistungsempfänger (Tz. 14).

Der Direktanspruch scheidet aus, wenn keine Leistung erbracht wurde und kann daher in den Fällen des § 14c Abs. 2 UStG nicht entstehen (Tz. 15).

HINWEIS:

Durch die Knüpfung des Direktanspruchs an den Tatbestand der Verjährung des zivilrechtlichen Anspruchs wird die Regelung des Direktanspruchs konterkariert. Der Direktanspruch wurde gerade für den Fall einer fehlenden Durchsetzbarkeit des zivilrechtlichen Anspruchs geschaffen, so dass die Verjährung unbeachtlich sein sollte.

Der ergangenen Rechtsprechung des EuGH lässt sich ferner eine solche Einschränkung dahingehend, dass der Direktanspruch ausscheidet, wenn keine Leistung erbracht wurde, nicht entnehmen.

Ferner müssen die übrigen für einen Vorsteuerabzug geltenden Voraussetzungen vorliegen (bspw. Leistungsbezug für das Unternehmen, Vorliegen einer ordnungsgemäßen Rechnung). Ein Ausschlussgrund für einen Vorsteuerabzug nach § 15 Abs. 2 bis 4 UStG ist allerdings für das Entstehen eines Direktanspruchs unbeachtlich, da der Leistungsempfänger bei einer korrekten Rechnungsstellung nicht mit Umsatzsteuer belastet gewesen wäre. Der Direktanspruch erfordert, dass der Fiskus bereichert ist. Er scheitert also, wenn das Finanzamt an den Leistungserbringer im Rahmen einer Rechnungsberechtigung im Verfahren nach § 14c Abs. 1 Satz 2 UStG zurückgezahlt oder der Leistungserbringer die Umsatzsteuer nicht abgeführt hat (Tz. 16 bis 18).

Auch soweit der Leistende im Fall einer Erklärung der Umsätze gleichzeitig Vorsteuerbeträge aus Rechnungen Dritter abzieht, denen keine Leistungen zugrunde lagen, scheidet ein Direktanspruch aus (Tz. 19).

FAZIT:

Die Ausführungen des BMF sind widersprüchlich. Einerseits vergleicht die Finanzverwaltung den Direktanspruch mit den Vorsteueransprüchen des Leistungsempfängers und knüpft die Inanspruchnahme des Direktanspruchs an die übrigen für einen Vorsteuerabzug geltenden Voraussetzungen, andererseits stehe dem Leistungsempfänger kein Direktanspruch zu, wenn und insoweit der Leistungserbringer die Steuer nicht an den Fiskus entrichtet hat. Für das Recht auf Vorsteuerabzug wäre die Vereinnahmung des Steuerbetrags durch den Fiskus der Judikatur des EuGH zufolge allerdings unerheblich (EuGH, Urteil v. 6.12.2012 - C-285/11 „Bonik", NWB HAAAE-24803, Rz. 28).

Die Finanzverwaltung schränkt den durch die Judikatur des EuGH entwickelten Direktanspruch ein. Das Unionsrecht dürfte diesem engen Verständnis stellenweise entgegenstehen. Die Ausführungen des BMF beschränken sich auf Negativabgrenzungen, wann der Direktanspruch nicht zur Anwendung kommen kann. Inhaltlich werden die Tatbestandsvoraussetzungen des Direktanspruchs im BMF-Schreiben nicht positiv geregelt. Mitunter verbleiben offene Fragestellungen. In einer aktuellen EuGH-Vorlage des FG Münster zur Reichweite des Direktanspruchs soll etwa die Frage geklärt werden, ob es unionsrechtlich geboten ist, dass einem Kläger ein Erstattungsanspruch der von ihm an seine Vorlieferanten zu viel gezahlten Mehrwertsteuer unmittelbar gegen die Finanzbehörde zusteht – auch wenn noch die Möglichkeit besteht, dass die Finanzbehörde durch die Vorlieferanten aufgrund einer Berichtigung der Rechnungen zu einem späteren Zeitpunkt in Anspruch genommen wird (FG Münster, Beschluss v. 27.6.2022 - 15 K 2327/20 AO, NWB ZAAAJ-20401).

Das BMF hat den Abschnitt 15.11 UStAE entsprechend angepasst und um den Absatz 8 ergänzt. Die Grundsätze des Schreibens sind in allen offenen Fällen anzuwenden.

2. Umsatzsteuer; Steuerbefreiung für innergemeinschaftliche Lieferungen (§ 4 Nr. 1 Buchst. b i. V. m. § 6a UStG); Änderung des Umsatzsteuer-Anwendungserlasses

BMF, Schreiben v. 20.5.2022 - III C 3 – S 7140/19/10002: 011, BStBl 2022 I S. 738, NWB OAAAI-62173

(*Thomas Lorenz*)

a) Hintergrund

Im Zuge der sog. „Quick Fixes" (Richtlinie (EU) 2018/1910 zur Änderung der Richtlinie 2006/112/EG in Bezug auf die Harmonisierung und Vereinfachung bestimmter Regelungen des Mehrwertsteuersystems zur Besteuerung des Handels zwischen Mitgliedstaaten, ABl. 2018, L 311/3) hat der Gesetzgeber bei der Umsetzung des Art. 138 Abs. 1a MwStSystRL die Steuerbefreiungsvorschrift des § 4 Nr. 1 Buchst. b UStG neu geregelt und verschärft. Seitdem sind neben der Umsatzsteuer-Identifikationsnummer des Leistungsempfängers die zutreffende Deklaration in der Zusammenfassenden Meldung materiell-rechtliche Voraussetzungen für die Steuerbefreiung. Die Steuerbefreiung für innergemeinschaftliche Lieferungen gilt demnach nicht, wenn der Unternehmer seiner Pflicht zur Abgabe der Zusammenfassenden Meldung (§ 18a UStG) nicht nachgekommen ist oder soweit er diese im Hinblick auf die jeweilige Lieferung unrichtig oder unvollständig abgegeben hat. Sofern der Unternehmer nachträglich erkennt, dass eine von ihm abgegebene Zusammenfassende Meldung unrichtig oder unvollständig ist, ist er zudem verpflichtet, die ursprüngliche Zusammenfassende Meldung innerhalb eines Monats zu berichtigen (§ 4 Nr. 1 Buchst. b Satz 2 i.V.m. § 18a Abs. 10 UStG). Erfolgte keine fristgerechte Berichtigung der Zusammenfassenden Meldung, war nach Auffassung der Finanzverwaltung die Steuerbefreiung der innergemeinschaftlichen Lieferung zu versagen (BMF, Schreiben v. 9.10.2020 - III C 3 – S 7140/19/10002 :007, BStBl 2020 I S. 1038). Mit dem aktuellen Schreiben v. 20.5.2022 beantwortet das BMF aufgekommene Zweifelsfragen, die sich daraus ergeben, dass die in Art. 138 Abs. 1a MwStSystRL verwendete Formulierung zur Heilbarkeit von fehlerhaften Zusammenfassenden Meldungen sich in der aktuellen Fassung des § 4 Nr. 1 Buchst. b UStG nicht wiederfindet.

b) BMF-Schreiben vom 20.5.2022

Mit Schreiben v. 20.5.2022 stellt das BMF nunmehr klar, dass die Steuerbefreiung nicht allein wegen einer Fristversäumnis zur Korrektur der Zusammenfassenden Meldung versagt werden kann.

In Absatz 2 des Abschn. 4.1.2 UStAE wurde das Erfordernis der fristgerechten Abgabe der Zusammenfassenden Meldung als eine der Voraussetzungen für die Gewährung der Steuerbefreiung gestrichen. Durch die Aufnahme des Verweises auf § 18a Abs. 8 UStG in den Absatz 2 des Abschn. 4.1.2 UStAE wird die Meldeperiode präzisiert. Die Angaben für innergemeinschaftliche Lieferungen sind für den Meldezeitraum zu machen, in dem die Rechnung für die innergemeinschaftliche Lieferung ausgestellt wurde, spätestens jedoch für den Meldezeitraum, in dem der auf die Ausführung der innergemeinschaftlichen Lieferung folgende Monat endet.

HINWEIS:

Der Verweis auf § 18a Abs. 8 UStG muss sowohl für die erstmalige Abgabe einer Zusammenfassenden Meldung als auch für die Berichtigung einer Zusammenfassenden Meldung beachtet werden.

In Absatz 3 des Abschn. 4.1.2 UStAE wird außerdem klargestellt, dass die materiell-rechtlichen Voraussetzungen für die Steuerbefreiung vorliegen, wenn eine zunächst nicht fristgerecht abgegebene Zusammenfassende Meldung später erstmalig richtig und vollständig abgegeben wird. Die erstmalige Abgabe einer Zusammenfassenden Meldung und die Berichtigung einer fehlerhaften Zusammenfassenden Meldung durch den Unternehmer innerhalb der Festsetzungsfrist entfalten für Zwecke der Steuerbefreiung Rückwirkung.

> **HINWEIS:**

Sofern für den betreffenden Meldezeitraum keine Zusammenfassende Meldung abgegeben wurde, könnte das Finanzamt vorerst die Steuerfreiheit für die in einer Umsatzsteuer-Voranmeldung erklärten innergemeinschaftlichen Lieferungen versagen. Im Falle einer nachträglichen Abgabe einer vollständigen und richtigen Zusammenfassenden Meldung wäre die Steuerbefreiung der innergemeinschaftlichen Lieferung rückwirkend zu gewähren, sofern die entsprechende Steuerfestsetzung noch änderbar ist. Eine zu spät abgegebene Zusammenfassende Meldung ist für die Gewährung der Steuerbefreiung folglich nicht mehr grundsätzlich schädlich.

In Beispiel 1 des Absatz 3 des Abschn. 4.1.2 UStAE streicht die Finanzverwaltung ferner die Monatsfrist als harte Frist für die Steuerbefreiung. Die in § 18a Abs. 10 UStG normierte Monatsfrist soll nunmehr ausschließlich für die Zwecke der Durchführung eines ordnungsgemäßen innergemeinschaftlichen Kontrollverfahrens sowie eines etwaigen Bußgeldverfahrens (§ 26a Abs. 2 Nr. 5 UStG) relevant sein.

> **FAZIT:**

Das BMF-Schreiben ist zu begrüßen. Eine Berichtigung einer unrichtigen Zusammenfassenden Meldung sollte dennoch möglichst zeitnah innerhalb eines Monats nach Kenntnis erfolgen, da eine zu späte Berichtigung der Zusammenfassenden Meldung außerhalb der Monatsfrist regelmäßig zu einer Korrekturverpflichtung der Umsatzsteuer-Voranmeldung nach § 153 AO und somit zu einem erhöhten administrativen Aufwand führt.

Die Bestimmungen der MwStSystRL enthalten keine zeitliche Begrenzung hinsichtlich der Berichtigung der Zusammenfassenden Meldung, weshalb die Streichung der Monatsfrist als harte Frist folgerichtig ist.

Das BMF hat den Abschnitt 4.1.2 UStAE entsprechend angepasst. Die Grundsätze des Schreibens sind erstmals auf innergemeinschaftliche Lieferungen anzuwenden, die nach dem 31.12.2019 bewirkt werden.

3. Vorsteuerabzug eines Gesellschafters aus Investitionsumsätzen

BMF, Schreiben v. 12.4.2022 - III C 2 – S 7300/20/10001: 005, BStBl 2022 I S. 650, NWB GAAAI-59887

(Thomas Lorenz)

a) Hintergrund

Das Recht auf Vorsteuerabzug eines Unternehmers setzt nach § 15 Abs. 1 UStG grundsätzlich einen Leistungsbezug für sein Unternehmen voraus. Problematisch ist die Vorsteuerabzugsberechtigung in der Gründungsphase juristischer Personen. Vor der Gründung einer juristischen

Person beziehen oftmals die Gesellschafter bzw. Vorgründungsgesellschaften Leistungen, die der späteren juristischen Person zukommen. Obwohl unter gewissen Voraussetzungen die Rechtsprechung des EuGH (EuGH, Urteil v. 29.4.2004 - C-137/02 „Faxworld", NWB IAAAB-72574; EuGH, Urteil v. 1.3.2012 - C-280/10 „Polski Trawertyn", NWB TAAAE-04082) und des BFH (BFH, Urteil v. 11.11.2015 - V R 8/15, BStBl 2022 II S. 288; BFH, Urteil v. 15.7.2004 - V R 84/99, NWB KAAAA-69287; BFH, Urteil v. 26.8.2014 - XI R 26/10, BStBl 2021 II S. 881) trotz mangelnder Unternehmereigenschaft dem Gesellschafter bzw. der Vorgründungsgesellschaft das Recht auf Vorsteuerabzug erlaubt hat, hatte das BMF diese Rechtsprechung bisher nicht angewandt.

b) BMF-Schreiben vom 12.4.2022

Mit Schreiben v. 12.4.2022 erklärt das BMF die Rechtsprechungsgrundsätze für allgemein anwendbar.

Leistet ein Gesellschafter bzw. eine Vorgründungsgesellschaft bezogene Leistungen im Rahmen eines eigenen umsatzsteuerlichen Unternehmens an die Gesellschaft weiter (bspw. über eine Geschäftsveräußerung im Ganzen), richtet sich der Vorsteuerabzug aus den bezogenen Leistungen nach den allgemeinen Grundsätzen. Einem Gesellschafter bzw. einer Vorgründungsgesellschaft kann unter Berücksichtigung der EuGH-Rechtsprechungsgrundsätze das Recht auf Vorsteuerabzug bei Übertragungen außerhalb eines Leistungsaustausches zustehen, wenn es sich bei der bezogenen Leistung aus Sicht der geplanten Gesellschaft um einen Investitionsumsatz handelt und die beabsichtigte Tätigkeit der Gesellschaft einen Vorsteuerabzug nicht ausschließt.

Unter den Begriff Investitionsumsatz fallen sowohl Lieferungen als auch sonstige Leistungen, die der Gesellschafter bzw. die Vorgründungsgesellschaft tatsächlich an die Gesellschaft überträgt und die von dieser für ihre wirtschaftliche Tätigkeit genutzt werden.

Von einem Investitionsumsatz abzugrenzen sind bezogene Leistungen, die generell nicht an die Gesellschaft übertragen werden können, sondern durch den Gesellschafter bzw. die Vorgründungsgesellschaft selbst genutzt oder verbraucht werden, oder die zwar von der Gesellschaft genutzt, aber nicht an sie übertragen werden.

Der Gesellschafter ist durch den Investitionsumsatz in Bezug auf diesen ausnahmsweise und unter den übrigen Voraussetzungen zum Vorsteuerabzug berechtigt. Dafür genügt es, dass die Eigenschaft des Gesellschafters als Unternehmer aus diesem Investitionsumsatz resultiert. Das Scheitern der geplanten Gesellschaftsgründung ist unschädlich für den Vorsteuerabzug.

FAZIT:

Das BMF-Schreiben ist grundsätzlich zu begrüßen, da die Rechtsprechungsgrundsätze nun auch von der Finanzverwaltung übernommen werden. Offen bleibt allerdings, wann ein vorsteuerabzugsschädlicher Verbrauch durch den Gesellschafter bzw. der Vorgründungsgesellschaft erfolgt und welche Leistungen generell nicht an die Gesellschaft übertragen werden können.

Das BMF hat den Abschnitt 15.2b UStAE entsprechend angepasst und um den Absatz 4 ergänzt. Die Grundsätze des Schreibens sind in allen offenen Fällen anzuwenden.

4. Einführungsschreiben zur Umsatzsteuerbefreiung für die Verwaltung von Wagniskapitalfonds nach § 4 Nr. 8 Buchst. h UStG

BMF, Schreiben v. 24.6.2022 - III C 3 - S 7160-h/20/10003 :026, BStBl 2022 I S. 1006, NWB MAAAJ-16358

(Erik Meinert)

a) Hintergrund

Unter den zahlreichen Befreiungsnormen im deutschen Umsatzsteuergesetz regelt § 4 Nr. 8 UStG in einzelnen Buchstaben die Umsatzsteuerbefreiung bestimmter Finanzdienstleistungen. Gemäß § 4 Nr. 8 Buchst. h UStG werden unter anderem die Umsätze in Zusammenhang mit der Verwaltung von Kapitalvermögen von der Steuer befreit. Gemäß Art. 135 Abs. 1 Buchst. g MwStSystRL überlässt die Mehrwertsteuersystemrichtlinie den Mitgliedstaaten insoweit die Entscheidung über den Umfang der Steuerbefreiung.

Zu den steuerbefreiten Kapitalvermögen gehören nach dem Umsatzsteuergesetz insbesondere solche, die das Kapitalanlagegesetzbuch („KAGB") in § 1 Abs. 2, 3 KAGB als sog. Organismen für die gemeinsamen Anlagen in Wertpapieren (OGAW) bzw. als mit diesen vergleichbare alternative Investmentfonds (AIF) definiert. Beiden gemein ist die gemeinsame Investition des von einer Anzahl von Anlegern eingesammelten Kapitals zum Nutzen dieser Anleger gemäß einer festgelegten Anlagestrategie (vgl. § 1 Abs. 1 KAGB). Die Leistung der „Verwaltung" i. S. des § 4 Nr. 8 Buchst. h UStG ist weit gefasst und erschöpft sich nicht nur in der reinen Portfolioverwaltung, sondern umfasst auch alle damit verbundenen administrativen Tätigkeiten (de Weerth in Küffner/Zugmaier, USt, § 4 UStG, Rz. 216, NWB QAAAB-75321).

Vor allem mit dem Ziel, den deutschen Fondsstandort zu stärken und Investitionen in junge Wachstumsunternehmen zu fördern, hat der Gesetzgeber mit Gesetz v. 3.6.2021 (Gesetz zur Stärkung des Fondsstandorts Deutschland und zur Umsetzung der Richtlinie (EU) 2019/1160 zur Änderung der Richtlinien 2009/65/EG und 2011/61/EU im Hinblick auf den grenzüberschreitenden Vertrieb von Organismen für gemeinsame Anlagen (Fondsstandortgesetz – „FoStoG", BGBl 2021 I S. 1498) § 4 Nr. 8 Buchst. h UStG zwischenzeitlich um eine Steuerbefreiung für die Verwaltung von sog. Wagniskapitalfonds ergänzt.

Unklar blieb in Ermangelung einer Begriffsdefinition oder anderweitigen Klarstellung die Beantwortung der Kernfrage, nämlich wie ein Fonds ausgestaltet sein muss und in welche Anlagen er investieren darf, um als sog. Wagniskapitalfonds i. S. § 4 Nr. 8 Buchst. h UStG zu gelten.

Hierzu hat das BMF mit Schreiben v. 24.6.2022 (Einführungsschreiben zur Umsatzsteuerbefreiung für die Verwaltung von Wagniskapitalfonds nach § 4 Nr. 8 Buchst. h UStG - III C 3 – S 7160-h/20/10003 :026, BStBl 2022 I S. 1006, NWB MAAAJ-16358) nun Stellung bezogen und mit Abschn. 4.8.13 Abs. 10 eine entsprechende Änderung des Umsatzsteuer-Anwendungserlasses („UStAE") veranlasst.

b) Zusammenfassung der Verwaltungsanweisung

Nach Auffassung des BMF muss es sich bei den Wagniskapitalfonds um AIFs i. S. des § 1 Abs. 3 KAGB handeln, die ganz oder überwiegend (direkt oder indirekt) in junge, innovative Wachstumsunternehmen investieren. Dabei soll Voraussetzung sein, dass die Wagniskapitalfonds den gleichen Wettbewerbsbedingungen wie OGAWs unterliegen und einer staatlichen Aufsicht unterstehen [derer sie nach Abschn. 4.8.13 Abs. 8 Satz 4 Nr. 1 Satz 2 UStAE, mit Verweis auf das Urteil des BFH v. 5.9.2019 - V R 2/16, NWB PAAAH-35690, jedoch ohnehin grundsätzlich unterliegen]. Alternativ soll auch die Registrierung als sog. „qualifizierter Risikokapitalfonds" i. S. der Europäischen Venture Capital-Verordnung (EuVECA VO) den Anforderungen des § 4 Nr. 8 Buchst. h UStG genügen.

Die Wagniskapitalfonds sollen, so das BMF, durch „eine Kapitalbeteiligung oder sonstige Risiko tragende Finanzierungen regelmäßig nach Erreichen des durch die Finanzierungbeabsichtigten Zwecks auf einen erheblichen Wertzuwachs des Zielunternehmens" abzielen. Einlassungen dazu, was dies konkret bedeutet, finden sich im BMF-Schreiben allerdings nicht.

An die Zielunternehmen werden verschiedene Voraussetzungen geknüpft. So muss es sich zunächst um sog. „qualifizierte Portfoliounternehmen" i. S. der EuVECA-VO handeln, d. h. um Unternehmen, die nicht für den Handel an einem geregelten Markt zugelassen sind und maximal 499 Mitarbeiter beschäftigen. Alternativ kommen Unternehmen in Frage, deren durchschnittliche Marktkapitalisierung zum Jahresende in den letzten drei Kalenderjahren weniger als 200 Mio. € betrug, und die an einem sog. KMU-Wachstumsmarkt — einem Handelsplatz auf dem nach § 48a Börsengesetz u. a. mindestens 50 % aller Emittenten sog. kleinere oder mittlere Unternehmen sind — notiert sind. Darüber hinaus dürfen die Zielunternehmen zum Zeitpunkt der ersten Wagniskapitalbeteiligung nicht länger als zwölf Jahre (bezogen auf den Zeitpunkt der Unternehmensgründung) bestehen. Die Unternehmen dürfen zudem, wiederum mit Verweis auf die EuVECA-VO, ihren Sitz nicht in einem Land haben, das auf der Liste der sog. nichtkooperativen Länder und Gebiete steht, die von der Arbeitsgruppe „Finanzielle Maßnahmen gegen Geldwäsche und Terrorismusfinanzierung" aufgestellt wurde, bzw. mit dem kein wirksamer Informationsaustausch in Steuerangelegenheiten besteht. Im Übrigen muss stets eine Gewinnerzielungsabsicht gegeben sein.

Das Vorliegen der Voraussetzungen soll der Unternehmer durch geeignete Belege gegenüber der Finanzbehörde nachweisen. Für geeignet hält das BMF dabei insbesondere die vertraglichen Anlagebedingungen.

Abschließend weist das BMF darauf hin, dass eine in den Anlagebedingungen formulierte, dauerhafte Änderung der Anlagestrategie die Qualifizierung des Fonds als Wagniskapitalfonds ausschließt. Ab wann eine solche Dauerhaftigkeit vorliegen soll, bleibt indes offen.

HINWEIS:

Die Grundsätze des BMF-Schreibens sollen laut Finanzverwaltung für Umsätze gelten, die nach dem 30.6.2021 ausgeführt werden. Das BMF weist allerdings darauf hin, dass für Zwecke des Vorsteuerabzugs bisher als steuerpflichtig behandelte Umsätze bis zum 30.6.2022 ohne Beanstandung weiterhin als solche behandelt werden können.

Folgerungen: Mit der vom BMF in den UStAE aufgenommenen Ergänzung dürfte nun hinreichend klar formuliert sein, was zumindest die Finanzverwaltung unter Wagnisfonds i. S. § 4 Nr. 8 Buchst. h UStG zu verstehen vermag. Freilich muss diese Auffassung – auch wenn sie sich offenkundig stark an der EuVECA-VO orientiert – ggf. der Überprüfung durch die Rechtsprechung Stand halten.

Unabhängig von dem neuerlichen BMF-Schreiben, bleibt fraglich, ob es dem Gesetzgeber einzig mit der Nouvelle im Umsatzsteuerrecht gelingt, eine merkliche Stärkung des deutschen Fondsstandorts bzw. der Investitionstätigkeit in Start-ups zu erzielen. Zwar handelt es sich bei der Ergänzung des § 4 Nr. 8 Buchst. h UStG um die Umsatzsteuerbefreiung für die Verwaltung von Wagniskapitalfonds um eine partielle Erweiterung des bestehenden Regelwerks, das in den entsprechenden Anwendungsfällen eine gewisse Aufwandserleichterung mit sich bringen könnte. Sicherlich wird es auch nicht wenige Fälle geben, in denen aufgrund fehlender, vorsteuerabzugsberechtigter Ausgangsumsätze eine effektive Reduzierung der Steuerlast im Raum steht. Es bleibt indes dabei, dass die steuerfreie Behandlung von Umsätzen aus der Verwaltung von Wagniskapitalfonds – wie in allen Fällen, in denen eine Ausnahme von der Steuerpflicht im Raum steht – eine detaillierte Einzelfallanalyse voraussetzt, durch die Komplexität (und damit steuerliches Risiko) erhöht werden.

PRAXISTIPP:

Der rechtliche Rahmen für Investmentfonds in allen seinen Ausprägungen ist schon ohne Berücksichtigung der steuerlichen Komponente äußerst komplex. Mit der (selbstredend wahlrechtslosen) umsatzsteuerlichen Befreiung von Umsätzen aus der Verwaltung von Wagniskapitalfonds nach § 4 Nr. 8 Buchst. h UStG wird das Regelwerk um eine weitere Spielart ergänzt. Praktisch bedeutet dies, dass weiterhin stets unterschieden werden muss, ob es sich um einen Fonds handelt, bei dem die Umsätze aus der Verwaltung als umsatzsteuerfrei behandelt werden, oder ob von einer umsatzsteuerpflichtigen Verwaltung auszugehen ist.

Die Gesetzesänderung sowie das neuerliche BMF-Schreiben regeln natürlich nur den Spezialfall der Wagniskapitalfonds. Die kurzfristige Notwendigkeit einer Beschäftigung mit dem neuen BMF-Schreiben dürfte sich nur ergeben, wenn aus der Verwaltung eines qualifizierten Wagniskapitalfonds bereits Umsätze ausgeführt wurden und diese bislang als umsatzsteuerpflichtig behandelt wurden. Für zukünftige Gestaltungen ergeben sich jedoch sicher interessante Gestaltungsoptionen, die jedenfalls im Rahmen der Überlegungen zur Finanzierungsgestaltung für die in Frage kommenden Start-ups eine Rolle spielen sollten. In dieser Hinsicht ist der Umfang der als Zielunternehmen in Frage kommenden Unternehmen erstaunlich weit gefasst.

Vor dem Hintergrund, dass Investitionen in innovative, obgleich regelmäßig risikobehaftete Geschäftsideen derzeit an breiter Stelle gefördert werden, wird der Umfang der finanziellen Mittel, die Unternehmen aus Wagniskapitalfonds erhalten, absehbar steigen – und somit wohl auch die Praxisrelevanz § 4 Nr. 8 Buchst. h UStG.

III. Rechtsprechung

1. Zeitpunkt des Vorsteuerabzugs bei Leistung durch Ist-Versteuerer - Vorsteuerabzug nach dem Sollprinzip ist unionsrechtswidrig

EuGH, Urteil v. 10.2.2022 - C-9/20 „Grundstücksgemeinschaft Kollaustraße 136", NWB XAAAI-04021 (Vorlage des FG Hamburg v. 10.12.2019 - 1 K 337/17, NWB YAAAH-40177)

(Johannes Stößel)

Zusammenfassung der Entscheidung

Die Klägerin (Grundstücksgemeinschaft) hat unter Verzicht auf die Umsatzsteuerbefreiung nach § 4 Nr. 12 Buchst. a UStG ein Gewerbegrundstück vermietet. Sie war nicht Eigentümerin des Grundstücks, sondern hatte dies selbst gemietet. Die Eigentümerin verzichtete ebenfalls auf die Umsatzsteuerbefreiung nach § 4 Nr. 12 Buchst. a UStG. Eine ordnungsgemäße Dauerrechnung i. S. des § 14 UStG lag vor. Leistungszeiträume waren die Kalendermonate. Sowohl die Klägerin als auch die Grundstückseigentümerin hatten die Versteuerung nach vereinnahmten Entgelten nach § 20 UStG (sog. Ist-Versteuerung) gewählt.

Aufgrund von vertraglich vereinbarten Stundungen zahlte die Klägerin einen Teil der geschuldeten Mieten für die Jahre 2009 bis 2012 erst in den Jahren 2013 bis 2016. Den Vorsteuerabzug machte sie – trotz Vorliegen einer ordnungsgemäßen Rechnung – erst bei Zahlung der Miete in den Jahren 2013 bis 2016 geltend. Das Finanzamt vertrat die Auffassung, dass die Vorsteuer in den Jahren 2009 bis 2012 hätte geltend gemacht werden müssen (§ 15 Abs. 1 Nr. 1 UStG). Für diese Jahre (2009 bis 2012) war schon Festsetzungsverjährung eingetreten. Somit hätte die Klägerin den Vorsteuerabzug verloren. Nach § 15 Abs. 1 Nr. 1 Satz 1 UStG entsteht das Recht auf Vorsteuerabzug, wenn die Leistung ausgeführt ist und eine ordnungsgemäße Rechnung vorliegt. Wann der Umsatzsteueranspruch gegen die Leistende entsteht und somit auch die Frage, ob Ist- oder Sollversteuerung vorliegt, hat keine Bedeutung.

Das FG Hamburg teilte die Auffassung der Finanzverwaltung, hatte jedoch Zweifel an der Unionskonformität dieser Sichtweise. Es stellte im Wesentlichen die Frage, ob Art. 167 MwStSystRL den Vorsteuerabzug nach dem Soll-Prinzip ausschließt (hier: bei der Klägerin), wenn die leistende Unternehmerin (hier: die Grundstückseigentümerin) den Umsatz nach dem Ist-Prinzip versteuert.

Der EuGH stellte fest, dass das Recht auf Vorsteuerabzug der Klägerin bei Entgeltentrichtung entsteht, wenn, wie vorliegend, die Leistende der Ist-Besteuerung unterliegt. Somit konnte die Klägerin den Vorsteuerabzug in den Jahren 2013 bis 2016, in denen sie die Leistungen bezahlt hat (und in denen die Umsatzsteuerschuld bei der Leistenden entstanden ist), geltend machen. Art. 167 MwStSystRL steht einer nationalen Regelung entgegen, die den Vorsteuerabzug im Leistungszeitpunkt gewährleistet, wenn die Leistungserbringerin der Ist-Versteuerung unterliegt.

Entscheidungsgründe

Der Wortlaut von Art. 167 MwStSystRL („Das Recht auf Vorsteuerabzug entsteht, wenn der Anspruch auf die abziehbare Steuer entsteht.") ist eindeutig. Das Recht auf Vorsteuerabzug wird erst dann gewährt, wenn auch der Umsatzsteueranspruch gegen den Leistungserbringer entsteht. Dies ergibt sich auch aus dem Zusammenhang von Art. 167 MwStSystRL mit Art. 63 MwStSystRL, nachdem der Umsatzsteueranspruch zu dem Zeitpunkt eintritt, zu dem die Leistung als ausgeführt gilt. Art. 66 MwStSystRL (Ist-Vorsteuerung in Abs. 1 Buchst. b) ist als Ausnahme zu Art. 63 MwStSystRL vorgesehen und damit eng auszulegen.

Um Art. 66 Abs. 1 Buchst. b MwStSystRL (Ist-Versteuerung) in Einklang mit Art. 167 MwStSystRL (Grundsatz: Vorsteuerabzug entsteht mit Entstehung der Umsatzsteuer) zu bringen, muss Folgendes gelten: Wenn gem. Art. 66 Abs. 1 Buchst. b MwStSystRL der Umsatzsteueranspruch mit Vereinnahmung des Entgelts entsteht, dann entsteht auch das Recht auf Vorsteuerabzug zu diesem Zeitpunkt. Des Weiteren führt der EuGH an, dass Steuertatbestand und Steueranspruch vor dem Hintergrund eines gemeinsamen Mehrwertsteuersystems zu harmonisieren sind, damit eine einheitliche Erhebung der Mehrwertsteuer gewährleistet ist. Dies schließt nationale Abweichungen von den unionsrechtlichen Vorgaben aus.

Dass Deutschland die fakultative Regelung des Art. 167a MwStSystRL (Gewährung des Vorsteuerabzugs erst bei Zahlung, wenn der Leistungsempfänger der Ist-Versteuerung unterliegt) nicht umgesetzt hat, steht der dargelegten Einordnung nicht entgegen bzw. schränkt den Grundsatz des Art. 167 MwStSystRL nicht ein.

Folgerungen: § 15 Abs. 1 Nr. 1 UStG bzw. die bisherige Auslegung der Norm ist aktuell nicht unionsrechtskonform. Art. 167 MwStSystRL knüpft die Entstehung des Vorsteuerabzugs an die Entstehung der Umsatzsteuer beim Leistenden (vgl. ausführlich hierzu auch Tiede, StuB 2022 S. 261). Dementgegen steht das Abstellen auf die Erbringung der Leistung und das Vorliegen einer Rechnung im nationalen Umsatzsteuerrecht. Relevant wird der Unterschied bei Leistungserbringung durch Ist-Versteuerer. Ob der Leistungsempfänger Ist- oder Soll-Versteuerer ist, hat keine Bedeutung. Im Rahmen der Soll-Versteuerung hat die Entscheidung keine Auswirkung. Einen zeitlichen Unterschied beim Vorsteuerabzug aufgrund fehlender Rechnung billigt der EuGH (vgl. z. B. EuGH, Urteil v. 29.4.2004 - C-152/02 „Terra Baubedarf-Handel" NWB GAAAB-72592, Rz. 34; EuGH, Urteil v. 15.9.2016 – C-518/14 „Senatex", NWB XAAAF-82024, Rz. 35; EuGH, Urteil v. 21.3.2018 - C-533/16 „Volkswagen AG", NWB CAAAG-79401; EuGH, Urteil v. 21.10.2021 - C-80/20 „Wilo Salmson France", NWB YAAAH-94059, Rz. 72). Im Ergebnis kommt es auch zu einem unterschiedlichen Zeitpunkt der Entstehung des Vorsteuerabzugs je nachdem, ob die Leistung durch Ist- oder Sollversteuerer erbracht wird. Ein Verstoß gegen den unionsrechtlichen Gleichheitssatz ist fraglich (vgl. hierzu Stadie, MwStR 2022 S. 183).

Um den Vorsteuerabzug unionsrechtskonform in Anspruch zu nehmen, muss festgestellt werden, ob die Leistenden der Ist- oder Soll-Besteuerung unterliegen. Anders als in Art. 226 Nr. 7a MwStSystRL gibt es in § 14 Abs. 4 UStG nicht die Verpflichtung auf der Rechnung anzugeben, dass die Ist-Versteuerung vorliegt. In der Praxis ist es daher mit zusätzlichem Aufwand verbunden, diese Informationen zu erlangen und voraussichtlich nur in seltenen Fällen möglich, die Richtigkeit der Angaben zu überprüfen. Neben der Möglichkeit die Zahlung von ggf. betroffenen Rechnungen in den Voranmeldezeitraum der Leistungserbringung zu legen, verbleibt die Berufung auf Abschn. 15.2 Abs. 2 UStAE, nach dem die Geltendmachung des Vorsteuerabzugs im Voranmeldezeitraum der Leistungserbringung unabhängig von der Zahlung möglich ist. Um Rechtssicherheit herzustellen, wäre es wünschenswert, wenn der Gesetzgeber die §§ 14, 15 UStG entsprechend anpasst.

In den (wahrscheinlich eher seltenen) Konstellationen, in denen der Vorsteuerabzug im Zeitraum der Leistungserbringung nicht in Anspruch genommen wurde, bietet das Urteil die Chance durch Berufung auf Art. 167 MwStSystRL, den Vorsteuerabzug im Zeitpunkt der Zahlung in Anspruch zu nehmen.

Eine Möglichkeit des doppelten Vorsteuerabzugs sollte aufgrund von § 174 Abs. 2 AO ausscheiden, falls Steuerpflichtige den schon zum Zeitpunkt der Leistungserbringung geltend gemachten Vorsteuerabzug nochmal im Zeitpunkt der Bezahlung des Entgelts zum Abzug bringen. Eine Änderung der ersten Umsatzsteuerfestsetzung wäre aufgrund der neuen widerstreitenden Festsetzung im Rahmen des § 174 Abs. 2 AO möglich.

Konsequenzen für die Praxis

Auswirkungen sollte das Urteil auch auf die Rechtsprechung haben, wonach die Ist-Versteuerung nicht zu genehmigen ist, wenn die Gefahr erkennbar ist, dass durch einen Leistungserbringer Rechnungen zur Erlangung des Vorsteuerabzugs ausgestellt werden, während der Leistungsempfänger (oftmals nahestehende Personen) die Rechnung nicht oder mit großem zeitlichen Abstand begleicht (vgl. hierzu Stadie, MwStR 2022 S. 183 f.; FG Niedersachsen v. 21.2.2008 - 16 K 385/06, NWB BAAAC-77332; FG Berlin-Brandenburg, Urteil v. 18.6.2014 - 2 K 2149/11, NWB MAAAE-83127, Rz. 22 aufgehoben durch BFH, Urteil v. 18.11.2015 - XI R 38/14, NWB GAAAF-49320; FG Rheinland-Pfalz, Urteil v. 24.11.2020 - 3 K 1192/18, NWB VAAAH-69994, Rz. 20 ff. (Rev. BFH: XI R 5/21). Diese Situationen werden durch die Umsetzung des vorliegenden Urteils verhindert.

Möglicherweise wäre der Urteilssachverhalt auch über eine Berichtigung nach § 17 Abs. 2 Nr. 1 i. V. m. Abs. 1 Satz 2 UStG zu lösen gewesen. Eine Stundung kann Uneinbringlichkeit begründen (vgl. BFH, Urteil v. 10.3.1983 - V B 46/80, BStBl 1983 II S. 389; FG Brandenburg v. 13.10.2004 - 1 K 950/03, NWB IAAAC-30917, Rz. 11) und damit zur Korrekturpflicht des Vorsteuerabzugs führen (vgl. ausführlich hierzu Stadie, MwStR 2022 S. 181 f.).

2. Erstmalige Entscheidung zu Gutscheinen i. S. des Art. 30a MwStSystRL im Rahmen von Stadtkarten

EuGH, Urteil v. 28.4.2022 - C-637/20 „Rs. DSAB Destination Stockholm AB", NWB JAAAH-75515

(Matthias Gries)

Zusammenfassung der Entscheidung

Der EuGH hatte erstmals die Gelegenheit sich zur Anwendung der Gutscheinregelung im Rahmen der MwStSystRL zu äußern und ordnet vor diesem Hintergrund Stadtkarten als Gutscheine (genau genommen: Mehrzweck-Gutscheine) ein. Dabei ist ein umsatzsteuerlicher Gutschein laut EuGH auch dann als Mehrzweck-Gutschein einzustufen, wenn ein Durchschnittsverbraucher nicht in der Lage ist alle angebotenen Dienstleistungen in Anspruch zu nehmen.

Die Klägerin DSAB Destination Stockholm stellt Stadtkarten aus und verkauft diese an Besucher der Stadt Stockholm. Die Karte ermöglicht den Karteninhabern während eines begrenzten Zeitraums und bis zu einem bestimmten Wert das Recht auf Zugang zu rund 60 Attraktionen, wie z. B. Sehenswürdigkeiten und Museen. Karteninhaber haben während der Gültigkeit der Karte auch unbeschränkten Zugang zu Beförderungsdienstleistungen sowie die Möglichkeit, an Sightseeing-Touren teilzunehmen, die von verschiedenen Hop-on-Hop-off-Bussen oder -Booten angeboten werden. Es gibt verschiedene Versionen der Stadtkarte von Stockholm, die sich in Geltungsdauer und Wertgrenzen unterscheiden. Eine Erwachsenenkarte mit einer Geltungsdauer von 24 Stunden kostet 669 SEK (ca. 65 €). Während der Geltungsdauer kann der Karteninhaber mit der Karte Dienstleistungen im Wert von bis zu 1.800 SEK (ca. 175 €) bezahlen. Der Karteninhaber nutzt die Stadt-Karte als Zahlungsmittel. Wird die Wertgrenze erreicht, verliert die Karte ihre Gültigkeit. Der jeweilige Dienstleistungserbringer erhält bei Nutzung der Stadtkarte seine Vergütung von DSAB. Die Karte berechtigt im Ergebnis zur Inanspruchnahme von unterschiedlichen Steuersätzen unterliegenden wie auch steuerfreien Dienstleistungen.

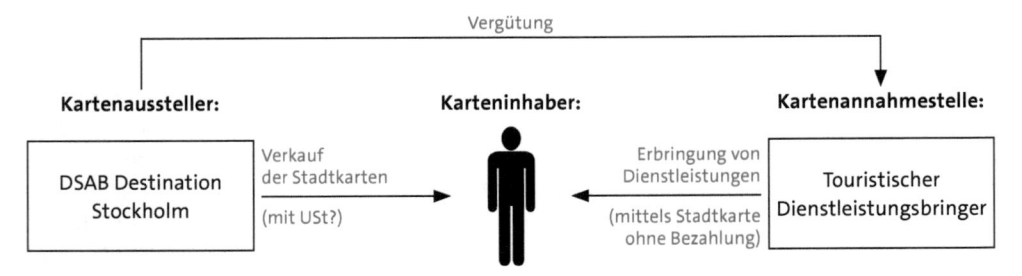

```
                              Vergütung
        ┌──────────────────────────────────────────────────────┐
        │                                                      ▼
Kartenaussteller:          Karteninhaber:            Kartenannahmestelle:

┌──────────────────┐  Verkauf                Erbringung von   ┌──────────────────┐
│ DSAB Destination │  der Stadtkarten   ☺    Dienstleistungen │  Touristischer   │
│    Stockholm     │──────────────────►   ◄──────────────────│ Dienstleistungs- │
│                  │  (mit USt?)             (mittels Stadtkarte│    bringer     │
└──────────────────┘                          ohne Bezahlung)  └──────────────────┘
```

Entscheidungsgründe

Der EuGH stellt fest, dass die Stadtkarte nur dann als Gutschein klassifiziert werden kann, wenn zwei Voraussetzungen kumulativ erfüllt sind. Einerseits muss entsprechend Art. 30a Nr. 1 Halbsatz 1 MwStSystRL das Instrument eine Verpflichtung der Lieferer von Gegenständen oder der Erbringer von Dienstleistungen umfassen, es als Gegenleistung oder Teil einer solchen für eine Lieferung von Gegenständen oder eine Erbringung von Dienstleistungen anzunehmen. Andererseits müssen als weitere Voraussetzung gem. Art. 30a Nr. 1 Halbsatz 2 MwStSystRL die zu liefernden Gegenstände oder zu erbringenden Dienstleistungen oder die Identität der möglichen Lieferer oder Dienstleistungserbringer entweder auf dem Instrument selbst oder in den damit zusammenhängenden Unterlagen (z. B. Verträge oder Nutzungsbedingungen) angegeben sein. Die Überprüfung dieser beiden Voraussetzungen des Unionsrechts überlässt der EuGH dem vorlegenden Gericht. Irrelevant sieht der EuGH jedenfalls den Umstand, dass ein Durchschnittsverbraucher aufgrund der kurzen Gültigkeitsdauer nicht alle vom Angebot und der Wertgrenze umfassten Leistungen in Anspruch nehmen kann. Abschließend stellt der EuGH fest, dass zur Einstufung der Karte als „Einzweck-Gutschein" oder als „Mehrzweck-Gutschein" letzter Begriff eine Auffangfunktion i. S. v. Art. 30a Nr. 3 MwStSystRL widerspiegelt. Alle anderen Gutscheine als Einzweck-Gutscheine stellen nämlich gemäß dieser Bestimmung Mehrzweck-Gutscheine dar. Insofern prüfte der EuGH, ob die Karte unter den Begriff „Einzweck-Gutschein" i. S. v. Art. 30a Nr. 2 der MwStSystRL fällt, was immer dann der Fall wäre, wenn der Ort der Lieferung der Gegenstände oder der Erbringung der Dienstleistungen, auf die sich der Gutschein bezieht, und die für diese Gegenstände oder Dienstleistungen geschuldete Mehrwertsteuer zum Zeitpunkt der Ausstellung des Gutscheins feststehen. Für den Fall, dass das vorlegende Gericht die Stadtkarte als Gutschein einordnet, sieht der EuGH darin einen Mehrzweck-Gutschein, da die Karte zur Nutzung unterschiedlich besteuerter Leistungen berechtigt. Im Zeitpunkt der Ausstellung der Stadtkarte steht insofern die Umsatzsteuer noch nicht final fest, da diese abhängig davon ist welche Leistungen der Karteninhaber auswählen wird. Ein Einzweck-Gutschein scheidet dadurch aus.

Folgerungen: Gutscheine unterschiedlicher Arten sind heutzutage aus dem alltäglichen Leben nicht mehr wegzudenken (wie z. B. Geschenkgutscheine). Obwohl ihre Verwendung für den Verbraucher relativ einfach ist, haben sich Gutscheine jedoch, was ihre mehrwertsteuerliche Behandlung anbelangt, als komplexe Instrumente erwiesen. Im Jahr 2016 hat der Unionsgesetzgeber daher Änderungen MwStSystRL (Art. 30a MwStSystRL) mit dem Ziel erlassen, die Anwendung des Mehrwertsteuerrechts auf Gutscheine zu konkretisieren (Gutschein-Richtlinie – Richtlinie (EU) 2016/1065 des Rates vom 27.6.2016 zur Änderung der Richtlinie 2006/112/EG hinsichtlich der Behandlung von Gutscheinen). In der vorliegenden Rechtsprechung musste der EuGH erstmals diese Legislative präzisieren. Blickt man in die Erwägungsgründe zu Art. 30 MwStSystRL (S. 9 bis 10), so deutet nichts darauf hin, dass der Gesetzgeber eine neue besondere Behandlung für Gutscheine regeln wollte, welche von der allgemeinen mehrwertsteuerlichen Behandlung einer Lieferung bzw. sonstigen Leistung abweicht. Vielmehr sollte Klarheit geschaffen werden, wie die bestehenden Mehrwertsteuerregelungen auf Gutscheine anzuwenden waren. Insofern sind neuen Regelungen für Gutscheine somit keine Ausnahme von den allgemeinen Unionsregeln und auch nicht wie in einigen Mitgliedstaaten „eng auszulegen". Die nationale Umsetzung der Gutscheinregelung erfolgte in den § 3 Abs. 13 bis 15 UStG.

Besonderer Fokus lag in der Urteilsentscheidung auf der Frage, wann ein Instrument überhaupt einen umsatzsteuerlichen Gutschein darstellt. Hierzu müssen laut EuGH die beiden Bestimmungen i. S. des Art. 30a Nr. 1 Halbsatz 1 (Schwerpunkt: Verpflichtung des Leistenden zur Annahme des Instruments) und Nr. 2 Halbsatz 2 (Schwerpunkt: Instrument oder zusammenhängende Unterlagen müssen erkennbar machen, welche Leistungen als Gegenleistung fungieren oder Identität des Leistenden preisgeben) MwStSystRL erfüllt sein. Ausgeschlossen von der Behandlung als umsatzsteuerlicher Gutschein ist der sog. Rabattgutschein (auch wenn dieser im ursprünglichen Vorschlag für die Gutscheinrichtlinie noch vorgesehen war; Vorschlag für eine Richtlinie des Rates zur Änderung der Richtlinie 2006/112/EG über das gemeinsame Mehrwertsteuersystem hinsichtlich der Behandlung von Gutscheinen/*COM/2012/0206 final – 2012/0102 (CNS) */). Der Grund für den Ausschluss der Rabattgutscheine liegt darin, dass solche Instrumente dem Inhaber lediglich die Möglichkeit verschaffen, beim Erwerb von Gegenständen oder Dienstleistungen einen Preisnachlass zu erhalten, sie als solche jedoch nicht als Gegenleistung für die Lieferung von Gegenständen oder die Erbringung von Dienstleistungen verwendet werden können. Die Stadtkarte kann auch nicht nur deswegen als umsatzsteuerlicher Gutschein behandelt werden, weil sie gemeinhin als solcher bezeichnet wird.

Die Prüfung der Tatbestandsvoraussetzungen erfolgt zukünftig zweistufig. In einem ersten Schritt ist zu prüfen, ob überhaupt ein Gutschein vorliegt, was immer der Fall ist, wenn die Art. 30a Nr. 1 Halbsatz 1 und 2 MwStSystRL als erfüllt anzusehen sind. In einem zweiten Schritt ist dann zu prüfen, ob ein Einzweck-Gutschein i. S. des Art. 30a Nr. 2 MwStSystRL vorliegt, bei Verneinung greift der Auffangtatbestand des Art. 30a Nr. 3 MwStSystRL und es liegt ein Mehrzweck-Gutschein vor.

PRAXISTIPP:

Der EuGH musste sich nun erstmals mit der Behandlung von Gutscheinen auseinandersetzen. Das Ergebnis fällt teilweise gegensätzlich zur Diskussion um die Einordnung der umsatzsteuerlichen Behandlung von Stadtkarten durch den Mehrwertsteuerausschuss im Jahr 2019 aus, bei welcher jedoch kein einvernehmliches Ergebnis erzielt werden konnte (Mehrwertsteuerausschuss, „VAT Treatment of ‚city cards", Information Paper, 3. April 2019; „Working Paper No 983, New Legislation", 13. November 2019; „Working Paper No 987, Minutes", 2. Dezember 2019). Der EuGH prüfte in der Urteilsentscheidung die Voraussetzungen durchaus knapp und stellt dabei kaum über diesen Einzelfall hinausgehende allgemeine Grundsätze fest, welche für eine rechtsichere Behandlung umsatzsteuerlicher Gutscheine dienlich gewesen wären. Der EuGH schafft lediglich Klarheit darüber, dass die Geltungsdauer und die vollständige Nutzungsmöglichkeit eines solchen Instruments für die Einordnung als Gutschein nicht entscheidungserheblich sind. Insgesamt fallen die Ausführungen des EuGH kürzer aus als nach den Schlussanträgen der Generalanwältin erwartet wurde und auch die Einstufung als Gutschein erfolgte nicht final durch den EuGH. Die Generalanwältin stellte über den Wortlaut des EuGH interessanterweise fest, dass bei Erfüllung der beiden Voraussetzungen gem. Art. 30a Nr. 1 MwStSytRL mit nur einer Ausnahme stets von einem Gutschein auszugehen ist (EuGH-Schlussanträge v. 24.2.2022 - C-637/20, „DSAB"). Als einzige Ausnahme qualifiziert sie, wenn die Annahme eines Gutscheins der Anwendung einer besonderen mehrwertsteuerlichen Behandlung einer Dienstleistung entgegensteht, für deren Erbringung es als Gegenleistung anzunehmen ist. Für die Praxis bleibt daher eine Einzelfallprüfung weiterhin unerlässlich. Insbesondere bei Stadtkarten, welche vielfältig ausgestaltet sein können (Grambeck, MwStR 2022 S. 575 ff.), ist somit eine erneute Überprüfung der umsatzsteuerlichen Behandlung erforderlich. Auch der EuGH wird sich aufgrund der knappen Ausführungen nicht zum letzten Mal mit den Anforderungen an einen Gutschein befassen.

3. Zuschüsse einer Gemeinde an einen Sportverein unter bestimmten Voraussetzungen nicht steuerbar

BFH, Urteil v. 18.11.2021 - V R 17/20, NWB CAAAI-57742

(Erik Meinert)

Zusammenfassung der Entscheidung

Bei den Zahlungen einer Gemeinde an einen Sportverein für die Bewirtschaftung der gemeindeeigenen Sportanlage kann es sich unter bestimmten Voraussetzungen um einen nichtsteuerbaren, echten Zuschuss handeln.

In dem dem Urteil zugrunde liegenden Verfahren hatte ein Sportverein geklagt, dem eine im Gemeindeeigentum stehende Sportanlage kostenfrei zur Nutzung überlassen worden war. Entsprechend des 1989 geschlossenen Nutzungsvertrags übernahm der Verein die Bewirtschaftung der Sportanlage. Hierzu zählten bspw. die Grünpflege, die Reinigung des Sportheims, der Winterdienst sowie die Instandhaltung der Anlage, einschließlich der Beschaffung kleinerer Verbrauchsmaterialien. Hierfür erhielt der Verein jährlich pauschalierte Zahlungen von der Gemeinde. Bestimmte Vorgaben, wie etwa zur Nutzung der Sportanlage, zur Bereitstellung von Pflichtsportangeboten oder zur zeitweisen Öffnung der Anlage für die Öffentlichkeit existierten nicht. Obgleich der Nutzungsvertrag in 2014 inhaltlich angepasst wurde, änderte sich an der grundsätzlichen Systematik nichts.

Der Verein behandelte die Zahlungen als nicht umsatzsteuerbar und berücksichtigte diesen Umstand im Rahmen des Vorsteuerabzugs, den er in den Streitjahren 2011 bis 2014 anteilig geltend machte. Den entsprechenden Steueranmeldungen stimmte das Finanzamt indes nicht zu. Das sich anschließende Einspruchsverfahren betreffend die Jahre 2011 bis 2013 blieb erfolglos; im Einspruchs- bzw. Klageverfahren (Niedersächsisches FG, Urteil v. 11.10.2018 - 5 K 64/16, EFG 2021 S. 488) für Jahr 2014 wurde zwar über die umsatzsteuerliche Behandlung bestimmter Eingangsleistungen (u. a. Mäharbeiten) im Sinne des Vereins und Klägers entschieden, die Umsatzsteuerbarkeit der Zahlung der Gemeinde an den Sportverein als solches stellte das Finanzgericht jedoch nicht in Frage.

Der BFH stellte im Revisionsverfahren hingegen fest, dass Zahlungen einer Gemeinde an einen Sportverein im Zusammenhang mit der Bewirtschaftung einer zur langfristigen Eigennutzung überlassenen Sportanlage, die es dem Sportverein ermöglichen sollen, sein Sportangebot aufrechtzuerhalten, sehr wohl nicht umsatzsteuerbare (echte) Zuschüsse für die Tätigkeit des Sportvereins darstellen können.

Entscheidungsgründe

Der BFH befand, dass das FG zu Unrecht entschieden hat, dass der Verein entgeltliche Bewirtschaftungsleistungen an die Gemeinde erbracht habe. Die von der Gemeinde gezahlten Zuschüsse seien nicht umsatzsteuerbar. Bei den Zahlungen handele es sich um nichtsteuerbare, echte Zuschüsse außerhalb eines entgeltlichen Leistungsaustauschs.

Mit Verweis auf seine bisherige Rechtsprechung (BFH, Beschluss v. 12.11.2020 - V R 22/19, NWB YAAAH-76239, Rz. 16; BFH, Urteil v. 29.4.2020 - XI R 3/18, NWB PAAAH-55817, Rz. 20), müsse für die Annahme einer Entgeltlichkeit – die Voraussetzung für die Annahme einer umsatzsteuerbaren Leistung i. S. des § 1 Abs. 1 Nr. 1 UStG sei – ein Rechtsverhältnis bestehen, das einen unmittelbaren Zusammenhang zwischen Leistung und Entgelt dergestalt begründe, dass das Entgelt als Gegenwert für die Leistung anzusehen sei. Dies sei bei Körperschaften des öffentlichen Rechts grds. nicht anders, jedoch könne es, so stellt der BFH wiederrum mit Verweis auf seine bisherige Rechtsprechung (u. a. BFH, Urteil v. 5.8.2010 - V R 54/09, NWB NAAAD-57535, Rz. 13; BFH, Beschluss v. 12.4.2016 - V B 3/15, NWB QAAAF-75523, Rz. 10) klar, an einem solchen Leistungsaustausch fehlen, wenn Zahlungen aus strukturpolitischen, volkswirtschaftlichen oder allgemeinpolitischen Gründen lediglich der Förderung der Tätigkeit des Empfängers allgemein dienen.

Für die Abgrenzung komme es vor allem auf die Person des Bedachten sowie das Förderungsziel an (BFH, Urteil v. 26.9.2012 - V R 22/11, NWB HAAAE-28004, Rz. 15; BFH, Urteil v. 9.10.2003 - V R 51/02, NWB GAAAB-14913, unter II.2.c). So sei etwa bei Forschungszuschüssen ausschlaggebend, für wen die Forschungstätigkeit im Ergebnis bestimmt sein soll. Als Indiz könne hierzu der verfolgte (Forschungs-)Zweck dienen (BFH, Urteil v. 25.1.1996 - V R 61/94, NWB RAAAB-38564, unter II.1.; BFH, Urteil v. 28.7.1994 - V R 19/92, NWB UAAAA-95425).

Im vorliegenden Fall zeige die langfristige und zudem unentgeltliche Nutzungsüberlassung, dass es der Gemeinde gerade nicht darum ginge, konkrete Betreiberleistungen für sich zu beziehen. Dies folge schon daraus, dass die Gemeinde angesichts der langfristigen Nutzungsüberlassung keinen eigenen Nutzen aus der Bewirtschaftung der Sportanlage ziehe. Außerdem verdeutliche die fehlende Verpflichtung des Klägers, konkrete Sportangebote vorzuhalten, dass er mit der Bewirtschaftung der Sportanlage lediglich für sich selbst die Möglichkeit schuf, sie weiter nutzen und so sein Sportangebot aufrechterhalten zu können.

Vielmehr wollte die Gemeinde mit den Zahlungen, so der BFH, den Kläger aus strukturpolitischen Gründen in die Lage versetzen, eigenverantwortlich seiner gemeinnützigen Tätigkeit im Sinne der örtlichen Gemeinschaft nachzugehen. Dabei würde nach Überzeugung des BFH die unentgeltliche Überlassung der Sportanlage allein nicht ausreichen, um dem Kläger den Erhalt seines Sportangebots zu ermöglichen, so dass die Gemeinde dem Kläger die Zuschüsse zahlte, um ihn bei der Verfolgung seiner gemeinnützigen Zwecke zu unterstützen.

Wenngleich das FG in seiner Urteilsfindung von diesem Grundsatz ausgegangen sei, habe es versäumt, den von der Gemeinde mit den Zahlungen verfolgten Zweck hinreichend zu berücksichtigen. Bei eingehender Prüfung würde man daher durchaus zu dem Ergebnis gelangen können, dass Zahlungen einer Gemeinde an einen Sportverein im Zusammenhang mit der Bewirtschaftung einer zur langfristigen Eigennutzung überlassenen Sportanlage nicht umsatzsteuerbare (echte) Zuschüsse für die Tätigkeit des Sportvereins darstellen.

Entsprechend verwies der BFH die Sache zur weiteren Überzeugungsbildung und Urteilsfindung an das FG zurück.

Folgerungen: Erstaunlich simpel scheint die Antwort für den BFH gelagert zu sein, indem für ihn einzig die Zweckbestimmung ausschlaggebend ist für die Frage, ob eine Zahlung der Förderung der Tätigkeit des Zahlungsempfängers im Allgemeinen dient. Dies scheint konsequent, liegt doch dem echten Zuschuss die Idee zugrunde, dass Zahlungen, z. B. einer Gemeinde, die aus strukturpolitischen, volkswirtschaftlichen oder allgemeinpolitischen Gründen ohne eine Gegenleistungsverpflichtung (also „allgemein") erfolgen, schon gar nicht einer Umsatzbesteuerung zugänglich sein sollen.

Dass die Gemeinden und Finanzämter seit Jahren über die Finanzierung der Sportstätten (und anderer Einrichtungen) streiten, verwundert nicht. So bedeutet doch die Prüfung der Zweckbestimmung immer eine intensive Auseinandersetzung mit dem Einzelfall, die je nach Blickwinkel zu sehr unterschiedlichen Interpretationen führen kann. Mit seinem Urteil ändert sich an der Notwendigkeit dieser Prüfung freilich nichts, jedoch macht der BFH mit seinem neuerlichen Urteil deutlich, dass eben die Reinigung, Pflege und Instandhaltung einer Sportanlage – auch wenn vertraglich fixiert – nicht per se Teil eines Leistungsaustauschs sein muss, wenn die Tätigkeiten letztlich nur dazu dienen, den Verein überhaupt in die Lage zu versetzen, die Anlage für seine eigene Zwecke zu nutzen.

Gleichzeitig stellt der BFH in seiner Begründung mit Verweis auf seine bisherigen Urteile klar, dass bspw. die Modernisierung der kommunalen Hallen- und Freibäder durch einen Dritten (als Teil der Bewirtschaftung der Sportinfrastruktur) die Gemeinde von ihrer Aufgabe befreie und damit über die schlichte Eigennutzung hinausgehe (BFH, Urteil v. 19.11.2009 - V R 29/08, NWB BAAAD-38264). Gleiches gelte, wenn die Tätigkeit eines Vereins in der Verwaltung von Sporthallen einschließlich des Einziehens von Hallenmieten und des Mahn- und Vollstreckungswesens bestehe (BFH, Urteil v. 5.8.2010 - V R 54/09, NWB NAAAD-57535). Etwaige Zahlungen der Gemeinde seien dann Gegenleistung für im Rahmen entgeltlicher Leistungsaustausche erbrachter Leistungen.

PRAXISTIPP:

Der Breitensport in Vereinen, von denen in Deutschland immerhin rund 80.000 existieren, hat jahrzehntelange Tradition. Abgesehen von einigen kommerziell erfolgreichen Konzepten im Fitness-, Hochleistungs- oder Trendsportbereich, wird es darunter kaum einen Verein geben, der trotz des Einsatzes zahlreicher ehrenamtlicher Kräfte eine nachhaltige Finanzstruktur aufweist, die ohne den Einsatz von Zuschüssen, Spenden oder Fördermitteln auskommt.

Das Urteil des BFH wird deshalb eine hohe Praxisrelevanz haben und ein Blick in die bestehenden Vereinbarungen zwischen Zuschussgeber und -empfänger könnte sich lohnen. Die Vertragsparteien sollten das neue Urteil des BFH dabei als Chance betrachten, ggf. durch einfache Anpassung der Verträge eine noch zielgerichtetere Zweckbestimmung der Zuschüsse zu definieren. Auch wenn der ein oder andere Entscheider die Vergabe von Zuschüssen möglicherweise ganz bewusst an bestimmte Gegenleistungsverpflichtungen geknüpft sehen möchte, lohnt sich ggf. eine Beschäftigung mit dem Urteil. Letztlich dürfte es vor allem eine Frage der vertraglichen Gestaltung sein, ob die Zahlungen der Gemeinde fortan als umsatzsteuerlich unbeachtlich erachtet werden können. Der klaren Formulierung des Zuschusszwecks, ggf. ergänzend auch in begleitenden Dokumenten, wie z. B. Ratsbeschlüssen, wird dabei entscheidende Bedeutung zukommen.

Nicht unerwähnt darf bleiben, dass die Einordnung der Zahlungen als nichtsteuerbare, echte Zuschüsse mitnichten eine rein verwaltungstechnische Erleichterung darstellt. Vielmehr dürfte diese Qualifikation regelmäßig dazu führen, dass (Sport-)Vereine, die in der Regel in Bereichen tätig werden, die den Vorsteuerabzug ganz oder teilweise ausschließen, einen tatsächlichen Vorteil aus der Nichtsteuerbarkeit der Zahlung der Gemeinde ziehen. Einfach ausgedrückt: wo schon keine Umsatzsteuer bezahlt wurde, muss auch keine Vorsteuer gezogen werden.

Ferner sei erwähnt, dass sich der Rechtsrahmen für die Leistungen einer Gemeinde mit Einführung (und baldiger endgültiger „Scharfschaltung") des § 2b UStG bekanntermaßen grundlegend verändert. Wenngleich dies nicht unmittelbar Fragen der Abgrenzung echter von unechten Zuschüssen betrifft, so ist denkbar, dass im Rahmen der systematischen Aufarbeitung aller umsatzsteuerlich relevanter Vorgänge möglicherweise auch die Transaktionen zwischen der Gemeinde und ortsansässigen Sportvereinen ohnehin auf den Prüfstand gelangen. Die vorliegend diskutierte, neuerliche Rechtsprechung des BFH könnte in dieser Hinsicht noch weitere Gestaltungsoptionen eröffnen, die es sich ggf. lohnt, weiter zu verfolgen.

4. „Vermietung" von virtuellem Land in einem Online-Spiel

BFH, Urteil v. 18.11.2021 - V R 38/19, NWB MAAAI-57743

(Thomas Lorenz)

Zusammenfassung der Entscheidung

Im Gegensatz zur spielinternen „Vermietung" von virtuellem Land bei einem Online-Spiel begründet der Umtausch einer Spielwährung als vertragliches Recht in ein gesetzliches Zahlungsmittel (im Streitfall über eine von der Spielbetreiberin verwaltete Börse) eine steuerbare Leistung.

Eine Spielbetreiberin mit Sitz in den USA betreibt auf dort belegenen Servern eine Online-3D-Weltsimulation. Die Nutzer können das in der virtuellen Welt computergenerierte virtuelle Abbild der realen Welt mit ihren Spielfiguren, den sog. „Avataren", erkunden und durchlaufen, darin Inhalte erstellen sowie mit den Avataren anderer Nutzer sozial interagieren. Insbesondere können die Nutzer Details der virtuellen Umgebung (Gebäude, Kunstwerke, Kleidung, Autos etc.) selbst erstellen und innerhalb der virtuellen Welt gegen Zahlung virtueller C-Dollar an andere Nutzer „verkaufen" oder „vermieten".

Bei den C-Dollar handelt es sich nach den Nutzungsbedingungen der Spielbetreiberin um ein beschränktes Lizenzrecht in Form eines virtuellen Tokens, das dem Nutzer bestimmte Inhalte, Anwendungen, Dienste und nutzerentwickelte Funktionen der Online-3D-Weltsimulation zugänglich macht. Durch die C-Dollar können innerhalb der virtuellen Welt – insbesondere im Austausch gegen die Nutzung von Inhalten – Anwendungen und anderen Funktionen auf andere Nutzer übertragen werden. Die C-Dollar können zudem über eine von der Spielbetreiberin verwaltete Börse gegen US-Dollar auf andere Nutzer übertragen werden. Bei Abschluss eines Verkaufs von C-Dollar über die von der Spielbetreiberin verwaltete Börse wird der jeweilige Geldbetrag dem Guthabenkonto gutgeschrieben, das der die C-Dollar übertragende Nutzer bei der Spielbetreiberin führt. Ein Guthaben auf diesem Konto kann mit Nutzergebühren verrechnet oder auf das PayPal-Konto des jeweiligen Nutzers überwiesen werden.

Im Rahmen des von ihm angemeldeten Gewerbes für einen Internethandel mit Waren aller Art erwarb ein Unternehmer (Kläger) in den Streitjahren virtuelles Land in der Online-3D-Weltsimulation, parzellierte dieses und „vermietete" es anhand von „Mietvereinbarungen" an andere Nutzer der Online-3D-Weltsimulation gegen Zahlung von C-Dollar. Angesammelte C-Dollar veräußerte der Kläger über die Börse der Spielbetreiberin gegen Zahlung von US-Dollar, die er zur Begleichung von Gebühren an die Spielbetreiberin verwendete und sich im Übrigen auszahlen ließ.

Der Kläger selbst behandelte die Umsätze in seiner Umsatzsteuerjahreserklärung 2013 zunächst als umsatzsteuerbar und umsatzsteuerpflichtig. Da der Kläger für 2014 keine Umsatzsteuererklärung abgab, erließ das Finanzamt ([Revisions-]Beklagte) für dieses Jahr einen Schätzungsbescheid. Das Finanzamt behandelte die Mieterlöse als umsatzsteuerbare und umsatzsteuerpflichtige sonstige Leistung, da der Kläger als Unternehmer am Spiel teilnehme und nicht lediglich als normaler Nutzer. Gegen die Umsatzsteuerjahresbescheide für die Jahre 2013 bis 2016 (Streitjahre) legte der Kläger Einsprüche ein. Im Wege des Einspruchs machte der Kläger geltend, dass es an dem für eine umsatzsteuerbare Leistung erforderlichen Rechtsverhältnis zwischen ihm und den übrigen Nutzern der Online-3D-Weltsimulation fehle. Eine Vertragsbeziehung bestehe lediglich zwischen dem jeweiligen Nutzer und der Spielbetreiberin. Das Finanzamt sah die virtuellen „Vermietungsleistungen" weiterhin als umsatzsteuerbar und umsatzsteuerpflichtig an, setzte im Zuge des Einspruchs aber die Umsatzsteuer herab, da es im Wege der Schätzung davon ausging, dass nur 70 % der Umsätze im Inland ausgeführt worden seien.

Die hiergegen gerichtete Klage des Klägers wies das FG Köln als unbegründet ab (FG Köln, Urteil v. 13.8.2019 - 8 K 1565/18, EFG 2021 S. 1058). In der Revision rügte der Kläger die Verletzung materiellen Rechts. Für das Revisionsverfahren gewährte der BFH Prozesskostenhilfe für die Streitjahre 2013 und 2014, weil die Frage der Steuerbarkeit der „Vermietungen" in einer virtuellen Spielwelt eine schwierige und bislang ungeklärte Rechtsfrage betreffe (BFH, Beschluss v. 26.8.2020 - V S 12/20 (PKH), NWB OAAAH-68057, Rz. 7 und 10).

Entscheidungsgründe

Die Revision war für die Streitjahre 2014 bis 2016 begründet. Das Urteil des FG Köln (a. a. O.) verstößt gegen § 1 Abs. 1 Nr. 1 Satz 1 UStG. Hinsichtlich des Streitjahrs 2013 ist der Einspruch des Klägers jedoch verfristet und die Revision des Klägers daher insoweit im Ergebnis unbegründet.

Nicht die spielinterne Vermietung von virtuellem Land bei einem Online-Spiel, sondern der Umtausch der Spielwährung als vertragliches Recht in ein gesetzliches Zahlungsmittel begründe eine steuerbare Leistung. Danach begründen die bei der bloßen Teilnahme an einem Spiel im Rahmen des Spielgeschehens getätigten „Umsätze" und somit in diesem Fall die Vermietungsleistungen regelmäßig keine Leistung i. S. des § 1 Abs. 1 Nr. 1 Satz 1 UStG, da es an der Verschaffung eines Vorteils beim Leistungsempfänger, der zu einem Verbrauch im Sinne des gemeinsamen Mehrwertsteuerrechts führt, fehle. Ein solcher Verbrauch liege nur dann vor, wenn einem identifizierbaren Verbraucher ein Vorteil verschafft wird, der einen Kostenfaktor in der Tätigkeit eines anderen Beteiligten am Wirtschaftsleben bilden könnte. Spielinterne „Umsätze" zwischen Personen, die sich auf die bloße Teilnahme an dem Spiel und damit darauf beschränken, in der Interaktion mit anderen Spielteilnehmern das Spielerlebnis zu gestalten, stellen sich in der Regel nicht als Beteiligung am – realen – Wirtschaftsleben dar. Reine Spielvorteile, die ein Spieler im Rahmen des Spielgeschehens einem anderen Spieler nach den insoweit geltenden Regeln verschafft, können regelmäßig keinen Kostenfaktor für dessen wirtschaftliche Tätigkeit bilden. Die „Vermietung" von virtuellem Land – unabhängig von der Möglichkeit zur „Untervermietung" – stelle demzufolge keine steuerbaren Leistungen dar, da kein wirtschaftlicher Vorteil im realen Wirtschaftsleben verschafft werde, der zu einem steuerbaren Verbrauch führt. Die virtuellen „Vermietungen" wurden allein zum Erreichen des Spielzwecks eingegangen und beruhten deshalb nicht auf einer von dem wechselseitigen Willen zur auch rechtlichen Bindung getragenen Einigung. Entgegen der Auffassung des Finanzamts sei auch aus Gründen der Gleichbehandlung mit der Spielbetreiberin nicht ein anderes geboten. Denn während der Kläger Nutzer der Online-3D-Weltsimulation war und lediglich als Spielteilnehmer virtuelles Land „vermietete", tätige die Spielbetreiberin keine rein spielinternen Umsätze. Vielmehr biete sie den Nutzern im realen Wirtschaftsleben eine Spielmöglichkeit und entspricht damit dem Veranstalter eines Spiels. Bei anderer Bewertung wäre der Kläger zum Vorsteuerabzug aus rein spielinternen „Eingangsleistungen" berechtigt, bspw. aus der virtuellen „Bebauung" des virtuellen Landes durch andere Nutzer.

Demgegenüber erfolge die entgeltliche Übertragung von C-Dollar über die von der Spielebetreiberin angebotene Börse im Wege der Abtretung und stelle folglich eine sonstige Leistung i. S. v. § 1 Abs. 1 Nr. 1 UStG dar. Anders als die spielinterne „Vermietung" von virtuellem Land erfolge die Einlösung der C-Dollar an einem realen Markt. Aufgrund der Nutzungsbedingungen der Spielbetreiberin liege eine Dienstleistungskommission vor, so dass im Wege der gesetzlichen Fiktion des § 3 Abs. 11 UStG bzw. ab dem Streitjahr 2015 des § 3 Abs. 11a UStG die Leistung zunächst an die Betreiberin als Leistungsempfängerin erbracht wird. Die Voraussetzungen für ein Kommissionsgeschäft lägen vor, da die Spielbetreiberin nach ihren Nutzungsbedingungen aufgrund der Verkaufsorders des Klägers in die Übertragung der C-Dollar eingeschaltet war und folglich im eigenen Namen, aber für Rechnung des Klägers handelte. Der Kläger habe die gegenüber der Spielbetreiberin – fiktiv – erbrachte sonstige Leistung nicht im Inland ausgeführt. Zwar teilen die besorgte Leistung und die Besorgungsleistung umsatzsteuerlich grundsätzlich das gleiche Schicksal. Etwas anderes gilt jedoch, soweit das umsatzsteuerrechtliche Schicksal bei der Bestimmung des Leistungsortes nicht vom Leistungsinhalt, sondern von personenbezogenen Merkmalen des Leistenden oder des Leistungsempfängers abhängt. Der Ort der – fiktiv – von dem Kläger gegenüber der Spielbetreiberin als Unternehmer erbrachten Leistung richtet sich damit nach dem Ort, an dem die Spielbetreiberin ihr Unternehmen betreibt (§ 3a Abs. 2 Satz 1 UStG). Der Leistungsort liege demnach nicht im Inland, sondern in den USA, wo die Spielbetreiberin ansässig ist und auch die Server betreibt.

Folgerungen: Mit der vorstehenden Entscheidung hat der BFH erstmals in einem Hauptsacheverfahren über die Umsatzsteuerbarkeit rein spielinterner „Umsätze" entschieden. Der BFH kommt dabei hinsichtlich der Umsatzsteuerbarkeit zu einem entgegengesetzten Schluss als das FG Köln in der Vorinstanz Vorgänge, die als Spielgeschehen in der virtuellen Spielwelt stattfinden, sind nicht steuerbar, da sie außerhalb eines realen Marktgeschehens stattfinden und daher keinen Verbrauch im Sinne des gemeinsamen Mehrwertsteuerrechts begründen. Nur der Umtausch der C-Dollar gegen „echte" Dollar und somit Umsätze zwischen der Spielwelt und der realen Welt sind als der Spielvorbereitung dienenden Umsätze unter den weiteren Voraussetzungen des § 1 Abs. 1 Nr. 1 UStG ein umsatzsteuerbarer Tatbestand. Dabei kommt es für die Umsatzsteuerbarkeit spielvorbereitender Leistungen vor allem auf den Leistungsort an. Mitunter kommt auch die Anwendung des Reverse-Charge Verfahrens in Betracht, sofern spielvorbereitende Leistungen von einem im Ausland ansässigen Unternehmer bezogen werden (§ 13b Abs. 2 Nr. 1, Abs. 5 Satz 1 UStG). Über die Anwendung des Reverse-Charge-Verfahrens musste der BFH in der Besprechungsentscheidung mangels Feststellungen des FG Köln allerdings keine Entscheidung treffen.

Die Entscheidung des BFH erscheint folgerichtig. Zum einen, da es bei den spielinternen „Umsätzen" an einem Leistungswillen fehlt und zum anderen, da im vorliegenden Sachverhalt bei den spielinternen „Umsätzen" kein unmittelbarer, sondern allenfalls ein mittelbarer Zusammenhang zwischen Leistung (virtuelle „Vermietungsleistung") und Gegenleistung (Entgelt) besteht. Denn aus seinen „Vermietungsleistungen" erlangt der Kläger ein Entgelt erst, sofern er die „virtuellen" Dollar auf der Tauschbörse der Spielbetreiberin gegen „echte" Dollar eintauscht. Der Spieler kann den Umtausch der „virtuellen" Dollar, wie in der Besprechungsentscheidung, im Rahmen seines Unternehmens veranlassen oder im Falle eines auf Regelmäßigkeit angelegten Umtausches die Unternehmereigenschaft im Spiel begründen. Unter dem Gesichtspunkt der Verfahrenseffizienz ist das Urteil des BFH zu begrüßen, da eine Ermittlung der Steuerschuld und Erhebung der Umsatzsteuer anhand realer Bemessungsgrundlagen wesentlicher einfacher ist.

Aus dem Besprechungsurteil ergeben sich jedoch auch eine Reihe von Folgefragen, etwa ob alle virtuellen Welten stets als „Online-Spielewelt" zu charakterisieren sind, so dass das Geschehen innerhalb dieser virtuellen Welt als spielinterne „Umsätze" umsatzsteuerlich stets unbeachtlich ist. Der dem Besprechungsurteil zugrundeliegende Sachverhalt liegt beinahe ein Jahrzehnt zurück, in der Zwischenzeit haben sich die virtuellen Welten weiterentwickelt. Nicht zuletzt durch die Ankündigung der Meta Platforms, Inc. zur Schaffung eines eigenen Metaversums dürfte die Verbreitung von virtuellen Welten in Zukunft weiter zunehmen, die zudem nicht mehr nur als rein virtuelle Spielewelten konzipiert sein dürften, sondern sich mitunter auch als virtueller Markt darstellen und sich durch eine stärkere Verknüpfung zur realen Welt auszeichnen. Hierdurch ergeben sich neue Fragen hinsichtlich der Umsatzsteuerbarkeit der dort getätigten Leistungen, sofern es sich nicht nur um reine „Leistungen" des Spielgeschehens handelt. Aufgrund der wachsenden wirtschaftlichen Bedeutung virtueller Welten und ungeklärter Fragen ist eine steuerrechtliche Auseinandersetzung des Gesetzgebers mit dieser Thematik unabdingbar, da das BFH-Urteil lediglich einen ersten Schritt hin zu einer rechtlichen Klärung der Besteuerung der virtuellen Welt bzw. von Metaversen darstellt.

PRAXISTIPP:

Höchstrichterlich entschieden ist, dass Vorgänge, die lediglich Teil eines Spielgeschehens darstellen, nicht umsatzsteuerbar sind. Leistungen, die über das reine Spielgeschehen hinausgehen und somit spielvorbereitenden Charakter haben, sind hingegen – unter Beachtung der weiteren Voraussetzungen des Umsatzsteuerrechts – grundsätzlich steuerbar. Insoweit müssen Unternehmer in diesen Fällen beachten, ob der Leistungsort im Inland belegen ist und/oder ob ggf. das Reverse-Charge-Verfahren Anwendung findet.

Für eine zutreffende umsatzsteuerliche Beurteilung ist es entscheidend zu prüfen, ob die virtuelle Welt ein „Spiel" darstellt. In diesem Fall bieten die Rechtsprechungsgrundsätze der Besprechungsentscheidung einen Anhaltspunkt zur Beurteilung der umsatzsteuerlichen Konsequenzen. Im vorliegenden Fall war die Eigenschaft als „Spiel" durch das FG Köln als Tatsacheninstanz festgelegt und somit für den BFH bindend (§ 118 Abs. 2 FGO). Gemäß § 110 Abs. 1 Satz 1 Nr. 1 FGO sind rechtskräftige Urteile nur zwischen den Beteiligten bindend und entfalten darüber hinaus lediglich eine Indizwirkung, wie andere, ähnliche Sachverhalte zu behandeln sind. Fraglich bleibt somit, inwiefern die Rechtsprechungsgrundsätze der Besprechungsentscheidung auf andere virtuelle Welten übertragbar sind, die mittlerweile mitunter eine stärkere Verknüpfung zur realen Welt aufweisen und nicht als bloßes „Spiel" zu charakterisieren sind.

5. Steuerbefreiung; Besteuerung des Betriebs von Geldspielautomaten in Spielhallen

FG Münster, Beschluss v. 27.12.2021 - 5 V 2705/21 U, NWB DAAAI-04084

(Thomas Lorenz)

Zusammenfassung der Entscheidung

Der Grundsatz der steuerlichen Neutralität verbietet es insbesondere, gleichartige und deshalb miteinander in Wettbewerb stehende Waren oder Dienstleistungen hinsichtlich der Mehrwertsteuer unterschiedlich zu behandeln. Für den sog. Durchschnittsverbraucher, dem es auf das Spielerlebnis und den erzielbaren Gewinn ankommt, dürfte es – jedenfalls bei summarischer Prüfung – keine Rolle spielen, ob er virtuell oder terrestrisch spielt.

Die Antragstellerin betreibt Spielhallen, in denen Glückspiel mit Geldspielautomaten betrieben wird (sog. terrestrische Geldspielumsätze). Mit Abgabe der Umsatzsteuervoranmeldung für August 2021 machte sie geltend, dass ihre Glücksspielumsätze nach Art. 135 Abs. 1 Buchst. i MwStSystRL umsatzsteuerfrei seien. Das Finanzamt (Antragsgegner) setzte demgegenüber eine Umsatzsteuervorauszahlung für August 2021 fest, was zu einem Nachzahlungsbetrag führte. Gegen den Umsatzsteuervorauszahlungsbescheid für August 2021 legte die Antragstellerin Einspruch ein und beantragte eine Aussetzung der Vollziehung (AdV). Im AdV-Verfahren vertrat die Antragstellerin die Auffassung, dass sie seit Inkrafttreten des Glücksspielstaatsvertrags 2021 (GlüStV) zum 1.7.2021 gegenüber den seit diesem Zeitpunkt gem. § 22a GlüStV erlaubten virtuellen Automatenspielen im Internet hinsichtlich der Mehrwertsteuer und damit hinsichtlich gleichartiger und deshalb mit der Antragstellerin im Wettbewerb stehender Dienstleistungen benachteiligt werde. Solche virtuellen Automatenspiele fielen unter §§ 36 ff. RennwLottG und seihen daher nach § 4 Nr. 9 Buchst. b UStG steuerfrei. In dieser Befreiung der virtuellen Geldspielautomatenumsätze bei bestehender Steuerpflicht für terrestrische Geldspielautomatenumsätze liege eine Verletzung des steuerlichen Neutralitätsgrundsatzes.

Das Finanzamt lehnte den Antrag auf Aussetzung der Vollziehung ab und setzte Umsatzsteuer fest. Das Finanzamt vertrat die Auffassung, der steuerliche Neutralitätsgrundsatz sei nicht verletzt, da wesentliche Unterschiede zwischen Online-Glücksspielen und terrestrischen Geldspielautomaten bestünden, die eine Ungleichbehandlung rechtfertigen. Nach Ablehnung des AdV-Antrags durch das Finanzamt begehrte die Antragstellerin Rechtsschutz vor dem FG Münster.

Entscheidungsgründe

Das FG Münster gab dem Antrag auf Aussetzung des Verfahrens statt.

Es bestünden ernstliche Zweifel an der Rechtmäßigkeit des angefochtenen Umsatzsteuervorauszahlungsbescheides für den Monat August 2021. Bei summarischer Prüfung bestehe ein Verstoß gegen den umsatzsteuerlichen Grundsatz der Neutralität, indem virtuelle Geldspielumsätze von der Umsatzsteuer befreit sind, während terrestrische Geldspielumsätze, bei denen die Spieler in den Spielhallen körperlich anwesend sind, umsatzsteuerpflichtig sind. Die Antragstellerin könne sich daher unmittelbar auf die unionsrechtliche Grundlage des Art. 135 Abs. 1 Buchst. i MwStSystRL berufen.

Nach Art. 135 Abs. 1 Buchst. i MwStSystRL sind Glücksspiele und Glücksspielgeräte grundsätzlich von der Steuer zu befreien, wobei die Mitgliedstaaten aber dafür zuständig bleiben, die Bedingungen und Grenzen dieser Befreiung festzulegen. Die Mitgliedstaaten haben hierbei jedoch den Grundsatz der steuerlichen Neutralität zu beachten. Wie aus der Rechtsprechung des EuGH hervorgeht, verbiete es dieser Grundsatz insbesondere, gleichartige und deshalb miteinander in Wettbewerb stehende Waren oder Dienstleistungen hinsichtlich der Mehrwertsteuer unterschiedlich zu behandeln. Für die Prüfung der Gleichartigkeit der Waren oder Dienstleistungen ist auf die Sicht eines Durchschnittsverbrauchers abzustellen.

Für einen Durchschnittsverbraucher, dem es auf das Spielerlebnis und den erzielbaren Gewinn ankommt, spiele es keine Rolle, ob er virtuell oder terrestrisch spiele. Bei den virtuellen Geldspielumsätzen werde dem Spieler durch Stimulierung des herkömmlichen Kasinoerlebnisses das Gefühl vermittelt, er spiele in einer herkömmlichen Kasino-Stätte und nicht in virtueller Umgebung.

Die vom deutschen Gesetzgeber im Gesetzgebungsverfahren erörterten Unterschiede im Hinblick auf die ordnungsrechtlichen Rahmenbedingungen der verschiedenen Geldspielangebote seien unerheblich, denn nach der EuGH-Rechtsprechung (EuGH, Urteil v. 10.11.2011 - C-259/10 und C-260/10 „The Rank Group", NWB CAAAD-96070, Rz. 37-51) können unterschiedliche rechtliche Regelungen hinsichtlich der Aufsicht und Regulierung der zu vergleichenden Umsätze keine umsatzsteuerlichen Unterschiede rechtfertigen. Die weiteren seitens des deutschen Gesetzgebers im Gesetzgebungsverfahren erörterten Unterschiede, etwa hinsichtlich des Kundenkreises und der ortsungebundenen Verfügbarkeit, seien im Hauptsacheverfahren zu klären.

Folgerungen: Die Umsatzbesteuerung von Glückspielumsätzen beschäftigt die Gesetzgebung und Rechtsprechung seit geraumer Zeit. Immer wieder werden in diesem Zusammenhang auch Zweifel an der Vereinbarkeit mit dem Unionsrecht geäußert, was sich nicht zuletzt an einer derzeit beim Bundesverfassungsgericht anhängigen Verfassungsbeschwerde zeigt (BVerfG – 1 BvR 2540/20). Aufgekommene Zweifel an der Vereinbarkeit mit dem Unionsrecht wurden durch die Rechtsprechung jedoch bisher immer wieder verneint (vgl. bspw. jüngst BFH, Urteil v. 11.12.2019 - XI R 13/18, BStBl 2020 II S. 296, Rz. 54; FG Münster, Beschluss v. 9.4.2021 - 5 V 178/21 U, NWB YAAAH-79502, 2. Leitsatz; FG Hamburg, Urteil v. 15.2.2022 - 5 K 73/20, NWB XAAAI-61710, unter Punkt I.3.a).

Die durch den EuGH festgestellte Unionsrechtswidrigkeit des § 4 Nr. 9 Buchst. b UStG a. F. (EuGH, Urteil v. 17.2.2005 - Rs. C-453/02, NWB LAAAB-72829 und C-462/02 „Linneweber und Akritidis", NWB SAAAB-72831), wonach der Betrieb von Glückspielen und Glückspielgeräten aller Art in zugelassenen öffentlichen Spielbanken umsatzsteuerfrei war, während diese Steuerbefreiung für gewerbliche Geldspielautomatenbetreiber nicht galt, konnte seitens des Gesetzgebers durch das „Gesetz zur Eindämmung missbräuchlicher Steuergestaltungen" v. 28.4.2006 (BGBl 2006 I S. 1095) durch den Einbezug öffentlicher Spielbanken in die Umsatzsteuer beseitigt werden. Hierdurch wurde eine Gleichstellung zwischen gewerblichen Geldspielautomatenbetreibern und öffentlichen Spielbanken erreicht, was dazu führte, dass die Umsatzbesteuerung der terrestrischen Glückspielumsätze auch in ständiger Rechtsprechung des EuGH und des BFH als zulässig erachtet wurde (vgl. BFH, Urteil v. 11.12.2019 - XI R 13/18, BStBl 2020 II S. 296, Rz. 54; FG Münster, Beschluss v. 9.4.2021 - 5 V 178/21, NWB YAAAH-79502, 2. Leitsatz).

Durch Erlass der §§ 36 ff. RennwLottG hat der Gesetzgeber mit Wirkung zum 1.7.2021 nunmehr eine Situation geschaffen, die der Situation vor Inkrafttreten des „Gesetzes zur Eindämmung missbräuchlicher Steuergestaltungen" v. 28.4.2006 (BGBl 2006 I S. 1095) vergleichbar erscheint.

Aufgrund der hieraus folgenden Ungleichbehandlung terrestrischer und virtueller Glückspielumsätze liegt nach Auffassung des FG Münster eine Verletzung des steuerlichen Neutralitätsgrundsatzes vor, da die Unterschiede zwischen terrestrischen und virtuellen Geldspielautomatenumsätzen nicht hinreichend groß erscheinen, um eine steuerliche Ungleichbehandlung zu rechtfertigen.

PRAXISTIPP:

Die Entscheidung ist im Verfahren über Aussetzung der Vollziehung und nicht in einem Hauptsacheverfahren ergangen. Die Rechtslage wurde durch das FG Münster folglich nur vorläufig in einem summarischen Verfahren beurteilt. Gegen den Beschluss des FG Münster hat das Finanzamt Beschwerde beim BFH eingelegt. Das Beschwerdeverfahren ist beim BFH unter dem Az. XI B 9/22 (AdV) anhängig. Die Beschwerde wurde wegen grundsätzlicher Bedeutung der Rechtssache zugelassen.

Es bleibt abzuwarten, ob der BFH der Argumentation des FG Münster folgt und ob bereits das Beschwerdeverfahren zu einer wesentlichen Klärung der Thematik führen wird. Denn den entscheidenden Punkt der Gleichartigkeit von terrestrischem und virtuellem Geldautomatenspiel hat das FG Münster im AdV-Verfahren nicht abschließend geprüft, sondern dem Hauptsacheverfahren vorbehalten. Sollte der BFH die Zweifel teilen und einen Verstoß gegen das steuerliche Neutralitätsprinzip feststellen, würde das zur Unanwendbarkeit des § 4 Nr. 9 Buchst. b UStG führen mit der Konsequenz, dass eine unmittelbare Berufung terrestrischer Geldspielautomatenbetreiber auf die Steuerbefreiung des Art. 135 Abs. 1 Buchst. i MwStSystRL möglich wäre. Ein Hauptsacheverfahren ist derzeit noch nicht anhängig.

Bis zur endgültigen Klärung sollten die Steuerfestsetzungen bei Betroffenen unter Verweis auf das AdV-Verfahren zumindest offengehalten werden, um von einer gegebenenfalls begünstigenden Rechtsprechung zu profitieren. Da im Falle der Umsatzsteuerfreiheit der terrestrischen Geldspielautomatenumsätze allerdings auch das Recht auf Vorsteuerabzug entfällt (§ 15 Abs. 2 Nr. 1 UStG), wäre die im Raum stehende Umsatzsteuerfreiheit mitunter nicht in allen Fällen erstrebenswert. Unter Umständen müsste auch eine Berechtigung des Vorsteuerabzugs nach § 15a UStG für bisherige Anschaffungen vorgenommen werden.

F. Erbschaft- und Schenkungsteuer

I. Rechtsprechung

1. Freibeträge beim Zusammentreffen mehrerer Nacherbschaften

BFH, Urteil v. 1.12.2021 - II R 1/20, NWB PAAAI-62728

(Iring Christopeit)

Zusammenfassung der Entscheidung

Der BFH hat entschieden, dass durch das Zusammentreffen mehrerer Nacherbschaften nicht mehrere Freibeträge entstehen können. Das Steuerrecht weicht in einem derartigen Fall, in Ansehung von § 6 ErbStG, vom Zivilrecht ab. Zivilrechtlich gehen bei mehreren Nacherbschaften mehrere Vermögensmassen über. Steuerlich wird aber nur einmal der Freibetrag gewährt. Hintergrund ist die in § 6 Abs. 2 Satz 1 ErbStG angelegte Abweichung des Steuerrechts vom Zivilrecht, wonach der Nacherbe, den Erwerb als vom Vorerben stammend zu versteuern hat.

Der Entscheidung liegt folgender Sachverhalt zugrunde: 1966 verstarb der Großvater, 1992 die Großmutter der Kläger. Die Großeltern hatten jeweils die Tante der Kläger als Vorerbin und auf deren Tod die Kläger als Nacherben eingesetzt. Die Tante verstarb 2015 und wurde ihrerseits durch die Kläger als Miterben beerbt. Der Vater der Kläger war bereits vorverstorben.

In der Erbschaftsteuererklärung stellten die Kläger Anträge nach § 6 Abs. 2 Satz 2 ErbStG, damit bei der Versteuerung der Nacherbfälle das steuerlich günstigere Verwandtschaftsverhältnis zu den Großeltern zugrunde gelegt wird. Das beklagte Finanzamt berücksichtigte Freibeträge i. H.v. 400.000 € je Erben. Der Auffassung, jedem der Kläger stehe dieser Freibetrag zweimal zu, nämlich für jede der beiden Nacherbschaften, folgten Finanzamt und Finanzgericht nicht.

Entscheidungsgründe

Auch der BFH half den Klägern nicht; er wies die Revision als unbegründet zurück.

In seiner Entscheidung geht der BFH vom Wortlaut des § 6 Abs. 2 Satz 1 ErbStG aus. Während zivilrechtlich der Vorerbe und der Nacherbe zwar nacheinander, aber beide vom ursprünglichen Erblasser erben (§§ 2100, 2139 BGB), betonte der BFH, dass erbschaftsteuerrechtlich der Vorerbe als Erbe und der Nacherbe als dessen Erbe anzusehen sei. Die Vorschrift fingiere also, so der BFH in Fortsetzung früherer Rechtsprechung (BFH, Urteil v. 31.8.2021 - II R 2/20, BStBl 2022 II S. 387), für erbschaftsteuerrechtliche Zwecke, dass der Nacherbe Erbe des Vorerben werde. Folglich gebe es erbschaftsteuerlich beim Nacherben nur einen Erwerb, namentlich jenen des Nachlasses, der vom Vorerben stammt. Dies gelte ungeachtet dessen, dass dieser Nachlass zivilrechtlich aus zwei Vorerbschaften zusammengesetzt sei. Weitere Konsequenz ist, dass auch der Freibetrag nur einmal – nur für einen Erwerb – zur Anwendung komme.

Für eine andere Auslegung der Norm, die den Fall des Zusammentreffens mehrerer Nacherbschaften nicht explizit behandelt, sah der BFH nach der gesetzgeberischen Intention keinen Raum. Eine sich aus der alternativen Auslegung ergebende Vermehrung von Freibeträgen ergebe sich auch nicht aus den weiteren Regelungen des § 6 ErbStG, die als Ausnahmeregelungen ohnehin restriktiv auszulegen seien. Das schützenswerte Näheverhältnis des Nacherben zu den ursprünglichen Erblassern sei durch die Möglichkeit der Beantragung und Gewährung eines günstigsten Freibetrags im Verhältnis zu den ursprünglichen Erblassern in ausreichendem Maße gewürdigt.

Folgerungen: In der Kautelarpraxis sollte eine Vor- und Nacherbschaft mehrerer Erblasser über nur einen Vorerben vermieden werden oder allenfalls ultima ratio sein. Es droht der Verlust erheblicher Freibeträge. Wenn es der Sachverhalt zulässt und sich mit den Wünschen der Erblasser, die nicht nur von Steuerersparnis getrieben sein sollten, vereinbaren lässt, ist es ratsamer, wenn ein jeder Erblasser „seinen eigenen" Vorerben hat. Dies gilt umso mehr, als dass für die Frage der Freibeträge auch das eigene Vermögen des Vorerben, das dieser also nicht vom ursprünglichen Erblasser erhalten hat, hinzuzuzählen ist. Auch für dieses Vermögen des Vorerben gibt es nach § 6 Abs. 2 Satz 3, 4 ErbStG keinen weiteren Freibetrag. In vielen Fällen ist ohnehin das „Berliner Testament" mit einer passenden Vermächtnisanordnung („Supervermächtnis") vorzuziehen.

PRAXISTIPP:

In Fällen des § 6 Abs. 2 ErbStG ist stets auf den notwendigen Antrag (§ 6 Abs. 2 Satz 2 ErbStG) zu achten. Er muss vor Eintritt der Bestandskraft der Steuerfestsetzung gegenüber dem zuständigen Erbschaftsteuer-Finanzamt gestellt werden.

Nach dem Antrag, in dem das gewünschte Verhältnis (zum Erblasser oder zum Vorerben) beschrieben wird, bestimmt sich, welcher Freibetrag und welche Steuerklasse zum Tragen kommt. Der Antrag kann von jedem Nacherben individuell gestellt werden.

2. Ausländische Vermögensmassen („Trusts")

BFH, Urteile v. 25.6.2021 - II R 13/19, NWB RAAAI-59195, II R 31-32/19, NWB VAAAI-59198 und II R 40/18, NWB LAAAI-03831

(Iring Christopeit)

Zusammenfassung der Entscheidung

Taggleich hat der BFH in vier Verfahren, von den zwei inhaltsgleich sind, zu Besonderheiten ausländischer Vermögensmassen (konkret: anglo-amerikanischer und angelsächsischer Trusts) entscheiden. Im Nachfolgenden soll es dabei um materiell-rechtliche Fragen gehen. Behandelt werden folgende Aspekte:

▶ Transparente und intransparente Vermögensmassen (II R 13/19),
▶ Erwerb durch Zwischenberechtigte (II R 31-32/19),
▶ Schenkungsteuerlicher Erwerb bei Auflösung (II R 40/18).

Zusammengefasst lauten die Entscheidungen des BFH:

Hat sich der Errichter einer ausländischen Vermögensmasse solche umfassenden Herrschaftsbefugnisse über das Vermögen vorbehalten, dass die Vermögensmasse ihm gegenüber darüber nicht tatsächlich und frei verfügen kann (transparente Vermögensmasse), bleibt dieses Vermögen solches des Errichters.

Zwischenberechtigter einer ausländischen Vermögensmasse i. S. des § 7 Abs. 1 Nr. 9 Satz 2 Halbsatz 2 ErbStG ist, wer unabhängig von einem konkreten Ausschüttungsbeschluss über dingliche Rechte oder schuldrechtliche Ansprüche in Bezug auf Vermögen oder Erträge der Vermögensmasse verfügt.

Der Erwerb bei Auflösung einer Vermögensmasse ausländischen Rechts ist in dem Moment ausgeführt, in dem das gebundene Vermögen zivilrechtlich wirksam auf den Anfallsberechtigten übergeht, was nach den Regeln des Internationalen Privatrechts zu bestimmen ist.

Entscheidungsgründe

Im Verfahren II R 13/19 hat der BFH folgende Grundsätze herausgearbeitet: Hat der Erblasser Vermögen in eine wirksam gegründete, rechtlich selbständige und intransparente Vermögensmasse ausländischen Rechts i. S. der § 3 Abs. 2 Nr. 1 Satz 2, § 7 Abs. 1 Nr. 8 Satz 2, § 7 Abs. 1 Nr. 9 Satz 2 ErbStG ausgegliedert, ist es ihm nicht mehr zuzurechnen und gehört folglich nicht in die Erbmasse. Kann jedoch der Erblasser aufgrund vorbehaltener Befugnisse über das Vermögen weiterhin frei verfügen, ist die Vermögensmasse rechtlich als transparent zu betrachten und das Vermögen dem Erblasser weiter zuzurechnen. Es fällt beim Tod des Erblassers in den Nachlass und ist der Gesamtrechtsnachfolge zugänglich.

Diese Rechtsgrundsätze basieren auf der Rechtsprechung des BFH zu ausländischen Stiftungen. Nach diesen Grundsätzen ist das Vermögen einer intransparenten, wirksam gegründeten und rechtlich selbständigen Stiftung i. S. v. § 3 Abs. 2 Nr. 1 Satz 1, § 7 Abs. 1 Nr. 8 Satz 1, § 7 Abs. 1 Nr. 9 Satz 1 ErbStG dem Stifter nicht mehr zuzurechnen und unterliegt schon deshalb nach inländischem Erbrecht – unabhängig von dem ausländischen Personalstatut der Stiftung – nicht mehr der gesetzlichen Erbfolge oder einer Verfügung von Todes wegen. Ist einer Stiftung vor dem Erbfall tatsächlich und rechtlich wirksam Vermögen zugeflossen, ist es nur noch der Stiftung zuzuordnen. Der Tod des Stifters ist insoweit erbschaftsteuerrechtlich nicht von Bedeutung. Sind jedoch nach den getroffenen Vereinbarungen und Regelungen dem Stifter umfassende Herrschaftsbefugnisse über das Vermögen einer ausländischen Stiftung vorbehalten, so dass die Stiftung gehindert ist, über das ihr übertragene Vermögen dem Stifter gegenüber tatsächlich und frei zu verfügen, ist das Vermögen weiterhin dem Stifter zuzurechnen.

In den Verfahren II R 31-32/19 hatte der BFH über die Frage zu entscheiden, ob Auskehrungen eines ausländischen Familientrusts an eine im Inland ansässige natürliche Person als Schenkung zu versteuern sind, auch wenn diese Beträge bereits nach § 15 Abs. 1 AStG der Person zugerechnet und somit der inländischen Einkommensteuer unterworfen wurden.

Gegenstand der Entscheidungen des BFH war folgende Konstellation: Eine in Deutschland lebende steuerpflichtige natürliche Person ist Begünstigte und Anfallsberechtigte von zwei verschiedenen unwiderruflichen US-Trusts, aus denen sie jährliche Auskehrungen erhält. Die Voraussetzungen eines Familientrusts nach § 15 Abs. 2, § 4 AStG waren gegeben. Sämtliche Trusteinkünfte wurden der Empfängerin als Kapitaleinkünfte nach § 15 Abs. 8 Satz 1 AStG i. V. m. § 20 Abs. 1 Nr. 9 EStG zugerechnet und der deutschen Einkommensbesteuerung unterworfen. Die Auskehrungen dieser also einkommensbesteuerten Beträge wurden ebenfalls voll umfänglich gem. § 7 Abs. 1 Nr. 9 ErbStG der deutschen Schenkungsteuer unterworfen.

Der BFH entschied, dass das Finanzgericht das Urteil v. 3.7.2019 (II R 6/16) berücksichtigen müsse. Der BFH hatte darin entschieden, dass diese Auskehrung nur Schenkungen an die Begünstigten sein können, wenn die Begünstigten gem. § 7 Abs. 1 Nr. 9 ErbStG auch sog. Zwischenberechtigte seien. Während vor einiger Zeit vom BFH vertreten wurde, Zwischenberechtigter sei jeder, der in irgendeiner Form eine Auskehrung aus einem Trust erhalten könnte, stellte der BFH nun fest, dass Zwischenberechtigter nur eine solche Person sei, die unabhängig von einem konkreten Ausschüttungsbeschluss über eine Rechtszuständigkeit an dem in der Vermögensmasse gebundenen Vermögen oder den darin erzielten Erträgen verfüge, sei es in Gestalt dinglichen Rechts oder in Gestalt schuldrechtlicher Ansprüche. Nicht zwischenberechtigt sei demgegenüber, wer über keine Rechte an der Vermögensmasse oder Ansprüche gegenüber der Vermögensmasse verfüge (ermessensabhängige Auskehrungen).

Zum Sachverhalt im Verfahren II R 40/18 wird auf Christopeit, Steuerrecht aktuell 1/2019 S. 245 verwiesen. Kern des Streits zwischen Kläger und dem Finanzamt war der Zeitpunkt der Schenkung. Dieser Zeitpunkt war vorliegend für die Frage der Steuerpflicht relevant. Denn zum Zeitpunkt des Beschlusses über die Auflösung und Abwicklung des Trusts war der Kläger im Inland steuerpflichtig. Im Zeitpunkt der drei Jahre später folgenden Auskehrung des Vermögens an den Kläger war unstreitig nicht im Inland schenkungsteuerpflichtig.

Der BFH entschied: Zeitpunkt der Steuerentstehung sei nach § 9 Abs. 1 Nr. 2 ErbStG der Zeitpunkt der Ausführung der Zuwendung. Für Erwerbe aus der Auflösung einer Vermögensmasse ausländischen Rechts sei dies der Moment, in dem das gebundene Vermögen zivilrechtlich wirksam auf den Berechtigten übergeht. Eine Schenkung i. S. v. § 7 Abs. 1 Nr. 1 ErbStG sei grundsätzlich erst dann ausgeführt, wenn der Bedachte über das Zugewendete frei verfügen könne. Die hierzu von der Rechtsprechung entwickelten Grundsätze seien auf Erwerbe von ausländischen Vermögen nach § 7 Abs. 1 Nr. 9 Satz 2 Halbsatz 1 ErbStG übertragbar. Für die Beurteilung, ob der notwendige Leistungserfolg eingetreten sei, komme es auf die Zivilrechtslage und nicht auf die wirtschaftliche Betrachtungsweise nach § 39 Abs. 2 Nr. 1 AO an. Bei Erwerben aus der Auflösung ausländischer Trusts sei auf der Grundlage des jeweils für die ausländische Vermögensmasse maßgebenden ausländischen Rechts zu beurteilen, wann die Vermögensmasse aufgelöst wurde und der Erwerb durch den Steuerpflichtigen eingetreten sei. Da das FG im ersten Rechtsgang versäumt habe, Feststellungen hinsichtlich des anwendbaren ausländischen Rechts zu treffen, war das Verfahren zur anderweitigen Verhandlung zurückzuverweisen.

Folgerungen: Mit den Entscheidungen II R 13/19 und II R 31-32/19 zu anglo-amerikanischem und angelsächsischem Trust-Vermögen wendet der BFH die bereits für ausländische Stiftungen aufgestellten Regelungen auch auf Trusts an.

Einmal (II R 13/19) geht es um die Bestimmung der Transparenz oder Intransparenz. Bei einem intransparenten Trust ist der Tod des Errichters erbschaftsteuerrechtlich nicht von Bedeutung. Hat sich der Errichter des Trusts hingegen umfassende Herrschaftsbefugnisse über das Trust-Vermögen vorbehalten, so dass die Vermögensmasse ihm gegenüber über das Vermögen nicht tatsächlich und frei verfügen kann, bleibt dieses Vermögen solches des Errichters und kann vererbt werden.

Auch in den Verfahren II R 31-32/19 werden Grundsätze von Entscheidungen zu ausländischen Stiftungen angewandt, wenn ermittelt werden muss, ob die tatbestandlichen Voraussetzungen von Zwischenberechtigten i. S. des § 7 Abs. 1 Nr. 9 ErbStG erfüllt sind.

In allen Verfahren kommt der BFH zum Schluss, dass nach den Regeln des Internationalen Privatrechts und in dessen Folge meist nach den Regeln des ausländischen Rechts die zivilrechtlichen Gegebenheiten zu prüfen sind. Das ausländische Recht ist also zu befragen, ob ein transparenter oder intransparenter Trust vorliegt, ob jemand Zwischenberechtigter ist und wann Verfügungsbefugnis über das Vermögen eines aufgelösten Trusts entsteht. Im Zweifel sind Rechtsgutachten einzuholen.

Im Einzelnen gilt:

Zu II R 13/19: Herrschaftsbefugnisse in diesem Sinne ergeben sich z. B. durch den Vorbehalt des Stifters in Bezug auf die Entscheidungen über die Anlage und Verwendung des Vermögens, die Möglichkeit, ganz oder teilweise die Rückübertragung des Vermögens zu verlangen, und die Weisungsunterworfenheit der Stiftung und ihrer Organe gegenüber dem Stifter. Der Stifter kann aufgrund seiner Befugnisse über das Vermögen der Stiftung wie über ein eigenes Bankguthaben verfügen. Entsprechendes gilt für Trusts.

Zu II R 31-32/19: Liegt eine Zwischenberechtigung vor, weil der Destinatär kein ermessensabhängiger Empfänger ist, können Schenkungsteuer und Einkommensteuer zusammentreffen. Doppelbesteuerung ist dann zu befürchten, ohne dass dies verfassungswidrig sein muss.

PRAXISTIPP:

Die Urteile sind begrüßenswert, weil sie Rechtssicherheit schaffen. Sie zwingen aber auch zu gründlich vorbereiteter Beratung und Umsetzung von Truststrukturen, falls diese als Gestaltungsmittel eingesetzt werden. Der Steuerberater wird nicht umhinkommen, das Zivilrecht zu bemühen und ausländisches Recht zu prüfen. Mit Blick auf die eigene Haftung sollte ausländisches Recht durch Fachkollegen – idealiter aus dem entsprechenden Rechtskreis – geprüft werden.

Ist das anwendbare Recht ermittelt, wird sich prüfen und sicherstellen lassen, dass ein intransparenter Trust geschaffen wird, der abschirmt und das Vermögen aus der Erbmasse des Trust-Gründers herausnimmt.

Da durch die Rechtsprechung zur Stellung des Zwischenberechtigten klar ist, dass ermessenabhängige Auskehrungen den Anfall von Schenkungsteuer (in der Regel) verhindern, kann auch diese Stellschraube gestellt werden.

Und schließlich sollte es möglich sein, zu ermitteln, wann Auskehrungen im Zuge einer Trust-Liquidation zivilrechtlich als verfügbar anzusehen sind. Ein entsprechendes, etwaig steueroptimiertes Timing ist nach Absprache mit dem Trustee möglich.

3. Entstehung der Erbschaftsteuer in Auslandsfällen

BFH, Urteil v. 17.11.2021 - II R 39/19, NWB YAAAI-59200

(Iring Christopeit)

Zusammenfassung der Entscheidung

Die Entscheidung lässt sich wie folgt zusammenfassen: Erwirbt ein inländischer Erbe nach ausländischem zivilen Erbrecht, entsteht inländische Erbschaftsteuer mit dem Zeitpunkt des Todes des Erblassers und nicht erst mit der nach dem ausländischen Recht etwaig notwendigen Annahme der Erbschaft durch den Erben.

Im konkreten Fall ging es um einen italienischen Erbfall: Die Klägerin, eine italienische Staatsangehörige, hatte bis Juli 2016 einen inländischen Wohnsitz. Ihr Vater, ebenfalls italienischer Staatsangehöriger mit letztem Wohnsitz in Italien und dort belegenem Nachlass, verstarb am 24.8.2015. Die Klägerin informierte das Finanzamt im November 2015, die Erbschaft noch nicht angenommen zu haben, wie es das italienische Recht erfordert. Ihren deutschen Wohnsitz gab sie Anfang Juli 2016 auf. Danach habe sie in drei Teilakten in Italien die Annahme der Erbschaft erklärt. Damit sei sie in Deutschland nicht erbschaftsteuerpflichtig. Das Finanzamt setzte dennoch Erbschaftsteuer fest mit der Begründung, die Steuer sei bereits zum Zeitpunkt des Todes, zu dem die Klägerin einen inländischen Wohnsitz gehabt hätte, entstanden. Einspruch und Klage blieben erfolglos.

Entscheidungsgründe

Der BFH entschied, dass das FG zu Recht erkannt habe, dass der Erwerb der Klägerin als Erbin nach ihrem Vater der Erbschaftsteuer nach dem ErbStG unterliege. Die Steuer sei auf den Todestag des Vaters entstanden. Zu diesem Zeitpunkt hatte die Klägerin wenigstens ihren gewöhnlichen Aufenthalt unstreitig im Inland. Vollziehe sich ein Erwerb von Todes wegen nach ausländischem Zivilrecht, könne er im Inland der Erbschaftsteuer unterliegen, soweit der Vermögensanfall in seiner wirtschaftlichen Bedeutung einem durch das ErbStG erfassten Erwerb gleichkomme. Soweit das ErbStG auf Rechtsfiguren des Erbrechts Bezug nehme, sei im Falle eines ausländischen Erbstatuts dessen Bedeutungsgehalt maßgeblich. Entsprechen die Institutionen des ausländischen Erbrechts nicht denen des deutschen Erbrechts, sei anhand des deutschen Rechts zu prüfen, welche Bedeutung den ausländischen Rechtsvorgängen bei der deutschen Besteuerung beizulegen sei. Diese Grundsätze seien auch für die Frage des Steuerentstehungszeitpunkts anzuwenden.

Die Annahme der Erbschaft nach italienischem Recht sei nicht als aufschiebende Bedingung zu qualifizieren, sondern als rückwirkendes Ereignis entsprechend § 175 Abs. 1 Satz 1 Nr. 2 AO.

Folgerungen: Es lassen sich folgende Kernaussagen festhalten (vgl. auch Werner, IWB 2022 S. 570):

Bei der Beurteilung erbrechtlicher Vorgänge mit Auslandsbezug ist zwischen dem Erbrecht und dem Erbschaftsteuerrecht zu unterscheiden. Das auf einen Erbfall anwendbare Zivilrecht wird durch das Internationale Privatrecht, in Europa durch die EU-ErbVO, die als sog. loi uniforme auch für Drittlandsfälle gilt, bestimmt. Die Anwendbarkeit des deutschen Erbschaftsteuerrechts richtet sich dagegen nach § 2 ErbStG. Auch Erbvorgänge, die einem ausländischen Erbrecht unterfallen, können daher in Deutschland erbschaftsteuerpflichtig sein.

Gemäß § 9 Abs. 1 ErbStG entsteht die Erbschaftsteuer mit dem Tod des Erblassers. Etwas anderes soll nach § 9 Abs. 1 Nr. 1 Satz 2 ErbStG gelten, wenn der Erwerb unter einer aufschiebenden Bedingung erfolgt. Im Wege der Rechtsvergleichung ist zu ermitteln, ob der ausländische Vorgang, der einen Zeitaufschub begründen soll, einer aufschiebenden Bedingung nach deutschem Recht gleichzusetzen ist.

Vergleichbare Regelungen wie im italienischen Recht (Annahme der Erbschaft) bestehen auch im spanischen und portugiesischen Recht. Da die Annahme der Erbschaft auch nach spanischem und portugiesischem Recht auf den Zeitpunkt des Todes des Erblassers zurückwirkt, ist davon auszugehen, dass die hier vom BFH entwickelten Grundsätze übertragbar sind. Etwas anderes gilt wohl für die Situation im österreichischen Recht. Erst mit der gerichtlichen Entscheidung im Rahmen der sog. Einantwortung und nicht rückwirkend geht dort zivilrechtlich der Nachlass auf den Erben über; dies dürfte der Steuerentstehungszeitpunkt sein.

PRAXISTIPP:

Zu Recht weist Werner (a. a. O.) darauf hin, dass einige ausländische Erbstatute Mechanismen kennen, die den sofortigen Anfall des Erbes, wie wir ihn als Universalsukzession kennen, verhindern. Unter Anwendung der EU-ErbVO wird stets zu prüfen sein – im Gestaltungsfalle idealiter im Vorfeld –, ob solche Regelungen existieren, wie sie im Rechtsvergleich zu würdigen sind und ob sich heraus steuerliche Optimierungen ableiten lassen. Dabei ist zu berücksichtigen, dass das deutsche ErbStG auch eine fünfjährige Nachlauffrist für deutsche Staatsangehörige kennt. Ist der Erbe deutscher Staatsangehöriger, müsste eine aufschiebende Bedingung vorliegen, die nicht nur den Wegzug, sondern auch eine fünfjährige vollständige Abwesenheit aus Deutschland ermöglicht.

G. Verfahrensrecht

I. Verfassungswidrigkeit der Höhe der Verzinsung von Steuernachforderungen und -erstattungen und Verlängerung der zinsfreien Karenzzeiten

1. Verzinsung mit jährlich 6 % ab dem Jahr 2014 verfassungswidrig

BVerfG, Beschluss v. 8.7.2021 - 1 BvR 2237/14, 1 BvR 2237/17, NWB TAAAH-87096

(Verena Drummer)

Zusammenfassung der Entscheidung

§ 233a i. V. m. § 238 Abs. 1 Satz 1 AO ist für Verzinsungszeiträume ab dem 1.1.2014 mit Art. 3 GG unvereinbar, soweit der Zinsberechnung ein Zinssatz von 0,5 % pro Monat zugrunde gelegt wird. Für bis ins Jahr 2018 fallende Verzinsungszeiträume kann das bisherige Recht weiter angewendet werden (Fortgeltungsanordnung). Der Gesetzgeber muss bis zum 31.7.2022 eine verfassungsgemäße Neuregelung schaffen.

§ 233a AO regelt die Verzinsung von Steuernachforderungen und -erstattungen und betrifft den Zeitraum zwischen der Entstehung der Steuer (vgl. insbesondere § 36 Abs. 1 EStG, § 18 GewStG, § 30 KStG, §§ 13, 13b Abs. 1, 2 UStG) und ihrer Festsetzung. Sinn und Zweck der Verzinsung im Nachzahlungsfall ist die Abschöpfung des Zinsvorteils der Steuerpflichtigen, deren Steuer erst nach Ablauf der Karenzzeit des § 233a Abs. 2 AO festgesetzt wird. Wer die verzögerte (zutreffende) Steuerfestsetzung schuldhaft oder nicht schuldhaft verursacht hat ist unerheblich. Der bedeutendste Anwendungsbereich des § 233a AO betrifft Nachzahlungszinsen aufgrund von Mehrergebnissen nach vorausgegangener Betriebsprüfung. Bereits mit Beschluss v. 25.4.2018 (IX B 21/18, NWB RAAAG-83530) und v. 3.9.2018 (VIII B 15/18, NWB CAAAG-97782; bestätigt durch Beschluss v. 4.7.2019 - VIII B 128/18, NWB AAAAH-27543) äußerte der BFH verfassungsrechtliche Zweifel an der Zinshöhe und setzte die Vollziehung der betreffenden Zinsbescheide aus. Mit Schreiben zuletzt v. 3.9.2018 (BStBl 2018 I S. 1393, geändert durch Schreiben v. 27.11.2019, BStBl 2019 I S. 1266) ordnete das BMF für Verzinsungszeiträume ab dem 1.1.2012 an, dass für vollziehbare Zinsfestsetzungen, gegen die Einspruch eingelegt worden ist, auf Antrag die Aussetzung der Vollziehung zu gewähren ist. Außerdem waren erstmalige und u. U. auch geänderte Zinsfestsetzungen gem. § 165 Abs. 1 Satz 2 Nr. 3 AO vorläufig festzusetzen (BMF, Schreiben v. 2.5.2019, BStBl 2019 I S. 448, geändert durch Schreiben v. 27.11.2019, BStBl 2019 I S. 1266). Dies betraf nicht nur Nachzahlungszinsen i. S. v. § 233a AO, sondern sämtliche Verzinsungstatbestände, denen die Zinsberechnung des § 238 AO zugrunde liegt. Auch die nicht an die Schreiben des BMF gebundenen Gemeinden sind jedenfalls zu einem großen Teil einer Handlungsempfehlung des Deutschen Städtetags bereits v. 30.5.2018 gefolgt und haben damit begonnen, Nachzahlungszinsen in Bezug auf die Gewerbesteuer nur vorläufig festzusetzen. Initiativen aus Bundestag und Bundesrat zur Absenkung des Zinssatzes blieben bislang erfolglos, entsprechende Forderungen aus dem Schrifttum ungehört. Die Verfassungsbeschwerden richteten sich gegen die Festsetzung von Nachzahlungszinsen auf Gewerbesteuernachforderungen und betrafen den Zeitraum vom 1.1.2010 bis zum 14.7.2014.

Entscheidungsgründe

Das BVerfG hat entschieden, dass § 233a i. V. m. § 238 Abs. 1 Satz 1 AO nicht mehr mit Art. 3 GG vereinbar ist, soweit der Zinsberechnung für Verzinsungszeiträume ab dem 1.1.2014 ein Zinssatz von monatlich 0,5 % zugrunde gelegt wird. Es liegt eine Ungleichbehandlung zwischen zinszahlungspflichtigen Steuerpflichtigen, deren Steuer erst nach Ablauf der Karenzzeit (zutreffend) festgesetzt wird, gegenüber nicht zinszahlungspflichtigen Steuerpflichtigen vor, deren Steuer bereits innerhalb der Karenzzeit endgültig festgesetzt wird. Dabei können die Steuerpflichtigen den Zeitpunkt der Steuerfestsetzung inner- oder außerhalb der Karenzzeit weitestgehend nicht beeinflussen. Eine Rechtfertigung der Ungleichbehandlung zu Zwecken der Vereinfachung und Typisierung kann jedenfalls für in das Jahr 2014 fallende Verzinsungszeiträume nicht mehr gelingen. So kann der Zinssatz i. H. v. monatlich 0,5 % den durch die Erhebung von Nachzahlungszinsen auszugleichenden Vorteil nicht mehr realitätsgerecht abbilden und entfaltet eine überschießende Wirkung. Eine Verzinsung mit einem niedrigeren Zinssatz wäre für die Förderung des Gesetzeszwecks mindestens gleich geeignet. Die Entwicklung des Basiszinssatzes und der Zinsen am Kapitalmarkt deuten spätestens seit dem Jahr 2014 auf ein strukturelles und verfestigtes Niedrigzinsniveau. In Anbetracht dessen ist die Vollverzinsung mit einem Zinssatz von monatlich 0,5 % auch nach dem verfahrensgegenständlichen Zeitraum 2014 verfassungswidrig.

Eine Ausweitung auf die anderen Verzinsungstatbestände der AO (Stundungs-, Hinterziehungs-, Aussetzungszinsen gem. §§ 234 f., 237 AO) kommt aber nicht in Betracht, insbesondere da die Steuerpflichtigen hierbei die Wahl haben, ob der Zinstatbestand erfüllt wird (durch Antrag oder bewusste Inkaufnahme im Rahmen einer Steuerhinterziehung) und die Mittel für die Begleichung der Steuerschuld zu zinsgünstigeren Konditionen beschafft werden können. Diesbezüglich bedarf es einer eigenständigen verfassungsrechtlichen Wertung.

Im Interesse einer verlässlichen Finanz- und Haushaltsplanung und eines gleichmäßigen Verwaltungsvollzugs ist eine Fortgeltung des § 233a i. V. m. § 238 Abs. 1 Satz 1 AO für Verzinsungszeiträume vom 1.1.2014 bis zum 31.12.2018 geboten. Der Gesetzgeber ist insoweit nicht zur rückwirkenden Neuregelung verpflichtet. Für ab in das Jahr 2019 fallende Verzinsungszeiträume ist § 233a i. V. m. § 238 Abs. 1 Satz 1 AO hingegen unanwendbar (Anwendungssperre). Dies gilt auch für zugunsten des Steuerpflichtigen festgesetzte Erstattungszinsen, wobei zu prüfen ist, ob die Vertrauensschutzregelung des § 176 Abs. 1 Satz 1 Nr. 1 AO der Aufhebung oder Änderung der Zinsfestsetzung entgegensteht. Unanfechtbare Zinsfestsetzungen sind hiervon aber nicht erfasst, sie genießen Bestandskraft. Der Gesetzgeber ist verpflichtet, bis zum 31.7.2022 eine verfassungskonforme Neuregelung zu treffen.

Folgerungen: In Anbetracht einer langjährigen Niedrigzinsphase ist die Entscheidung des BVerfG zur Verfassungswidrigkeit der Vollverzinsung zumindest für ab in das Jahr 2019 fallende Verzinsungszeiträume nur folgerichtig. Wie das BVerfG selbst mehrfach anführt, ist die Regelung im Fachschrifttum bereits seit geraumer Zeit einhelliger Kritik ausgesetzt. Darüber hinaus kann unterstellt werden, dass dem Gesetzgeber und der Finanzverwaltung angesichts zahlreicher gesetzgeberischer Vorstöße (vgl. z. B. BT-Drucks. 19/2579, BR-Drucks. 324/18) zur Absenkung des Zinssatzes bewusst sein musste, dass die Regelung verfassungsrechtlich zumindest für nicht weit zurückliegende Verzinsungszeiträume nicht mehr haltbar ist.

Durch Allgemeinverfügung v. 29.11.2021, die am 8.12. veröffentlicht worden ist (BStBl 2021 I S. 2159), haben die obersten Finanzbehörden als Reaktion auf die Entscheidung des BVerfG angeordnet, dass an diesem Tag anhängige und zulässige Änderungsanträge und Einsprüche gegen die Festsetzung von Zinsen gem. § 233a AO für Verzinsungszeiträume vor dem 1.1.2019 als unbegründet zurückgewiesen werden, sofern dabei geltend gemacht wird, die Verzinsung i. H.v. 0,5 % pro Monat verstoße gegen das Grundgesetz. Steuerpflichtige, die gegen Zinsfestsetzungen für Verzinsungszeiträume vor dem 1.1.2019 Einspruch eingelegt und die Aussetzung der Vollziehung beantragt haben, werden aufgrund der Fortgeltungsanordnung des BVerfG folglich mit Nachzahlungsaufforderungen konfrontiert werden. Die Aussetzung der Vollziehung endet dabei einen Monat nach Bekanntgabe der Verfügung am 9.12.2021 (§ 367 Abs. 2b Satz 4 AO), demzufolge am 9.1.2022 (AEAO zu § 361, Tz. 8.2.1). Der Einspruch gegen die Beendigung des Einspruchsverfahrens bzw. die Aussetzung der Vollziehung ist nicht gegeben. Von ihr betroffene Steuerpflichtige können (lediglich) innerhalb eines Jahres Klage beim zuständigen Finanzgericht erheben. Die Erfolgsaussichten dürften jedoch gering sein (Grambeck, UStDD 2022 S. 16, NWB VAAAI-01272).

Zur Festsetzung von Nachzahlungs- und Erstattungszinsen für Zeiträume bis zum 31.12.2018 und ab dem 1.1.2019 hat sich das BMF in seinem Schreiben v. 17.9.2021 geäußert (BStBl 2021 I S. 1759, geändert durch Schreiben v. 3.12.2021, BStBl 2021 I S. 2227):

Verzinsungszeiträume ab dem 1.1.2019:

Erstmalige Zinsfestsetzungen	– **Aussetzung** der Festsetzung (§ 165 Abs. 1 Satz 4 i.V. m. Satz 2 Nr. 2, § 239 Abs. 1 Satz 1 AO)
	– nach rückwirkender Gesetzesänderung **Nachholung** der Festsetzung (§ 165 Abs. 2 Satz 2 2. Halbsatz AO)
Unter VdN ergangene Zinsfestsetzungen (§ 164 Abs. 2 AO)	– bei Änderung der Festsetzung (§ 164 Abs. 2 AO) oder Aufhebung des VdN (§ 164 Abs. 3 AO)
	– **Aussetzung** der Festsetzung bzgl. der **betragsmäßig neu** festzusetzenden Zinsen (§ 165 Abs. 1 Satz 4 i.V. m. Satz 2 Nr. 2, § 239 Abs. 1 Satz 1 AO)
	– im Übrigen **vorläufige** Festsetzung (§ 165 Abs. 1 Satz 2 Nr. 2 AO, § 239 Abs. 1 Satz 1 AO)
	– nach rückwirkender Gesetzesänderung **Nachholung** der Festsetzung (§ 165 Abs. 2 Satz 2 2. Halbsatz AO)
Vollständig oder teilweise vorläufig ergangene Zinsfestsetzungen (§ 165 Abs. 1 Satz 2 Nr. 3 AO)	– **Aussetzung** der Festsetzung bzgl. der **betragsmäßig neu** festzusetzenden Zinsen (§ 165 Abs. 1 Satz 4 i.V. m. Satz 2 Nr. 2, § 239 Abs. 1 Satz 1 AO)
	– bis zum Umfang der bisher vorl. Festsetzung (weiterhin) **vorläufige** Festsetzung (§ 165 Abs. 1 Satz 2 Nr. 2 AO, § 239 Abs. 1 Satz 1 AO)
	– nach rückwirkender Gesetzesänderung **Nachholung** der Festsetzung (§ 165 Abs. 2 Satz 2 2. Halbsatz AO)

Weder unter VdN noch vorläufig ergangene Zinsfestsetzungen	– **Aussetzung** der Festsetzung bzgl. der **betragsmäßig neu** festzusetzenden Zinsen (§ 165 Abs. 1 Satz 4 i. V. m. Satz 2 Nr. 2, § 239 Abs. 1 Satz 1 AO) – nach rückwirkender Gesetzesänderung **Nachholung** der Festsetzung (§ 165 Abs. 2 Satz 2 2. Halbsatz AO)
Unanfechtbar festgesetzte Zinsen	– endgültige Festsetzung

Verzinsungszeiträume ab dem 31.12.2019:

Erstmalige Zinsfestsetzungen	– endgültige Festsetzung
Vorangegangene Zinsfestsetzungen	– endgültige Festsetzung (§ 165 Abs. 2 Satz 2 AO)

Im Übrigen sind Einspruchsverfahren und die Vollziehung in Bezug auf Festsetzungen für Verzinsungszeiträume ab dem 1.1.2019 auszusetzen und nach Verkündigung der rückwirkenden Gesetzesänderung fortzusetzen.

Die Finanzverwaltung weist außerdem ausdrücklich darauf hin, dass sich die Entscheidung des BVerfG nicht auf Stundungs-, Hinterziehungs- und Aussetzungszinsen erstreckt (§§ 234, 235, 237 i. V. m. § 238 Abs. 1 AO). Die Argumentation des BVerfG, dass die Steuerpflichtigen die Wahl hätten, den Zinstatbestand eintreten zu lassen, während die Steuerschuld – zumindest in Bezug auf Stundung und AdV – auch per zinsgünstigerem Kredit finanziert werden kann, berücksichtigt die praktische Realität nur unzureichend (vgl. von Streit/Streit, DStR 2022 S. 121). In seinem Beschluss v. 3.9.2018 übertrug der BFH die verfassungsrechtlichen Zweifel am Zinssatz des § 238 Abs. 1 AO jedenfalls auch auf Aussetzungszinsen gem. § 237 AO (VIII B 15/18, NWB CAAAG-97782). Die Bundesregierung will die Neuregelung des Zinssatzes auch für andere Zinsen sowie Säumniszuschläge gem. § 240 AO jedoch – entgegen zahlreicher Kritik aus der Wirtschaft – nicht im Zuge der Änderung des § 233a i. V. m. § 238 Abs. 1 Satz 1 AO vornehmen. Neben den vom BVerfG angeführten Argumenten wird als Begründung u. a. auch erheblicher Programmieraufwand angeführt (BT-Drucks. 20/1633 S. 9 f.).

2. Zweites Gesetz zur Änderung der Abgabenordnung und des Einführungsgesetzes zur Abgabenordnung

Am 21.7.2022 wurde das zweite Gesetz zur Änderung der Abgabenordnung und des Einführungsgesetzes zur Abgabenordnung v. 12.7.2022 veröffentlicht (BGBl 2022 I S. 1142), welches folglich mit Wirkung zum 22.7.2022 in Kraft getreten ist. Dem waren ein Referentenentwurf v. 22.2.2022 und ein Gesetzentwurf der Bundesregierung v. 30.3.2022 vorausgegangen. Wesentliche Inhalte sind

▶ die Absenkung des Zinssatzes für Steuernachforderungen und -erstattungen für Verzinsungszeiträume ab dem 1.1.2019 auf 0,15 % pro Monat (§ 238 Abs. 1a AO),

▶ die Aufteilung des Zinslaufs in Teilverzinsungszeiträume, sofern in einem Zinslauf unterschiedliche Zinssätze zur Anwendung kommen (§ 238 Abs. 1b AO),

- die wenigstens alle zwei Jahre vorzunehmende Evaluierung des Zinssatzes unter Berücksichtigung der Entwicklung des Basiszinssatzes gem. § 247 BGB, erstmals spätestens zum 1.1.2024 (§ 238 Abs. 1c AO),
- die gesetzliche Normierung der bislang in AEAO zu § 233a, Tz. 70.1.1 verorteten Billigkeitsregelung, wonach Nachzahlungszinsen nicht zu erheben sind, soweit der Steuerpflichtige auf eine später wirksam gewordene Steuerfestsetzung freiwillige Leistungen erbracht und das Finanzamt diese angenommen und auf die Steuer angerechnet hat (§ 233a Abs. 8 AO).

In Bezug auf die Festlegung des Zinssatzes will sich die Bundesregierung entsprechend der Daten der Deutschen Bundesbank an den Habenzinsen (aktuell rund 0 %) und den Darlehenszinsen für Konsumkredite (aktuell zwischen [besichert] 2,4 % und [unbesichert] 5,3 %) orientieren. Die Neuregelungen kommen in allen am 21.7.2022 anhängigen Verfahren zur Anwendung (Art. 97 § 15 Abs. 14 Satz 1 EGAO-E). Zur Anwendung der Vertrauensschutzregelung des § 176 Abs. 1 Satz 1 Nr. 1 AO führt die Bundesregierung aus, dass die aufgrund der Neuberechnung festgesetzten Zinsen die vorher festgesetzten Zinsen nicht übersteigen dürfen (Art. 97 § 15 Abs. 14 Satz 3 EGAO), so dass es im Fall von Erstattungszinsen nicht zu einer Rückforderung kommen kann. Nachzahlungszinsen sollen hingegen im Rahmen der verfahrensrechtlichen Möglichkeiten neu berechnet und damit herabgesetzt werden. Bei Mischfällen (Nachzahlungs- und Erstattungszinsen im Wechsel) soll § 176 AO auf das Ergebnis der Neuberechnung angewendet werden.

Weitere Neuregelungen sind u. a.

- die Nichtberücksichtigung von Kapitalerträgen bei der Entscheidung über die reguläre oder verlängerte Karenzzeit (§ 233a Abs. 2 Satz 2 Halbsatz 2 AO),
- die gesetzliche Normierung des last in – first out-Prinzips bei der Zuordnung zu verzinsender Steuerzahlungen bei mehrfacher Änderung der Steuerfestsetzung (§ 233a Abs. 3 Satz 4 AO),
- die Verlängerung der Festsetzungsfrist für Zinsen von einem auf zwei Jahre (§ 239 Abs. 1 Satz 1 AO), da die einjährige Festsetzungsfrist in der Praxis oftmals nicht ausreicht,
- die gesetzliche Klarstellung, dass die Zinsfestsetzung nach § 233a AO Grundlagenbescheid für die Zinsfestsetzungen ist, soweit die Zinsen nach § 233a AO (auf Stundungs-, Hinterziehungs-, Prozess- und Aussetzungszinsen) anzurechnen sind (§ 233a Abs. 5 AO),
- die Anpassung der Vorschriften zur Mitteilungspflicht für grenzüberschreitende Gestaltungen an unionsrechtliche Vorgaben (§ 138e Abs. 3 Satz 6, 8; § 138h Abs. 2 Satz 1 AO).

3. Verlängerung der Karenzzeit für die VZ 2019 bis 2024

a) Gesetz zur Verlängerung der Aussetzung der Insolvenzantragspflicht und des Anfechtungsschutzes für pandemiebedingte Stundungen sowie zur Verlängerung der Steuererklärungsfrist in beratenen Fällen und der zinsfreien Karenzzeit für den VZ 2019

Das Gesetz wurde am 18.2.2021 im BGBl 2021 I S. 237 verkündet. Die Neuregelungen zur zinsfreien Karenzzeit treten am Tag nach der Verkündung, folglich am 19.2.2021 in Kraft. Mit dem Gesetz wird die – regulär 15-monatige – zinsfreie Karenzzeit des § 233a Abs. 2 Satz 1 AO für den Besteuerungszeitraum 2019 um sechs Monate verlängert. Der Zinslauf beginnt damit anstelle des 1.4.2021 erst am 1.10.2021. Der Zinslauf bezüglich der verlängerten Karenzzeit des § 233a Abs. 2 Satz 2 AO beginnt folglich am 1.5.2022 anstelle des 1.12.2021. Betroffen sind sowohl Erstattungs- wie auch Nachzahlungszinsen (BT-Drucks. 19/25795 S. 4, 6). Die Verlängerung ist nicht auf beratene Fälle beschränkt (BMF, Schreiben v. 15.4.2021 - IV A 3 – S 0261/20/10001 :010, BStBl 2021 I S. 615, NWB CAAAH-76255). Die Umsetzung erfolgt durch Art. 97 § 36 Abs. 2 EGAO.

b) Viertes Gesetz zur Umsetzung steuerlicher Hilfsmaßnahmen zur Bewältigung der Corona-Krise (Viertes Corona-Steuerhilfegesetz)

Das Gesetz v. 19.6.2022 wurde am 22.6.2022 veröffentlicht (BGBl 2022 I S. 911). Mit dem Gesetz wurden die zinsfreien Karenzzeiten des § 233a Abs. 2 Satz 1, 2 AO für den Besteuerungszeitraum 2020 nach einer ersten Verlängerung durch das ATADUmsG (vgl. BMF, Schreiben v. 20.7.2021 - IV A 3 – S 0261/20/10001 :014, BStBl 2021 I S. 984, NWB TAAAH-84089, Rz. 20) nunmehr um insgesamt sechs Monate verlängert (BT-Drucks. 20/1111 S. 24). Der Zinslauf des § 233a Abs. 2 Satz 1 AO beginnt danach erst am 1.10.2022, der des § 233a Abs. 2 Satz 2 AO am 1.6.2023. Die Umsetzung erfolgt durch Art. 97 § 36 Abs. 3 Nr. 7 Buchst. a, Nr. 8 Buchst. a EGAO.

Darüber hinaus erfolgte eine Verlängerung auch für die Besteuerungszeiträume 2021 bis 2024 (Art. 97 § 36 Abs. 3 Nr. 7 Buchst. a bis d, Nr. 8 Buchst. a bis d EGAO). Für den Besteuerungszeitraum 2021 erfolgt eine Verlängerung um jeweils sechs Monate, für den Besteuerungszeitraum 2022 um jeweils fünf Monate, für den Besteuerungszeitraum 2023 um jeweils drei Monate und für den Besteuerungszeitraum 2024 um jeweils zwei Monate. Als Begründung wird die gleichlaufende Verlängerung der Erklärungsfristen für beratene Fälle angeführt (BT-Drucks. 20/1111 S. 25), wobei die Verlängerung der zinsfreien Karenzzeiten weiterhin auch für nicht beratene Fälle gilt. Daneben würdigt der Gesetzgeber damit zurecht die Zusatzbelastungen der Steuerpflichtigen und Angehörigen der steuerberatenden Berufe durch die andauernde Corona-Pandemie, die Auswirkungen der Ukraine-Krise und der Zusatzarbeiten aufgrund der Grundsteuerreform (BT-Drucks. 20/1906 S. 46). Details regelt das BMF in einem Schreiben v. 23.6.2022 (IV A 3 – S 0261/20/10001 :018, NWB YAAAJ-16315, Rz. 27 ff.).

VZ	Verlängerung um ...	Allgemeiner Zinslauf Beginn § 233a Abs. 2 Satz 1 AO, Art. 97 § 36 Abs. 2, Abs. 3 Nr. 7 AO		Besonderer Zinslauf Beginn § 233a Abs. 2 Satz 2 AO, Art. 97 § 36 Abs. 2, Abs. 3 Nr. 8 AO	
	6 Monate	regulär	neu	regulär	neu
2019	6 Monate	1.4.2021	1.10.2021	1.12.2021	1.5.2022
2020	6 Monate	1.4.2022	1.10.2022	1.12.2022	1.6.2023
2021	6 Monate	1.4.2023	1.10.2023	1.12.2023	1.6.2024
2022	5 Monate	1.4.2024	1.9.2024	1.12.2024	1.5.2025
2023	3 Monate	1.4.2025	1.7.2025	1.12.2025	1.3.2026
2024	2 Monate	1.4.2026	1.7.2026	1.12.2026	1.2.2027

II. Verfassungsrechtliche Zweifel hinsichtlich der in Säumniszuschlägen (§ 240 AO) enthaltenen Zinsanteile

1. Säumniszuschlag

FG Münster, Beschluss v. 11.1.2022 - 12 V 1805/21, NWB KAAAI-04073

(Verena Drummer)

Zusammenfassung der Entscheidung

Hinsichtlich der Rechtmäßigkeit nach dem 31.12.2018 verwirkter Säumniszuschläge i. S. v. § 240 AO bestehen ernstliche Zweifel, weil die Höhe des darin enthaltenen Zinsanteils verfassungsrechtlich zweifelhaft ist. Mit Verweis auf die Entscheidung des BVerfG v. 8.7.2021 (1 BvR 2237/14, 1 BvR 2422/17, NWB TAAAH-87096) äußert das FG für vor dem 1.1.2019 entstandene Säumniszuschläge hingegen keine verfassungsrechtlichen Bedenken.

Die Antragstellerin (GmbH & Co. KG) beantragte die Erteilung von Abrechnungsbescheiden für ab dem 1.1.2010 angefallene Säumniszuschläge und zudem die Aussetzung bzw. Aufhebung der Vollziehung in Bezug auf diese Säumniszuschläge. Als Begründung wurden verfassungsrechtliche Bedenken hinsichtlich der darin enthaltenen Zinsanteile geltend gemacht. Außerdem beantragte die Antragstellerin den Erlass der Säumniszuschläge, soweit diesen ein Druckcharakter zur rechtzeitigen Zahlung zukommt, da dieser aufgrund eines über das Vermögen der Antragstellerin gestellten Insolvenzantrags ins Leere läuft. Nach Erteilung der Abrechnungsbescheide legte die Antragstellerin Einspruch ein und beantragte die Aussetzung der Vollziehung. Über die Einsprüche wurde mit Verweis auf das beim BFH unter dem Az. VII R 55/20 anhängige Verfahren noch nicht entschieden. In dem zugrundeliegenden Verfahren entschied die Vorinstanz (FG Hamburg, Urteil v. 1.10.2020 - 2 K 11/18, NWB GAAAH-63664), dass sich die verfassungsrechtlichen Zweifel in Bezug auf § 238 Abs. 1 AO nicht auf Säumniszuschläge übertragen lassen. Das FG führte dazu aus, dass den Säumniszuschlägen eine Druckfunktion (um den Steuerpflichtigen zur rechtzeitigen Zahlung anzuhalten) und eine Ausgleichsfunktion (für die unterbliebene bzw. verspätete Zahlung und dadurch ausgelöste Verwaltungsaufwendungen) zukommt (AEAO zu § 240, Tz. 5 I Satz 2). Ob – und falls ja in welcher Höhe – in den Säumniszuschlägen ein Zinsanteil enthalten ist, sei umstritten. Auch wenn der h. M. gefolgt wird, dass die Säumniszuschläge eine Mischung aus Druckmittel, Abgeltung von Verwaltungsaufwand und Zinsanteil darstellen, bedürfe es für eine Vergleichbarkeit mit den verfassungsrechtlichen Bedenken bzgl. § 238 AO einer Festlegung auf einen bestimmten prozentualen Zinsanteil, um zu der Annahme zu gelangen, dass dieser verfassungswidrig überhöht ist.

Inzwischen haben auch das FG München (v. 16.3.2021 - 12 V 16/21 AO, NWB NAAAH-77031) und das FG Münster (v. 4.2.2021 - 10 K 1672/19 U, NWB NAAAH-77031) die Rechtsfrage dem BFH vorgelegt.

Die Anträge auf Aussetzung der Vollziehung in Bezug auf die nach hälftigem Erlass aus Billigkeitsgründen (AEAO zu § 240, Tz. 5 II Buchst. c) verbleibenden Säumniszuschläge wurden vom Antragsgegner abgelehnt. Die Antragstellerin führte dazu aus, dass der Teilerlass nur den (50 %igen) Anteil betrifft, der Druckmittel sein soll. Der Zinsanteil, dessen Verfassungsmäßigkeit bezweifelt wird, sei folglich nicht erfasst. Dabei beruft sich die Antragstellerin u. a. auf die Entscheidung des BFH v. 26.5.2021 (VII B 13/21 (AdV), NWB XAAAI-01617). Darin kommt der BFH zu dem Schluss, dass gegen Säumniszuschläge ab dem Jahr 2012 insoweit verfassungsrechtliche Bedenken bestehen, als diese nicht als Druckmittel fungieren, sondern ihnen die Funktion eines Ausgleichs für das Hinausschieben der Zahlung und damit eine zinsähnliche Funktion zukommt.

Entscheidungsgründe

Nach Auffassung des FG bestehen ernstliche Zweifel an der Rechtmäßigkeit der Säumniszuschläge, soweit sie nach dem 31.12.2018 entstanden sind, weil insoweit die Höhe des darin enthaltenen Zinsanteils zweifelhaft ist. Das FG schließt sich dabei den Beschlüssen des BFH v. 14.4.2020 (VII B 53/19, NWB GAAAH-65566) und v. 31.8.2021 (VII B 69/21, n.v.) an, in denen die Frage aufgeworfen wird, ob sich die verfassungsrechtlichen Zweifel in Bezug auf § 238 Abs. 1 Satz 1 AO auf Säumniszuschläge gem. § 240 Abs. 1 Satz 1 AO übertragen lassen. Soweit die Säumniszuschläge vor dem 1.1.2019 entstanden sind, bestehen hingegen keine ernstlichen Zweifel an der Verfassungsmäßigkeit. Diesbezüglich beruft sich das FG auf die Fortgeltungsanordnung des BVerfG hinsichtlich der Verzinsung für Steuernachforderungen und -erstattungen v. 8.7.2021.

Folgerungen: Neben dem vorstehenden Beschluss hat das FG Münster auch in weiteren Verfahren Zweifel an der Verfassungsmäßigkeit der Höhe von ab 2019 entstandenen Säumniszuschlägen geäußert (bspw. Beschluss v. 16.12.2021 - 12 V 2684/21 AO, NWB OAAAI-03480; Beschluss v. 14.2.2022 - 8 V 2789/21, NWB XAAAI-58383). Nachdem die Finanzverwaltung auch gegen o. a. Beschluss Beschwerde eingelegt hat (Az. V B 4/22, s. u.) sind beim BFH inzwischen mehrere Beschwerdeverfahren hinsichtlich der gleichen Rechtsfrage anhängig, die aber nur die Aussetzung der Vollziehung betreffen (Az. II B 3/22, II B 4/22). Doch auch in der Hauptsache sind bereits Verfahren anhängig. Neben o. g. Verfahren mit dem Az. VII R 55/20 muss sich der BFH im Revisionsverfahren mit dem Az. X R 30/21 mit dem Urteil des FG Düsseldorf v. 22.4.2021 auseinandersetzen (12 K 1420/20 AO, NWB XAAAH-81610). Dieses ist jedenfalls zu dem Schluss gekommen, dass der Höhe der Säumniszuschläge keine verfassungsrechtlichen Bedenken entgegenstehen und die Zweifel an der Verfassungsmäßigkeit in Bezug auf § 238 Abs. 1 Satz 1 AO nicht auf § 240 AO übertragbar sind. Es bleibt abzuwarten, wie der BFH in den genannten Verfahren entscheiden wird und ob gegebenenfalls auch in dieser Sache das BVerfG angerufen wird (Mader, B+P 2022 S. 152). Die Festsetzung von ab dem 1.1.2019 entstandenen Säumniszuschläge in einem Abrechnungsbescheid sollte jedenfalls offengehalten werden (Seifert, StuB 2022 S. 115). Abzuwarten bleibt auch eine Reaktion des Gesetzgebers. Im Zuge der Anpassung des Zinssatzes für Steuernachforderungen und -erstattungen des § 233a i.V.m. § 238 Abs. 1 Satz 1 AO wurden jedenfalls keine Änderungen vorgenommen. So stellt der Gesetzgeber in seinem Entwurf für ein zweites Gesetz zur Änderung der Abgabenordnung und des Einführungsgesetzes zur Abgabenordnung ausdrücklich klar, dass die Frage, ob auch für Säumniszuschläge nach § 240 AO eine Neuregelung des Zinssatzes erfolgen soll, nicht in diesem Gesetz beantwortet werden soll (BT-Drucks. 20/1633 S. 9).

2. AdV-Verfahren: Ernstliche Zweifel an der Höhe der Säumniszuschläge

BFH, Beschluss v. 23.5.2022 - V B 4/22 (AdV), NWB FAAAJ-17957

Zusammenfassung der Entscheidung

Am 21.7.2022 wurde der Beschluss des BFH v. 23.5.2022 zu der von der Antragstellerin und dem Finanzamt eingelegten Beschwerde veröffentlicht. Die Antragstellerin (GmbH & Co. KG) berief sich dabei auf die Rechtswidrigkeit der Säumniszuschläge aus verfassungs- und europarechtlichen Gründen und beantragte, die Vollziehung der Säumniszuschläge in voller Höhe auszusetzen. Das Finanzamt machte demgegenüber geltend, dass der Zinscharakter nur einen untergeordneten Zweck der Säumniszuschläge einnehme und die vom BVerfG zu § 233a i. V. m. § 238 AO entwickelten Rechtsgrundsätze – angesichts des Normzwecks der Regelungen – nicht auf Säumniszuschläge übertragen werden könnten.

Entscheidungsgründe

Nach Auffassung des BFH sind nur die Beschwerden der Antragstellerin (teilweise) begründet. Es bestünden ernstliche Zweifel an der Verfassungsmäßigkeit der Säumniszuschläge, soweit diese nach dem 31.12.2018 entstanden sind. Folglich sei hinsichtlich dieser Säumniszuschläge – soweit sie noch nicht erlassen sind (50 %) – AdV zu gewähren. Der Verweis der Antragstellerin auf die Entscheidung des BFH v. 26.5.2021 (VII B 13/21 (AdV), NWB XAAAI-01617), in der verfassungsrechtliche Zweifel gegen die Höhe der Säumniszuschläge bereits für Jahre ab 2012 geäußert wurden, sei durch den Beschluss der BVerfG v. 8.7.2021 (1 BvR 2237/14, 1 BvR 2237/17, NWB TAAAH-87096) zur Verfassungswidrigkeit von § 233a i. V. m. § 238 Abs. 1 Satz 1 AO – jedenfalls bei summarischer Prüfung – überholt. Die Ausführungen des BVerfG, wonach die Steuerpflichtigen im Bereich der Teilverzinsungstatbestände die Wahl hätten, ob der Zinstatbestand erfüllt wird und die Mittel für die Begleichung der Steuerschuld zu zinsgünstigeren Konditionen beschafft werden können, seien hinsichtlich ihrer Bedeutung für die Frage nach der Verfassungsmäßigkeit des § 240 AO im Hauptsacheverfahren zu berücksichtigen.

Die ernstlichen Zweifel erfassen die gesamte Höhe der Säumniszuschläge, da die gesetzlich festgelegte Höhe nur insgesamt verfassungsgemäß oder -widrig sein könne. Aus unionsrechtlichen Grundsätzen folgen im Übrigen keine weitergehenden Zweifel an der gesetzlichen Höhe der Säumniszuschläge.

III. Reform des Gemeinnützigkeitsrechts

BMF, Schreiben v. 6.8.2021 -IV C 4 – O 1000/19/10474 :004, BStBl 2021 S. 1036, NWB ZAAAH-86326 und BMF, Schreiben v. 12.1.2022 - IV A 3 – S 0062/21/10007 :001, BStBl 2022 I S. 82, NWB MAAAI-03044

(Verena Drummer)

1. Jahressteuergesetz 2020

Insbesondere im Zuge des Jahressteuergesetzes 2020 v. 21.12.2020 (BGBl 2020 I S. 3096) wurden nicht unerhebliche Änderungen im Bereich des Gemeinnützigkeitsrechts vorgenommen.

Mit seinen Schreiben v. 6.8.2021 und v. 12.1.2022 hat das BMF den AEAO entsprechend der Neuerungen angepasst.

Nach Verabschiedung vom Bundestag am 16.12.2020 und Zustimmung des Bundesrates v. 18.12.2020 wurde das Jahressteuergesetz 2020 am 28.12.2020 im BGBl veröffentlicht und trat weitestgehend am 29.12.2020 in Kraft. Wesentliche Änderungen in der Abgabenordnung wurden in folgenden Bereichen vorgenommen (ausführlich z. B. Kirchhain, DStR 2021 S. 129; Imberg/Brox, NWB 2021 S. 1222, NWB EAAAH-76798):

§ 52 Abs. 2 Satz 1 AO	Erweiterung des gesetzlichen Katalogs gemeinnütziger Zwecke, z. B. um die Förderung des Klimaschutzes (Nr. 8) und der Ortsverschönerung (Nr. 22)
§ 55 Abs. 1 Nr. 5 Satz 4 AO	Befreiung vom Gebot der zeitnahen Mittelverwendung für Körperschaften mit jährlichen Einnahmen von nicht mehr als 45.000 €
§ 57 Abs. 3, 4 AO – neu	Das planmäßige Zusammenwirken mit mind. einer weiteren Körperschaft, die die Voraussetzungen der §§ 51 bis 68 AO erfüllt (Abs. 3), sowie das Halten und Verwalten von Anteilen an steuerbegünstigten Kapitalgesellschaften (i. d. R. gGmbH; Abs. 4) stellt fortan einen Fall der unmittelbaren Zweckverwirklichung dar
§ 58 Nr. 1, 2 AO	Änderungen bzgl. der Weitergabe von Mitteln als steuerunschädliche Betätigung; z. B. Klarstellung, dass es sich bei „Mitteln" um sämtliche Vermögenswerte handelt, z. B. auch die unentgeltliche/verbilligte Nutzungsüberlassung (BT-Drucks. 19/25160 S. 203); ausländische Körperschaften dürfen nur noch gefördert werden, wenn sie selbst steuerbegünstigt sind (Nr. 1 Satz 3); ist die Mittelweitergabe einzige Art der Zweckverwirklichung, ist dies in der Satzung anzugeben (Nr. 1 Satz 4); Nr. 2 entfällt
§ 58a AO – neu	Vorschriften zum Vertrauensschutz für Körperschaften, die Mittel an andere steuerbegünstigte Körperschaften weiterleiten
§ 60a Abs. 6 AO – neu	Gesetzliche Verankerung der Auffassung der FinVerw in Nr. 2 Abs. 2 Satz 2 AEAO zu § 60a Abs. 1 a. F., wonach die Feststellung nach § 60a Abs. 1 AO abzulehnen ist, sofern im Zeitpunkt der Entscheidung über die gesonderte Feststellung Erkenntnisse vorliegen, dass die tatsächliche Geschäftsführung der Körperschaft gegen die satzungsmäßigen Voraussetzungen verstößt
§ 64 Abs. 3 AO	Anhebung der Bagatellgrenze auf 45.000 €
§ 68 AO	Erweiterung der Katalog-Zweckbetriebe um die Versorgung, Verpflegung und Betreuung von Flüchtlingen (Nr. 1 Buchst. c) sowie die entgeltliche Durchführung der Fürsorge für psychische und seelische Erkrankungen/Behinderungen (Nr. 4)

Eine weitere Änderung wurde bereits mit dem Gesetz v. 11.12.2018 (BGBl 2018 I S. 2338) vorgenommen. Im Rahmen dessen wurde § 67a AO mit Wirkung zum 1.1.2021 um einen Abs. 4 ergänzt, wonach organisatorische Leistungen eines Sportdachverbandes zur Durchführung von sportlichen Veranstaltungen ein Zweckbetrieb sind, wenn an der sportlichen Veranstaltung überwiegend Sportler teilnehmen, die keine Lizenzsportler sind (Satz 1). Hierdurch soll die bisherige steuerliche Ungleichbehandlung von Organisationsleistungen gemeinnütziger Sportverbände gegenüber gemeinnützigen Sportvereinen beseitigt werden (BT-Drucks. 19/4455 S. 107).

Darüber hinaus wurde § 60a AO durch das Gesetz v. 25.6.2021 (BGBl 2021 I S. 2083) mit Wirkung v. 1.8.2021 um einen Abs. 7 ergänzt. Demnach darf die registerführende Stelle i. S. v. § 18 Abs. 2 GWG beim zuständigen Finanzamt Auskünfte über die Verfolgung steuerbegünstigter Zwecke einholen, sofern das Einverständnis auf Auskunftserteilung gem. § 24 Abs. 1 Satz 3 GWG vorliegt (BT-Drucks. 19/30443 S. 71).

2. Ausgewählte Anpassungen im AEAO

a) Zu § 52 AO

Neben redaktionellen Änderungen stellt die Finanzverwaltung klar, was unter dem Begriff der Ortsverschönerung i. S. v. § 52 Abs. 2 Satz 1 Nr. 22 AO und des Freifunks i. S. v. § 52 Abs. 2 Satz 1 Nr. 23 AO zu verstehen ist (Nr. 2.6, 2.7 AEAO). Daneben äußert sie sich zur Förderung der Unterhaltung und Pflege von Friedhöfen und von Gedenkstätten für nichtbestattungspflichtige Kinder und Föten i. S. v. § 52 Abs. 2 Satz 1 Nr. 26 AO (Nr. 2.9 AEAO). Die bisherigen Nr. 2.6 bis 2.8 werden entsprechend zu den Nr. 2.8, 2.10 f.

In der Nr. 5 wird mit Bezug zum Beschluss des BFH v. 26.5.2021 (V R 31/19, NWB GAAAH-89186) klargestellt, dass der Träger einer Privatschule mit dem Schulbetrieb nicht die Allgemeinheit fördert, wenn die Höhe der Schulgebühren auch unter Berücksichtigung eines Stipendienangebots zur Folge hat, dass die Schülerschaft sich nicht mehr als Ausschnitt der Allgemeinheit darstellt.

In Nr. 7 wird entsprechend der Rechtsprechung des BFH (V R 48/16, NWB TAAAH-02106) das IPSC-Schießen aus der Auflistung in Abs. 1 Satz 3 gestrichen. Gleichzeitig wird in einem neuen Abs. 2 eine Einzelfallprüfung angeordnet (so bereits zuvor BMF v. 12.12.2019, BStBl 2019 I S. 1370, NWB TAAAH-37676).

In Nr. 9 erfolgen Anpassungen an die aktuelle Rechtsprechung des BFH. So wird klargestellt, dass sich aus dem Begriff der politischen Bildung (§ 52 Abs. 2 Satz 1 Nr. 7, 24 AO) kein eigenständiger steuerbegünstigter Zweck der Einflussnahme auf die politische Willensbildung und auf die Gestaltung der öffentlichen Meinung in beliebigen Politikbereichen im Sinne eines „allgemeinpolitischen Mandats" ergibt; daneben ist die politische Bildung nicht förderbar, wenn sie eingesetzt wird, um die politische Willensbildung und die öffentliche Meinung i. S. eigener Auffassungen zu beeinflussen (V R 60/17, NWB RAAAH-08485; V R 14/20, NWB YAAAH-69766).

Daneben erfolgt eine Neufassung der Nr. 16 zu politischen Zwecken, die nicht zu den gemeinnützigen Zwecken des § 52 AO zählen, und der – unter bestimmten Voraussetzungen – für die Gemeinnützigkeit unschädlichen politischen Betätigung inner- und außerhalb der satzungsmäßig steuerbegünstigten Zwecke. Auch an dieser Stelle erfolgen Verweise auf die neuere BFH-Rechtsprechung (z. B. V B 25/21, NWB YAAAH-93544).

b) Zu § 55 AO

Die Nr. 2, betreffend Eigengesellschaften einer juristischen Person des öffentlichen Rechts, wird neu gefasst. Dabei wird gegenüber der bisherigen Fassung ergänzt, dass diese nach § 5 Abs. 1 Nr. 9 KStG, § 3 Nr. 6 Satz 1 GewStG steuerbegünstigt sein kann. Dies gelte auch, soweit sie in die Erfüllung hoheitlicher Pflichtaufgaben der Trägerkörperschaft eingebunden ist.

Die Nr. 15 wird um den Zusatz ergänzt, dass das Urteil des BFH v. 21.1.1998 (II R 16/95, NWB OAAAA-96357) nicht über den entschiedenen Einzelfall hinaus anzuwenden ist (so bereits zuvor BMF v. 6.11.1998, BStBl 1998 I S. 1446, NWB ZAAAA-82825). Dabei war der BFH von der Auffassung der Finanzverwaltung abgewichen, wonach eine Stiftung insgesamt höchstens ein Drittel des Einkommens für unter § 58 Nr. 6 AO fallende Leistungen und für die Erfüllung von anderen durch die Übertragung von belastetem Vermögen begründeten Ansprüchen verwenden darf.

In den neuen Absätzen 3 und 4 der Nr. 25 wird in Bezug auf § 55 Abs. 1 Nr. 3 AO ausgeführt, dass für Zwecke der Feststellung einer Mittelfehlverwendung ein Fremdvergleich anzustellen ist, wobei die Grundsätze der vGA zu berücksichtigen sein sollen. Dabei wird auf die diesbezügliche Rechtsprechung des BFH verwiesen (V R 5/17, NWB MAAAH-56291).

In einem neuen Absatz 3 zur Nr. 26 wird klargestellt, dass dem Grundsatz der Vermögensbindung (§ 55 Abs. 1 Nr. 4 AO) auch das Vermögen unterliegt, das vor dem Eintritt in die Steuerbegünstigung (§§ 51 ff. AO) angesammelt wurde.

In den neuen Nr. 30 und 31 nimmt die Finanzverwaltung Stellung zur Befreiung vom Gebot der zeitnahen Mittelverwendung für Körperschaften mit Einnahmen von höchstens 45.000 € pro Jahr. Dabei wird insbesondere darauf eingegangen, was (nicht) unter den „Einnahmen" i. S. der Norm zu verstehen ist. Daneben wird ausgeführt wie im Falle des Überschreitens der Grenze zu verfahren ist. Die bisherigen Nr. 30 bis 33 werden entsprechend zu den neuen Nr. 32 bis 35.

c) Zu § 57 AO

In Bezug auf die neuen Abs. 3 und 4 werden die neuen, umfassenden Nr. 4 bis 16 eingefügt (ausführlich hierzu Imberg/Brox, NWB 2022 S. 1965 ff., NWB BAAAJ-17017). Bezüglich Abs. 3 wird u. a. darauf eingegangen, was unter dem Begriff des planmäßigen Zusammenwirkens zu verstehen ist. Hinsichtlich Holdingstrukturen nach Abs. 4 wird u. a. ausgeführt, dass eine Mindestbeteiligung nicht erforderlich ist und es sich bei den Anteilen um nutzungsgebundenes Vermögen i. S. v. § 55 Abs. 1 Nr. 5 Satz 2 AO handelt.

d) Zu § 58 AO

In der neu gefassten Nr. 1 wird klargestellt, dass unter dem Begriff der Mittel sämtliche Vermögenswerte zu verstehen sind, folglich auch Nutzungsüberlassungen, Warenlieferungen und die Erbringung von Dienstleistungen. Daneben erfolgt der Verweis auf den neuen § 57 Abs. 3 AO, sofern die Mittel Gegenstand einer Kooperation sind.

Die Erläuterungen zu § 58 Nr. 2 AO werden – entsprechend der gesetzlichen Änderung – gestrichen. Die neu gefasste Nr. 2 enthält daraufhin (lediglich) noch Ausführungen hinsichtlich des Kreises der möglichen Mittelempfänger. Ergänzend werden zu § 58 Nr. 1 AO die neuen Nr. 3 bis

7 eingefügt, in denen die Finanzverwaltung u. a. auf die Mittelverwendung als eine Art der Zweckverwirklichung (§ 58 Nr. 1 Satz 4 AO) und die Anforderungen an die Abbildung der Mittelweitergabe in der Satzung ein (ausführlich hierzu Imberg/Brox, NWB 2022 S. 1973 ff., NWB BAAAJ-17017). Die bisherigen Nr. 3 bis 13 werden entsprechend zu den Nr. 8 bis 18, wobei in der neu gefassten Nr. 18 Anpassungen an die gesetzlichen Änderungen in § 57 Abs. 3, § 58 AO erfolgen.

e) Zu § 58a AO – NEU –

Im AEAO zum neuen § 58a AO geht die Finanzverwaltung insbesondere auf den Anwendungsbereich der Vertrauensschutzregelungen und den Nachweis des geschützten Vertrauens i. S. v. § 58a Abs. 2 AO ein.

f) Zu § 60 AO

In einer neuen Nr. 9 stellt die Finanzverwaltung klar, dass eine Satzungsänderung aufgrund der Neuregelungen in § 52 Abs. 2 und § 58 Nr. 1 AO nicht erforderlich ist, sofern die Satzung bereits vor dem 29.12.2020 – dem Inkrafttreten des JStG 2020 – bestanden hat und die bisherige satzungsgemäße steuerbegünstigte Tätigkeit weiterhin in gleichem Umfang durchgeführt wird.

g) Zu § 60a AO

Die bisherigen Ausführungen in Nr. 2 Abs. 2 Satz 2 werden ersatzlos gestrichen, nachdem die dort normierte Auffassung der Finanzverwaltung fortan gesetzlich geregelt ist (§ 60a Abs. 6 AO). Ergänzend wird hierzu in den neuen Nr. 9 und 10 u. a. klargestellt, dass die tatsächliche Geschäftsführung i. S. der Norm keinen Prüfungsgegenstand im Verfahren zur Feststellung der satzungsmäßigen Voraussetzungen darstellt. Daneben erhält die Nr. 7 einen neuen Abs. 3, in dem auf die Rechtsprechung des BFH v. 23.7.2020 (V R 40/18, NWB RAAAH-62405) Bezug genommen wird, wonach eine Änderung bei den für die Feststellung der satzungsmäßigen Voraussetzungen nach § 60a AO erheblichen Verhältnissen mit dem zivilrechtlichen Inkrafttreten (bspw. Eintragung in das Vereinsregister) eintritt, so dass die Feststellung nach § 60a Abs. 4 AO erst dann aufzuheben ist.

h) Zu § 64 AO

Es werden Anpassungen hinsichtlich der – ab dem VZ 2020 – anzuwendenden höheren Bagatellgrenze von 45.000 € vorgenommen. Daneben erfolgen redaktionelle Änderungen sowie Ergänzungen in Bezug auf die neuen Abs. 3 und 4 in § 57 AO. Außerdem werden Ausführungen in Hinblick auf die Entscheidungen des BFH v. 5.12.1990 (I R 5/88, NWB QAAAA-93585) zur Ermittlung des Gewinns aus wirtschaftlichen Geschäftsbetrieben (Verzicht von Vereinsmitgliedern auf die Zahlung von Aushilfslöhnen vor deren Zufluss) und v. 26.6.2019 (V R 70/17, NWB HAAAH-28209) zur Vermietung von Standflächen als Werbung i. S. v. § 64 Abs. 6 Nr. 1 AO aufgenommen. In einer neuen Nr. 36 wird im Übrigen darauf hingewiesen, dass Einnahmen steuerbegünstigter Körperschaften aus der Weiterveräußerung von im Aphereseverfahren gewonnenen Blutbestandteilen der Ersten Fraktionierungsstufe zur weiteren Fraktionierung dem steuerpflichtigen wirtschaftlichen Geschäftsbetrieb zuzuordnen sind, so dass § 64 Abs. 6 Nr. 3 AO keine Anwendung findet. Die bisherigen Nr. 36 bis 39 werden folglich zu den Nr. 37 bis 40.

i) Zu § 67a AO

In einer neuen Nr. 41 werden Ausführungen zum neuen § 67a Abs. 4 AO betreffend Organisationsleistungen von Sportdachverbänden aufgenommen. Dabei nimmt die Finanzverwaltung u. a. zur Abgrenzung von Amateuren und Lizenzspielern Stellung.

j) Zu § 68 AO

In Bezug auf die Erweiterung der Katalog-Zweckbetriebe werden entsprechende Ergänzungen in einer neuen Nr. 4 sowie der neu gefassten Nr. 9 vorgenommen. Die bisherigen Nr. 4 bis 20 werden folglich zu den Nr. 5 bis 21. Im Übrigen wird die neue Nr. 7 in Bezug auf Inklusionsbetriebe i. S. v. § 215 SGB IX neu gefasst.

IV. Staatliche Corona-Zuschussprogramme: rechtliche Grundlagen für die Durchführung der End-/Schlussabrechnungen

(Thomas Lorenz)

1. Hintergrund

Die Anträge auf Überbrückungshilfen sowie auf außerordentliche Wirtschaftshilfen („November"- und „Dezemberhilfe") wurden häufig auf der Grundlage von Umsatzprognosen und prognostizierten Kosten gestellt und vorläufig (teil-)bewilligt. Nunmehr sind im Rahmen der sogenannten Schlussabrechnung die tatsächlichen Zahlen vorzulegen, aus denen die Umsätze und die Fixkosten für die Förderzeiträume hervorgehen. Die Abrechnung einzelner Anträge erfolgt zusammengefasst im Rahmen eines sogenannten „Paketverfahrens". Gemeinsam abgerechnet werden seit Anfang Mai 2022 die Überbrückungshilfen I bis III sowie die außerordentlichen Wirtschaftshilfen im ersten „Paket". In einem zweiten „Paket" werden zu einem späteren Zeitpunkt die Abrechnung der Überbrückungshilfe III Plus (auch als „Überbrückungshilfe Vierte Phase" bezeichnet) und der Überbrückungshilfe IV (auch als „Überbrückungshilfe Fünfte Phase" bezeichnet) gebündelt.

HINWEIS:

Die Abrechnung mittels eines „Paketverfahrens" impliziert nur eine technische Zusammenführung der einzelnen Überbrückungshilfen und außerordentlichen Wirtschaftshilfen zu „Paketen" zur verfahrensrechtlichen Erleichterung. Innerhalb der beiden verschiedenen „Pakete" muss dennoch jede inbegriffene Hilfe separat erfasst und abgerechnet werden. Für jede Hilfe wird

TEIL G — Verfahrensrecht

demzufolge auch ein gesonderter Schlussbescheid nach den landesrechtlichen Vorschriften erlassen werden. Der Vorteil des „Paketverfahrens" soll nach Auffassung des BMWK u. a. darin begründet liegen, dass die Anrechnung von Förderungen zwischen den jeweiligen Förderprogrammen sowie die Überprüfung der Einhaltung beihilferechtlicher Obergrenzen erleichtert wird.

Antragstellende, die einen Direktantrag auf außerordentliche Wirtschaftshilfe gestellt haben und somit die November- und/oder Dezemberhilfe nicht über ihren prüfenden Dritten beantragt haben, sind grundsätzlich nicht zur Abgabe einer Schlussabrechnung verpflichtet. Zu beachten gilt allerdings, dass falsche Angaben im Antragsformular auch in diesen Fällen den Vorschriften des Subventionsbetrugs nach § 264 StGB unterliegen, weshalb in Fällen, in denen ein Korrekturbedarf besteht, Kontakt mit der zuständigen Bewilligungsstelle aufgenommen werden sollte.

Vor kurzem wurde für beide „Pakete" die Fristverlängerung zur Einreichung der Schlussabrechnungen über den 31.12.2022 hinaus bis zum 30.6.2023 durch das BMWK bekanntgegeben. In Einzelfällen soll spätestens bis zum 31.8.2023 auch eine Fristverlängerung bis zum 31.12.2023 beantragt werden können. Die Beantragung der weitergehenden Fristverlängerung bis zum Jahresende 2023 muss ebenso wie die Einreichung der Schlussabrechnungen selbst über die bekannte Antragsplattform für prüfende Dritte erfolgen. Nach Prüfung der eingereichten Schlussabrechnung durch die Bewilligungsstelle wird im Schlussbescheid eine endgültige Förderhöhe festgesetzt und mitgeteilt. Das kann zu einer Bestätigung der erhaltenen Mittel, aber auch zu einer Nach- oder Rückzahlung führen.

> **HINWEIS:**
>
> Im Falle der Überbrückungshilfe I ist eine Nachzahlung ausgeschlossen, es sei denn, eine eventuell erhaltene Soforthilfe wurde zwischenzeitlich zurückgezahlt.

Zwar muss eine eventuell beantragte Soforthilfe nicht im Rahmen des ersten „Pakets" oder des zweiten „Pakets" der Schlussabrechnung zur Ermittlung der endgültigen Förderhöhe aus den einzelnen Zuschussprogrammen abgerechnet werden – die Berechtigung für die Erhaltung des Zuschusses aus der Soforthilfe musste seitens des Empfängers vielmehr eigenverantwortlich durch Ermittlung eines Liquiditätsengpasses ermittelt werden, manche Bundesländer wie bspw. Baden-Württemberg hatten hierzu ein offizielles Rückmeldeverfahren und insofern eine separate Schlussabrechnung durchgeführt –, allerdings entfalten die Soforthilfen für die End-/Schlussabrechnung der übrigen Corona-Zuschussprogramme insofern eine Relevanz, als dass die Höhe der Soforthilfe bei der Ermittlung der Einhaltung beihilferechtlicher Obergrenzen im Schlussabrechnungsformular zu berücksichtigen ist.

Neben der Schlussabrechnung für die Überbrückungshilfen und den außerordentlichen Wirtschaftshilfen hat eine sog. Endabrechnung für die gestellten Anträge auf Neustarthilfe zu erfolgen, sofern die Antragstellung der Neustarthilfe(n) (Neustarthilfe; Neustarthilfe Plus Juli bis September; Neustarthilfe Plus Oktober bis Dezember; Neustarthilfe 2022 Januar bis März; Neustarthilfe 2022 April bis Juni) durch den prüfenden Dritten für den Mandanten vorgenommen wurde. Anders als bei der Schlussabrechnung der Überbrückungshilfen und der außerordentlichen Wirtschaftshilfen erfolgt die Endabrechnung der Neustarthilfen nicht mittels eines „Paketverfahrens". Die gewährte Firstverlängerung für die Schlussabrechnung bis zum 30.6.2023 gilt nicht für die Endabrechnung. Die Endabrechnung hat weiterhin bis zum 31.12.2022 über die bekannte Antragsplattform für prüfende Dritte zu erfolgen.

> **HINWEIS:**
>
> Die Unterscheidung in „Endabrechnung" und „Schlussabrechnung" ist rein formaler Natur und entfaltet inhaltlich keine Relevanz.

Sowohl die Überbrückungshilfen als auch die außerordentlichen Wirtschaftshilfen und Neustarthilfen beruhen grundsätzlich auf beihilferechtlichen Vorgaben der Europäischen Union. Im nachstehenden Beitrag sollen die wesentlichen rechtlichen Grundlagen der Corona-Zuschussprogramme thematisiert werden.

2. Verwaltungsrechtlicher Rahmen

Rechtsgrundlage der Corona-Zuschussprogramme bilden die jeweils einschlägigen Richtlinien und Verwaltungsvorschriften. Zur Beurteilung der Rechtsgrundlagen sind neben den Vorgaben der Richtlinien des Weiteren auch die veröffentlichten FAQs zu den einzelnen Corona-Zuschussprogrammen heranzuziehen (vgl. VG Bayreuth, Gerichtsbescheid v. 20.6.2022 - B 8 K 21.1024, Rz. 32a).

Für die End-/Schlussabrechnung ist auf den jeweils letzten Stand und somit auf den aktuellen Stand der FAQs abzustellen, weshalb sich der Mandant nicht auf die zum Zeitpunkt der Erstantragstellung eventuell günstigere Fassung der FAQs berufen kann. Problematisch ist das insbesondere bei der Überbrückungshilfe III, bei der die FAQs im Zeitablauf punktuell immer wieder nachträglich verschärft worden sind. Die FAQs begründen keinen Rechtsanspruch auf Gewährung der beantragten Corona-Hilfe, es besteht offiziell kein Vertrauensschutz. Ein Vertrauensschutz ist wohl allenfalls bei bereits punktuell geprüften Sachverhalten durch die Bewilligungsstelle denkbar. Maßgeblich wäre insofern der Umfang des Vorläufigkeitsvermerks im Bewilligungsbescheid und das gerechtfertigte Vertrauen des Antragstellers. Da allerdings alle bis zur End-/Schlussabrechnung erlassenen Bescheide unter dem Vorbehalt der Nachprüfung und einem Vorläufigkeitsvermerk ergangen sind, ist ein Vertrauensschutz nicht gegeben (VG Trier, Urteil v. 8.12.2021 - 8 K 2827/21.TR, NWB FAAAI-02686, Rz. 71) bzw. wohl nur in den allerwenigsten Fällen denkbar.

Alle Corona-Zuschussprogramme stellen Beihilfen dar. Bei der Gewährung der angestrebten Beihilfe handelt es sich rechtlich um eine Subvention und somit um eine Billigkeitsleistung des Bundes, deren Bewilligung im Ermessen der zuständigen Bewilligungsstelle der Länder steht. Es besteht insofern kein Rechtsanspruch auf eine Bewilligung der beantragten Beihilfe. Die Gewährung der Beihilfen steht im Einklang mit Art. 107 Abs. 2 AEUV, insbesondere, weil derartige Geldleistungen durch die Europäische Kommission genehmigt worden sind, oder, da diese auf Grundlage der „De-minimis"-Verordnung erlassen worden sind (siehe hierzu ausführlicher Unterkapitel c).

> **HINWEIS:**
>
> Da es sich um eine Subvention handelt, kann bei vorsätzlich oder leichtfertig falschen oder unvollständigen Angaben in den Anträgen sowie vorsätzlichem oder leichtfertigem Unterlassen einer Mitteilung über Änderungen in diesen Angaben der Straftatbestand des Subventionsbetrugs (§ 264 StGB) erfüllt sein. Da im Rahmen einer automatisierten Vorprüfung u. a. ein Datenabgleich mit der Finanzverwaltung erfolgt, ist es riskant zu hoffen, im Falle einer durch vorsätzlich oder leichtfertig falsche oder unvollständige Angaben herbeigeführten Überforderung unentdeckt zu bleiben.

Als statthafter Rechtsbehelf, beispielsweise gegen einen als unzutreffend erachteten Bescheid, kommt, je nach Bundesland, neben einer Klage vor dem zuständigen Verwaltungsgericht auch ein Widerspruchsverfahren in Betracht. Eine endgültige Rechtssicherheit dürfte im Zweifelsfall aber nur eine Klage vor dem Verwaltungsgericht herbeiführen. Die Aussicht auf einen Klageerfolg ist allerdings als äußerst gering einzuschätzen. So wurde ein Großteil der bisherigen Klagen vor den Verwaltungsgerichten stets mit einem ähnlichen Wortlaut negativ beschieden (vgl. bspw. VG Würzburg, Urteil v. 3.8.2020 - W 8 K 20.743; VGH Kassel, Beschluss v. 4.2.2021 - 10 B 2762/20; VG Gießen, Urteil v. 3.8.2021 - 4 K 573/21.GI; VG München, Urteil v. 15.9.2021 - M 31 K 21.110; VG Würzburg, Urteil v. 18.10.2021 - W 8 K 21.716; VG Trier, Urteil v. 8.12.2021 - 8 K 2827/21.TR; VG Berlin, Urteil v. 12.1.2022 - VG 26 K 258/20; VG Bayreuth, Gerichtsbescheid v. 20.6.2022 - B 8 K 21.1024). Den Gerichten sei es demnach verwehrt, die Bewilligungspraxis durch eine eigenständige Auslegung der jeweiligen Förderrichtlinie selbst zu bestimmen (vgl. VG Bayreuth, Gerichtsbescheid v. 20.6.2022 - B 8 K 21.1024, Rz. 29). Eine (Förder-)Richtlinie diene nur dazu, eine dem Gleichheitsgrundsatz entsprechende Ermessensausübung der Behörde zu gewährleisten und dürfe nicht gerichtlich ausgelegt werden (vgl. BverwG, Beschluss v. 11.11.2008 - 7 B 38.08, juris, Rz. 9; BayVGH, Beschluss v. 8.11.2021 - 6 ZB 21.1889, juris, Rz. 6, m.w. N.). Ein Rechtsanspruch und somit Aussicht auf einen Klageerfolg bestehe ausnahmsweise nur, sofern eindeutig ein Verstoß der Bewilligungsstelle gegen den Gleichbehandlungsgrundsatz in Art. 3 GG durch eine Selbstbindung der Verwaltung aufgrund einer ständigen Verwaltungspraxis auf Basis der einschlägigen Richtlinien nachgewiesen werden kann. Für einen Nachweis der Verletzung des Gleichheitsgrundsatzes müsse dargelegt werden können, dass die Bewilligungsstelle Unternehmen, die in gleicher Weise wie der Kläger von allgemeinen Corona-bedingten Umsatzeinbußen betroffen waren, generell eine Beihilfe nach der maßgebenden Richtlinie gewährt hat und den Kläger willkürlich und unter Verstoß gegen den Gleichheitsgrundsatz davon ausgenommen hat (vgl. VG Bayreuth, Gerichtsbescheid v. 20.6.2022 - B 8 K 21.1024, Rz. 45c). Die Förderrichtlinien begründen als ermessenslenkende Verwaltungsvorschriften nicht wie Gesetze und Rechtsverordnungen unmittelbar Rechte und Pflichten, sondern entfalten erst durch ihre Anwendung Außenwirkung. Das Gericht sei somit an den Zweck der Förderrichtlinien gebunden, wie ihn der Geber der Beihilfe versteht. Entscheidend für die gerichtliche Prüfung sei, wie die Behörde des zuständigen Rechtsträgers die Verwaltungsvorschrift im maßgeblichen Zeitpunkt in ständiger Praxis gehandhabt hat und in welchem Umfang sie infolgedessen durch den Gleichheitssatz gebunden ist (vgl. VG Trier, Urteil v. 8.12.2021 – 8 K 2827/21.TR, NWB FAAAI-02686, Rz. 45 ff.).

Der maßgebende Zeitpunkt für die einheitliche Ausübung des Ermessens ist das Datum der Bewilligung. Aus Sicht der BMWK stellt erst der Schlussbescheid und somit der ausgestellte Bescheid nach Durchführung der End-/Schlussabrechnung die endgültige Bewilligung dar, da die im Rahmen der Erstantragstellung ausgestellten Bescheide alle unter einem Vorläufigkeitsvermerk und dem Vorbehalt der Nachprüfung erlassen worden sind.

Bei den Corona-Hilfen handelt es sich ferner aufgrund ihrer Zweckbindung regelmäßig um eine nach § 851 Abs. 1 ZPO nicht pfändbare Forderung. Finanzgerichtlich und verwaltungsrechtlich explizit bestätigt ist das bspw. bereits für die Soforthilfe (FG Münster, Beschluss v. 13.5.2020 - 1 V 1286/20 AO, EFG 2020 S. 897, 1. Leitsatz; BFH, Beschluss v. 9.7.2020 - VII S 23/20 (AdV), NWB UAAAH-54557, 1. Leitsatz; LG Bonn, Beschluss v. 6.8.2020 - 4 T 196/20; BGH, Beschluss v. 10.3.2021 - VII ZB 24/20, NWB RAAAH-75414, 1. Leitsatz) und für die Überbrückungshilfe III (FG Münster, Beschluss v. 22.10.2020 - 6 V 2806/20 AO, NWB XAAAH-65877, 1. Leitsatz; Sächsisches OVG, Beschluss v. 28.12.2021 – 5 B 344/21, Rz. 11).

Auch wenn die Nicht-Pfändbarkeit für die anderen Überbrückungshilfen sowie für die außerordentlichen Wirtschaftshilfen und den Neustarthilfen bisher noch nicht explizit bestätigt worden ist, ist davon auszugehen, dass die Rechtsprechungsgrundsätze auch hierauf übertragbar sind. Auch bei den Zuschüssen aus den anderen Zuschussprogrammen handelt es sich um zweckgebundene Zuschüsse mit dem Ziel der Abmilderung der finanziellen Notlage des Antragstellers im Zusammenhang mit der Corona-Pandemie. Die Zuschussprogramme dienen insbesondere zur Überbrückung von Liquiditätsengpässen, die im Zusammenhang mit der Corona-Pandemie entstanden sind. Nicht umfasst sind vor dem 1.3.2020 entstandene wirtschaftliche Schwierigkeiten bzw. Liquiditätsengpässe. Die erhaltenen Zuschüsse aus den Zuschussprogrammen sind aufgrund ihrer Zweckbindung nicht übertragbar und damit nicht pfändbar. Altgläubiger sollen folglich nicht von den Corona-Zuschussprogrammen profitieren, die der Staat zur Überwindung eines Liquiditätsengpasses, der durch eine Einschränkung des Geschäftsbetriebs im Zuge der Verordnung staatlicher Maßnahmen zur Eindämmung des Infektionsgeschehens entstanden ist, zur Verfügung gestellt hat.

3. Beihilferechtlicher Rahmen

Zu Beginn der Corona-Pandemie verabschiedete die Europäische Kommission einen „Befristeten Rahmen für staatliche Beihilfen zur Stützung der Wirtschaft angesichts des derzeitigen Ausbruchs von COVID-19" (ABl. 2020 C 91, I/1 vom 20.3.2020, S. 1) – im Folgenden kurz als „Befristeter Beihilferahmen" bzw. „Temporary Framework" bezeichnet –, um schwerwiegende konjunkturelle Störungen innerhalb der gesamten EU abzuwenden. Das ursprünglich bis Ende 2020 befristete „Temporary Framework" wurde mehrfach verlängert und ist zum 30.6.2022 ausgelaufen (vgl. im Einzelnen ABl. C 112/I v. 4.4.2020, S. 1; ABl. C 164/3 v. 13.5.2020, S. 3; ABl. C 218/3 v. 2.7.2020, S. 3; ABl. C 340/I v. 13.10.2020, S. 1; ABl. C 34/6 v. 1.2.2021, S. 6; ABl. C 473/1 v. 24.11.2021, S. 1).

HINWEIS:

Da das „Temporary Framework" und somit der beihilferechtliche Rahmen für die Gewährung der staatlichen Corona-Hilfsprogramme zum 30.6.2022 ausgelaufen ist, wird es im Rahmen der Schlussabrechnung nicht mehr möglich sein, für Fördermonate, in denen vor Auslaufen des „Temporary Frameworks" kein Umsatz eingetragen wurde, eine nachträgliche Antragstellung für diese Fördermonate vorzunehmen. Lediglich innerhalb der bereits vor dem Auslaufen des „Temporary Frameworks" und somit zum Zeitpunkt der Erstantragstellung geltend gemachten Fördermonate ist im Rahmen der Schlussabrechnung eine nachträgliche Anpassung der Umsätze und/oder Fixkosten möglich, die dementsprechend zu einer Bestätigung der erhaltenen Mittel, aber auch zu einer Nach- oder Rückzahlung führen kann.

Problematisch kann das auch für Fälle sein, in denen zunächst die November- und Dezemberhilfe beantragt wurde und im Zuge dessen im Rahmen der Überbrückungshilfe III nur für den verkürzten Förderzeitraum Januar 2021 bis Juni 2021 eine Antragstellung möglich war. Auch in diesen Fällen ist eine nachträgliche Berücksichtigung der Fördermonate November 2020 und Dezember 2020 im Rahmen der Schlussabrechnung bei der Überbrückungshilfe III aufgrund des Auslaufens des „Temporary Frameworks" wohl nicht mehr möglich, sollte sich bei der Durchführung der Schlussabrechnung herausstellen, dass für die November- und Dezemberhilfe doch keine Antragsberechtigung bestand und die November- und Dezemberhilfen somit vollständig zurückzuzahlen wären.

Gestützt ist das „Temporary Framework" auf Art. 107 III b AEUV, demzufolge Beihilfen zur Förderung wichtiger Vorhaben von gemeinsamem europäischem Interesse oder zur Behebung einer beträchtlichen Störung im Wirtschaftsleben eines Mitgliedstaats von der Europäischen Kommission genehmigt werden können. Da das „Temporary Framework" nicht unmittelbar anwendbar ist, mussten die Mitgliedstaaten eigene, nationale Beihilfeprogramme verabschieden und diese bei der Europäischen Kommission anmelden und genehmigen lassen, um anschließend ohne Genehmigung durch die Europäische Kommission Beihilfen gewähren zu können. Neben den genehmigten Beihilfen sind von der Anmeldepflicht auch staatliche Hilfen ausgenommen, die den Vorgaben der einschlägigen „De-minimis"-Verordnung (Verordnung (EU) Nr. 1407/2013) unterfallen.

Auf Basis des (mehrfach verlängerten) „Temporary Frameworks" meldete die Bundesregierung bei der Europäischen Kommission verschiedene Beihilfeprogramme an, um unter anderem Zuschussprogramme in Form der außerordentlichen Wirtschaftshilfen, Überbrückungshilfen und Neustarthilfen ermöglichen zu können. Eine Übersicht der Beihilfeprogramme für die angesprochenen Zuschussprogramme bietet die nachstehende Tabelle, die im Wesentlichen auch den Beihilfe-FAQs des BMWK entnommen werden kann:

Tabelle 1: Übersicht Beihilfeprogramme

	Bundesregelung Kleinbeihilfen 2020	De minimis-Verordnung	Bundesregelung Fixkostenhilfe 2020	Bundesregelung November-/Dezemberhilfe (Schadensausgleich	Allgemeine Bundesregelung Schadensausgleich, COVID-19
Corona-Soforthilfe des Bundes	x	x[2]			
Überbrückungshilfe I		x[3]			
Überbrückungshilfe II	x[1]		x		
Novemberhilfe	x	x[3]	x	x	
Dezemberhilfe	x	x[3]	x	x	
Überbrückungshilfe III	x	x[3]	x		x
Überbrückungshilfe III Plus	x	x[3]	x		x
Überbrückungshilfe IV	x	x[3]	x		x
Neustarthilfe	x				
Neustarthilfe Plus Juli bis September	x				
Neustarthilfe Plus Oktober bis Dezember	x				
Neustarthilfe 2022 Januar bis März	x				
Neustarhilfe 2022 April bis Juni	x				

1) Im Rahmen der Schlussabrechnung. 2) Zum Teil landesspezifische Soforthilfen. 3) Kumulierung möglich.

Auf Grundlage der „**Bundesregelung Kleinbeihilfe 2020**" können grundsätzlich Beihilfen an Unternehmen bzw. an einen Unternehmensverbund i. H.v. insgesamt 800.000 €, 1,8 Mio. € bzw. 2,3 Mio. € gewährt werden. Bei Einhaltung der Kumulierungsvorschriften (insbesondere Art. 5 Abs. 2 der allgemeinen „De-minimis"-Verordnung) kann der Höchstbetrag i. H.v. 800.000 €, 1,8 Mio. € bzw. 2,3 Mio. € durch eine Kumulierung mit den „De-minimis"-Beihilfen i. H.v. 200.000 € auf bis zu 1. Mio., 2 Mio. € bzw. 2,5 Mio. € pro Unternehmen beziehungsweise Unternehmensverbund erhöht werden. Für die Landwirtschaft sowie die Fischerei/Aquakultur gelten innerhalb der „Bundesregelung Kleinbeihilfe 2020" verringerte Höchstbeträge.

Die angegebenen Höchstbeträge des Beihilfevolumens aus der „Bundesregelung Kleinbeihilfe 2020" beziehen sich auf die „Bekanntmachung(en) der Regelung zur vorübergehenden Gewährung geringfügiger Beihilfen im Geltungsbereich der Bundesrepublik Deutschland im Zusammenhang mit dem Ausbruch von COVID-19 („Bundesregelung Kleinbeihilfen 2020")". Gemäß der erstmaligen Bekanntmachung vom 26.3.2020 konnten auf Grundlage der „Bundesregelung

Kleinbeihilfen 2020" an ein Unternehmen bzw. einen Unternehmensverbund Kleinbeihilfen i. H. v. maximal 800.000 € gewährt werden. Durch die Bekanntmachung der vierten geänderten „Bundesregelung Kleinbeihilfen 2020" v. 12.2.2021 wurde der Höchstbetrag erstmalig auf 1,8 Mio. € erhöht, bevor er durch die Bekanntmachung der fünften geänderten „Bundesregelung Kleinbeihilfen 2020" v. 31.12.2021 letztmalig auf 2,3 Mio. € erhöht wurde. Alle Bekanntmachungen der Regelung zur vorübergehenden Gewährung geringfügiger Beihilfen im Geltungsbereich der Bundesrepublik Deutschland im Zusammenhang mit dem Ausbruch von COVID-19 („Bundesregelung Kleinbeihilfen 2020") sind über den Bundesanzeiger zugänglich (vgl. im Einzelnen Banz AT 31.3.2020 B2; Banz AT 24.4.2020 B1; Banz AT 11.8.2020 B1; Banz AT 3.12.2020 B2; Banz AT 1.3.2021 B1; Banz AT 31.12.2021 B1). Die schrittweise, nachträgliche Erhöhung des Höchstbetrags war aufgrund erfolgter Anpassungen des „Temporary Frameworks" möglich.

Es gilt zu beachten, dass der durch die Bekanntmachung vom 31.12.2021 auf 2,3 Mio. € erhöhte Höchstbetrag der Kleinbeihilfen regelmäßig nur für die Überbrückungshilfe IV zugänglich ist (vgl. Punkt 4.16 der Schlussabrechnung-FAQs sowie den „wichtigen Hinweis" zu Beginn der Beihilfe-FAQs). Für die übrigen Phasen der Überbrückungshilfe sowie für die außerordentlichen Wirtschaftshilfen gelten nach Auffassung des BMWK die bisher jeweils geltenden Förderhöchstbeträge fort. Für die Überbrückungshilfe III – und für die außerordentlichen Wirtschaftshilfen – können somit maximal Kleinbeihilfen i. H. v. bis zu 1,8 Mio. € vergeben werden. Das BWMK macht es in seinem selbstgewählten Beispiel unter Punkt 4.1 der Schlussabrechnung-FAQs daran fest, dass eine Berücksichtigung des auf 2,3 Mio. € angehobenen Höchstbetrags der Kleinbeihilfen im Rahmen der Überbrückungshilfe III deswegen nicht möglich sei, da die beihilferechtlichen Voraussetzungen für eine Gewährung von Überbrückungshilfe III i. H. v. 2,3 Mio. € ausschließlich auf Grundlage der „Bundesregelung Kleinbeihilfen 2020" zum Zeitpunkt der Bewilligung nicht vorlagen. Erst- und Änderungsanträge der Überbrückungshilfe III konnten bis zum 31.10.2021 gestellt werden; die Anhebung des Höchstbetrags der Kleinbeihilfen auf 2,3 Mio. € erfolgte erst mit der Bekanntmachung fünften geänderten „Bundesregelung Kleinbeihilfen 2020" v. 31.12.2021.

> **HINWEIS:**
>
> Anders als im Falle der Regelungen zu den Umsätzen/Fixkosten, bei denen für die Durchführung der Schlussabrechnung die aktuell gültigen FAQs maßgebend sind (siehe oben), ist für die beihilferechtliche Würdigung das Beihilferecht zum Zeitpunkt der Antragstellung heranzuziehen. Maßgeblich ist insofern das Beihilferecht bei Antragstellung.

Unabhängig hiervon ist zudem zu beachten, dass die jeweiligen Höchstbeträge pro Unternehmen oder Unternehmensverbund gelten, also programmübergreifend zu sehen sind. Sollte ein Unternehmen bspw. die Überbrückungshilfen III bis IV beantragt haben, können über alle Förderprogramme hinweg dennoch insgesamt nur max. 2,3 Mio. € an Kleinbeihilfen auf der Grundlage der „Bundesregelung Kleinbeihilfen 2020" vergeben werden. D. h., wurden für das Unternehmen bereits 1.000.000 € an Kleinbeihilfen auf Grundlage der „Bundesregelung Kleinbeihilfen 2020" im Rahmen der Überbrückungshilfe III und 800.000 € an Kleinbeihilfen auf Grundlage der „Bundesregelung Kleinbeihilfen 2020" im Rahmen der Überbrückungshilfe III Plus beantragt und bewilligt, dann können im Rahmen der Überbrückungshilfe IV nur noch 500.000 € an Kleinbeihilfen auf Grundlage der „Bundesregelung Kleinbeihilfen 2020" bewilligt werden, so dass insgesamt der maximale Kleinbeihilfebetrag i. H. v. 2,3 Mio. € nicht überschritten wird.

Die **„De-minimis"**-Verordnung gilt allgemein und somit unabhängig von der Corona-Pandemie. Auf Grundlage von „De-minimis" können ohne Anmeldepflicht einzelnen Unternehmen innerhalb von drei Steuerjahren grundsätzlich Beihilfen i. H. v. insgesamt bis zu 200.000 € gewährt werden. Abweichend hiervon können im Falle von Speditionen nur maximal 100.000 € innerhalb von drei Steuerjahren gewährt werden, im Falle der Landwirtschaft 20.000 € und im Falle der Fischerei/Aquakultur nur maximal 30.000 €.

HINWEIS:

Auf Basis von „De-minimis" werden, unabhängig von den Corona-Hilfen, eine Vielzahl weiterer staatlicher Beihilfen vergeben, etwa Förderprogramme zur Digitalisierung wie der „Digitalbonus Bayern". Zwar lebt das „Beihilfebudget" aus „De-minimis" i. H. v. 200.000 € nach drei Steuerjahren wieder auf, nichtsdestotrotz sollte bei der Beantragung der Corona-Hilfen vorrangig, sofern möglich, das Beihilfevolumen aus den anderen Beihilfeprogrammen aufgebraucht werden, bevor eine Kumulierung mit den „De-minimis"-Beihilfen erfolgt; zum einen, da das Beihilfevolumen aus den anderen Beihilfeprogrammen nach Abschluss der Schlussabrechnung aufgrund des Auslaufens des „Temporary Frameworks" zum 30.6.2022 nicht mehr beansprucht werden kann, und zum anderen, da es nicht absehbar ist, ob der Mandant in naher Zukunft die Inanspruchnahme weiterer staatlicher Beihilfeprogramme, die als „De-minimis"-Beihilfe vergeben werden, gedenkt.

Wie die „Bundesregelung Kleinbeihilfen 2020" wurde auch die **„Bundesregelung Fixkostenhilfe 2020"** spezifisch im Zusammenhang mit der Corona-Pandemie geschaffen. Auf Grundlage der „Bekanntmachung(en) der Regelung zur Gewährung von Unterstützung für ungedeckte Fixkosten im Geltungsbereich der Bundesrepublik Deutschland im Zusammenhang mit dem Ausbruch von COVID-19 („Bundesregelung Fixkostenhilfe 2020")" können grundsätzlich Beihilfen als Beitrag zu den ungedeckten Fixkosten eines Unternehmens i. H. v. bis zu 3 Mio. €, 10 Mio. € bzw. 12 Mio. € pro Unternehmen beziehungsweise Unternehmensverbund vergeben werden. Es ist ein Nachweis der ungedeckten Fixkosten im relevanten beihilfefähigen Zeitraum zu führen, weshalb – anders als bei den anderen möglichen Beihilferahmen – die Möglichkeit der Nutzung der „Bundesregelung Fixkostenhilfe 2020" unter einem Verlustvorbehalt steht. Zu beachten gilt in diesem Zusammenhang, dass die Beihilfeintensität 70 % der ungedeckten Fixkosten nicht übersteigen darf, außer bei kleinen und Kleinstunternehmen (d. h. Unternehmen mit weniger als 50 Beschäftigten und einem Jahresumsatz beziehungsweise einer Jahresbilanz von nicht mehr als 10 Mio. €, vgl. Anhang I der Allgemeinen Gruppenfreistellungsverordnung (EU) Nr. 651/20142), bei denen die Beihilfeintensität 90 % der ungedeckten Fixkosten nicht übersteigen darf. Soweit die Vorgaben aller Regelungen eingehalten werden, ist eine Kumulierung mit der „Bundesregelung Kleinbeihilfen 2020" und mit „De-minimis"-Beihilfen grundsätzlich möglich.

Die angegebenen Höchstbeträge des Beihilfevolumens aus der „Bundesregelung Fixkostenhilfe 2020" beziehen sich auf die „Bekanntmachung(en) der Regelung zur Gewährung von Unterstützung für ungedeckte Fixkosten im Geltungsbereich der Bundesrepublik Deutschland im Zusammenhang mit dem Ausbruch von COVID-19 („Bundesregelung Fixkostenhilfe 2020")". Gemäß der erstmaligen Bekanntmachung v. 20.11.2020 konnte auf Grundlage der „Bundesregelung Fixkostenhilfe 2020" an ein Unternehmen bzw. einen Unternehmensverbund eine Fixkostenhilfe in Höhe von maximal 3 Mio. € gewährt werden. Durch die Bekanntmachung der „Bundesregelung Fixkostenhilfe 2020" v. 12.2.2021 wurde der Höchstbetrag erstmalig auf 10 Mio. € erhöht, bevor er durch die Bekanntmachung der „Bundesregelung Fixkostenhilfe 2020" v. 21.12.2021 letztmalig auf 12 Mio. € erhöht wurde. Alle Bekanntmachungen der Regelung zur vorübergehenden Gewährung geringfügiger Beihilfen im Geltungsbereich der Bundesrepublik Deutschland im Zusammenhang mit dem Ausbruch von COVID-19 („Bundesregelung Kleinbeihilfen 2020") sind über den Bundesanzeiger zugänglich (vgl. im Einzelnen Banz AT 14.12.2020 B2; Banz AT 1.3.2021 B2; Banz AT 31.12.2021 B2). Die schrittweise, nachträgliche Erhöhung des Höchstbetrags war ebenfalls aufgrund erfolgter Anpassungen des „Temporary Frameworks" möglich.

Wie bei den Erläuterungen zur „Bundesregelung Kleinbeihilfen 2020" bereits ausgeführt, ist auch hier das Beihilferecht zum Zeitpunkt der Antragstellung maßgeblich. Insofern kommt bspw. die nachträgliche Erhöhung des Förderhöchstbetrags von 10 Mio. € auf 12 Mio. € wiederum nur für die Überbrückungshilfe IV in Betracht, während bspw. im Falle der Überbrückungshilfen III und III Plus nur maximal 10 Mio. € an Fixkostenhilfe beantragt werden können. Auch hier gilt es wieder zu beachten, dass die jeweiligen Höchstbeträge pro Unternehmen oder Unternehmensverbund gelten und somit programmübergreifend zu sehen sind.

Der Beihilferahmen der **„Bundesregelung Novemberhilfe/Dezemberhilfe (Schadensausgleich)"** kann nur im Zusammenhang mit der Beantragung der außerordentlichen Wirtschaftshilfen beansprucht werden. Auf Grundlage dieser Regelung können Beihilfen als Schadensausgleich gewährt werden, deren Höhe auf 95 % des im beihilfefähigen Zeitraum entstandenen Schadens begrenzt sind. Die „Bundesregelung Novemberhilfe/Dezemberhilfe (Schadensausgleich)" ist auf Fälle von „direkter" und „indirekter" Betroffenheit von staatlichen Schließungsanordnungen beschränkt und kann daher nur beansprucht werden, wenn Umsätze aus „indirekter Betroffenheit über Dritte" weniger als 50 % des insgesamt betroffenen Umsatzes ausmachen. Soweit die Vorgaben aller Regelungen eingehalten werden, ist eine Kumulierung mit Beihilfen auf Grundlage der „Bundesregelung Kleinbeihilfen 2020" und der „De-minimis"-Verordnung möglich. Eine Kumulierung mit Beihilfen auf Grundlage der „Bundesregelung Fixkostenhilfe 2020" ist ausgeschlossen.

Auf Grundlage der **„Allgemeine Bundesregelung Schadensausgleich, COVID-19"** können im Rahmen der Überbrückungshilfe III, Überbrückungshilfe III Plus und Überbrückungshilfe IV insgesamt bis zu 40 Mio. € erstattet werden. Den „Schadensausgleich, COVID-19" können alle Unternehmen in Anspruch nehmen, die direkt oder indirekt von staatlichen Schließungsmaßnahmen betroffen sind oder waren und einen Schaden nachweisen können, der unmittelbar aufgrund der Schließungsmaßnahme entstanden ist. Soweit die Vorgaben aller Regelungen eingehalten werden, ist eine Kumulierung mit Beihilfen auf Grundlage der „Bundesregelung Kleinbeihilfen 2020" und der „De-minimis"-Verordnung möglich. Eine Kumulierung mit Beihilfen auf Grundlage der „Bundesregelung Fixkostenhilfe 2020" ist im Rahmen der Überbrückungshilfe III, Überbrückungshilfe III Plus und/oder Überbrückungshilfe IV ebenfalls möglich, wenn sich die jeweiligen Zeiträume, für welche die unterschiedlichen beihilferechtlichen Grundlagen herangezogen werden, nicht überschneiden. Etwas anderes gilt bei Unternehmen, die nur auf einem wirtschaftlichen Tätigkeitsfeld aktiv sind und mehrere Filialen oder Betriebsstätten haben, die aufgrund unterschiedlicher regionaler Schließungsanordnungen teilweise geschlossen und teilweise nicht geschlossen sind. In diesem Fall kann sich der Antragsteller für denselben Zeitraum für den nicht geschlossenen Teil auf die „Bundesregelung Fixkostenhilfe 2020" und für den geschlossenen Teil auf die „Allgemeine Bundesregelung Schadensausgleich, COVID-19" stützen. In jedem Fall ist sicherzustellen, dass auf der Grundlage beider Beihilferegime nicht dieselben beihilferechtlichen Kosten in Ansatz gebracht werden. Auch darf der auf Grundlage der „Bundesregelung Novemberhilfe/Dezemberhilfe (Schadensausgleich)" bereits geltend gemachte Schaden nicht erneut für die Berechnung herangezogen werden.

HINWEIS:

Die Definition und insofern die Berechnung des Schadens gemäß der „Bundesregelung Novemberhilfe/Dezemberhilfe (Schadensausgleich)" weicht von der Definition des Schadens gemäß der „Allgemeinen Bundesregelung Schadensausgleich, COVID-19" ab. Wie sich der Schaden im Einzelfall ermitteln lässt, ist aus den Beihilfe-FAQs ersichtlich.

Ein Wechsel des im Rahmen der Erstantragsstellung bzw. in der Stellung eines Änderungsantrags ursprünglich gewählten Beihilferahmens in der Schlussabrechnung ist grundsätzlich möglich, sofern sich die Wechselmöglichkeit aus der nachstehenden Tabelle ergibt. Die Tabelle kann im Wesentlichen dem Punkt 4.1 der FAQs zur Schlussabrechnung entnommen werden:

Tabelle 2: Übersicht Wechselmöglichkeiten Beihilferahmen innerhalb der End-/Schlussabrechnung

Beihilfeprogramm	Wechsel des Beihilferahmens möglich?
November-/Dezemberhilfe	Ja. Ausgenommen ist der Wechsel zur „Bundesregelung Novemberhilfe/Dezemberhilfe (Schadensausgleich)".
Überbrückungshilfe I	Nein. Die Überbrückungshilfe I fällt ausschließlich unter die „Bundesregelung Kleinbeihilfen 2020" (gegebenenfalls ist eine Kumulierung mit „De-minimis" möglich).
Überbrückungshilfe II	Ja. Antragstellende können wählen, ob sie die Überbrückungshilfe II auf Grundlage der „Bundesregelung Kleinbeihilfen 2020" oder der „Bundesregelung Fixkostenhilfe 2020" erhalten.
Überbrückungshilfe III Überbrückungshilfe III Plus Überbrückungshilfe IV	Ja. Siehe Tabelle 1 für eine Übersicht der entsprechenden möglichen Beihilfeprogramme.
Neustarthilfe	Nein. Die Neustarthilfe fällt ausschließlich unter die „Bundesregelung Kleinbeihilfen 2020".
Neustarthilfe Plus Juli bis September	Nein. Die „Neustarthilfe Plus Juli bis September" fällt ausschließlich unter die „Bundesregelung Kleinbeihilfen 2020".

Beihilfeprogramm	Wechsel des Beihilferahmens möglich?
Neustarthilfe Plus Oktober bis Dezember	Nein. Die „Neustarthilfe Plus Oktober bis Dezember" fällt ausschließlich unter die „Bundesregelung Kleinbeihilfen 2020".
Neustarthilfe 2022 Januar bis März	Nein. Die „Neustarthilfe 2022 Januar bis März" fällt ausschließlich unter die „Bundesregelung Kleinbeihilfen 2020".
Neustarthilfe 2022 April bis Juni	Nein. Die „Neustarthilfe 2022 April bis Juni" fällt ausschließlich unter die „Bundesregelung Kleinbeihilfen 2020".

Ein Wechsel des Beihilferahmens ist allerdings nur möglich, wenn die beihilferechtlichen Voraussetzungen des Beihilferahmens, in den gewechselt werden soll, bereits im Zeitpunkt der Gewährung der Beihilfe erfüllt waren.

Die bisher in den FAQs erläuterten beihilferechtlichen Regelungen gelten unverändert auch für die Durchführung der End-/Schlussabrechnung. Die Beihilfe-FAQs sind allerdings nicht mehr aktuell. So sind etwa die letzten Änderungen zur „Bundesregelung Beihilfen 2020" und zur „Bundesregelung Fixkostenhilfe 2020" noch nicht in die Beihilfe-FAQs eingearbeitet worden. Zumindest für die Durchführung der Schlussabrechnung für das erste „Paket" ist die fehlende Aktualisierung aber irrelevant, da für die beihilferechtliche Würdigung das Beihilferecht zum Zeitpunkt der Antragstellung heranzuziehen ist und die Überbrückungshilfe IV nicht Bestandteil des ersten Schlussabrechnungspakets ist.

Im Rahmen der Schlussabrechnung sind alle beantragten Beihilfen des antragstellenden Unternehmens bzw. Unternehmensverbunds, die hinsichtlich der Einhaltung der beihilferechtlichen Obergrenzen relevant sind, vollständig anzugeben. In diesem Zusammenhang ist darauf zu achten, dass das Beihilfevolumina der einzelnen beihilferechtlichen Regelungen nicht überschritten wird. So werden auf Grundlage der „Bundesregelung Kleinbeihilfen 2020" etwa auch der KfW-Schnellkredit sowie weitere Kredite aus dem KfW-Sonderprogramm (bspw. KfW-Unternehmerkredit) mit einer Laufzeit über sechs Jahre und einem Kreditvolumen bis zu 800.000 € vergeben, die bei der Berechnung des bereits „ausgeschöpften" Beihilfevoluminas allesamt zu berücksichtigen sind. Sollte bspw. der beihilferechtliche Rahmen aus der „Bundesregelung Kleinbeihilfen 2020" bereits ausgeschöpft sein, müsste ggf. eine Kumulierung mit weiteren Beihilferegelungen erfolgen, um eine vollständige Auszahlung der beantragten Fördersumme zu erreichen.

4. Steuerrechtliche Grundlagen

Sowohl bei den Überbrückungshilfen als auch den außerordentlichen Wirtschaftshilfen und den Neustarthilfen handelt es sich um sog. echte Zuschüsse. Diese sind nicht umsatzsteuerbar. Allerdings sind erhaltene Zuschüsse aus diesen Förderprogrammen im Rahmen der Einkommen-/Körperschaftsteuer und der Gewerbesteuer als steuerbare Betriebseinnahmen zu erfassen.

Es gilt zu beachten, dass nur die im Rahmen der Schlussabrechnung festgesetzte finale Förderhöhe der Ertragsbesteuerung zu unterwerfen ist. Sofern vor Einreichung der End-/Schlussabrechnung und Festsetzung der endgültigen Förderhöhe die Steuererklärungen für die Veranlagungszeiträume 2020, 2021 und eventuell 2022 bereits abgegeben wurden und hierbei vom Finanzamt in den entsprechenden Veranlagungszeiträumen im Steuerbescheid auch Hilfen aus den Corona-Zuschussprogrammen als steuerbare Einnahmen berücksichtigt worden sind, sind nach erfolgter End-/Schlussabrechnung, die entsprechenden Steuerbescheide unter Umständen zu korrigieren. Hierdurch kann es zu einer Steuernachzahlung kommen, sofern im Rahmen der End-/Schlussabrechnung nachträglich gegenüber der Erstantragstellung ein höherer Zuschuss ermittelt und bewilligt wurde, aber auch zu einer Steuererstattung, sofern sich durch die End-/Schlussabrechnung eine (Teil-)Rückzahlung des ursprünglich bewilligten Zuschusses ergibt. Hinsichtlich der Bilanzierung von Corona-Hilfen siehe bspw. Riepolt, BBK 2022 S. 450.

FAZIT:

Die Erstanträge auf Corona-Hilfe wurden häufig auf Basis von prognostizierten Umsätzen und Kosten gestellt und zunächst vorläufig (teil-)bewilligt, um den Unternehmen eine möglichst zeitnahe Auszahlung der Zuschüsse zu gewähren. Die End-/Schlussabrechnung soll nunmehr gewährleisten, dass dem Leistungsempfänger unter Berücksichtigung der tatsächlichen Umsätze, Fixkosten und aller weiteren beantragten bzw. erhaltenen Beihilfen nicht höhere Subventionen verbleiben, als ihm auf Grundlage der Förderrichtlinien zustehen. Die End-/Schlussabrechnung bietet darüber hinaus die Möglichkeit, mögliche, unbeabsichtigte Fehlangaben in den eingereichten Erstanträgen zu korrigieren und sich somit rechtstreu zu verhalten. Sofern es in der End-/Schlussabrechnung zu vorsätzlich oder leichtfertig falschen oder unvollständigen Angaben sowie vorsätzlichem oder leichtfertigem Unterlassen einer Mitteilung über Änderungen in diesen Angaben kommt, droht eine Strafverfolgung wegen Subventionsbetrugs (§ 264 StGB). Zur Reduzierung bzw. zur Vermeidung von Rechts- und Haftungsrisiken gilt es für den prüfenden Dritten vor diesem Hintergrund, die allgemeinen Berufspflichten einzuhalten.

Die Zuschussprogramme beruhen – abgesehen von der „De-minimis"-Verordnung – auf den im Zuge des „Temporary Frameworks" aufgelegten Beihilfeprogrammen der Bundesregierung. Für die Durchführung der Schlussabrechnung gilt es zu beachten, dass das Beihilferecht zum Zeitpunkt der Antragstellung maßgeblich ist und die Höchstbeträge pro Unternehmen oder Unternehmensverbund programmübergreifend zu sehen sind.

Bei den Corona-Zuschussprogrammen handelt es sich um eine Billigkeitsleistung des Staates, weshalb auf die Gewährung der beantragten Hilfe kein Rechtsanspruch besteht. Da die Bewilligung im Zuge eines Verwaltungsaktes erfolgt, kommt als statthafter Rechtsbehelf – neben der Einlegung eines Widerspruchs bei der Bewilligungsstelle – eine Klage vor dem zuständigen Verwaltungsgericht in Betracht. In einigen Bundesländern, wie bspw. in Bayern, ist als statthafter Rechtsbehelf ausschließlich eine Klage möglich, ein Widerspruchsverfahren ist in Bayern im vorliegenden Rechtsbereich abgeschafft worden. Die Erfolgswahrscheinlichkeit einer Klage vor dem zuständigen Verwaltungsgericht ist allerdings als äußerst gering einzuschätzen.

Für die praktische bzw. technische Umsetzung der Schlussabrechnung des ersten „Pakets" hat das BMWK einen umfangreichen Leitfaden als Hilfestellung veröffentlicht, der durch das Schlussabrechnungsportal führen soll.

H. Internationales Steuerrecht

I. EU-Richtlinien

1. Entwurf einer Richtlinie zur Mindestbesteuerung

(Rebekka Rein)

„Ich werde dafür sorgen," schrieb Ursula von der Leyen im Jahr 2019 in ihrer politischen Leitlinie für das Amt der EU-Kommissionspräsidentin, „dass die Besteuerung von großen Technologiekonzernen ganz oben auf der Agenda steht." Die indes amtierende Kommissionspräsidentin bezog sich dabei auf die Diskussionen auf OECD-Ebene zu einem neuen globalen Besteuerungskonzept, bestehend aus zwei Säulen: Die erste Säule (*Pillar One*) beschäftigt sich dabei mit dem Anknüpfungspunkt für Besteuerungsrechte und einer formelbasierten weltweiten Gewinnverteilung für bestimmte Geschäftstätigkeiten während die zweite Säule (*Pillar Two*) auf eine globale effektive Mindestbesteuerung ausgerichtet ist. Letztere soll die verbliebenen Lücken in der internationalen Besteuerungssystematik reduzieren und den staatlichen Unterbietungswettlauf bei den Unternehmenssteuersätzen mittels einer Untergrenze von 15 % stoppen. Am 20.12.2021 veröffentlichte die OECD finale Mustervorschriften der zweiten Säule zur nationalen Umsetzung der Mindestbesteuerung. Die EU-Kommission legte getreu ihrer Zusage unverzüglich einen Richtlinienvorschlag vor, der eine effektive und einheitliche Umsetzung der OECD-Mustervorschriften in der EU gewährleisten soll. Der Richtlinienentwurf wurde im Nachgang durch die französische Ratspräsidentschaft überarbeitet (zuletzt Kompromissvorschlag des Rats der EU v. 28.3.2022, abrufbar unter: https://data.consilium.europa.eu/doc/document/ST-7495-2022-INIT/de/pdf). Im Folgenden werden die Eckpunkte des Besteuerungsnovums "Effektive Mindestbesteuerung" vorgestellt.

a) Überblick

Der von der EU-Kommission veröffentlichte Richtlinienentwurf orientiert sich eng an den OECD-Mustervorschriften, die vorschlagen die Mindestbesteuerung mittels dreier Instrumente in die nationalen Gesetze zu implementieren:

1. *Income Inclusion Rule („IIR")*: Primär soll die IIR eine Mindestbesteuerung sicherstellen. Sie ist als Hinzurechnungsbesteuerung minder besteuerter Einkünfte zu verstehen: Wird eine Konzerngesellschaft oder -betriebsstätte niedrig besteuert, wird die Steuerlast dieser Einheit auf Ebene der Konzernmuttergesellschaft bis zur Höhe des effektiven Mindeststeuersatzes von 15 % aufgestockt (sog. *„Top-up-tax"*).

2. *Undertaxed Payments Rule („UTPR")*: Sekundärer Mechanismus, durch den eine Mindestbesteuerung erreicht werden soll, ist die UTPR. D. h., sie kommt nur zur Anwendung, wenn nicht bereits durch die IIR eine Besteuerung von mindestens 15 % gewährleistet wurde. Mithin ist sie insbesondere in Konstellationen anwendbar, in denen der Ansässigkeitsstaat der Konzernmuttergesellschaft keine IIR kennt. Die UTPR wird als Aufstockungssteuer auf Ebene der Konzerngesellschaften anhand eines zweifaktoriellen Verteilungsschlüssels ermittelt und erhoben (s. u.).

3. *Subject to Tax Rule („STTR")*: Die STTR betrifft das DBA-Recht und beabsichtigt bestimmte Abkommensvorteile im Quellenstaat, wie etwa die Reduzierung von Quellensteuern auf Zins- oder Lizenzzahlungen, zu untersagen, wenn die Einkünfte im Ansässigkeitsstaat des Zahlungsempfängers nicht mindestens zu 15 % besteuert werden. Dies schützt insbesondere Entwicklungsländer vor Abkommensmissbrauch durch Gewinnverlagerung in Niedrigsteuerstaaten.

Der EU-Richtlinienentwurf verankert lediglich die ineinandergreifenden IIR und UTPR, die zusammen auch die GloBE-Regelungen genannt werden. Zur STTR enthält der Vorschlag der EU-Kommission keine Vorgaben, da diese eigenständig von den Mitgliedstaaten in ihre jeweiligen DBA zu integrieren sind.

b) Persönlicher Anwendungsbereich

Persönlich ist die Richtlinie auf Konzerne, die den unter BEPS-Aktionspunkt 13 (Country-by-Country-Reporting – länderbezogene Berichterstattung) festgelegten Schwellenwert von 750 Mio. € in mindestens zwei der vier vorangegangenen Jahre erreichen. Maßgeblich ist der konsolidierte Jahresabschluss der Unternehmensgruppe (Konzernabschluss) nach IFRS, einem anerkannten Rechnungslegungsstandard der jeweiligen EU-/EWR-Mitgliedstaaten (z. B. HGB) oder bestimmter anderer Länder wie z. B. die USA, Großbritannien, China, Russland, etc. (vgl. Art. 2 Abs. 1, Art. 3 Nr. 22). Nach Schätzungen der OECD soll dies weltweit etwa 8.000 Konzerne betreffen. Während die OECD-Mustervorschriften nur multinational agierende Konzerne, d. h. solche Unternehmen, die mindestens eine Tochtergesellschaft oder eine Betriebsstätte in einem anderen Land haben, betrifft der Richtlinienentwurf auch solche Konzerne, bei denen alle Gesellschaften im selben Land ansässig sind. Hintergrund ist die Wahrung der unionsrechtlichen Grundfreiheiten, vornehmlich der Niederlassungsfreiheit (vgl. RL-E, S. 6). Bestimmte Unternehmen, wie z. B. staatliche Institutionen und Non-Profit-Organisationen und einige Vermögensmassen wie Pensions- und Investmentfonds sind von der Mindestbesteuerung ausgenommen.

c) Sachlicher Anwendungsbereich

Wurde eine unter die Richtlinie fallende Unternehmensgruppe identifiziert, haben die jeweiligen Konzerneinheiten in einem ersten Schritt ihr „qualifiziertes Einkommen" oder den „qualifizierten Verlust" nach Art. 3 des Richtlinienentwurfs zu ermitteln. Abgestellt wird auf das Nettoeinkommen bzw. den Nettoverlust nach den anerkannten Rechnungslegungsstandards der jeweiligen Konzerngesellschaft, der sodann durch Kürzungen und Hinzurechnungen (z. B. Kürzung von Schachteldividenden, Bereinigung von Fehlern aus früheren Perioden) angepasst wird. Damit soll das Nettoeinkommen einer steuerlichen Bemessungsgrundlage angenähert werden, da dieses bei der Ermittlung der effektiven Steuerlast (dazu sogleich) den zu berücksichtigenden Steuern gegenübergesellt wird.

In einem zweiten Schritt ermitteln die jeweiligen Konzerneinheiten den „erfassten Steueraufwand" nach Art. 4 des Richtlinienentwurfs. Ausgangspunkt sind die laufenden Steuern, die für den Nettogewinn- bzw. Verlust der Finanzbuchhaltung zurückgestellt wurden. Diese werden sodann wiederum durch Hinzurechnungen und Kürzungen angepasst. Temporäre Differenzen werden durch die Berücksichtigung latenter Steuern geglättet. Zudem finden sich in Art. 23 des

Richtlinienentwurfs diverse Verteilungsmechanismen für die erfassten Steuern; z.B. bei einer Hinzurechnungsbesteuerung, bei hybriden Gesellschaften, bei transparenten Gesellschaften oder Betriebsstätten.

Auf Basis des qualifizierten Einkommens und des erfassten Steueraufwands werden in einem dritten Schritt die „effektive Steuerbelastung" und die „Aufstockungssteuer" (sog. Top-Up-Tax) ermittelt. Die Berechnung erfolgt staatenbezogen, d.h. es wird nicht mehr auf die Konzerneinheit einzeln, sondern auf alle in einem Staat ansässigen Konzerneinheiten zusammen, abgestellt (sog. Jurisdictional Blending). Für die Berechnung der länderbezogenen effektiven Steuerlast werden die in dem Jahr angefallenen erfassten Steuern einer Jurisdiktion den entsprechenden Gewinnen und Verlusten gegenübergestellt. Resultiert daraus eine effektive Steuerlast von weniger als 15%, ist das betreffende Steuerhoheitsgebiet als Niedrigsteuerjurisdiktion anzusehen. Die Differenz zwischen dem Mindeststeuersatz von 15% und dem effektiven Steuersatz der Jurisdiktion ergibt den konkreten Aufstockungssteuersatz.

Eine Ausnahme von der Mindestbesteuerung gilt bei Substanz im Niedrigsteuerland. Dies erfolgt in der Weise, dass dem Aufstockungssteuersatz nur ein gewisser Teil des im ersten Schritt ermittelten qualifizierten Einkommens belastet wird, nämlich der sog. Übergewinn. Dieser berechnet sich aus dem qualifizierten Einkommen abzüglich eines Betrags für substanzbasiertes Einkommen (Summe aus 5% der länderweit berechneten Lohnkosten und 5% der Buchwerte beweglicher Wirtschaftsgüter), also Einkommen aus einer tatsächlich wirtschaftlichen Tätigkeit. In einer zehnjährigen Übergangsphase soll der Abzugsbetrag von anfänglich 10% bzw. 8% auf die 5%-Schwelle abgesenkt werden. Nur der diese Abzugsbeträge übersteigende Teil des qualifizierten Einkommens wird sodann mit dem Aufstockungssteuersatz belastet.

Schließlich enthält der Richtlinienentwurf eine De-Minimis-Regelung. Auf Antrag sollen danach solche Konzerne von der Mindestbesteuerung befreit sein, deren Umsatz innerhalb einer Niedrigsteuerjurisdiktion weniger als 10. Mio. € beträgt und das qualifizierte Einkommen im Zweijahresdurchschnitt 1 Mio. € nicht überschreitet.

d) Rechtsfolge

Vorrangig wird die Mindeststeuer durch die IIR erhoben. Die Erhebung der IIR folgt dem sog. top-down-approach, d.h. es ist stets die oberste Konzerngesellschaft dazu verpflichtet die Mindeststeuer aller tiefergestaffelten Konzerneinheiten zu erheben. Nur in bestimmten Fällen kann auch eine nachgeschaltete Gruppengesellschaft die relevante Obergesellschaft für Zwecke der IIR darstellen:

- ▶ In der EU ansässige Zwischen-Holdings (sog. „Intermediate Parent Company") sind dann erfasst, wenn die Muttergesellschaft und etwaige darüber liegende Zwischen-Holdings ihren Sitz jeweils im Drittstaat haben und keiner „Qualifying IIR" (d.h. eine Regelung vergleichbar mit der IIR im Sinne der Richtlinie) unterliegen. In diesem Fall wird auf die oberste in der EU ansässige Zwischen-Holding abgestellt, die die jeweils nachgeordnete Zwischengesellschaft beherrscht (Artikel 6).

- ▶ Ferner werden in der EU ansässige Gruppengesellschaften mit wesentlichen (d.h. mind. 20%) außenstehenden Gesellschaftern (sog. „Partially-owned Parent Company") erfasst.

Eine nur einmalige Erfassung einer einbezogenen Gesellschaft im Rahmen der IIR soll durch Ausnahmen von der Anwendung einer IIR bei Vorliegen einer qualifizierten IIR auf vorgelagerter Ebene verbunden mit einem Anrechnungsmechanismus erreicht werden. Abweichend von den OECD Model Rules ist der Mechanismus auf zwischengeschaltete Muttergesellschaften und Muttergesellschaften, die an sog. Partially-owned Intermediate Parent Entities beteiligt sind, beschränkt. Eine Anrechnung auf Ebene der obersten Muttergesellschaft ist in dem Richtlinienentwurf nicht vorgesehen.

e) Nachrangige Anwendung der UTPR

Für die Fälle, in denen sich keine Konzerneinheit über der niedrig besteuerten Konzerneinheit befindet, also insbesondere in Fällen in denen die Konzernmutter selbst als niedrig besteuert gilt, greift die UTPR auf Ebene der tiefergestaffelten Konzerneinheiten als „backstop" ein. Im Gegensatz zu dem der IIR inhärenten top-down-Ansatz wird die Aufstockungssteuer nach der UTPR denjenigen Konzerneinheiten zugewiesen, die Zahlungen an die niedrig besteuerte Konzerneinheit leisten. Der Betrag der Aufstockungssteuer nach UTPR wird mittels einer auf der Zahl der Beschäftigten und der Sachanlagen basierenden Formel berechnet. Soweit mehrere Staaten eine UTPR anwenden, wird nach der Anzahl der Arbeitnehmer und nach den Summen der Buchwerte für materielle Vermögensgegenstände das Besteuerungssubstrat auf die verschiedenen Staaten verteilt. In welcher Form die UTPR zu erheben ist (z. B. Betriebsausgabenabzugsbeschränkung oder zusätzliche körperschaftsteuerpflichtige Einkünfte), wird durch den Richtlinienentwurf nicht vorgegeben.

f) Administration und Sanktionen

In Art. 42 des Richtlinienentwurfs finden sich die Erklärungspflichten, nach denen grds. jede einbezogene Gesellschaft eine Steuererklärung (sog. „Top-Up-Tax Information Return") abzugeben hat. Die Verpflichtung zur Abgabe einer Steuererklärung kann aber entfallen, sofern mit dem Staat der obersten Konzerngesellschaft oder dem Staat einer ggf. zur Abgabe der Steuererklärung beauftragten Gesellschaft, eine Vereinbarung zum Austausch der jährlichen Steuererklärungen besteht.

Zudem sieht der Richtlinienentwurf in Art. 44 Sanktionsmechanismen vor, deren Ausgestaltung im Ausgangspunkt den Mitgliedstaaten überlassen wird. Der Entwurf schreibt lediglich die Höhe des Bußgelds von mindestens 5 % des Umsatzes einer einbezogenen Gesellschaft vor, sofern der Verpflichtung zur Abgabe der Steuererklärung nicht oder nicht fristgerecht nachgekommen wurde oder eine falsche Erklärung abgegeben wurde.

FAZIT:

Das EU-Parlament hat am 19.5.2022 dem Richtlinienvorschlag der EU-Kommission zur Umsetzung eines weltweiten Mindestkörperschaftsteuersatzes von 15 % angenommen. Eine Einigung der europäischen Finanzminister konnte jedoch bislang nicht erzielt werden; Ungarn stimmte auf der ECOFIN-Sitzung am 18.6.2022 gegen den Richtlinienentwurf. Es bleibt damit offen, ob eine Annahme des Vorschlags bis Oktober 2022 im Rahmen der tschechischen Ratspräsidentschaft erzielt werden kann. Jedenfalls sollen die Regelungen laut Entwurfsschreiben bis zum Juni 2023 in die jeweiligen nationalen Steuergesetze implementiert werden. Die IIR soll sodann ab dem 1.1.2024 und die UTPR ab dem 1.1.2025 anwendbar sein.

2. Exkurs: Besteuerung der Digitalen Wirtschaft – Säule I (Pillar One)

(Verena Drummer)

a) Hintergrund

Insbesondere mit dem Ziel einer Besteuerung am Ort der Wertschöpfung und der tatsächlichen wirtschaftlichen Aktivität haben die OECD und G20 in 2013 den Aktionsplan zur Bekämpfung von BEPS (Base Erosion and Profit Shifting) ins Leben gerufen. Zu den im Rahmen von 15 Aktionspunkten vorgesehenen Maßnahmen wurden bereits in 2015 die zugehörigen Abschlussberichte veröffentlicht. Doch auch danach verfolgt die OECD weiterhin die Umsetzung und Fortentwicklung der erzielten Ergebnisse, wofür im Rahmen des in 2016 gegründeten sog. *Inclusive Framework on BEPS* inzwischen 141 Staaten zusammenarbeiten. Dabei sollen auch Maßnahmen zur Besteuerung der Digitalen Wirtschaft vorangetrieben werden (BEPS Aktionspunkt 1). Hierzu wurde eine Zwei-Säulen-Lösung erarbeitet, wobei Säule I – wie o. g. – auf eine Neuordnung der Gewinnverteilung und der Besteuerungsrechte abzielt. Am 8.10.2021 verabschiedeten 136 Staaten (inzwischen 137) die Erklärung über das Zwei-Säulen-Modell (*Statement on a Two-Pillar Solution*) und einigten sich damit auf einen Plan für dessen Umsetzung ab 2023.

b) Kernelemente

Im Rahmen der Vorhaben zu Säule I sollen die Marktstaaten – unabhängig einer physischen Präsenz – neue Besteuerungsrechte über multinationale Unternehmen erhalten. Hierfür sollen 25 % des Residualgewinns – i. S. eines Gewinnanteils, der eine bestimmte Profitabilitätsschwelle überschreitet – anhand eines umsatzbasierten Aufteilungsschlüssels den Marktstaaten zugerechnet werden, in dem sich die Kunden und Nutzer befinden (*Amount A*). Daneben ist ein vereinfachter Ansatz für die Anwendung des Fremdvergleichsgrundsatzes auf Marketing- und Vertriebsaktivitäten vorgesehen (*Amount B*). Weiterhin sind zum Zwecke der Vermeidung von Doppelbesteuerung Maßnahmen zur Streitbeilegung enthalten, Steuern auf digitale Dienstleistungen dürfen nicht mehr erhoben werden.

c) Amount A

aa) Konsultationspapiere

Die OECD hat erste Konsultationspapiere zu den detaillierten Regelungen in Bezug auf Amount A veröffentlicht. Diese sind hierbei in (voraussichtlich) 14 Bausteine (*Building Blocks*) unterteilt. Die Ergebnisse des Konsultationsprozesses sollen hiernach zusammengefasst als Model Rules für die innerstaatliche Umsetzung die Funktionsweise der Anwendung des Amount A darstellen und Grundlage für das zugehörige Multilaterale Abkommen (Multilateral Convention – MLC) sein. Der aktuelle Stand stellt sich wie folgt dar:

	Veröffentlichung	Deadline
Nexus and Revenue Sourcing *Anknüpfungspunkt für die Allokation eines Amount A-Gewinns*	4.2.2022	18.2.2022
Tax Base Determination *Ermittlung der Steuerbemessungsgrundlage*	18.2.2022	4.3.2022
Domestic Legislation for Scope *Geltungsbereich des Amount A*	4.4.2022	20.4.2022
Extractives Exclusion *Ausnahmen – Rohstoffsektor*	14.4.2022	29.4.2022
Regulated Financial Services Exclusion *Ausnahmen – regulierte Finanzdienstleistungen*	6.5.2022	20.5.2022
Tax Certainty Aspects *Steuersicherheit*	27.5.2022	10.6.2022
Tax Certainty for Issues Related to Amount A *Steuersicherheit für Sachverhalte in Bezug auf Amount A*	27.5.2022	10.6.2022
Elimination of Double Taxation *Beseitigung von Doppelbesteuerung*	–	–
Marketing and Distribution Profits Safe Harbour *Safe-Harbour-Regelungen für Marketing- und Vertriebsgewinne*	–	–
Withholding Taxes *Quellensteuern*	–	–
Administration *Verwaltung*	–	–
Unilateral Measures *Unilaterale Maßnahmen*	–	–

bb) Anwendungsbereich

Betroffen sollen multinationale Konzerne mit einem weltweiten Umsatz von mehr als 20 Mrd. € und einer Rentabilität (Vorsteuergewinn in Relation zu den Umsatzerlösen) von mehr als 10 % sein. Die Rentabilitätsschwelle muss dabei im aktuellen Veranlagungszeitraum (*profitability test*), in mindestens zwei der vorangegangenen vier Perioden (*prior period test*) und im Durchschnitt der letzten vier Jahre und der aktuellen Periode (*average test*) überschritten sein. Der Rohstoffsektor sowie die Finanzdienstleistungsindustrie sind vom Anwendungsbereich ausgenommen.

cc) Anknüpfungspunkt

Die Zuteilung eines Gewinnanteils an den Marktstaat soll nur bei Überschreiten eines Schwellenwerts in Bezug auf die in diesem Staat erzielten Einkünfte erfolgen (*special purpose nexus rule*). Demzufolge müssen in dem betreffenden Staat Umsätze i. H. v. mindestens 1 Mio. € in der jeweiligen Periode erzielt werden, wobei für Länder mit einem jährlichen BIP von weniger als 40 Mrd. € eine Herabsetzung der Umsatzschwelle auf 250.000 € vorgesehen ist (*Nexus test*). Dabei sind nur Umsätze aus Geschäften mit fremden Dritten einzubeziehen, Umsätze in Bezug auf die nicht vom Anwendungsbereich erfasste Rohstoff- und Finanzdienstleistungsindustrie sind auszunehmen.

Nachdem Amount A in dem Staat der Besteuerung unterworfen werden soll, in dem sich die Kunden und Nutzer befinden, müssen die Umsätze zum Zwecke der Anwendung des *Nexus tests* den (potentiellen) Marktstaaten zugeordnet werden (*Source rules*). Hierbei soll ein transaktionsbezogener Ansatz zur Anwendung kommen, so dass die einzelnen Transaktionen verschiedenen Umsatzkategorien zuzuordnen sind. Hierbei stehen z. B. Umsätze mit digitalen Gütern, Werbeleistungen, Transportleistungen oder Lizensierung und Verkauf von immateriellen Gütern zur Auswahl, wobei jedoch noch eine detailliertere Aufgliederung in Unterkategorien vorgesehen ist. Für ausgewählte Kategorien ist die Zuordnung wie folgt vorzunehmen:

Transaktion	Marktstaat-Zuordnung
Verkauf fertiger Waren an den Endkunden (unmittelbar oder durch unabhängigen Vertriebshändler)	Endkunde
Online-Werbedienstleistungen	Standort des Betrachters
Personenbeförderung	Ankunftsort
Güterbeförderung	Herkunfts- oder Ankunftsort
Bereitstellung von Finanzmitteln	
Kreditnehmer = Verbraucher	Standort des Verbrauchers
Kreditnehmer = Geschäftskunde	Ort der Nutzung
Lizensierung/Verkauf von Nutzerdaten	Standort des mit den Daten verbundenen Nutzers

dd) Steuerbemessungsgrundlage

Die für die Besteuerung des Amount A durch den jeweiligen Marktstaat relevante Bemessungsgrundlage soll auf Basis des konsolidierten Konzernabschlusses ermittelt werden. Der Konzerngewinn ist dabei nach Maßgabe – in den *Model Rules* zu definierender – qualifizierter Rechnungslegungsstandards (*Qualifying Financial Accounting Standards*) zu bestimmen, wobei im Konsultationspapier die IFRS und gleichwertige Rechnungslegungsstandards genannt werden. Für die Steuerbemessungsgrundlage ist auf den bereinigten Gewinn vor Steuern (*Adjusted Profit Before Tax*) abzustellen. Hierfür ist das Ergebnis gem. Gewinn- und Verlustrechnung in Hinblick auf die Zielsetzung des Amount A um einige wenige Anpassungen (Abzug bestimmter Erträge, Hinzurechnung bestimmter Aufwendungen) zu modifizieren. Für Verluste ist eine Vortragsmöglichkeit vorgesehen.

ee) Ausnahmen für die Rohstoff- und Finanzdienstleistungsindustrie

Gewinne aus der Rohstoffgewinnung (*Extractive Activities*) sind vom Anwendungsbereich des Amount A ausgenommen, sofern sowohl ein Produkttest (*product test*) wie auch ein Tätigkeitstest (*activities test*) erfüllt werden. Demnach müssen Einkünfte aus dem Verkauf mineralischer Rohstoffe erzielt werden und Tätigkeiten im Bereich der Exploration, Erschließung oder Förderung von Rohstoffen (*Exploration, Development, Extraction*) durchgeführt werden. Diesbezüglich soll eine Besteuerung folglich (weiterhin) nur im Quellenstaat erfolgen.

Die Umsetzung soll anhand von sieben Stufen erfolgen:

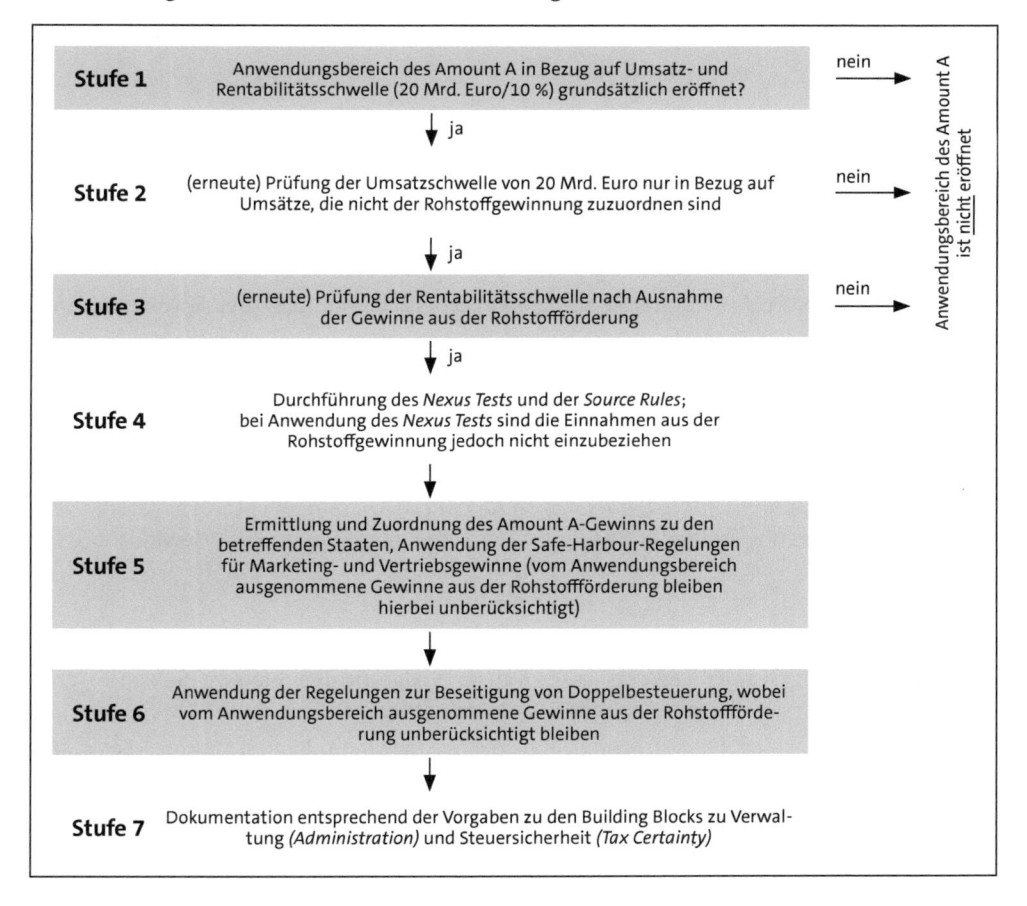

Stufe 1: Anwendungsbereich des Amount A in Bezug auf Umsatz- und Rentabilitätsschwelle (20 Mrd. Euro/10 %) grundsätzlich eröffnet? → nein → Anwendungsbereich des Amount A ist nicht eröffnet

↓ ja

Stufe 2: (erneute) Prüfung der Umsatzschwelle von 20 Mrd. Euro nur in Bezug auf Umsätze, die nicht der Rohstoffgewinnung zuzuordnen sind → nein

↓ ja

Stufe 3: (erneute) Prüfung der Rentabilitätsschwelle nach Ausnahme der Gewinne aus der Rohstoffförderung → nein

↓ ja

Stufe 4: Durchführung des *Nexus Tests* und der *Source Rules*; bei Anwendung des *Nexus Tests* sind die Einnahmen aus der Rohstoffgewinnung jedoch nicht einzubeziehen

↓

Stufe 5: Ermittlung und Zuordnung des Amount A-Gewinns zu den betreffenden Staaten, Anwendung der Safe-Harbour-Regelungen für Marketing- und Vertriebsgewinne (vom Anwendungsbereich ausgenommene Gewinne aus der Rohstoffförderung bleiben hierbei unberücksichtigt)

↓

Stufe 6: Anwendung der Regelungen zur Beseitigung von Doppelbesteuerung, wobei vom Anwendungsbereich ausgenommene Gewinne aus der Rohstoffförderung unberücksichtigt bleiben

↓

Stufe 7: Dokumentation entsprechend der Vorgaben zu den Building Blocks zu Verwaltung (*Administration*) und Steuersicherheit (*Tax Certainty*)

Daneben sind die Vorschriften zu Amount A auch auf die Umsätze und Gewinne von regulierten Finanzdienstleistungsunternehmen nicht anzuwenden. Als Begründung wird im zugehörigen Konsultationspapier ausgeführt, dass diese besonderen Anforderungen in Bezug auf eine angemessene Eigenkapitalausstattung unterliegen, so dass eine marktgerechte Gewinnzuordnung (*location of profits with the market*) i. d. R. gewährleistet sei. Die OECD definiert hierbei sechs bzw. sieben Arten regulierter Finanzinstitute:

- Verwahrinstitute (*Depository Institution*)
- Hypothekeninstitute (*Mortgage Institution*)
- Investmentinstitute (*Investment Institution*)
- Versicherungsinstitute (*Insurance Institution*)
- Vermögensverwalter (*Asset Manager*)
- Gemischte Finanzinstitute *(Mixed Financial Institution)*
- Dienstleistungsunternehmen, die ausschließlich gegenüber beaufsichtigten Finanzinstituten tätig werden (*Regulated Financial Institution Service Entity*)

Für die Anwendung der Befreiungsregelung soll o. a. Sieben-Stufen-Ansatz analog zur Anwendung kommen.

ff) Steuersicherheit

Das Konsultationspapier bzgl. eines Rahmenwerks für Steuersicherheit (*Tax Certainty Framework*) beinhaltet drei, auf Antrag des betreffenden Konzerns anzuwendende Verfahren:

- *Scope Certainty Review*: Gewährleistung von Rechtssicherheit, dass der Konzern für den jeweiligen VZ nicht in den Anwendungsbereich des Amount A fällt
- *Advance Certainty Review*: Gewährleistung von Rechtssicherheit bzgl. der Anwendung spezifischer Amount A-Vorschriften
- *Comprehensive Certainty Review*: Gewährleistung von Rechtssicherheit hinsichtlich der multilateral einheitlichen Anwendung der Amount A-Vorschriften, insbesondere zur Vermeidung von Doppelbesteuerung

Darüber hinaus wurden Vorschriften zur Steuersicherheit im Zusammenhang mit Amount A veröffentlicht (*Tax Certainty for Issues related to Amount A*). Diese beinhalten obligatorische Regelungen für die Streitbeilegung in Bezug auf Verrechnungspreise und die Gewinnzuordnung zu Betriebsstätten.

gg) Weitere Regelungen

Hinsichtlich der übrigen *Building Blocks* lassen sich der Erklärung über die Zwei-Säulen-Lösung v. 8.10.2021 zumindest bereits grundlegende Eckpunkte entnehmen.

- Safe-Harbour-Regelung für Marketing- und Vertriebsgewinne: Begrenzung des Residualgewinns, der den Marktstaaten über *Amount A* zugerechnet wird, sofern der Residualgewinn bereits in einem Marktstaat besteuert wird
- Beseitigung von Doppelbesteuerung: auf Ebene der Konzerngesellschaft(en), die den Residualgewinn erzielt/erzielen, ist die Anrechnungs- oder Freistellungsmethode anzuwenden
- Segmentierung: eine Segmentierung soll nur in Ausnahmefällen erfolgen, wenn ein im Konzernabschluss ausgewiesenes Segment in den Anwendungsbereich (Umsatz- und Profitabilitätsschwelle) des *Amount A* fällt

hh) Fortschrittsbericht

Anstelle weiterer Konsultationspapiere zu den verbleibenden *Building Blocks* wurde am 11.7.2022 ein Fortschrittsbericht bzgl. Amount A (*Progress Report on Amount A of Pillar One*) veröffentlicht, der Mustervorschriften für die (nationale) Umsetzung der Regelungen zu Amount A in einer konsolidierten Fassung enthält. Diesbezügliche Stellungnahmen wurden bis zum 19.8.2022 erbeten, eine öffentliche Konsultationssitzung fand daraufhin am 12.9.2022 statt. Die Vorschriften sollen hiernach im Rahmen der Sitzung des Inclusive Framework im Oktober 2022 finalisiert werden, so dass die Unterzeichnung des MLC im ersten Halbjahr 2023 stattfinden und dessen Inkrafttreten in 2024 erfolgen kann.

Die Vorschriften umfassen 7 Titel sowie 10 Schemata:

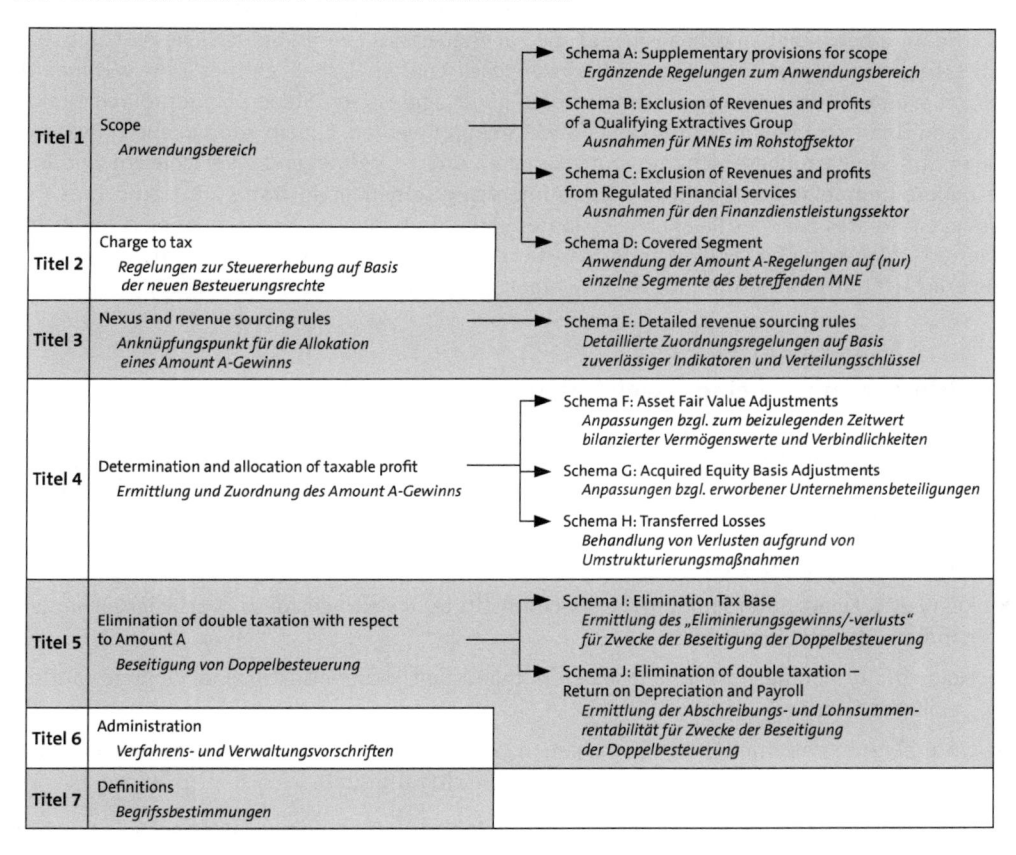

Titel 1	Scope *Anwendungsbereich*	Schema A: Supplementary provisions for scope *Ergänzende Regelungen zum Anwendungsbereich* Schema B: Exclusion of Revenues and profits of a Qualifying Extractives Group *Ausnahmen für MNEs im Rohstoffsektor* Schema C: Exclusion of Revenues and profits from Regulated Financial Services *Ausnahmen für den Finanzdienstleistungssektor*
Titel 2	Charge to tax *Regelungen zur Steuererhebung auf Basis der neuen Besteuerungsrechte*	Schema D: Covered Segment *Anwendung der Amount A-Regelungen auf (nur) einzelne Segmente des betreffenden MNE*
Titel 3	Nexus and revenue sourcing rules *Anknüpfungspunkt für die Allokation eines Amount A-Gewinns*	Schema E: Detailed revenue sourcing rules *Detaillierte Zuordnungsregelungen auf Basis zuverlässiger Indikatoren und Verteilungsschlüssel*
Titel 4	Determination and allocation of taxable profit *Ermittlung und Zuordnung des Amount A-Gewinns*	Schema F: Asset Fair Value Adjustments *Anpassungen bzgl. zum beizulegenden Zeitwert bilanzierter Vermögenswerte und Verbindlichkeiten* Schema G: Acquired Equity Basis Adjustments *Anpassungen bzgl. erworbener Unternehmensbeteiligungen* Schema H: Transferred Losses *Behandlung von Verlusten aufgrund von Umstrukturierungsmaßnahmen*
Titel 5	Elimination of double taxation with respect to Amount A *Beseitigung von Doppelbesteuerung*	Schema I: Elimination Tax Base *Ermittlung des „Eliminierungsgewinns/-verlusts" für Zwecke der Beseitigung der Doppelbesteuerung* Schema J: Elimination of double taxation – Return on Depreciation and Payroll *Ermittlung der Abschreibungs- und Lohnsummenrentabilität für Zwecke der Beseitigung der Doppelbesteuerung*
Titel 6	Administration *Verfahrens- und Verwaltungsvorschriften*	
Titel 7	Definitions *Begrifssbestimmungen*	

d) Amount B

Die Regelungen zu Amount B sehen eine vereinfachte Anwendung des Fremdvergleichsgrundsatzes auf inländische, routinemäßige Marketing- und Vertriebsaktivitäten vor. Sinn und Zweck ist die Verwaltungsvereinfachung und Reduktion der Befolgungskosten für die Steuerpflichtigen, um damit einhergehend zur Verringerung von Streitigkeiten beizutragen. Die Arbeiten zu *Amount B* sollen bis Ende 2022 abgeschlossen sein. Im Fokus stehen hierbei die Definition der routinemäßigen Marketing- und Vertriebsaktivitäten (*baseline marketing and distribution activities*) sowie deren Bepreisung.

3. ATAD III: Die Unshell-Initiative der EU gegen den missbräuchlichen Gebrauch von Briefkastengesellschaften

(Rebekka Rein)

Unter dem Arbeitstitel „Unshell" und auch als ATAD III tituliert hat die Europäische Kommission am 22.12.2021 den „Entwurf einer Änderung der Amtshilferichtlinie (RL 2021/16/EU) präsentiert. Der Vorschlag wurde bereits im Frühjahr 2021 im Rahmen der Mitteilung über die Unternehmensbesteuerung für das 21. Jahrhundert (vgl. EU-Kommission v. 18.5.2021, COM(2021) 251 final) angekündigt und beabsichtigt die für Steuerzwecke missbräuchliche Nutzung von substanzlosen Unternehmen bzw. Briefkastengesellschaften („shell entities") zu verhindern. Derzeit würden Briefkastengesellschaften häufig zur aggressiven Steuerplanung durch Umleitung von Finanzströmen in Niedrigsteuerländer genutzt werden. Zudem würden auch Privatpersonen auf Briefkastengesellschaften zurückgreifen, um ihr Vermögen zu verschleiern und insbesondere Immobilien und damit im Zusammenhang stehende Einkünfte am Fiskus ihres Ansässigkeitsstaates oder des Belegenheitsstaates vorbei zu schleusen. Konkret definiert der Richtlinienvorschlag Kriterien für die Mindestsubstanz von in der EU ansässigen Unternehmen sowie steuerliche (Straf-)Vorschriften für Unternehmen, die diese Substanz nicht erfüllen.

a) Prüfung anhand eines zweistufigen Substanztests

Der Richtlinienentwurf (RL-E) zielt grds. auf sämtliche in der EU ansässige Unternehmen unabhängig von deren Rechtsform und Größe ab. Nur unter den abschließenden Ausnahmenkatalog in Art. 6 Abs. 2 RL-E fallende und mithin als wenig riskant eingestufte Unternehmen sind von dem Anwendungsbereich des Richtlinienentwurfs ausgenommen:

▶ Börsennotierte Unternehmen,

▶ Regulierte Finanzunternehmen (z. B. Kreditinstitute, Investmentfonds, Versicherungsunternehmen oder Pensionsfonds),

▶ Holdingunternehmen, die in demselben Mitgliedstaat steueransässig sind, wie ihre Muttergesellschaft sowie

▶ Unternehmen mit mindestens fünf eigenen Vollzeitmitarbeitern (FTEs), die ausschließlich in Bezug auf die „relevanten Einkünfte" (dazu sogleich) tätig sind.

Für alle anderen Unternehmen sieht der Richtlinienentwurf einen zweistufigen Substanztest vor. Dabei dient die erste Stufe als eine Art Vorselektion potenzieller Briefkastengesellschaften. Erfüllt eine Gesellschaft die Kriterien der ersten Stufe, qualifiziert sie als sog. „berichtpflichtiges Unternehmen". Nur solche Gesellschaften sind anschließend verpflichtet auch die zweite Prüfstufe des Substanztests zu durchlaufen. Unternehmen, die auch die Substanzindikatoren der zweiten Stufe erfüllen, gelten letztlich als Briefkastengesellschaft.

aa) Erste Stufe: Identifikation „berichtpflichtiger Unternehmen"

Auf der ersten Stufe des Substanztests erfolgt die Identifikation möglicher substanzloser Gesellschaften anhand von drei kumulativ zu erfüllenden – auch als „gateways" bezeichneten – Kriterien:

1. Mehr als 75 % des Umsatzes der letzten beiden Steuerjahre besteht aus „relevanten" Einnahmen. Das relevante Einkommen ist in Art. 4 Buchst. a bis h RL-E definiert und umfasst
   a) Zinsen sowie sonstige Einkünfte aus finanziellen Vermögenswerten einschließlich Kryptoanlagen,
   b) Lizenzgebühren oder sonstige Einkünfte aus geistigem oder immateriellem Eigentum oder aus handelbaren Rechten,
   c) Dividenden und Einnahmen aus der Veräußerung von Beteiligungen,
   d) Einkünfte aus Finanzierungsleasing,
   e) Einkünfte aus unbeweglichem Vermögen,
   f) Einkünfte aus beweglichem Vermögen mit Ausnahme von Bargeld, Aktien oder Wertpapieren, das nicht für betriebliche Zwecke gehalten wird und einen Buchwert von mehr als 1 Mio. € hat,
   g) Einkünfte aus Versicherungs-, Bank- und sonstigen Finanzgeschäften sowie
   h) Einkünfte aus Dienstleistungen, die die potenzielle Briefkastenfirma an verbundene Unternehmen ausgelagert hat, wovon auch operative Dienstleistungen erfasst sein könnten, deren Erbringung im Konzern (teilweise) unterbeauftragt wurde.
2. Die grenzüberschreitende Tätigkeit des Unternehmens ergibt sich aus einem der folgenden Gründe:
   a) Mehr als 60 % des Buchwertes des vom Unternehmen gehaltenen Vermögens in den beiden vorangegangenen Wirtschaftsjahren besteht aus unbeweglichen oder nicht betrieblichen Zwecken dienenden beweglichem Vermögen – ausgenommen Bargeld sowie Anteile oder Wertpapiere –, das außerhalb des Ansässigkeitsstaates des Unternehmens gelegen ist oder
   b) Mindestens 60 % der relevanten Einnahmen des Unternehmens werden durch grenzüberschreitende Transaktionen erwirtschaftet oder weitergeleitet.
3. In den letzten zwei Steuerjahren wurden die Führung der Tagesgeschäfte und die Entscheidungsfindung bezüglich wesentlicher unternehmerischer Funktionen ausgelagert. Unerheblich ist, ob die Auslagerung an ein verbundenes Unternehmen oder an einen Dritten erfolgt ist.

Für Unternehmen, die die drei gateways kumulativ erfüllen, gilt die (widerlegbare) Vermutung, dass im jeweiligen Steuerjahr die von der Richtlinie geforderte Mindestsubstanz nicht vorhanden ist. Sie gelten als sog. „berichtpflichtige Unternehmen" mit der Folge, dass sie verpflichtet sind im Rahmen ihrer Jahressteuererklärung bestimmte Angaben zu dessen Substanz offen zu legen.

Es besteht jedoch eine Exkulpation von der Deklarationspflicht der zweiten Prüfstufe, sofern das Unternehmen erfolgreich nachweist, dass durch seine Zwischenschaltung keine steuerlichen Vorteile weder für die unmittelbaren Anteilseigner noch für die gesamte Unternehmensgruppe erzielt werden. Kann dieser Umstand ausreichend und objektiv nachgewiesen werden, kann ein EU-Mitgliedstaat diese Ausnahme für ein Steuerjahr gewähren. In diesem Fall sind Informationen über die Struktur der Gruppe und ihre Aktivitäten beizubringen, die es ermöglichen, die gesamte von Nutzungsberechtigten zu tragender Steuerlast oder – je nach Sachverhalt – jene der gesamten Gruppe unter Berücksichtigung der Zwischenschaltung des Unternehmens mit jener Steuerlast zu vergleichen, die ohne Bestand des Unternehmens zu tragen gewesen wäre. Nach Ende des Steuerjahres, für das die Befreiung gewährt worden ist, kann diese Befreiung auf einen Zeitraum von fünf Jahren ausgedehnt werden, wenn sich die faktischen und rechtlichen Gegebenheiten des Unternehmens, der Nutzungsberechtigten und jene der Gruppe im maßgeblichen Zeitraum nicht verändert haben.

bb) Zweite Stufe: Identifikation von Briefkastengesellschaften

- Berichtspflichtige Unternehmen haben folgende Indikatoren zu melden und nachzuweisen:
- Das Unternehmen verfügt in seinem Ansässigkeitsstaat über eigene Räumlichkeiten (im Eigentum oder im Zuge eines Nutzungsrechtes),
- das Unternehmen hat ein aktives, eigenes Bankkonto in der EU,
- die Geschäftsführung oder die Mehrheit der Mitarbeiter des Unternehmens erfüllen folgende Voraussetzungen:
  - die Ansässigkeit im Mitgliedstaat des Unternehmens oder in ausreichender Nähe des Unternehmens,
  - ausreichende Qualifikation,
  - bei Geschäftsführung:
    - üben ihre Befugnisse aktiv, unabhängig und auf regelmäßiger Basis aus;
    - sind nicht Mitarbeiter eines nicht verbundenen Unternehmens und üben auch keine Geschäftsführertätigkeit für ein nicht verbundenes Unternehmen aus.

Wird nur ein Kriterium nicht erfüllt, unterstellt die Finanzverwaltung, dass eine Briefkastengesellschaft vorliegt. Zur Widerlegung der Vermutung sollen die Mitgliedstaaten den Unternehmen einen Nachweis ermöglichen, dass wirtschaftliche Gründe und nicht die Erlangung eines Steuervorteils für die Einschaltung des Unternehmens ursächlich sind (Art. 9 RL-E).

b) Rechtsfolgen für Briefkastengesellschaften

Für Briefkastengesellschaften treten folgende steuerlichen Konsequenzen ein:

- Die Mitgliedstaaten stellen Ansässigkeitsbescheinigungen nicht mehr oder nur mit Vermerk auf das Vorliegen einer Briefkastengesellschaft aus.
- Sich aus DBAs oder Richtlinie, wie die MTR oder die ZLR ergebende Steuervorteile werden der Briefkastengesellschaft nicht gewehrt.
- Das Einkommen der Briefkastengesellschaft wird auf Ebene der in der EU ansässigen Anteilsinhaber besteuert (Hinzurechnung). Im anderen Mitgliedstaat gezahlte Steuern können abgezogen werden. Soweit die Anteilseigner nicht in einem Mitgliedstaat ansässig sind, erhebt der Mitgliedstaat des Zahlungspflichtigen im Einklang mit seinem nationalen Recht und ungeachtet etwaiger Abkommen Quellensteuern.

Zudem werden die durch die Richtlinie erhobenen Daten Gegenstand des automatischen Informationsaustauschs zwischen den EU-Finanzbehörden, unabhängig davon, ob eine Klassifikation als Briefkastengesellschaft besteht oder nicht (Art. 13 RL-E). Darüber hinaus ist Mitgliedstaaten die Möglichkeit eröffnet, in dem anderen betroffenen Mitgliedstaat eine Betriebsprüfung bei der Gesellschaft anzuregen. Letztlich besteht bei Nicht- oder Falschmeldung der oben aufgeführten Kriterien eine Mindeststrafe von mindestens 5 % des Umsatzes des Unternehmens.

FAZIT:

Der Entwurf der ATAD III bezweckt vordergründig steuerliche Nachteile für Briefkastengesellschaften. Nicht zu verkennen ist jedoch, dass der Richtlinienvorschlag auch zusätzliche Deklarationspflichten bei einer Vielzahl anderer Steuerpflichtigen auszulösen vermag (sog. Berichtpflichtige).

Die Richtlinie soll gem. Art. 18 des Richtlinienvorschlags bis zum 30.6.2023 in das nationale Recht der EU-Mitgliedstaaten übernommen werden und ab dem 1.1.2024 Anwendung finden. Die Substanzprüfung bezieht sich jedoch zum Teil bereits auf die Vorjahre 2022 und 2023. Insbesondere bei Holdingstrukturen sollten die Voraussetzungen für die Substanzprüfung daher bereits jetzt beachtet und im Bedarfsfall eine geeignete Dokumentation angestellt werden.

Abschließend bleibt darauf hinzuweisen, dass – da der präsentierte Richtlinienvorschlag lediglich auf Fälle innerhalb der EU abstellt – die EU-Kommission im Zuge der Vorlage bereits angekündigt hat, dass sie 2022 eine weitere Initiative vorlegen werde, um schädliche Gestaltungen im Zusammenhang mit außereuropäischen Briefkastenfirmen zu adressieren.

II. Verwaltungsanweisungen

1. Zweifelsfragen bei der steuerlichen Behandlung der Einkünfte aus unselbständiger Arbeit, insbesondere von Grenzgängern, Künstlern und Sportlern und aus öffentlichen Kassen (Art. 13, 13b und 14 DBA-Frankreich)

BMF, Schreiben v. 28.12.2021 - IV B 3 - S 1301-FRA/19/10018: 001, BStBl 2022 I S. 92, NWB XAAAI-01510

(Christian Kappelmann)

a) Überblick

Mit Schreiben v. 28.12.2021 (IV B 3 – S 1301-FRA/19/10018: 001, BStBl 2022 I S. 92) hat das BMF zu Zweifelsfragen bei der steuerlichen Behandlung von Einkünften von Grenzgängern, Künstlern, Sportlern sowie von Einkünften aus öffentlichen Kassen in dem mit Frankreich geschlossenen Doppelbesteuerungsabkommen Stellung genommen.

b) Hintergrund

Aufgrund von vermehrt auftretenden Zweifelsfragen in Doppelbesteuerungsabkommen im Zusammenhang mit Einkünften aus nichtselbständiger Tätigkeit hatte das BMF bereits mit Schreiben v. 3.5.2018 (IV B 2 - S 1300/08/10027, BStBl 2018 I S. 643) zu der Behandlung von derartigen Einkünften Stellung genommen. Während dieses Schreiben für sämtliche von Deutschland geschlossene Doppelbesteuerungsabkommen galt, betrifft das nun erlassene BMF-Schreiben überwiegend Zweifelsfragen in dem Doppelbesteuerungsabkommen zwischen Deutschland und Frankreich. Der Schwerpunkt des BMF-Schreibens liegt dabei insbesondere auf der Grenzgängerregelung nach Art. 13 Abs. 5 DBA-Frankreich.

c) Grenzgängerregelung

aa) Definition von deutschen und französischen Grenzgängern

Grenzgänger sind Personen, die im Grenzgebiet eines Vertragsstaates einer Tätigkeit nachgehen, ihre ständige Wohnstätte jedoch im Grenzgebiet des anderes Vertragsstaates liegt und sie zu dieser regelmäßig zurückkehren. Das Besteuerungsrecht obliegt in diesem Fall dem Wohnsitzstaat.

Das BMF-Schreiben definiert das Grenzgebiet eines deutschen Grenzgängers als die Gemeinden, deren Gebiet ganz oder teilweise höchstens 20 km von der Grenze entfernt liegt. Das Grenzgebiet für in Frankreich ansässige Grenzgänger umfasst dagegen die Gemeinden, deren Gebiet ganz oder teilweise maximal 30 km von der Grenze entfernt liegt. Eine Übersicht über die jeweils zum Grenzgebiet gehörenden Gemeinden wurde mit dem BMF-Schreiben v. 16.11.2021 (IV B 3 - S 1301-FRA/19/10019 :005, BStBl 2021 I S. 2230) zur Verfügung gestellt.

bb) Ständige Wohnstätte

Die Ständige Wohnstätte muss nicht zwingend den Lebensmittelpunkt des jeweiligen Arbeitnehmers darstellen. Eine Zweitwohnung, die unter der Woche aufgrund eines kürzeren Arbeitsweges aufgesucht wird, qualifiziert einen Arbeitnehmer somit ebenfalls als Grenzgänger. Bei einer ständigen Wohnstätte in beiden Vertragsstaaten, ist die Wohnstätte, die nach der Tie-Breaker-Regelung nach Art. 2 Abs. 1 Nr. 4 Buchst. b DBA-Frankreich als erste Tätigkeitsstätte gilt, maßgeblich.

cc) Regelmäßiges Pendeln

Als regelmäßiger Pendler sind Arbeitnehmer nach der 45-Tage- bzw. 20%-Regelung zu qualifizieren, die

▶ während des ganzen Kalenderjahres in der Grenzzone beschäftigt sind und in dieser Zeit höchstens an 45 Arbeitstagen nicht zum Wohnsitz zurückkehren oder außerhalb der Grenzzone für ihren Arbeitgeber tätig sind oder

▶ die während des ganzen Kalenderjahres in der Grenzzone beschäftigt sind – die Tage der Nichtrückkehr oder der Tätigkeit außerhalb der Grenzzone 20 v. H. der gesamten Arbeitstage im Rahmen des Arbeitsverhältnisses (der Arbeitsverhältnisse) nicht übersteigen, jedoch in keinem Fall mehr als 45 Tage betragen.

Nach dem BMF-Schreiben findet diese Regelung auch dann Anwendung, wenn der Steuerpflichtige nur an einzelnen Tagen zur Arbeit im Grenzgebiet verpflichtet ist (Teilzeit-Arbeitsverhältnis an weniger als fünf Tagen). Bei einer Teilzeittätigkeit, an der der Arbeitnehmer an allen Werktagen der Woche arbeitet, ist wiederum die 45-Tage-Grenze maßgeblich.

dd) Leiharbeitnehmer

Das Besteuerungsrecht für Leiharbeitnehmer ist grundsätzlich in Art. 13 Abs. 6 DBA-Frankreich geregelt. Handelt es sich bei dem Leiharbeitnehmer ebenfalls um einen Grenzgänger, so ist jedoch vorrangig Art. 13 Abs. 5 DBA-Frankreich einschlägig. Aufgrund des häufigen Wechsels des Einsatzortes – teilweise auch in Gemeinden außerhalb des Grenzgebietes – lässt sich nach der Auffassung der Finanzverwaltung oftmals im Vorhinein nicht absehen, ob der Leiharbeitnehmer die Voraussetzungen der Grenzgängerregelung erfüllt. Daher wird für Leiharbeitnehmer die Freistellung nach der Grenzgängerregelung in einem separaten BMF-Schreiben v. 30.3.2017 (IV B 3 - S 1301-FRA/16/10001: 001, BStBl 2017 I S. 753) näher definiert und nur unter speziellen Voraussetzungen gewährt.

ee) Abfindungen

Zu den inländischen Einkünften nach § 49 Abs. 1 Nr. 4 Buchst. d EStG zählen auch Abfindungen i.S. des § 24 Nr. 1 EStG, die für die Auflösung eines Dienstverhältnisses ausgezahlt werden, wenn die für die zuvor ausgeübte Tätigkeit bezogenen Einkünfte dem Grunde nach der unbeschränkten oder beschränkten inländischen Steuerpflicht unterlegen haben.

Obliegt das Besteuerungsrecht für das Einkommen aus dem Dienstverhältnis jedoch nach dem DBA-Frankreich, so ist Frankreich ebenfalls dazu berechtigt die Abfindung zu besteuern. Hat das Besteuerungsrecht für das Dienstverhältnis zwischen Deutschland und Frankreich zwischenzeitlich gewechselt, so ist das Besteuerungsrecht für die Abfindung ebenfalls entsprechend aufzuteilen.

ff) Öffentlicher Dienst

Nach Art. 14 DBA-Frankreich wird das Besteuerungsrecht für Gehälter, Löhne und ähnliche Vergütungen sowie Ruhegehälter, die einer der Vertragsstaaten an in dem anderen Staat ansässige natürliche Personen für gegenwärtige oder frühere Dienstleistungen, dem Staat zugeteilt, aus dessen öffentlicher Kasse diese gezahlt werden. Werden Vergütungen an Personen ausgezahlt, welche lediglich die Staatsangehörigkeit des anderen Staates besitzen, können die Vergütungen nur von dem Wohnsitzstaat besteuert werden.

Nach dem BMF-Schreiben wird nun klargestellt, welche Rechtsformen als staatliche Einrichtung gelten und dass Einrichtungen wie öffentliche Krankenhäuser, Kindergärten, Schulen und Universitäten keine auf Gewinnerzielung gerichtete gewerbliche Tätigkeiten ausüben und somit grundsätzlich unter die Anwendung der Kassenstaatsklausel nach Art. 14 DBA-Frankreich fallen. Gleichzeitig werden privatisierte Nachfolgeunternehmen staatlicher Einrichtungen, von der Anwendung des Art. 14 DBA-Frankreich nicht umfasst.

Zudem wird die Anwendung des Treaty Override in § 50d Abs. 7 EStG bzgl. von Zahlungen von privatwirtschaftlichen organisierten Einrichtungen ausgeschlossen, da diese regelmäßig zu weniger als 75 % aus öffentlichen Mitteln finanziert werden.

> **FAZIT:**
>
> Die Finanzverwaltung nimmt mit dem BMF-Schreiben in Abstimmung mit den französischen Behörden einige Klarstellungen insbesondere im Hinblick auf die Grenzgängerregelung vor. Für die Steuerpflichtigen bedeutet dies vornehmlich eine größere Planbarkeit, welchem Besteuerungssystem sie unterliegen. Wünschenswert wäre gewesen, wenn das BMF-Schreiben ebenfalls noch auf pandemiebedingte Veränderungen der Tätigkeitsschwerpunkte, z. B. aufgrund der Nutzung der Homeoffices, eingegangen wäre.

2. Anwendungsregelungen zu § 4j EStG

BMF, Schreiben v. 5.1.2022 - IV C 2 – S 2144-g/20/10002: 007, BStBl 2022 I S. 100, NWB LAAAI-02846 und BMF, Schreiben v. 6.1.2022 - Z IV C 2 – S 2144-g/20/10002 :005, BStBl 2022 I S. 103, NWB TAAAI-02920

(Rebekka Rein)

a) Hintergrund

Mit dem Gesetz gegen schädliche Steuerpraktiken im Zusammenhang mit Rechteüberlassungen (BGBl 2017 I S. 2074; BStBl 2017 I S. 1202) wurde § 4j EStG mit Wirkung zum 1.1.2018 eingeführt. Die sog. Lizenzschranke hat zum Zweck, die missbräuchliche Nutzung von Präferenzregimen für Lizenzeinnahmen (sog. IP-Boxen) einzudämmen. Konkret sieht § 4j Abs. 3 EStG ein (anteiliges) Abzugsverbot für Aufwendungen aus der Rechteüberlassung vor, soweit die korrespondierenden Einnahmen des Gläubigers einer niedrigen Besteuerung im Rahmen einer Präferenzregelung unterliegen und der Gläubiger eine dem Schuldner nahe stehenden Person i. S. des § 1 Abs. 2 AStG ist. Anders gewandt, kann der Zahlende seine Aufwendungen nicht in vollem Umfang als Betriebsausgaben geltend machen, wenn die Einnahmen aus der Rechteüberlassung beim Empfänger nur einer geringen Steuerbelastung unterliegen. Der maßgebende Grenzwert liegt bei einer Steuerbelastung von 25 %. Eine Rückausnahme vom Betriebsausgabenabzugsverbot besteht jedoch für Fälle, in denen die auf die Einnahmen beim Gläubiger angewandte Präferenzregelung dem Nexus-Ansatz der OECD entspricht.

Nunmehr hat das BMF Anfang Januar gleich zwei neue Schreiben zu Anwendungsfragen bzw. zu betroffenen ausländischen Steuerregimen veröffentlicht, die im Folgenden dargestellt werden.

b) Präferenzregelung

Eine Präferenzregelung liegt nach § 4j Abs. 1 i.V. m. Abs. 2 EStG vor, wenn die Einnahmen aus der Rechteüberlassung beim Gläubiger (1) einer von der Regelbesteuerung abweichenden Besteuerung unterliegen und dadurch (2) die Belastung mit Ertragsteuern weniger als 25 % beträgt.

Dem BMF-Schreiben v. 5.11.2022 zufolge hat die „Abweichung von der Regelbesteuerung" anhand eines Vergleichs der tatsächlichen Besteuerung der Einnahmen des Gläubigers aus der Rechteüberlassung mit der Regelbesteuerung anderer Einkünfte in demselben Staat zu erfolgen. Die Regelbesteuerung bezeichnet dabei den regulären Steuersatz, der ohne jede Vergünstigung angewendet werden würde. Zudem betreffe eine Präferenzregelung nicht ausschließlich sog. IP-Boxen. Voraussetzung soll lediglich sein, dass die Präferenzregelung auch die Einnahmen aus der Rechteüberlassung erfasst. Zudem sollen auch einzelfallbezogene Absprachen (sog. „Tax Rulings") der ausländischen Finanzbehörden mit den Lizenzzahlungsempfängern als Präferenzregime gelten.

Bei der Prüfung der Niedrigbesteuerung sei nicht auf die rechtlich geschuldete, sondern auf die tatsächlich erhobene und abgeführte Steuer abzustellen. Etwaige nachgelagerte Erstattungsansprüche sind folglich ebenfalls einzubeziehen. Dem zwingenden Vergleich zur Bestimmung einer Abweichung von der Regelbesteuerung zufolge, erfüllt ein allgemein niedriges Besteuerungsniveau im Staat des Gläubigers nicht die Voraussetzung einer Präferenzregelung für Zwecke der Lizenzschranke.

c) Nexuskonformität

Nach § 4j Abs. 1 Satz 4 EStG sind Präferenzregime, die dem Nexus-Approach der OECD entsprechen, nicht schädlich. Die Beurteilung der Nexus-Konformität soll in erster Linie anhand des Forum on Harmful Tax Practices („FHTP") der OECD erfolgen. Soweit das FHTP ein IP-Regime als nicht mit dem Nexus-Ansatz vereinbar deklariert, soll demnach die Lizenzschranke greifen. Die Einordnung einer Präferenzregelung durch die FHTP bzw. der derzeitige Überprüfungsstatus wird regelmäßig in einem Update von der OECD veröffentlicht. Sofern ein mögliches Präferenzregime nicht durch das FHTP untersucht wurde, ist die Nexus-Konformität auf nationaler Ebene im Rahmen des inländischen Besteuerungsverfahrens zu überprüfen.

Bereits im Jahr 2020 hat das BMF ein Schreiben mit einer Liste nicht Nexus-konformer Präferenzregelungen sowie bislang nicht auf den Nexus-Ansatz geprüfter Präferenzregelungen veröffentlicht (vgl. BMF 19.2.2020 - IV C 2 - S 2144-g/17/10002, BStBl 2020 I S. 238). Eine entsprechende Arbeitshilfe mit einer (aktualisierten) nicht abschließenden Liste noch nicht geprüfter Präferenzregime hat die Finanzverwaltung für die Veranlagungszeiträume 2018 bis 2020 nun mit dem BMF-Schreiben v. 6.1.2022 bereitgestellt. Im Vergleich zu der für den VZ 2018 veröffentlichten Vorversion wurden die bislang nicht abschließend geprüften Präferenzregime in den Staaten Aruba, Brunei Darussalam, Cookinseln, Dominica und Katar nunmehr (zusätzlich) als nicht Nexus-konform eingestuft. Zudem befasst sich ein eigener Abschnitt des BMF-Schreibens v. 6.1.2022 mit den kantonalen Spezialgesellschaften in der Schweiz. Als noch nicht abschließend geprüfte Präferenzregelungen gelten weiterhin solche in Jordanien, Litauen, Paraguay sowie das FDII-Regime der USA. Entsprechende Aufwendungen für die Veranlagungszeiträume 2018 bis 2020 sollen als (nicht der Lizenzschranke unterliegende) grundsätzlich abziehbare Betriebsausgaben behandelt werden. Die Veranlagung hat aber nach § 164 AO unter dem Vorbehalt der Nachprüfung zu erfolgen.

d) Beweislastverteilung

Bei Anwendung der Lizenzschranke sollen die allgemeinen Grundsätze zur Beweislastverteilung gelten. Demnach trägt die Finanzverwaltung die Beweislast für steuererhöhende Tatsachen und der Steuerpflichtige für steuermindernde Tatsachen.

Nach dem neuen BMF-Schreiben obliegt der Finanzverwaltung die Beweislast in Bezug auf das abstrakte Vorliegen einer Präferenzregelung im Gläubigerstaat, wobei der Steuerpflichtige zur Mitwirkung nach § 90 Abs. 2 AO verpflichtet ist. Der Steuerpflichtige hat nachzuweisen, dass eine Lizenzzahlung an einen ausländischen Empfänger konkret keiner Präferenzregelung unterlegen hat. Steuerpflichtige sind daher gut beraten, Beweisvorsorge zu treffen, sofern Lizenzzahlungen an ein in einem der betreffenden Staaten ansässiges verbundenes Unternehmen vorgenommen werden. Darüber hinaus hat der Steuerpflichtige im Grundsatz die Nexus-Konformität einer Präferenzregelung nachzuweisen. Ausgenommen sind nur Regime, bei welchen das FHTP die Nexus-Konformität bestätigt hat. Bei allen anderen hat der Steuerpflichtige den Nachweis gleichwohl zu erbringen. Erkenntnisse der Finanzverwaltung zur Nexus-Konformität aus vorangegangenen Prüfungen sind dabei jedoch zu berücksichtigen.

FAZIT:

Durch die beiden BMF-Schreiben aus dem Januar 2022 konkretisiert die Finanzverwaltung ihre Interpretation der Vorschrift des § 4j EStG. Sie nimmt dabei für Präferenzregelungen eine weite Auslegung vor, indem sie annimmt, dass auch Tax Rulings zu einer nicht nexuskonformen Besteuerung führen können. Steuerpflichtige sollten daher ihre Konzernstrukturen hinsichtlich der in den BMF-Schreiben als schädlich eingestuften Regime untersuchen und die geforderten Dokumentationen frühzeitig erstellen. Für den Steuerpflichtigen begrüßenswert ist, dass weltweit mittlerweile die überwiegende Mehrzahl der Staaten den modifizierten Nexus-Ansatz umgesetzt hat. Spätestens nach Ende der OECD-Übergangsfrist v. 1.7.2021, ist die Lizenzschranke daher in vielen Fällen nicht mehr einschlägig. Von unverändert hoher Praxisrelevanz ist jedoch die nach wie vor nicht geklärte Behandlung des FDII-Regimes in den USA.

3. Steuerliche Behandlung von Arbeitnehmereinkünften bei Auslandtätigkeiten (Auslandstätigkeitserlass)

BMF, Schreiben v. 10.6.2022 - IV C 5 - S 2293/19/10012 :001, BStBl 2022 I S. 997, NWB DAAAJ-15632

(Christian Kappelmann)

a) Überblick

Der Auslandstätigkeitserlass soll die Doppelbesteuerung von Einkünften unbeschränkt Steuerpflichtiger vermeiden, die Einkünfte in einem Land erzielen, mit dem kein Doppelbesteuerungsabkommen geschlossen worden ist. Auf Basis der Ermächtigungsgrundlage § 34c Abs. 5 EStG kann daher die Finanzverwaltung für entsprechende Einkünfte eine Freistellung gewähren und so die Tätigkeit qualifizierter Fachkräfte im Ausland fördern. Ohne den Auslandstätigkeitserlass wäre lediglich eine Anrechnung der ausländischen Steuer nach § 34c Abs. 1 EStG oder ein Abzug nach § 34c Abs. 2 EStG möglich.

Mit BMF-Schreiben v. 10.6.2022 (IV C 5 – S 2293/19/10012 :001, BStBl 2022 I S. 997 wurde nun der Auslandstätigkeitserlass mit Wirkung für Einkünfte, die ab dem 1.1.2023 zufließen, neu gefasst:

b) Arbeitgeber in EU-/EWR-Staaten

In der Neufassung des Auslandstätigkeitserlasses kommt das BMF der Kritik des EuGH (EuGH, Urteil v. 28.2.2013 - Rs. C-544/11 „Petersen und Petersen", NWB BAAAE-32623) nach und nimmt ebenfalls Arbeitslohn für eine begünstigte Tätigkeit für einen Arbeitgeber aus EU- und EWR-Staaten mit auf. Im bisherigen Auslandstätigkeitserlass waren lediglich inländische Arbeitgeber aufgeführt, was der EuGH jedoch als Verstoß gegen die Arbeitnehmerfreizügigkeit nach Art. 45 AEUV und die Dienstleistungsfreiheit nach Art. 56 AEUV ansah. Da der Anwendungsbereich des Auslandstätigkeitserlasses jedoch über eine Verfügung durch die Finanzverwaltung bereits auf Arbeitgeber in EU-/EWR-Staaten erweitert worden ist, wird dies in der Praxis zu keinen wesentlichen Änderungen führen.

c) Begünstigte Tätigkeiten

Zu dem Katalog der nach dem Auslandstätigkeitserlass begünstigten Tätigkeiten zählen die Planung, Errichtung, Erweiterung, Instandsetzung, Modernisierung und Wartung von industriellen Bauwerken, Fabriken oder ortsgebundenen großen Maschinen.

Zudem ist nun erstmals auch die Tätigkeit im Zusammenhang mit dem Einbau, der Aufstellung, der Instandsetzung oder der Wartung sonstiger Wirtschaftsgüter umfasst, wenn diese Wirtschaftsgüter ausschließlich von EU-/EWR-Arbeitgebern hergestellt oder instandgesetzt wurden. Das Aufsuchen oder die Förderung von Bodenschätzen, sowie die Beratung ausländischer Arbeitgeber und Organisationen im Zusammenhang mit den vorgenannten Tätigkeiten ist ebenfalls nach dem Auslandstätigkeitserlass begünstigt.

Grundsätzlich ist die Begünstigung für Arbeitslohn ausgeschlossen, wenn die jeweilige Tätigkeit aus einer inländischen öffentlichen Kasse finanziert wird. Dies umfasst auch privatrechtliche Organisationen, deren Mittel aus einer inländischen öffentlichen Kasse finanziert werden. Nach der Neufassung des Auslandstätigkeiterlasses wurde jedoch erstmals eine Ausnahmeregelung für mischfinanzierte Projekte aufgenommen. Die Tätigkeit für einen EU-/EWR-Arbeitgeber im Zusammenhang mit der deutschen öffentlichen Entwicklungshilfe im Rahmen der technischen oder finanziellen Zusammenarbeit ist nunmehr begünstigt, wenn die Finanzierung unmittelbar oder mittelbar aus inländischen öffentlichen Kassen zu einem Anteil von mindestens 75 % erfolgt. Sind jedoch noch weitere Institutionen, wie z. B. die EU, an der Finanzierung beteiligt, ist diese in einen begünstigten und nicht begünstigten Anteil aufzuteilen.

d) Nicht begünstigte Tätigkeiten

Nach dem nun aktualisierten Auslandstätigkeitserlass sind ausdrücklich nicht mehr die Sanierung, Restaurierung, Reinigung oder Sicherung von Bauwerken ohne industrielle oder technische Nutzung von der begünstigten Tätigkeit umfasst.

Zudem werden in der nicht abschließenden Auflistung nicht begünstigter Tätigkeiten noch die Folgenden genannt:

- die Tätigkeit des Bordpersonals auf Seeschiffen,
- die Produktion von Schiffen im Ausland,
- die finanzielle Beratung im Zusammenhang mit den begünstigten Tätigkeiten mit Ausnahme der Beratung im Zusammenhang mit der deutschen öffentlichen Entwicklungshilfe,
- das Einholen von Aufträgen (Akquisition), ausgenommen die Beteiligung an Ausschreibungen sowie
- die Tätigkeit im Bereich der humanitären Hilfe.

e) Dauer der Tätigkeit

Die Auslandstätigkeit muss ohne Unterbrechung für einen Zeitraum von mindestens drei Monaten in Staaten ausgeübt werden, mit denen kein Doppelbesteuerungsabkommen geschlossen wurde, in welchem die Besteuerung von nichtselbständigen Einkünften geregelt wird. Ausgenommen davon sind Unterbrechungen aufgrund von Urlaub oder Krankheit. Nach der Neuregelung sind nun ebenfalls die Unterbrechung für Freizeitaufenthalte, wie z. B. bei arbeitsfreien Wochenenden oder Feiertagen unschädlich, wenn die Auslandstätigkeit in dem Nicht-DBA-Staat insgesamt einen Zeitraum von drei Monaten übersteigt.

f) Ausländische Mindestbesteuerung

Als Voraussetzung für die Freistellung wurde in die Neufassung des Auslandstätigkeiterlasses eine Mindestbesteuerung der Einkünfte nach § 19 EStG von mindestens 10 % im Tätigkeitsstaat aufgenommen. Diese Steuer muss auch tatsächlich gezahlt worden sein. Die Ermittlung der durchschnittlichen Steuerbelastung hat nach deutschem Recht zu erfolgen.

g) Umfang der Begünstigung

Neben dem regulären Arbeitslohn sind auch Zulagen, Prämien oder Zuschüsse des Arbeitgebers, die durch die Auslandstätigkeit veranlasst sind, begünstigt. Dies gilt ebenfalls für Weihnachtszuwendungen, Erfolgsprämien, Tantiemen sowie anteilig auf die Auslandstätigkeit entfallendes Urlaubsgeld und Krankheitsgeld.

Die Freistellung des Arbeitslohns kann im Rahmen des Lohnsteuerabzugsverfahrens beim zuständigen Finanzamt im Rahmen einer Freistellungsbescheinigung beantragt werden.

h) Progressionsvorbehalt

Ist eine Tätigkeit nach dem Auslandstätigkeitserlass begünstigt, ist der Arbeitslohn grundsätzlich von der Besteuerung ausgenommen. Er wird jedoch im Rahmen des Progressionsvorbehaltes nach § 32b Abs. 2 EStG bei der Ermittlung des Einkommensteuersatzes berücksichtigt. Dabei ist nach § 32b Abs. 2 Nr. 2 EStG der Werbungskostenpauschbetrag nach § 9a Satz 1 Nr. 1 EStG abzuziehen oder ggf. darüber hinausgehende Werbungskosten nach § 9 EStG geltend zu machen.

FAZIT:

Mit der Neufassung des Auslandstätigkeitserlasses nimmt die Finanzverwaltung in einigen Bereichen erforderliche Klarstellungen und Anpassungen an das EU-Recht vor. Zudem wird der Anwendungsbereich auf Arbeiten und damit im Zusammenhang stehenden Beratungsleistungen an sonstigen Wirtschafgütern als Industriebauwerken erweitert.

Eine Neuregelung von erheblicher Tragweite ist jedoch die Einführung des Erfordernisses der Mindestbesteuerung im Ausland, welche den Nachweis der Voraussetzung für die Freistellung erheblich aufwändiger gestaltet wird. Dabei wird zumeist nicht die Höhe der Besteuerung das vorwiegende Problem darstellen, sondern voraussichtlich der Nachweis der Festsetzung und Zahlung der ausländischen Einkommensteuer. Steuerpflichtige sollten nun die im Ausland vorgenommene Besteuerung stets dokumentieren, um so eine Steuerfreistellung nach dem Auslandstätigkeitserlass im Inland zu erlangen.

III. Rechtsprechung

1. Zur Besteuerung von Zuschüssen der GIZ/CIM für eine Tätigkeit als Integrierte Fachkraft in Tadschikistan

BFH, Urteil v. 8.9.2021 - I R 17/18, NWB OAAAI-04358

(Christian Kappelmann)

Zusammenfassung der Entscheidung

Deutschland steht das Besteuerungsrecht für von privatrechtlichen Körperschaften ausgezahlten Zuschüssen nach der Kassenstaatsklausel in dem DBA-Tadschikistan zu, wenn diese auf Rechnung einer inländischen öffentlichen Kasse ausgezahlt werden. Nach der Auffassung des BFH bestehen zudem keine verfassungsrechtlichen Bedenken, dass die Anwendbarkeit einer derartigen Kassenstaatsklausel durch das zuvor eingeführte Treaty Override gem. § 50d Abs. 7 EStG erheblich erweitert wird.

Die Klägerin war an einer Universität in Tadschikistan befristet angestellt und erhielt von der deutschen Gesellschaft für Internationale Zusammenarbeit GmbH (GIZ) zusätzlich zu ihrem regulären Gehalt einen monatlichen Zuschuss für ihre Tätigkeit als integrierte Fachkraft. Dieser Zuschuss wurde aus einem vom Bundesministerium für wirtschaftliche Zusammenarbeit und

Entwicklung (BMZ) eingerichteten Fonds in dessen Namen und auf dessen Rechnung von der GIZ ausgezahlt.

Das Finanzamt besteuerte diese Zuschüsse als Arbeitslohn und berücksichtigte zusätzlich die Auszahlungen der Universität im Rahmen des Progressionsvorbehaltes. Die Klägerin brachte im Rahmen eines Einspruchsverfahrens vor, dass die Zuschüsse nicht Art. 18 Abs. 4 DBA-Tadschikistan unterfielen und somit nicht in Deutschland zu besteuern sind. Die nach erfolglosem Einspruchsverfahren erhobenen Klage hatte vor dem FG Erfolg und führte zur Aufhebung des Einkommensteuerbescheides.

Entscheidungsgründe

Der BFH sah die gegen die Entscheidung des FG eingelegte Revision jedoch als begründet an und hob die Entscheidung des FG auf.

Nach § 49 Abs. 1 Nr. 4 Buchst. b EStG gehören zu den inländischen Einkünften auch aus inländischen öffentlichen Kassen für ein gegenwärtiges oder früheres Dienstverhältnis ausgezahlte Gehälter und Löhne i. S. des § 19 EStG. Diese Voraussetzungen sieht der BFH im Streitfall als erfüllt an. Der Zuschuss stelle Arbeitslohn von Dritter Seite dar, der von der GIZ aufgrund des Arbeitsverhältnisses mit der Universität in Tadschikistan und aus einer inländischen öffentlichen Kasse, dem Fonds des BMZ, ausgezahlt worden ist.

Entgegen der Auffassung des FG geht der BFH jedoch davon aus, dass nach dem DBA-Tadschikistan Deutschland das Besteuerungsrecht für die Einkünfte aus dem Dienstverhältnis obliegt. Das Besteuerungsrecht stünde demnach bereits nach der Kassenstaatsklausel Art. 18 Abs. 1 Buchst. a DBA-Tadschikistan zu. Das FG hatte zuvor die Anwendung des Art. 18 Abs. 1 DBA-Tadschikistan ausgeschlossen, da die erweiterte Kassenstaatsklausel nach Art. 18 Abs. 4 DBA-Tadschikistan nicht einschlägig ist, dieser jedoch Art. 18 Abs. 1 DBA-Tadschikistan verdrängt.

Nach Art. 14 Abs. 1 DBA-Tadschikistan können Gehälter, Löhne und ähnliche Vergütungen, die eine in einem Vertragsstaat ansässige Person aus unselbständiger Arbeit bezieht, vorbehaltlich Art. 15 bis 18 DBA-Tadschikistan nur in diesem Staat besteuert werden, es sei denn, die Arbeit wird im anderen Vertragsstaat ausgeübt. Nach Art. 18 Abs. 1 Buchst. a DBA-Tadschikistan besteht ein ausschließliches Besteuerungsrecht für Gehälter, Löhne und ähnliche Vergütungen – ausgenommen für Ruhegehälter – für den Staat, für den die Dienste geleistet werden. Nach Art. 18 Abs. 4 DBA-Tadschikistan wird dieses Besteuerungsrecht auch auf diejenigen Fälle erweitert, in denen weder eine öffentliche Kasse die Vergütung zahlt noch ein Dienstverhältnis mit dem Kassenstaat besteht.

Mit § 50d Abs. 7 EStG wird der Anwendungsbereich von abkommensrechtlichen Kassenstaatsklauseln, wie in dem vorliegenden Fall Art. 18 Abs. 1 DBA-Tadschikistan, auf mittelbare Beschäftigungsverhältnisse mit der öffentlichen Hand erweitert. Es handelt sich insoweit um ein Treaty Override, das Deutschland auch das Besteuerungsrecht für Vergütungen sichern soll, die ganz oder im Wesentlichen aus öffentlichen Kassen gezahlt werden, jedoch kein Dienstverhältnis mit einer inländischen Körperschaft o. Ä. besteht.

Nach der Auffassung des BFH ist § 50d Abs. 7 EStG im Streitfall anwendbar, da die Zuschüsse aus einer öffentlichen Kasse gewährt werden, das Dienstverhältnis jedoch nur zu der Universität bestand. Die Gesamtvergütung wurde zudem nach den Feststellungen des BFH im Streitfall ganz oder im Wesentlichen aus öffentlichen Mitteln (96,2 %) gezahlt. Da somit der Anwendungsbereich des Art. 18 Abs. 1 DBA-Tadschikistan über § 50d Abs. 7 EStG maßgeblich erweitert wird, besteht auch für die vom GIZ ausgezahlt Zuschüsse für Deutschland ein Besteuerungsrecht.

Folgerungen: Die Entscheidung des BFH ist insbesondere im Hinblick auf den Anwendungsbereich des § 50d Abs. 7 EStG interessant. Hatte der BFH den sachlichen Anwendungsbereich des § 50d Abs. 7 EStG bereits mit der Entscheidung v. 28.3.2018 (I R 42/16, BStBl 2019 II S. 671) im Rahmen eines obiter dictums näher definiert, so geht er bei dieser Entscheidung auch auf den zeitlichen Anwendungsbereich näher ein. Er stellt klar, dass keine verfassungsrechtlichen Bedenken bestehen, wenn § 50d Abs. 7 EStG auch auf Doppelbesteuerungsabkommen angewendet wird, die erst nach dessen Einführung durch das Jahressteuergesetz 1997 abgeschlossen wurden. Das im Streitfall einschlägige DBA-Tadschikistan wurde erst im Jahr 2007 im Bundesgesetzblatt verkündet.

Zudem definiert der BFH das Verhältnis der allgemeinen Kassenstaatsklausel zur erweiterten Kassenstaatsklausel anhand des DBA-Tadschikistan. Dass die erweiterte Kassenstaatsklausel für Entwicklungshilfeprojekte o. Ä. im Streitfall nicht einschlägig war, war für die Anwendung der allgemeinen Kassenstaatsklausel nicht maßgeblich, da diese über § 50d Abs. 7 EStG maßgeblich erweitert wurde. In der Folge wird jedoch der Anwendungsbereich der erweiterten Kassenstaatsklausel erheblich eingeschränkt, da diese lediglich noch in ausgewählten Fällen, in denen § 50d Abs. 7 EStG in Verbindung mit der allgemeinen Kassenstaatsklausel nicht einschlägig ist, Anwendung findet.

2. Steuerpflicht des Arbeitslohns aus einer Tätigkeit für die ISAF

BFH, Urteil v. 13.10.2021 - I R 43/19, NWB AAAAI-05741

(Christian Kappelmann)

Zusammenfassung der Entscheidung

Der für eine Tätigkeit in Afghanistan für die ISAF gezahlte Arbeitslohn unterliegt in Deutschland nicht automatisch einer aus völkerrechtlichen Vereinbarungen herrührenden Steuerbefreiung.

Entscheidungsgründe

Der Kläger war nach dem Ausscheiden aus dem aktiven Dienst für die Bundeswehr in den Jahren 2012 und 2013 als Zivilist in der Funktion als International Civilian Consultant (ICC), bei der ISAF in Afghanistan tätig. Sein Gehalt für diese Tätigkeit zahlte die NATO.

Im Rahmen der Einkommensteuererklärung gab der Kläger die entsprechenden Einkünfte als ausländische Einkünfte ohne Progressionsvorbehalt an. Das Finanzamt wich jedoch von der Erklärung ab und berücksichtigte die Einkünfte im Rahmen der Einkommensteuerfestsetzung als vollständig steuerpflichtig. Nach erfolglosem Einspruchsverfahren wies auch das FG die dagegen eingelegte Klage ab.

Der BFH sah die Revision ebenfalls als unbegründet an. Der Kläger ist aufgrund seines inländischen Wohnsitzes unbeschränkt steuerpflichtig nach § 1 Abs. 1 EStG und die Einkünfte aus seiner Tätigkeit für die NATO daher als Arbeitslohn gem. § 2 Abs. 1 Satz 1 Nr. 4 EStG i.V.m. § 19

Abs. 1 Satz 1 Nr. 1 EStG zu berücksichtigen. Eine Steuerbefreiung durch völkerrechtliche Vereinbarung i. S. des § 2 Abs. 1 AO liegt entgegen der Auffassung des Klägers nicht vor.

Insbesondere ist das sog. Ottawa-Abkommen (Übereinkommen über den Status der Nordatlantikvertrags-Organisation, der nationalen Vertreter und des internationalen Personals v. 20.9.1951, BGBl 1958 II S. 118 ff.) auf den vorliegenden Sachverhalt nicht einschlägig. Dieses Abkommen ist nur anzuwenden, wenn der Dienstort des Personals auch auf dem Hoheitsgebiet von Deutschland liegt oder die Dienstbezüge aus deutschen Mittel bezieht. Auch das NATO-Truppenstatut (BGBl 1961 II S. 1190) ist für eine Tätigkeit in Afghanistan nicht einschlägig, da dies nur die Verhältnisse Entsandter einer NATO-Vertragspartei im Hoheitsgebiet einer anderen NATO-Vertragspartei festschreibt.

Mangels Doppelbesteuerungsabkommen mit Afghanistan wird das Besteuerungsrecht Deutschlands auch nicht durch die Zuschreibung des Besteuerungsrechtes für den Tätigkeitsstaat durch einen mit Art. 15 des OECD-Musterabkommens vergleichbaren Artikel ausgeschlossen.

Da auch keine weiteren internationalen Abkommen und Verträge für die vorliegende Tätigkeit einschlägig sind, sind aufgrund des Welteinkommensprinzips auch die Einkünfte aus der Tätigkeit für die ISAF in Deutschland steuerpflichtig.

Folgerungen: Das Urteil verdeutlicht, dass nicht sämtliche Einkünfte aus einer Tätigkeit für eine internationale Organisation im Ausland steuerfrei sind. Insbesondere in Ländern, die weder der NATO noch den Vereinten Nationen angehören und mit denen kein Doppelbesteuerungsabkommen abgeschlossen worden ist, dürfte eine Steuerpflicht in Deutschland in Betracht kommen, auch wenn die Tätigkeit im Ausland ausgeübt wird.

PRAXISTIPP:

In einem nahezu vergleichbaren Fall sah der BFH (Urteil v. 24.11.2021 - I R 17/20, NWB GAAAI-60910) die Zahlungen für die Tätigkeit bei der ISAF ebenfalls als in Deutschland steuerpflichtig an. Zusätzlich entschied er jedoch auch, dass die von der NATO gezahlten Gefahren- und Erschwerniszuschläge nicht gem. § 3 Nr. 64 EStG steuerfrei sind. Nach § 3 Nr. 64 EStG sind Zuschläge für eine Tätigkeit im Ausland die den regulären Arbeitslohn übersteigen steuerfrei. Dies gilt jedoch nur, wenn der Arbeitnehmer im Dienstverhältnis zu einer juristischen Person steht oder die Zuschläge aus einer öffentlichen Kasse gezahlt werden. Beides war aufgrund der Auszahlung durch die NATO im Urteilsfall nicht einschlägig.

3. Ernstliche Zweifel an der passiven Entstrickungsbesteuerung einer personallosen Betriebsstätte

BFH, Beschluss v. 24.11.2021 - I B 44/21 (AdV), NWB YAAAI-05464

(Rebekka Rein)

a) Hintergrund

Durch das Amtshilferichtlinie-Umsetzungsgesetz v. 26.6.2013 wurde § 1 AStG mit Wirkung zum 1.1.2013 in den Abs. 4 und 5 neu gefasst und um einen Abs. 6 ergänzt. Hierdurch wurde der Authorised OECD Approach (AOA) in das deutsche Steuerrecht implementiert. Dieser von der OECD entwickelte Ansatz stellt die Betriebsstätte aus steuerlicher Sicht einem rechtlich selbständigen Unternehmen gleich (sog. functional separate entity approach). Auf der Grundlage des § 1 Abs. 6 AStG trat zudem die Betriebsstättengewinnaufteilungsverordnung (BsGaV) in Kraft, mit der die Finanzverwaltung die Grundsätze des AOA nicht nur für die Bestimmung von Verrechnungspreisen, sondern auch auf die Zuordnung von Wirtschaftsgütern zu einer Betriebstätte anwendet. Die BsGaV ist auf Wirtschaftsjahre, die nach dem 31.12.2014 beginnen, anzuwenden.

§ 1 Abs. 5 Satz 3 AStG ordnet an, dass der Betriebsstätte unter anderem die Funktionen des Unternehmens, die durch ihr Personal ausgeübt werden (sog. Personalfunktionen) sowie die Vermögenswerte des Unternehmens, die sie zur Ausübung der ihr zugeordneten Funktionen benötigt, zuzuordnen sind. Diese gesetzliche Regelung versteht die Finanzverwaltung dahingehend, dass allein das Zuordnungskriterium „Personalfunktion" maßgeblich für die Zuordnung der Vermögenswerte des Unternehmens der Betriebsstätte ist (vgl. BMF, Schreiben v. 22.12.2016, Rz. 444; sog. Verwaltungsgrundsätze Betriebsstättengewinnaufteilung – im Folgenden: VWG BsGa; BMF, Schreiben v. 26.9.2014, Tz. 2.2.4.1). Mithin wären einer personallosen Betriebsstätte mit Anwendung des AOA keine Vermögenswerte (mehr) zuzuordnen und folglich eine passive Entstrickung ausgelöst (vgl. VWG BsGA, Rz. 451). Zudem kodifiziert die Finanzverwaltung in § 2 Abs. 3 und 4 BsGaV, dass nur „eigenes" Personal eine entsprechende Personalfunktion ausüben kann und eigenes Personal nur dann anzunehmen ist, wenn es aufgrund einer gesellschaftsvertraglichen oder arbeitsvertraglichen Vereinbarung mit dem Unternehmen für das Unternehmen tätig wird.

Der Verwaltungsauffassung wird im Schrifttum entgegengehalten, die Entstrickungsvorschriften kennen eine Zuordnung nach Personalfunktionen nicht (vgl. z. B. Ditz in Wassermeyer/Andrensen/Ditz, Betriebsstätten-Handbuch, 2. Aufl., Rz. 6.134). Die allgemeinen Gewinnermittlungsvorschriften des §§ 4 ff. EStG stünden unverbunden neben der Korrekturvorschrift des § 1 AStG. Mithin könnten die Änderungen des § 1 AStG durch Einführung des AOA auch keine passive Entstrickung nach § 4 Abs. 1 Satz 3 EStG bewirken.

Zusammenfassung der Entscheidung

Der BFH äußert ernstliche Zweifel daran, ob nach dem – aufgrund der Einführung des AOA – neu gefassten § 1 Abs. 4 bis 6 AStG Wirtschaftsgüter, die bisher einer personallosen inländischen Betriebsstätte zuzuordnen waren, nunmehr einer ausländischen Geschäftsleitungsbetriebsstätte zuzuordnen sind und dadurch ein Entnahmegewinn nach § 4 Abs. 1 Satz 3 und Satz 4 EStG entsteht.

TEIL H Internationales Steuerrecht

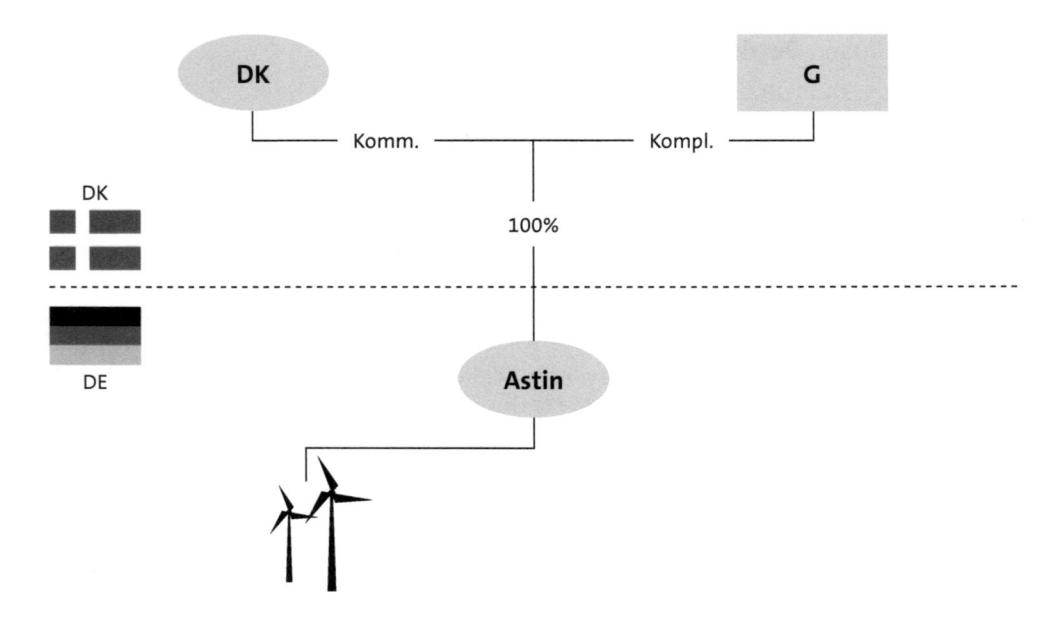

Die Antragstellerin ist eine deutsche KG, deren Kommanditistin, eine KG, und deren Komplementär, eine Gesellschaft mit beschränkter Haftung, beide in Dänemark ansässig sind. Die Antragstellerin betreibt auf deutschem Grund und Boden einen Windpark, verfügt aber weder in Deutschland noch in Dänemark über eigene Mitarbeiter. Die Betriebsführung erfolgt durch zwei deutsche Verwaltungsgesellschaften. Bis 2012 ordnete die Finanzverwaltung die Gewinne aus dem Windpark der (personallosen) Betriebsstätte der Antragstellerin im Inland zu. Für das Jahr 2013 änderte die Finanzverwaltung jedoch erstmalig ihre Auffassung und nahm an, dass aufgrund der Gesetzesänderungen und -ergänzungen in § 1 Abs. 4 bis 6 AStG durch das Amtshilferichtlinie-Umsetzungsgesetz alle Vermögensgegenstände, Schulden und Geschäftsvorfälle abweichend von den Vorjahren erstmals der Geschäftsleitungsbetriebsstätte in Dänemark zuzuordnen seien. Folglich sei eine fiktive Entnahme nach § 4 Abs. 1 Satz 3 und 4 EStG zu versteuern (sog. passive Entstrickung). Über die dagegen eingelegten Einsprüche wurde bisher noch nicht entschieden, die zugleich beantragte Aussetzung der Vollziehung (AdV) lehnte das Finanzamt ab. Die Vorinstanz kam zu dem Ergebnis, der Antrag auf AdV sei zulässig und begründet (vgl. FG des Saarlandes, Beschluss v. 30.3.2021 - 1 V 1374/20 FG, NWB HAAAH-82126, dazu bereits Kahlenberg/Rein, Steuerrecht aktuell 2/2021, S. 49 ff.).

Entscheidungsgründe

Der BFH kommt nun ebenfalls zu der Entscheidung, eine AdV sei zu gewähren.

Zwischen den Parteien unstreitig waren die Wirtschaftsgüter der Windenergieanlage bis zum 31.12.2012, also vor den hier maßgeblichen Änderungen des § 1 AStG, der Betriebsstätte im Inland und nicht der Geschäftsleitungsbetriebsstätte in Dänemark zuzurechnen. Der Maßstab für die Zuordnung von Wirtschaftsgütern zu einer Betriebsstätte war nach der bisherigen BFH-Rechtsprechung die wirtschaftliche Zugehörigkeit der Wirtschaftsgüter zu der in der einzelnen

Betriebsstätte entfalteten betrieblichen Tätigkeit (vgl. z. B. BFH, Urteil v. 29.11.2017 - I R 58/15, NWB YAAAG-80016).

Es ist nach Ansicht des BFH ernstlich zweifelhaft, dass sich an diesen Zuordnungskriterien durch die Umsetzung des AOA § 1 AStG ab dem 1.1.2013 etwas geändert hat. Dem Wortlaut des § 1 Abs. 5 Satz 3 AStG lasse sich bei summarischer Prüfung nicht entnehmen, dass außerhalb des Anwendungsbereiches des § 1 AStG und insbesondere für die allgemeine Gewinnermittlung nach §§ 4 ff. EStG eine Veranlassungsprüfung (allein) nach den in den jeweiligen Unternehmensteilen ausgeübten Personalfunktionen vorzunehmen wäre (entgegen VWG BsGA, Rz. 451). Eine entsprechende „Ausstrahlwirkung" könne in § 1 Abs. 5 AStG auch nicht hineingelesen werden.

Selbst wenn man unter Verweis auf § 1 Abs. 5 AStG maßgebend auf eine Zuordnung nach der Personalfunktion abstellen würde, bestehen aus Sicht des BFH Zweifel, ob im Streitfall die Windenergieanlagen der Geschäftsleitungsbetriebsstätte in Dänemark zuzuordnen wären, weil nur dort Personalfunktionen ausgeübt werden. Es sei nämlich fraglich, ob die maßgebende Personalfunktion ausschließlich durch Personal ausgeübt werden kann, das bei dem Unternehmen als *eigene* Arbeitnehmer angestellt ist (so § 2 Abs. 3 und 4 BsGaV). Vielmehr sieht der BFH die Möglichkeit, dass auch Personal, das über Dienstleistungsverträge tätig wird, bei ansonsten personallosen Betriebsstätten miteinzubeziehen sind.

Zudem sei es nach Auffassung des BFH ernstlich zweifelhaft, ob unter der Geltung des § 1 Abs. 5 AStG, die Grundsätze zur Zuordnung von Wirtschaftsgütern nach der Personalfunktion bei sog. personallosen Betriebsstätten überhaupt anwendbar sind. Es erscheine bei Betriebsstätten ohne maßgebliche Personalfunktion nicht ausgeschlossen, eine nutzungsbezogene Zuordnung von materiellen Wirtschaftsgütern vorzunehmen. Anhaltspunkte dafür ließen sich auch dem BMF-Schreiben v. 17.12.2019 entnehmen.

Letztlich musste sich der BFH wegen der dargestellten Argumentation, nicht mit der Grundsatzfrage beschäftigen, ob die Entstrickungsregelung in § 4 Abs. 1 Satz 3 und 4 EStG auch dann zur Anwendung kommt, wenn das Besteuerungsrecht Deutschlands durch rein staatliches Handeln (hier eine Gesetzesänderung), d. h. ohne bewusstes Handeln des Steuerpflichtigen, ausgeschlossen oder beschränkt wird (sog. passive Entstrickung).

PRAXISTIPP:

Mit dem vorliegenden Urteil hat der BFH der Verwaltungsauffassung der nutzungsbezogenen Zuordnung von Wirtschaftsgütern zu einer personallosen Betriebsstätte eine Absage erteilt. Das Urteil ist über den Einzelfall hinaus für alle Arten von personallosen Betriebsstätten, wie beispielsweise Pipelines, Solaranlagen, IT-Server oder Spielautomaten, bedeutend. Für Streitfälle nach dem 31.12.2012 (Umsetzung AOA) und vor dem 1.1.2015 (Anwendung BsGaV) ist zudem kein eigenes Personal, wie in § 2 Abs. 3 und 4 BsGaV gefordert, nötig. Vielmehr sei Personal, das über Dienstleistungsverträge tätig wird, für ansonsten personallosen Betriebsstätten relevant.

4. Wirtschaftlicher Arbeitgeber bei konzerninterner internationaler Arbeitnehmerentsendung

BFH, Urteil v. 4.11.2021 – VI R 22/19, NWB WAAAI-57744

(Rebekka Rein)

Zusammenfassung der Entscheidung

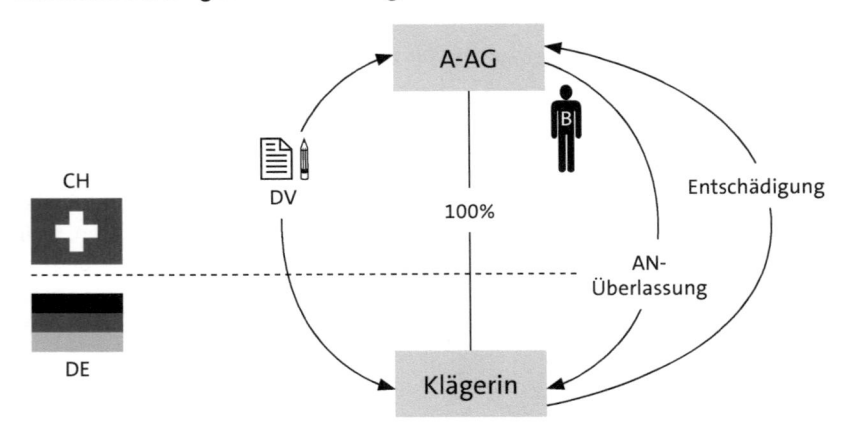

Die in der Schweiz ansässige A-AG war alleinige Gesellschafterin der Klägerin, eine inländische GmbH. Die A-AG schloss mit der Klägerin im Jahr 2009 eine Dienstleistungsvereinbarung, wonach die A-AG der Klägerin den in der Schweiz ansässigen B als Geschäftsführer zur Verfügung stellte. B war gleichzeitig Verwaltungsrat der A-AG und CEO der Unternehmensgruppe. Nach der Dienstleistungsvereinbarung lag die Handlungsverantwortung für B uneingeschränkt bei der GmbH. Er sollte im Namen, im Auftrag und auf Risiko der GmbH handeln. Die Mitverantwortung der A-AG war abbedungen. Unbeschadet etwaiger Regressansprüche gegen die A-AG sollte die GmbH gegenüber Dritten so haften, wie sie haften würde, wenn die Leistungen durch eigenes Personal erbracht würden. Die Vergütung (Entschädigung), die die GmbH in Form von Monatspauschalen an die AG zu leisten hatte, entsprach derjenigen, die auch an einen unabhängigen Dritten zu zahlen gewesen wäre. Die AG verzichtete auf eine Gewinnmarge. B wurde im Handelsregister als Geschäftsführer der GmbH eingetragen.

Das FA kam zu dem Schluss, die Zahlungen der GmbH an die A-AG seien dem deutschen Lohnsteuerabzug zu unterwerfen. Die GmbH sei wirtschaftliche Arbeitgeberin des B i. S. von § 38 Abs. 1 Satz 2 EStG, der nach § 49 Abs. 1 Nr. 4 Buchst. c EStG beschränkt steuerpflichtig sei. Dem folgte das FG Thüringen mit Urteil v. 13.12.2018 (3 K 795/16, NWB VAAAH-31991) und wies die Klage ab.

Entscheidungsgründe

Der BFH hob das FG-Urteil auf und verwies die Sache an das FG zurück. Das FG hätte wesentliche Umstände für die Beurteilung der GmbH als Arbeitgeberin bzw. des B als Arbeitnehmer nicht berücksichtigt. Dabei sei zu beachten, dass im Falle einer konzerninternen internationalen Arbeitnehmerentsendung das aufnehmende inländische Unternehmen nicht allein schon dadurch zum wirtschaftlichen Arbeitgeber wird, dass es dem entsendenden Unternehmen den Arbeitslohn erstattet, der auf die im Inland ausgeübte Tätigkeit entfällt. Voraussetzung für die wirtschaftliche Arbeitgeberstellung gem. § 38 Abs. 1 Satz 2 EStG sei außerdem, dass der Einsatz des Arbeitnehmers bei dem aufnehmenden Unternehmen in dessen Interesse erfolgt und dass der Arbeitnehmer in den Arbeitsablauf des aufnehmenden Unternehmens eingebunden und dessen Weisungen unterworfen ist (vgl. BFH v. 23.2.2005 - I R 46/03, HFR 2005 S. 823). Das wirtschaftliche Tragen des Arbeitslohns ersetzte in den Fällen des § 38 Abs. 1 Satz 2 EStG, die für den zivilrechtlichen Arbeitgeberbegriff erforderliche arbeits- bzw. dienstvertragliche Bindung zwischen Arbeitgeber und Arbeitnehmer, auf der die Zahlung des lohnsteuerpflichtigen Arbeitslohns (zivilrechtlich) im Regelfall beruht. Unbeschadet dessen müsse die entsandte Person nach allgemeinen Grundsätzen als Arbeitnehmer des wirtschaftlichen Arbeitgebers anzusehen sein. Dies sei vorliegend insbesondere deshalb zu hinterfragen, da B im aufnehmenden Unternehmen als Geschäftsführer tätig wurde und am entsendenden Unternehmen beteiligt war. Mithin hat die Vorinstanz, das FG Thüringen, nun anhand des wirtschaftlichen Gehalts der an die AG gezahlten Monatspauschalen zu prüfen, ob und ggf. in welchem Umfang der Arbeitslohn des Geschäftsführers durch die Zahlung der Monatspauschalen von der GmbH wirtschaftlich getragen wurde. Denn allein aus den gezahlten Monatspauschalen ergibt sich die Kostentragung nach Auffassung des BFH nicht. Vielmehr müsse auch unter Berücksichtigung des Dienstleistungsvertrags festgestellt werden, welche Arbeitsleistungen der Geschäftsführer der AG schuldete, und in welcher Höhe er hierfür Arbeitslohn bezog. Daneben müsse festgestellt werden, welche Tätigkeiten für die GmbH erbracht wurden und welchen zeitlichen Umfang diese hatten. Nur so könne festgestellt werden, ob und ggf. in welchem Umfang mit den Monatspauschalen der Arbeitslohn ersetzt wurde, der wirtschaftlich auf die Geschäftsführertätigkeit entfiel. Nach Auffassung des BFH könnte nach dem Dienstleistungsvertrag auch die AG die Übernahme der Geschäftsführung durch Gestellung des Geschäftsführers schulden und hierfür die Monatspauschale erhalten. In diesem Fall wäre der Arbeitslohn des Geschäftsführers nur ein Preisbestandteil der Monatspauschale und das inländische Unternehmen wäre nicht als wirtschaftlicher Arbeitgeber anzusehen (BMF, Schreiben v. 3.5.2018 - IV B 2 – S 1300/08/10027, BStBl 2018 I S. 643, Rz. 131). Abschließend weist der BFH darauf hin, dass die Leistungsvergütung der A-AG und der Klägerin dem Fremdvergleich standhalten müsse. Ein zu hoher und damit nicht fremdüblicher Vergütungsanteil führe zu einer verdeckten Gewinnausschüttung der Klägerin gegenüber der A-AG.

Folgerungen: Ein im Inland tätiger Arbeitnehmer einer ausländischen Gesellschaft oder ein ausländischer Arbeitnehmer, dessen Einkünfte im Inland verwertet werden, ist in Deutschland grds. beschränkt steuerpflichtig nach § 1 Abs. 4 i.V. m. § 49 Abs. 1 Nr. 4 Buchst. a EStG. Bei Entsendungen im Konzern hat der wirtschaftliche Arbeitgeber nach § 38 Abs. 1 Satz 2 EStG des Entsandten die Lohnsteuer einzubehalten. Er haftet bei Versäumnis. Der wirtschaftliche Arbeitgeber muss nicht zwangsläufig auch der Arbeitgeber nach Zivilrecht sein. Vielmehr wird hier auf das tatsächliche Tätigwerden für den Arbeitgeber abgestellt. Nach Tz. 8.15 OECD-MK zu Art. 15 OECD-MA 2017 ist der wirtschaftliche Arbeitgeber als derjenige definiert, der den Arbeitnehmer in seinen Geschäftsbetrieb integriert, gegenüber dem der Arbeitnehmer weisungsbefugt ist, dem der Arbeitnehmer seine Leistungen schuldet und unter dessen Leitung er tätig wird sowie derjenige, der die Vergütungen für die ihm geleistete unselbständige Arbeit wirtschaftlich trägt oder tragen müsste, egal ob er die Vergütung unmittelbar dem betreffenden Arbeitnehmer ausgezahlt, oder ob ein anderes Unternehmen mit der Vergütung in Vorlage tritt, und die Vergütung nicht Preisbestandteil einer Lieferung oder Werkleistung ist. Der Begriff des Arbeitgebers in § 38

Abs. 1 Satz 2 EStG ist an den abkommensrechtlichen Arbeitgeberbegriff angelehnt. Die Gesetzesbegründung bezieht sich sogar explizit auf die Rechtsprechung des BFH zum abkommensrechtlichen Arbeitgeber. Dennoch sind die Begriffe nicht vollständig deckungsgleich. Voraussetzung für die wirtschaftliche Arbeitgeberstellung i. S. des § 38 Abs. 1 Satz 2 EStG a. F. (im Urteilsfall anwendbar) ist, dass das aufnehmende inländische Unternehmen die Vergütung für den Entsandten wirtschaftlich trägt, der Arbeitnehmereinsatz beim aufnehmenden Unternehmen in dessen Interesse erfolgt und der Entsandte als Arbeitnehmer in den Arbeitsablauf des aufnehmenden Unternehmens eingebunden und dessen Weisungen unterworfen ist (BFH, Urteil v. 23.2.2005 - I R 46/03, BStBl 2005 II S. 547). Der BFH weist in dem vorliegenden Urteil darauf hin, dass ein DBA kein nationales Besteuerungsrecht begründen, sondern lediglich beschränken kann. Mithin hat die Prüfung des wirtschaftlichen Arbeitgebers primär nach nationalem Recht zu erfolgen. Nach § 38 Abs. 1 Satz 2 EStG a. F. ist – so der BFH – keine Voraussetzung des wirtschaftlichen Arbeitgebers, dass dieser dem Arbeitnehmer den Arbeitslohn im eigenen Namen und für eigene Rechnung auszahlt.

HINWEIS:

Bei internationalen Arbeitnehmerentsendungen ist fraglich, in welchem Staat der Arbeitnehmer seinen Arbeitslohn zu versteuern hat. Insbesondere aus Haftungsgründen für eine nicht abgeführte Lohnsteuer ist der Arbeitgeber, aber auch vor allem das im Entsendungsfall aufnehmende Unternehmen mit der Frage konfrontiert, ob und in welchem Staat von der Vergütung des Arbeitnehmers Lohnsteuer einzubehalten und an die Finanzbehörden abzuführen ist. Maßgeblich ist dabei, wer als sog. wirtschaftlicher Arbeitgeber anzusehen ist. Der BFH hat auf der Linie mit seiner bisherigen Rechtsprechung den Begriff des wirtschaftlichen Arbeitgebers nach nationalem Recht präzisiert.

Es ist darauf hinzuweisen, dass seit dem 1.1.2020 ein wirtschaftlicher Arbeitgeber nach § 38 Abs. 1 Satz 2 EStG n. F. auch ohne tatsächliche Kostenbelastung angenommen wird, wenn das inländische Unternehmen den Arbeitslohn nach dem Fremdvergleichsgrundsatz „hätte tragen müssen" (so bereits BMF, Schreiben v. 3.5.2018, BStBl 2018 I S. 643 Rz. 128). Damit kommt es zukünftig auf einen hypothetischen Fremdvergleich an. Die Finanzverwaltung möchte insoweit auf die der Tätigkeit des Arbeitnehmers zugrunde liegende Interessenlage abstellen (vgl. BMF, Schreiben v. 9.11.2001, BStBl 2001 I S. 796).

Neben den lohnsteuerlichen Themen umfasst das Urteil auch verrechnungspreisbezogene Aspekte. Denn die Beurteilung des wirtschaftlichen Arbeitgebers bedingt zwingend auch eine Prüfung aus Verrechnungspreissicht: Wer bei konzerninternen, grenzüberschreitenden Personaltätigkeiten tatsächlich den Aufwand für den Arbeitslohn trägt bzw. zu tragen hat, ist nach Verrechnungspreisgrundsätzen zu beurteilen. Hierbei ist zwischen einer Kostenweiterbelastung ohne Gewinnkomponente und einer solchen mit Kostenaufschlag zu unterscheiden. Eine überhöhte Vergütung führt zu einer verdeckten Gewinnausschüttung, die nicht dem Lohnsteuer-, sondern dem Kapitalertragsteuerabzug unterliegt. Dies zeigt einmal mehr, wie bedeutsam die adäquate Gestaltung, Dokumentation und Bepreisung von Mitarbeiterauslandseinsätzen für die Vermeidung von steuerlichen Risiken ist.

5. Veräußerung der Beteiligung i. S. des § 17 EStG nach Eintritt in die unbeschränkte Steuerpflicht – Wertzuwachs vor Begründung der unbeschränkten Steuerpflicht (Zuzugsfall)

BFH, Urteil v. 26.10.2021 - IX R 13/20, NWB HAAAI-02266

(Rebekka Rein)

Zusammenfassung der Entscheidung

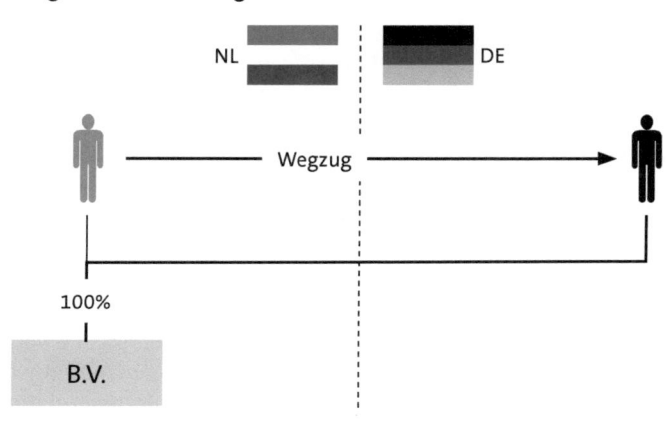

Der Kläger ist niederländischer Staatsbürger und hat im Jahr 1998 in den Niederlanden eine B.V. (Kapitalgesellschaft) gegründet, deren Alleingesellschafter er war. Im Jahr 2006 verzog er aus den Niederlanden nach Deutschland. Im Jahr 2016 veräußerte er die stets im Privatvermögen gehaltene Beteiligung. Bei der Ermittlung des Veräußerungsgewinns saldierte er den Veräußerungserlös von rund 1,4 Mio. €. nicht mit dem Stammkapital i. H. v. 18.000 € (historische Anschaffungskosten), sondern mit dem Wert der Anteile im Zuzugszeitpunkt von rund 1,1 Mio. € (erhöhte Anschaffungskosten nach § 17 Abs. 2 Satz 3 EStG). Zudem wurden unstreitige nachträgliche Anschaffungskosten berücksichtigt.

Von Bedeutung ist, dass die niederländische Finanzbehörde versehentlich im Jahr 2006 keinen Feststellungsbescheid über den Wert des Anteils im Wegzugszeitpunkt (sog. Konservierungsbescheid) erteilt hatten. Im Rahmen des Konservierungsbescheids hätte die auf die stillen Reserven der Anteile entfallende Wegzugsteuer ermittelt und festgesetzt werden müssen, auch wenn keine sofortige Besteuerung erfolgt wäre, sondern eine zehnjährige Stundung mit anschließender Erlassmöglichkeit hätte gewährt werden können. Als dieses Versehen im Streitjahr bemerkt wurde, bescheinigte die niederländische Finanzbehörde, dass bei Wegzug „der Wert der Anteile an der B.V. ermittelt" und dabei ein Wert von 1,1 Mio. € „festgelegt" worden sei.

Das Finanzamt setzte im Einkommensteuerbescheid 2016 bei der Ermittlung des Veräußerungsgewinns nur das Stammkapital i. H. v. 18.000 € an. Ein „Step-Up" der Anschaffungskosten auf den Wert zum Zuzugszeitpunkt wurde mit der Begründung abgelehnt, dass eine tatsächliche Steuerzahlung Voraussetzung für die Anwendung des § 17 Abs. 2 Satz 3 EStG sei. Einspruch und Klage beim FG Düsseldorf (v. 1.7.2020 - 7 K 2991/19 E, NWB TAAAH-56001) wurden jeweils als unbegründet zurückgewiesen.

Entscheidungsgründe

Der BFH schloss sich der Finanzverwaltung und der Vorinstanz, dem FG Düsseldorf, an und wies die Revision als unbegründet zurück.

Auch wenn grundsätzlich ein Fall des § 17 EStG nach Zuzug aus den Niederlanden vorlag, habe das FG zu Recht den Abzug erhöhter Anschaffungskosten verwehrt. Denn der Vermögenszuwachs habe im Wegzugstaat keiner § 6 AStG vergleichbaren Steuer „unterlegen". Anders als das Finanzamt und das FG forderte der BFH zwar für das „Unterlegen" nicht, dass eine Steuer im Ausland festgesetzt und gezahlt wurde. Die gesetzliche Formulierung erfordere nämlich keine „tatsächliche Besteuerung", vielmehr seien bereits „steuerbare" Vorgänge erfasst. Der Gesetzeswortlaut sieht in der Rechtsfolge des § 17 Abs. 2 Satz 3 EStG jedoch eine Anknüpfung an den Entstrickungswert vor, der im Wegzugstaat bei der „Berechnung" der mit § 6 AStG vergleichbaren Steuer angesetzt wurde. Erforderlich sei daher immerhin, dass im Wegzugstaat ein Steuerbescheid ergangen sei, der eine Berechnung und Festsetzung der Steuer enthalte. Letzteres sei mit der in Rede stehenden Bescheinigung der niederländischen Finanzbehörde jedoch nicht erfüllt; sie sei nicht mit einem Steuerbescheid gleichzustellen. Abweichend zur Zugangsbewertung von Betriebsvermögen (§ 6 Abs. 1 Nr. 5a EStG), regele § 17 EStG gerade keine Steuerverstrickung für im Privatvermögen gehaltene Anteile. Der divergierenden Konzeption zufolge, könne auf die tatsächliche Schlussbesteuerung im Ausland abgestellt werden, die vorliegend jedoch nicht erfolgte. Diese Auslegung stehe auch im Einklang mit Art. 13 Abs. 6 DBA-Niederlande. Die Vorschrift gewähre dem Wegzugstaat zwar die Möglichkeit die Besteuerung durchzuführen, führe aber nicht zu einer Verpflichtung. Im Fall der Besteuerung in den Niederlanden sei Deutschland als Zuzugsstaat daran gebunden den im Ausland erzielten Wertzuwachs nicht erneut zu besteuern. Im Urteilsfall sei es aber gerade nicht zu einer Besteuerung gekommen, weshalb Deutschland ein vollumfängliches Besteuerungsrecht habe.

Folgerungen: Gewinne aus der Veräußerung von Anteilen an einer KapGes unterliegen der Gewinnbesteuerung nach § 17 Abs. 1 Satz 1 EStG, wenn der Veräußerer innerhalb der letzten fünf Jahre am Kapital der Gesellschaft (un-)mittelbar zu mind. 1 % beteiligt war. Der Veräußerungsgewinn i. S. des § 17 Abs. 1 EStG entspricht dabei dem Veräußerungspreis abzüglich der Veräußerungskosten sowie den historischen Anschaffungskosten (im Urteilsfall i. H. v. 18.000 €). Abweichend davon kann eine Erhöhung der Anschaffungskosten (steuerlicher Step-up) nach § 17 Abs. 2 Satz 3 EStG erfolgen, wenn dem Veräußerer die Anteile bereits bei Zuzug zuzurechnen waren und ein vor dem Zuzug entstandener Vermögenszuwachs im Wegzugstaat einer dem § 6 AStG vergleichbaren Steuer „unterlegen hat" (sog. Wertverknüpfung). Der BFH hat nun erstmals zu den Voraussetzungen einer Erhöhung der Anschaffungskosten gem. § 17 Abs. 2 Satz 3 EStG entschieden. Er judizierte, dass erst im Erhalt eines Steuerbescheides, unter Festsetzung und Berechnung einer vergleichbaren Wegzugsteuer im Wegzugstaat, die Voraussetzungen für die Gewährung eines steuerlichen Step-ups im Inland erfüllt werden. Interessant ist, dass die tatsächliche Zahlung einer Steuer im Ausland für den Step-up nicht zwingend ist; auch die Stundung oder der Erlass der Steuer im Wegzugstaat ermöglicht die Erhöhung der Anschaffungskosten.

PRAXISTIPP:

Die Nachweispflicht für die Anwendung des § 17 Abs. 2 Satz 3 EStG trifft den Steuerpflichtigen; ohne Nachweis sind die historischen Anschaffungskosten bei der Ermittlung des Veräußerungsgewinns anzusetzen. Im Urteil hat der Ansatz der Anschaffungskosten zu einem deutlichen steuerlichen Nachteil geführt. Der Urteilsfall verdeutlicht mithin, dass bereits vor dem Wegzug die steuerlichen Spätfolgen bei Veräußerung mit in die Wegzugsüberlegungen einbezogen werden sollten. Im Einzelfall kann eine Überführung der Anteile in ein Betriebsvermögen steuerlich sinnvoll sein.

STICHWORTVERZEICHNIS

Die Zahlen verweisen auf die Seiten.

A

Abgeltungsteuer 47
Abfindung 70, 169
Abkommensmissbrauch 155
Abrechnungsbescheid 134
Absetzung für Abnutzung (AfA) 65
Abspaltung 50
Abtretung 116
AdV 180
Änderungsantrag 130
Airdrop 42
Aktien 37, 49, 83
Aktienanleihe 49
Aktienveräußerungsgewinn 84
Amount A 158
Amount B 158
Anknüpfungspunkt 154
Anrufungsauskunft 40, 67 f.
Ansässigkeitsbescheinigung 166
Anzeige nach § 153 AO 34
Arbeitgeberbegriff 183
Arbeitgeberunternehmen 36
Arbeitnehmer 36
Arbeitnehmereinkünfte 172
Arbeitnehmerentsendung 182 f.
Arbeitszimmer 24, 25 f., 60
AStG 123
ATAD III 164
ATADUmsG 82
Aufbewahrungsfrist 40
Aufstockung 59
Aufstockungssteuer 156
Auskehrungen 123
Auslandstätigkeitserlass 172 f.
Ausländische Vermögensmassen 122
Ausschüttung 40

Aussetzung der Vollziehung 128, 180
Außerordentliche Einkünfte 69
Außerordentliche Wirtschaftshilfen 141, 142 f., 146
Authorised OECD Approach (AOA) 179
Automatischer Informationsaustausch 166
Automatisierung 1
Avatare 114

B

Base Erosion and Profit Shifting 158
Beihilfen 143 ff., 147
Beihilfeprogramm 146
Beherrschungsidentität 86
Berichtpflichtiger Unternehmer 165
Besteuerungspause 39
Beteiligung 186
Betrieb gewerblicher Art 81
Betriebsaufspaltung 87
Betriebsstätte 162, 180
Betriebsstättengewinnaufteilungsverordnung (BsGaV) 179
Betriebsstättenfinanzamt 40
Beweislastverteilung 172
Bewirtschaftung 110
Bezugsrechte 83
Billigkeitsleistung 143, 153
Billigkeitsverfahren 96
Blockchain 41
Blockheizkraftwerke 21
Börsenkurs 37
Bonusanteile 50
Briefkastengesellschaften 164
Buchwertfortführung 77
Bundesrechnungshof 94
Bürgschaftsregressforderungen 52, 55 f.
BZSt 91 f.

C

Change Management 6
Cloude Computing 1
Code law 13
Corona 24, 133, 144
Corona-Pandemie 24, 145, 149
Corona-Zuschussprogramme 143
Country-by-Country-Reporting 154
Cum/Cum-Gestaltungen 26, 31
Cum/Cum-Transaktionen 26

D

Darlehensverluste 52
De-minimis 143, 149, 156
Dezemberhilfe 141
Dienstleistungsverträge 182 ff.
Digitalisierung 1
Direktanspruch 96 ff.
Doppelbesteuerung 158
Doppelbesteuerungsabkommen 168
Durchschnittsverbraucher 118 f.
Durchschnittssteuersatz 91, 93 f.
Durchschnittssatzbesteuerung 91

E

Echte Zuschüsse 152
Effektive Mindestbesteuerung 154
Effektive Steuerbelastung 156
Eigener erheblicher Geschäftsbetrieb 72
Eigengesellschaften 139
Eigenhandelserfolg 83
Eigennutzung 111
Einfuhr 91 f.
Einfuhrlieferung 92
Einfuhrumsatzsteuer 91
Einlagen 52
Einlagenrückgewähr 40
Ein-Vertrags-Theorie 85
Einzweck-Gutschein 108
E-Rechnung 7
Endabrechnung 142

Entnahmegewinn 72, 180
Entschädigungen 70
Entsendungen 184
Entstrickungsbesteuerung 178
Entstrickungswert 187
Erbrecht 126
Erfasster Steueraufwand 155
Erhöhte Anschaffungskosten 187
Ermessensabhängige Auskehrungen 124
Ermessensentscheidung 68
Ertragswerte 37
Erweiterte Kürzung 87 f.

F

Familientrust 123
Fifo-Methode 40
Fiktive Entnahme 180
Finanzplandarlehen 54
Finanzunternehmen 83
Fonds Commun de Placement d'Enterprise (FCPE) 40
Fork 42
Forschungszulage 82
Forum on Harmful Tax Practices (FHTP) 171
Freibetrag 121
Fremdvergleich 139
Fünftelungsregelung 40, 67
Functional separate entity approach 179

G

Gateways 165
Gehaltsumwandlung 38
Geldspielautomaten 118, 120
Geldwerter Vorteil 36
Gemeiner Wert 37
Gemeinnützigkeit 136
Gesamtrechtsnachfolge 123
Geschäftsleitungsbetriebsstätte 179
Geschäftsmodell 1
Gesellschafterdarlehen 51 f.
Gesetz zur Modernisierung des Körperschaftsteuerrechts (KöMoG) 75

Stichwörter VERZEICHNIS

Gestaltungsmissbrauch 26
Gewerbeverlust 83
Gewillkürtes SBV I 73
Gewinngrenze 57
Gewinnverteilung 154
gGmbH 137
GloBE 155
Glücksspiele 118
Glücksspielumsätze 119
GmbH & Co. KG 72
Grenzgänger 167
Größenkriterien 38
Gründung 38
Grundbesitz 88
Grundlagenbescheid 132
Grundsteuerreform 133
Grundstücksverwaltung 88
Gutschein 107 f.
Gutscheinregelung 107 f.
GWG 138

H

Historische Anschaffungskosten 185
Homeoffice-Pauschale 24
Holding-GmbH 85

I

IFRS 161
Immobiliengesellschaften 72
ImmoWertV 65
Inclusive Framework 163
Income Inclusion Rule (IIR) 155
Initional Coin Offering (ICO) 42
Innergemeinschaftliche Lieferungen 98 ff.
Insolvenz 134
Intermediate Parent Company 156
Internationales Privatrecht 123
Intransparente Vermögensmassen 122
Investitionsabzugsbeträge 57 f.
Investitionsumsätze 100 f.
IP-Boxe 170

IP-Regime 171
IPSC-Schießen 138
Ist-Versteuerer 105
Italien 126

J

Jurisdictional Blending 156

K

Kantonale Spezialgesellschaften 171
Kapitalherabsetzung 49
Kapitalvermögen 55, 102
Karenzzeiten 128
Kassenstaatsklausel 175
KfW 152
KMU-Unterlagen 38
Körperschaftsteuer-Richtlinien 80
Kommissionsgeschäft 116
Komplementärgesellschaften 74
Konzern 39, 156
Krisenbestimmtes Darlehen 52, 54
Krisendarlehen 53 f.
Kryptowährungen 41
Künstler 168
Kürzere Nutzungsdauer 65

L

Land- und Forstwirte 91
Landwirtschaftliche Gesamtrechnung für Deutschland 94
Leiharbeitnehmer 169
Lending 42
Liquiditätsengpass 145
Lizenzeinnahmen 170
Lizenzzahlung 155, 172
Lohnsteuer 40, 184
Lohnsteuerabzugsverfahren 38, 69
Lohnsteuer-Anrufungsauskunft 67
Long Term Incentive Modell (LTI-Modell) 67

M

Makroökonomische Daten 94
Mehrwertsteuererstattung 93
Mehrzweck-Gutscheine 107
Metaversen 1, 117
Mindestbesteuerung 154
Mindestsubstanz 164
Mittelbare Beteiligung 86
Mittelverwendung 137
MTR 167

N

Nacherbe 121
Nacherbschaften 121
Nachträgliche Anschaffungskosten 51
Nachversteuerung 40 f.
Nennkapital 49
Nettoprinzip 61
Neustarthilfe 143, 146
Neutralitätsgrundsatz 118 f.
Neutralitätsprinzip 120
Nexus-Approach 171
Niedrigbesteuerung 171
Niedrigsteuer 156
Niedrigsteuerland 156
Nutzungsbezogene Zuordnung von Wirtschaftsgütern 181
Nutzungsdauer 65
Nutzungsüberlassung 112
Notwendiges SBV I 73
Notwendiges SBV II 73
Novemberhilfe 141
Nutzungsgebundenes Vermögen 139

O

Öffentlich bestellte und vereidigte Sachverständige 65
Öffentliche Kassen 167
Öffentlicher Dienst 169
Österreichisches Recht 127
Online-Spiel 114 f.

Option 75
Optische Erkennung (OCR) 4
Organschaft 80

P

Partially-owned Parent Company 156
Passive Entstrickung 179
Pauschalausgleich-Prozentsätze 93 f.
Pauschallandwirte 93 f.
Personallose Betriebsstätte 179
Personalfunktion 179
Personelle Verflechtung 87
Photovoltaikanlage 21
Pillar One 154
Pillar Two 154
Politische Betätigung 138
Portfoliounternehmen 103
Portugiesisches Recht 127
Präferenzregelung 170
Präferenzregime 170
Proof of Stake 42
Prozessmanagement 3

Q

Qualifiziertes Einkommen 155
Qualifizierter Verlust 155

R

Rechtsbehelf 144
Reemtsma-Anspruch 95
Regelmäßiges Pendeln 168
Restnutzungsdauer 65
Risikomanagement 9
Rückgängigmachung 58
Rückoption 75

S

Säumniszuschlag 134
Sanktionen 157
SBV I 73
SBV II 73

Schlussabrechnung 141, 143, 146, 149
Schnittstellen 3
Selbständige Stiftung 123
Soforthilfe 142
Sollprinzip 105
Sollversteuerung 106
Sonderbetriebsvermögen II 72
Soziale Netzwerke 3
Sozialversicherung 39
Spanisches Recht 127
Spekulationsgeschäfte 83
Spielbetreiberin 114
Spielwährung 114 f.
Sportanlage 110
Sportler 167
Sportverein 110, 138
Ständige Wohnstätte 168
Stadtkarte 108
Staking 42
Start-ups 36, 104
Stehengelassenes Darlehen 52, 54
Steuerberaterplattform 4
Steuerbefreiung 92 f., 99
Steuererklärungsfrist 132
Steuererstattung 153
Steuerhinterziehung 96
Steuernachforderungen 128
Steuervergütung 91 f.
Stiftung 123, 139
Stundungszinsen 129
Subject to Tax Rule (STTR) 155
Subsidiarität 55
- der Einkünfte 49
Substanztest 164
Substanzwert 37
Subvention 143 f.
Subventionsbetrug 144

T

Tax-Rulings 171
Temporary Framework 145 f., 148, 153

Termingeschäfte 47
Token 41, 114
Top-down-approach 156
Top-up-tax 154
Top-up-tax Information Return 157
Transformation 1
Transparente Vermögensmassen 122
Transparenzprinzip 75
Treaty Override 176
Trennungsprinzip 75
Trust 122
Typisierte Nutzungsdauer 66

U

Überbrückungshilfen 141 ff., 146
Übergewinn 156
Umsatzsteuer-Anwendungserlass 102
Umsatzsteuer-Identifikationsnummer 98
Umsatzsteuerstatistik 94
Undertaxed Payments Rule (UTPR) 154
Uneinbringliche Kapitalforderungen 47, 53
Unentgeltliche oder verbilligte Überlassung 36
Unshell-Initiative 164

V

Veräußerungsfrist 44
Veräußerungsgeschäft 37
Veräußerungspreis 67
Veranlassungszusammenhang 72
Verbleibens- und Nutzungsfristen 58
Vergütungen für mehrjährige Tätigkeiten 70
Vergütungsverfahren 91, 94
Verkäufe an Dritte 37
Verluste aus Gesellschafterdarlehen 52
Verlustverrechnungsbeschränkung 56
Verlustverrechnungskreise 47
Vermögensbeteiligung 36
Vermögensbindung 139
Vermögensverwaltung 73
Vertrauensschutz 140
Virtuelle Währungen 41

vGA 139
Vor- und Nacherbschaft 122
Vorerbe 121
Vorgründungsgesellschaften 101
Vorläufige Nichtbesteuerung 38
Vorsorgepauschale 39
Vorsteuerabzug 100 f., 105
Vorsteuerpauschale 94 f.

W

Wagniskapitalfonds 102
Währungsgewinne 50
Wandelanleihe 83
Wallet 43
Wegzugsstaat 186
Wertlose Kapitalanlagen 47
Wertpapierhandelsgesellschaft 83
Wertpapierleihgeschäfte 31
Windpark 180
Wirtschaftliche Arbeitgeberstellung 183
Wirtschaftliche Verflechtung 72
Wirtschaftliche Verfügungsmacht 39
Wirtschaftlicher Geschäftsbetrieb 141
Wirtschaftliches Eigentum 30
Wirtschaftsgut 30, 42, 63, 179
Wohnzwecke 63

Z

Zahlungsmittel 115
Zinsen 128
Zivilrechtliches Eigentum 30
ZLR 166
Zusammenballung 71
Zusammenfassende Meldung 99 f.
Zuschuss 110
Zuschussprogramm 145 f.
Zuzug 185
Zweckbindung 145
Zwischenberechtigte 122